# LE MAGHREB

*J. BISSON, J.-C. BRULÉ, R. ESCALLIER,*
*G. MAURER, J.-M. MIOSSEC, G. MUTIN,*
*P. SIGNOLES, J.-F. TROIN*
*collaboration cartographique de F. DEMONS*

# LE MAGHREB

## hommes et espaces

Armand Colin
*103, bd Saint-Michel 75005 Paris*

ISBN 2-200-31206-7

## AVANT-PROPOS

*Ce livre est le fruit d'une collaboration étroite de huit universitaires et d'une cartographe, tous chercheurs spécialistes du Maghreb. Cette collaboration ne s'est pas bornée à la juxtaposition de chapitres, comme il arrive bien souvent dans les ouvrages collectifs, mais s'est traduite par la réalisation en commun du plan de l'ouvrage, par la discussion de ses grands thèmes, par des échanges permanents d'information entre les auteurs et par une coordination serrée tant au niveau du texte que de l'illustration graphique et photographique.*

*Le C.N.R.S. a permis, voici huit ans, le rapprochement de ces huit géographes à l'intérieur d'une équipe et la valorisation d'une expérience scientifique maghrébine mise en commun. Chacun des auteurs, continuant à travailler sur le Maghreb, ressentait depuis longtemps la nécessité de produire un ouvrage expliquant concrètement les problèmes actuels de cet espace maghrébin. Ce livre voudrait donc combler une lacune : depuis vingt ans, aucun travail géographique d'ensemble n'avait paru sur le domaine. Il a été réalisé, non par nostalgie des années de travail exaltantes passées au Maghreb, mais par souci de mieux informer scientifiquement tous ceux que ces trois pays de l'Occident arabe intéressent, voire passionnent.*

*Bien que rassemblant des spécialités très diverses par thèmes ou par pays, les auteurs n'ont pas voulu écrire une synthèse géographique exhaustive du Maghreb d'aujourd'hui. Par le texte, les cartes, les photos, ils ont orienté ce livre vers un axe majeur : celui des* mutations. *Au milieu des années 80, de vingt à trente ans après les Indépendances respectives des trois nations, il convenait de montrer les profonds bouleversements qui affectent le Maghreb. Il fallait aussi tenter de mesurer à court terme — le* XXI^e^ *siècle tout proche — vers quel avenir le Maghreb semblait se diriger.*

*Huit thèmes, traités en sept parties, ont donc été retenus et approfondis. Ils se déroulent logiquement depuis le milieu naturel jusqu'aux flux, échanges et réseaux d'hommes et de produits. Ces thèmes sont traités sous forme de chapitres que chaque auteur a signés personnellement. Mais chacun de nous est conscient d'avoir laissé dans l'ombre des pans entiers dans l'analyse de cet espace. On ne trouvera pas ici l'analyse du relief ou du climat pour eux-mêmes, pas d'étude spécifique des productions agricoles, minières, industrielles, pas d'analyse du tourisme ou des transports. La présentation, en fin d'ouvrage, de types de régions se veut une réflexion méthodologique sur la régionalisation et non un découpage systématique en pays et régions, tel que la géographie traditionnelle le pratiquait. Il y a d'ailleurs là matière pour un autre ouvrage.*

*Par contre, la vision est de bout en bout « maghrébine » et, pour la première fois sans doute, tout en insistant sur des spécificités nationales évidentes, des géographes fournissent du Maghreb un tableau global, synthétique, comparatif qui cherche à faire apparaître les convergences, les problèmes communs, les effets parfois semblables de politiques diversifiées pour les trois pays. Ceux-ci sont traités le plus possible comme un ensemble que tout cimente : l'histoire, la société, la civilisation, la religion, la langue, même si les systèmes politiques divergent. De même, si le marquage de frontières, dont certaines parties sont contestées, figure sur quelques cartes, c'est avant tout par nécessité de tenir compte des réalités administratives du moment et non pour affirmer tel ou tel choix que seule l'histoire jugera.*

*Les expériences diverses que nous avons vécues au Maroc, en Algérie, en Tunisie, les rapprochements que nous faisons les uns et les autres à l'issue de missions actuelles dans ces pays nous ont confirmé l'intérêt de cette présentation unitaire du Maghreb.*

*Ainsi, sans donner dans l'optimisme béat mais souvent expiatoire des anciens coopérants en pays maghrébins, ni dans la critique altière et méprisante des donneurs de leçon des pays industrialisés, les auteurs ont-ils essayé de brosser un tableau — certes partiel mais le plus objectif possible — des évolutions et des tendances qu'ils croient déceler dans les espaces et chez les hommes du Maghreb contemporain.*

Nous remercions Mohamed NACIRI et Ali FEJJAL de leurs informations et observations, Mme Évelyne DEQUEANT pour la préparation du manuscrit et Mme Simone DONNEFORT-PAOLETTI pour l'illustration de la première partie.

# INTRODUCTION

Le Maghreb, ensemble des pays du Couchant, est l'Occident du Monde arabe. Pour les francophones, et tout spécialement nos prédécesseurs, géographes, explorateurs et surtout militaires, c'était l'Afrique du Nord. Pour beaucoup de nos compatriotes, aujourd'hui, le terme « maghrébin » est devenu familier, parce qu'il désigne un groupe d'immigrés qui constitue une importante composante de la population française.

En dehors de quelques incursions touristiques sur le littoral tunisien, de circuits au Maroc ou de séjours de coopération en Algérie, les Français connaissent cependant mal la réalité de cet espace maghrébin, alors qu'ils appartiennent au pays d'Europe où les Maghrébins expatriés sont les plus nombreux.

Ce livre voudrait donc diriger quelques coups de projecteur vers ce Maghreb, sans prétendre pour autant l'éclairer dans le détail. Non vers le Grand Maghreb qui comprend outre l'Algérie, le Maroc, la Tunisie, avec lesquels les liens historiques ont toujours été denses, deux nations quasiment sahariennes, la Mauritanie et la Libye, mais vers l'ensemble classique des trois nations centrales qui ont recouvré leur indépendance en 1956 (Maroc et Tunisie) et en 1962 (Algérie).

Estimant qu'historiens, politologues, sociologues, économistes ont déjà analysé dans de nombreux ouvrages cette phase de décolonisation et de développement autonome, les géographes regroupés dans ce livre souhaitent rappeler, dans les chapitres qui suivent, les données majeures de cet espace maghrébin, les contraintes géographiques réelles, les mutations enregistrées du fait de l'action des hommes et de l'application de certaines politiques. Le Maghreb a des caractéristiques spécifiques, trop souvent négligées dans les analyses tiers-mondistes globalisantes. C'est en présentant cette réalité que la géographie retrouve tout son sens.

## Trois nations, trois types d'espaces

Le Maroc, largement ouvert sur l'Atlantique, amphithéâtre où le spectacle se déroule sur la scène du littoral océanique, le long de 200 km seulement, et où le reste du pays apparaît un peu comme un groupe de spectateurs, les plus pauvres occupant les plus hauts gradins de l'Atlas et du Rif, ou encore les contreforts, côté Sahara, tel apparaît le plus occidental des trois pays. C'est aussi un territoire fait de grands espaces, véritable *Far West* du Maghreb, où la place ne semble pas mesurée. Ceci pourrait peut-être expliquer une certaine propension au gigantisme dans les aménagements : vastes périmètres irrigués, larges avenues des grandes villes, réseau routier largement calibré, gratte-ciel de Casablanca, etc.

L'Algérie, assez différente, lui succède à l'Est. Zébrée de trois bandes parallèles du Nord au Sud, elle juxtapose un Tell montagneux, dans la partie septentrionale, où les fenêtres sur la Méditerranée sont rares, cloisonné en petites régions, aux communications difficiles, puis une vaste écharpe de Hautes Plaines, au Centre, monotones, infinies, véritable front pionnier pour l'Algérie de l'an 2000, enfin, un vaste territoire saharien qui s'enfonce en coin au cœur de l'Afrique, désert rigoureux mais providentiel, dont l'Algérie tire ses ressources principales (hydrocarbures) et qu'elle est en train de maîtriser par l'aménagement routier (la « Transsaharienne ») en en faisant un trait d'union entre Nord et Sud.

La Tunisie, enfin, à nouveau largement ouverte sur la mer et aux courants extérieurs, amène un changement d'échelle. Les tailles y sont plus réduites (distances, altitudes, dimensions et importance des villes) mais les contrastes fort vigoureux entre une partie nord arrosée et verdoyante et une partie sud steppique et désertique (nulle part, au Maghreb, le Sahara ne remonte aussi haut en latitude) et, surtout, entre un littoral de plus en plus peuplé, urbanisé, aménagé et un territoire intérieur beaucoup plus vide, moins équipé, moins dynamique.

## Des potentiels différenciés

Les trois pays disposent de bases physiques, humaines, économiques assez différentes. Tout au long de cet ouvrage, atouts et contraintes seront mis en valeur. Nous avons résumé quelques-unes des caractéristiques essentielles des trois nations maghrébines dans le tableau ci-dessous :

QUELQUES DONNÉES DE BASE SUR LE MAGHREB

| | MAROC | ALGÉRIE | TUNISIE | Unités et années de référence |
|---|---|---|---|---|
| Superficie | 450 000* | 2 382 000 | 164 000 | Km$^2$ |
| Population | 21,5 | 21,5 | 7 | Millions d'habitants (1984) |
| Produit Intérieur Brut (total P.I.B.) | 13,3 | 46 | 7,76 | Milliards de dollars (1982) |
| Produit Intérieur Brut (par habitant) | 864 | 2 266 | 1 395 | Dollars par habitants (1982) |
| Répartition du P.I.B. par secteur : | | | | |
| Agriculture | 18,1 | 6,5 | 15 | En % (1982) |
| Industrie | 35,2 | 58 | 40 | En % (1982) |
| Services | 46,2 | 35,5 | 45 | En % (1982) |
| Énergie : Production | 1,1 | 86,4 | 8,0 | En millions de Tonnes — Équivalent Charbon (T.E.C.) (1982) |
| Consommation | 6,3 | 14,7 | 4,1 | |
| Dette extérieure | 13,0 | 19,9 | 4,47 | En milliards de dollars (1983) |

* Avant l'adjonction des Provinces Sahariennes qui portent la superficie à environ 700 000 km$^2$

*Sources : L'État du Monde*, 1984, Ed. La Découverte, Paris; *Annuaires Statistiques*, O.N.U.; *Rapports* Banque Mondiale.

Les disparités apparaissent clairement à partir de ce tableau.

La Tunisie, petit pays, assez densément peuplé, tire des ressources limitées de son sol et de son sous-sol. Les hydrocarbures lui permettent cependant de mieux équilibrer importations et exportations et une industrialisation, développée depuis l'Indépendance, ajoute aux revenus du tourisme sa productivité. Mais la dépendance vis-à-vis de l'extérieur est très grande tant dans le domaine industriel que touristique et elle fragilise l'économie tunisienne.

Le Maroc abrite, sur un territoire beaucoup plus vaste, une population triple, mais concentrée dans les Provinces du Nord. De ce fait, sa richesse vive par habitant est plus faible. Disposant d'assez bonnes ressources en eau, le pays ne tire pas d'une agriculture diversifiée et massive tous les bénéfices possibles. Mais il s'attache depuis de longues années à valoriser et développer ce domaine agricole. L'exiguïté des propriétés rurales et des rendements pousse vers l'émigration de nombreux habitants et, ces dernières années, les capitaux des émigrés à l'étranger ont constitué la première source de devises du pays (6 à 7 milliards de Dirhams[1] en 1983), avant même le phosphate, dont le Maroc détient les deux tiers des ressources mondiales, mais qui a subi l'effondrement des cours au niveau mondial. La dépendance énergétique vis-à-vis de l'extérieur est très forte (la consommation nationale équivaut à près de six fois la production).

L'Algérie se distingue par l'immensité de son domaine saharien, par un produit intérieur brut élevé tant globalement que par tête d'habitant, richesse bien évidemment liée aux hydrocarbures. L'entrée en service du gazoduc vers l'Italie symbolise assez bien les capacités énergétiques de ce pays et son rôle dans l'approvisionnement des pays industriels. L'agriculture est ici le grand point faible, avec une dépendance alimentaire considérable (déficit annuel de 7,5 milliards de dinars[1]) mais l'industrialisation, menée avec continuité depuis les grands complexes lourds jusqu'aux petites unités de transformation, fait incontestablement l'originalité de l'Algérie, tant par rapport à ses voisins maghrébins que dans l'ensemble des pays du Tiers Monde.

Après l'énoncé des potentiels propres, les complémentarités entre nations du Maghreb sont tout aussi évidentes. Un marché de 50 millions d'habitants (ce chiffre a été atteint en 1984) pourrait constituer une base solide pour une entente économique, souvent envisagée, mais non encore réalisée du fait de difficultés politiques, et en particulier, du problème des frontières. On peut aisément apercevoir ce que seraient les grandes lignes d'échanges intermaghrébins : hydrocarbures contre produits d'équipement, savoir-faire, notamment dans les B.T.P. (Maroc) ou les services bancaires (Tunisie), flux touristiques d'ouest en est, etc. Cette communauté économique pourrait fonctionner dans le cadre du Grand Maghreb (cinq nations). Il est paradoxal de constater qu'elle connaît un début de réalisation mais par des accords bi- ou tri-latéraux entre pays situés aux extrémités de la zone : accord tuniso-algéro-mauritanien (1983) et accord maroco-libyen signé en 1984.

1. La valeur des monnaies utilisée correspond au taux moyen de l'année 1983 :
Dirham marocain = 1,07 FF.
Dinar algérien = 1,59 FF.
Dinar tunisien = 11,22 FF.
Ces valeurs sont utilisées tout au long de cet ouvrage.

## Nuances politiques et sociales

Les différences dans l'évolution économique sont à relier aux nuances qu'apportent les orientations politiques et les structures sociales de chacun des pays.

Le Maroc est une monarchie, dotée d'une constitution et d'un Parlement. Le pluripartisme est reconnu. Les options économiques sont libérales et les plans triennaux ou quinquennaux servent de cadres d'organisation plus que de calendriers impératifs. Le poids de l'État est pourtant manifeste (phosphates, banques économiques, politique des grands barrages, offices agricoles). Mais il laisse place à une multitude d'initiatives privées (industries, immobilier, tourisme, domaines agricoles) qui ont conforté le pouvoir d'une grande bourgeoisie riche, entreprenante, souvent issue de la bourgeoisie traditionnelle. Les classes moyennes apparaissent réduites, bien qu'ayant largement progressé (fonctionnaires, commerçants souvent issus du Sud-Ouest, militaires). Les classes pauvres sont nombreuses, souvent vouées au déracinement et amplifiées par une forte croissance démographique. Le Maroc consacre de gros efforts financiers à la protection militaire et à l'équipement des territoires sahariens récupérés et ceci grève lourdement son budget.

La Tunisie est une République parlementaire, également dotée de partis et syndicats pluriels. Le poids du parti officiel (Néo-Destour) et du régime présidentiel est cependant déterminant. Après une période dirigiste et socialisante (dite période Ben Salah jusqu'en 1969), la Tunisie s'est orientée vers des options libérales, avec large ouverture vers l'extérieur (accueil de capitaux et investissements étrangers, politique touristique). Le développement industriel rapide, les efforts d'équipement hydraulique, la réussite de la scolarisation massive sont à mettre à l'actif du développement tunisien. La classe moyenne est probablement plus développée ici que dans les autres pays, de même que l'importance des cadres, aujourd'hui pratiquement en surnombre. Les difficultés du chômage, du sous-emploi, l'inflation rendent cependant fragiles les acquis précédemment cités.

L'Algérie est une République socialiste. Le pouvoir présidentiel y est fort, le régime est pratiquement celui du parti unique (F.L.N.). Ceci se traduit par un fort encadrement étatique, une rigoureuse planification économique et une série de transformations structurelles importantes (révolution agraire, sociétés nationales dans l'industrie et le commerce, coopératives, étatisation de tous les modes de transports). Ceci a permis un contrôle assez étroit des revenus et assuré des niveaux salariaux assez élevés. Mais, du fait de multiples blocages, la productivité a été souvent insuffisante et l'élévation du coût de certaines denrées préjudiciable aux foyers modestes, bien que les contrastes sociaux apparaissent ici moins accusés. Pragmatique, la politique économique récente de l'Algérie s'est orientée vers une certaine ouverture en direction du secteur privé, juxtaposé au secteur public, vers une déconcentration des grandes sociétés nationales. La rudesse des conditions de vie urbaines (distribution d'eau, circulation, habitat) nécessite un vaste plan d'urbanisme et de construction de logements dans lequel l'État s'est lancé.

## Un « Maghreb des villes », demain

Un Maghrébin sur deux est pratiquement aujourd'hui citadin. Les taux d'urbanisation, difficiles à établir du fait de méthodes statistiques différentes et de recensements non contemporains, sont en effet de l'ordre de 43 % pour le Maroc, 47 % pour l'Algérie, 53 % pour la Tunisie. Plus qu'une évolution, c'est une « explosion urbaine »[2] qui caractérise le Maghreb, si l'on songe qu'il y a moins d'un quart de siècle le Maroc ne comptait que 29 % d'urbains et la Tunisie, tôt urbanisée, à peine plus de 40 %.

Cette explosion ne se manifeste pas seulement par le nombre des citadins, mais par la densification de l'habitat en ville, l'étalement des couronnes périphériques, les modes de vie et de consommation transformés, l'ampleur des mouvements pendulaires domicile-lieu de travail, la floraison des mosquées publiques et privées en toutes sortes de quartiers, des habitudes culturelles et sociales définitivement marquées du sceau urbain.

Le Maghreb dispose depuis de longs siècles de traditions urbaines et la « citadinité » y est un caractère fort anciennement reconnu. Mais jamais le modèle urbain, l'espace urbain, le nombre des villes n'avaient été aussi importants qu'en cette fin de siècle.

Le fait urbain est inégalement diffusé dans les territoires maghrébins. Avant tout littoral, il juxtapose une « megalopolis atlantique marocaine », qui totalisera 5 millions d'habitants dans les mois à venir, des constellations de villes dans l'intérieur du Maroc, en Oranie, dans l'Est algérien, un puissant pôle algérois et enfin un « arbre urbain tunisien » qui se confond étroitement avec le littoral méditerranéen oriental de ce pays (cf. fig. 24, pp. 154-155 de cet ouvrage).

Les nuances sont également nombreuses dans la mise en place de ces différentes armatures de villes.

Au Maroc, sur le réseau des villes anciennes, le Protectorat a greffé ses relais, dont Casablanca est le plus bel exemple et, depuis l'Indépendance, la poussée urbaine s'est amplifiée. Nourries de l'exode rural et, de plus en plus, des migrations interurbaines, de grosses cités marocaines se dressent donc sur un fond de campagne et s'appuient essentiellement sur le tertiaire et sur un secteur secondaire non structuré où l'artisanat tient une grande place.

En Algérie, les avatars de la colonisation (975 « villages de colonisation » créés de toutes pièces, opération de « regroupements » pendant la guerre d'Indépendance), l'énorme afflux vers les villes (2,5 millions de personnes de 1962 à 1972) qui a succédé à la période autoritaire de fixation coloniale, enfin la promotion administrative et industrielle de nombreux petits centres, dans le cadre d'une politique de desserrement beaucoup plus que d'une réelle décentralisation, ont énormément renforcé le poids de l'urbain. Disons, de plus, que le modèle urbain officiel (que les villages socialistes de la révolution agraire représentent parfaitement) a rencontré les aspirations d'une population fortement déracinée par les années de guerre et entraînée, ensuite, dans une course au développement et à la modernisation.

La Tunisie, forte d'une très ancienne histoire urbaine, a développé une armature de villes rapprochées, omniprésentes à travers le territoire et éléments de référence spatiale et économique pour les habitants du Nord peuplé aussi bien que du Sud plus vide. Le poids de Tunis demeure très fort, mais, comme on le verra dans ce livre (dernière partie), connaît une progression démographique affaiblie, relativement aux autres villes. Le renforcement d'une Tunisie urbaine littorale est un phénomène tout aussi important que la prééminence de la capitale.

---

2. Ceci constitue le titre du numéro spécial (n° 96) de la revue *Maghreb-Machrek* (avril-juin 1982, La Documentation Française, Paris), dont les auteurs sont les mêmes que ceux de cet ouvrage. Nous reprenons d'ailleurs, ici, des éléments qui figurent dans l'Introduction de ce numéro (J.F. TROIN, pp. 5-18).

Par des voies différentes, les trois pays du Maghreb aboutissent à une urbanisation rapide et puissante, où les facteurs de centralisation l'emportent encore sur les efforts de régionalisation. Ceci entraîne de nombreux déséquilibres sur lesquels ce livre fournit de multiples exemples (consommations en eau, en terres agricoles, mobilité des hommes, ravitaillements en produits alimentaires, etc.). Les problèmes urbains s'imposent déjà comme une priorité aux aménageurs et aux planificateurs chargés de fixer les trames du Maghreb de l'an 2000.

La diversité de ce Maghreb, dont nous venons de rappeler quelques éléments, ne saurait faire oublier les incontestables traits d'homogénéité et de solidarité. L'appartenance au Monde arabe, le rôle de l'Islam, l'importance des relations entre nations maghrébines et pays de l'Orient arabe (flux de main-d'œuvre vers le Golfe, investissements et capitaux venus du Golfe, diffusion culturelle, notamment du livre, à partir de Beyrouth ou du Caire vers le Maghreb), tout ceci scelle davantage chaque année ces trois nations dans l'ensemble arabe. En même temps, ces trois pays, les plus proches de l'Europe, cherchent à établir avec les nations et les gouvernements européens des relations originales, faisant table rase des lourds rapports de domination nord-sud qui s'exercèrent si longtemps sur eux.

A l'heure de l'élargissement de la Communauté économique européenne que, non sans raison, les nations maghrébines redoutent quelque peu, il n'était pas inutile de présenter au public français et francophone ces pays à la fois si proches et si différents. A l'heure des décolonisations achevées, il était temps de faire connaître aussi, aux Maghrébins, la vision de l'autre rive, celle des géographes français, spécialistes de ce domaine, aujourd'hui.

Jean-François Troin

*Les photographies illustrant cet ouvrage visent à présenter les transformations les plus marquantes apportées à la vie des hommes et dans l'aménagement des espaces au Maghreb.*

*Les termes arabes et berbères utilisés dans l'ouvrage et imprimés* en italique *sont définis dans le glossaire, pp. 351-353.*

PREMIÈRE PARTIE

# Mise en valeur et aménagement du milieu naturel

par Gérard Maurer

Dans les pays maghrébins, toute mise en valeur et aménagement suppose plus qu'ailleurs la prise en compte des potentialités mais aussi des nombreuses contraintes d'un milieu naturel particulièrement fragile. Il est aussi tentant d'associer l'étude du cadre physique et celle des sociétés qui y vivent car leurs relations sont étroites, même si elles ne sont pas toujours simples. Pendant longtemps les hommes ont cherché à adapter leur mode de vie aux conditions de ce milieu, retenant des solutions souvent ingénieuses dont certaines se sont maintenues jusqu'à nos jours; mais ils sont également responsables de graves perturbations. Depuis les dernières décennies, les pays maghrébins connaissent des bouleversements économiques et sociaux considérables; pour faire face à ces données nouvelles sont mises en œuvre des politiques de développement ayant comme objectif principal un contrôle efficace et une utilisation rationnelle des ressources naturelles.

Les recherches fondamentales et appliquées des spécialistes de toutes disciplines apportent leur contribution à la connaissance du milieu physique; les thèmes à l'ordre du jour sont multiples : prospection minière, étude de la sécheresse et de ses manifestations, bilan des ressources en eau, amélioration des sols et des cultures, protection du patrimoine végétal et animal, lutte contre l'érosion. Les géographes ne restent pas à l'écart de ces préoccupations, mais plus encore que les autres chercheurs insistent sur les rapports souvent subtils entre l'homme et son environnement, objet de plusieurs colloques et publications collectives récentes; des études plus précises analysent les processus de l'érosion en liaison avec certaines formes de mise en valeur; les activités humaines dans plusieurs milieux originaux, montagnes, steppes, ont donné lieu à de remarquables travaux de synthèse, accompagnés de propositions positives; dans le cadre de l'aménagement de l'espace et de la planification agricole, des recherches insistent sur le rôle de la zonation physique.

Les marges africaines de la zone tempérée portent les marques de quelques traits physiques majeurs; de nombreuses nuances de détail permettent cependant de définir l'originalité de plusieurs milieux naturels; désert, steppe, montagnes atlasiques, plaines et montagnes telliennes, franges littorales sont ainsi des cadres de vie spécifiques. Les propositions de mise en valeur ne sont pas faciles, car les interactions entre les conditions naturelles et les initiatives humaines sont en constante évolution.

Chapitre **1**

# LES CONTRAINTES ET LES POTENTIALITÉS DU MILIEU NATUREL

## 1. CONTRASTES ET ORGANISATION DU RELIEF

Les grands ensembles de terrain, plaines, plateaux, montagnes se différencient par leur altitude absolue et relative, l'importance du creusement des vallées et la valeur des pentes; la place qu'ils occupent, leur disposition, l'organisation du réseau hydrographique sont des facteurs déterminants pour l'occupation humaine.

### 1.1. Juxtaposition du bourrelet montagneux maghrébin et de la basse plate-forme saharienne

Dans son ensemble le Maghreb est un domaine des hautes terres, large de 300 à 400 km et allongé sur plus de 2 000 km (fig. 1). L'altitude moyenne est élevée : 800 m au Maroc, 900 m en Algérie. Les montagnes couvrent un bon tiers de l'espace; beaucoup sont voisines de 2 000 m, plusieurs atteignent 3 000 m et les jbels Toubkal et Mgoun, dans le Haut Atlas marocain, culminent respectivement à 4 165 m et à 4 071 m. De hautes plaines situées au-dessus de 1 000 m s'étalent du Maroc oriental à l'Algérie centrale.

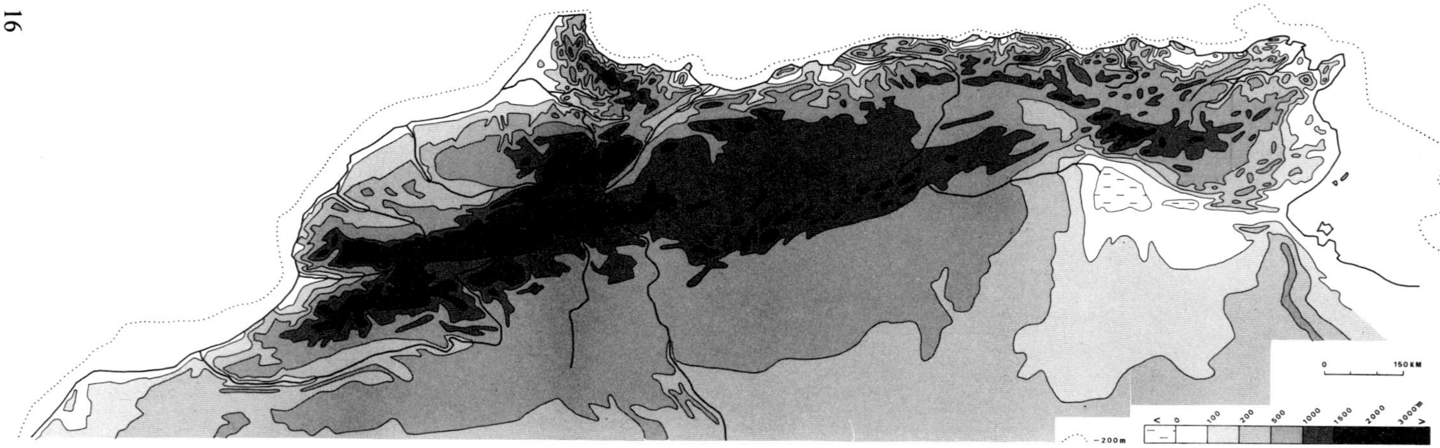


Fig. 1. — LE MAGHREB, CARTE HYPSOMÉTRIQUE.

Inversement les régions basses, inférieures à 500 m, sont relativement limitées et les plaines de moins de 200 m très réduites. Ce bourrelet de hautes terres fait partie du domaine des chaînes méditerranéennes récentes, d'âges secondaire et tertiaire, plaquées contre le vieux bâti africain.

L'organisation générale du relief est tout autre au Sahara où d'immenses étendues de plaines ou de bas plateaux, s'étalant sur 1 500 km du nord au sud et 3 000 km de l'ouest à l'est, s'opposent à l'important massif isolé de l'Ahaggar, culminant à près de 3 000 m; l'altitude moyenne ne dépasse pas 500 m et au N.E., la grande cuvette du Bas-Sahara s'abaisse même au-dessous du niveau général des océans. La présence d'un socle précambrien explique la monotonie et l'ampleur des paysages. Le contact avec le bourrelet montagneux du Nord est net, souligné par des accidents topographiques relativement continus de l'Atlantique au golfe de Gabès.

### 1.2. Opposition entre un étroit liseré littoral et un vaste domaine continental

Le littoral se développe sur plus de 3 000 km; il est accidenté sur la façade nord méditerranéenne par des baies largement ouvertes, encadrées de promontoires dont les plus imposants sont le cap Bon et la péninsule tingitane; son tracé est dans l'ensemble plus régularisé sur les côtes tunisienne orientale et marocaine atlantique. Il s'agit d'un domaine limité dans l'espace. Les basses plaines littorales sont étroites, souvent discontinues et la montagne tombe brutalement dans la mer en de nombreux secteurs, rendant la circulation difficile, sinon impossible le long des rivages. En mer, la disposition topographique n'est guère plus favorable; la plate-forme continentale jusqu'à −200 m, privilégiée par sa flore et sa faune marines, n'a en moyenne que 20 km de largeur sur la façade méditerranéenne nord; plus étroite au droit des massifs élevés, elle s'élargit face aux plaines littorales. Cette plate-forme est plus ample sur la façade atlantique, accidentée cependant par des rides et des sillons pré-littoraux; elle s'étale très largement devant les côtes orientales de Tunisie où les hauts-fonds sont des lieux de pêche très recherchés.

Par opposition à ce liseré littoral, façade naturelle des trois pays du Maghreb vers l'extérieur, le domaine continental apparaît immense, massif, élevé; il est souvent d'accès difficile à partir de la côte mais ses rapports avec les contrées sud-sahariennes ont toujours été très étroits.

### 1.3. Des reliefs contrastés

— **Les massifs montagneux** sont nombreux et bien individualisés. Leurs sommets, plus ou moins élevés, présentent des formes lourdes, restes de hautes topographies démantelées par l'érosion; les crêtes acérées, les pics, les aiguilles sont rares. Le bâti structural, constitué de roches résistantes, apparaît sur les longs versants en pente forte. Les montagnes dominent ainsi les plaines voisines de plusieurs centaines, voire de plusieurs milliers de mètres.

— S'il y a de basses **plaines** dans les régions littorales ou au Sahara, d'autres sont perchées à plus de 500 m ou de 1 000 m comme celles d'Algérie occidentale et centrale, dominées par deux alignements montagneux. La majeure partie des plaines et des bassins résulte de l'accumulation de matériaux détritiques d'âge récent fini-tertiaire ou quaternaire et dans l'ensemble peu résistants. Aux contrastes topographiques entre plaines et montagnes s'ajoutent ainsi des contrastes lithologiques.

— **Les plateaux** entaillés par de profondes vallées et limités par des talus, sont moins fréquents. Surfaces d'érosion ou surfaces stucturales correspondant à l'affleurement de bancs rocheux résistants sont ici prépondérantes. Ces formes tabulaires prennent une grande extension dans le Plateau Central marocain et au Sahara avec les *hamada* ou les *tassili* gréseux auréolant le massif de l'Ahaggar.
— Au contact des montagnes et des plaines, **les piémonts** constituent un secteur particulièrement original par la variété des formes du terrain et par l'attrait exercé sur les hommes. Ils occupent en Afrique du Nord une place considérable que ce soit en bordure des hautes plaines ou au pied des principaux massifs montagneux.

### 1.4. Le compartimentage et l'organisation du relief

La disposition des principales unités du relief montre un compartimentage croissant du sud au nord dans les trois grands domaines structuraux, saharien, atlasique et tellien, ainsi que la prépondérance d'une organisation longitudinale au moins au Maghreb.

Dans le **secteur saharien** qui représente à lui seul 5 à 6 fois la superficie des deux autres domaines, on observe quelques grands ensembles régionaux (fig. 3, p. 38). Le massif de l'Ahaggar, relèvement vigoureux du socle au cœur du désert, limité au nord et à l'est par les hauts plateaux gréseux des *tassili,* forme un ensemble montagneux imposant plus par son étendue, 500 km de diamètre environ, que par ses altitudes absolues, 2 918 m à l'Atakor. Partout ailleurs règne la monotonie des régions basses; au S.O. les grandes dépressions dont celle de la Saoura inférieure, s'organisent autour du léger bombement de l'Eglab; au N.E. la grande cuvette du Bas-Sahara, encadrée de plateaux, s'abaisse lentement vers le nord et atteint ses points les plus bas, – 26 m au *chott* Melrhir, au pied de l'Aurès; au nord de longs piémonts adossés aux montagnes maghrébines s'abaissent de 1 000 m jusqu'à moins de 500 m vers le sud prolongés localement du Mzab au Tademaït par une dorsale de bas plateaux; au N.O. les plateaux des *hamada,* isolés des montagnes par le bassin du Tafilalet et par la basse vallée du Draa, se poursuivent par les hauteurs du pays Zemmour dominant une large plaine littorale. Cette ample et simple organisation du relief reflète la structure d'une plate-forme précambrienne rigide, surmontée de couches sédimentaires où prédominent les formations continentales : primaires surtout gréseuses, secondaires du Continental intercalaire mais qui comptent aussi du Crétacé marin calcaire, tertiaires avec le Continental terminal néogène, détritique et lacustre. Des gondolements et des ondulations, accompagnés localement de montées volcaniques, sont à l'origine de la mise en place des grands compartiments du relief : soulèvement du socle et érosion de la couverture ou bien conservation d'épaisses séries sédimentaires dans de vastes bassins où les couches ne sont guère dérangées. Cette disposition structurale explique la richesse en aquifères profonds et en hydrocarbures de ces dépressions nord-sahariennes. Les régions orientales plus contrastées topographiquement avec le massif de l'Ahaggar et la cuvette du Bas-Sahara sont aussi les plus riches; l'opposition est grande avec les reliefs uniformément bas et les moindres potentialités de l'Ouest malgré des gisements de fer et de phosphates. Partout cependant, en dépit de la prédominance des larges horizons subhorizontaux, les formes superficielles du terrain s'ajoutant à la nature désertique du milieu multiplient les obstacles à la circulation : alignements d'escarpements rocheux, surfaces caillouteuses des plateaux et des *hamada* bordées par des talus à corniches, réseau de ravins dans le pays des *chebka* au Mzab, sols et nappes d'eaux salés dans les dépressions des *chott,* accumulation des sables surtout impressionnante dans les ergs, Grand Erg occidental installé au sud du piémont atlasique entre la Saoura et le plateau du Mzab, Grand Erg oriental occupant la plus grande part de la cuvette du Bas-Sahara.

L'organisation du relief est plus complexe dans les hautes terres maghrébines avec le quadrillage des montagnes et des plaines atlasiques et le morcellement du domaine tellien (carte hors-texte). Les compartiments de relief sont encore de taille respectable dans le **domaine atlasique;** plus de vastes bassins sédimentaires comme au Sahara, mais des régions de plaines ou de plateaux, à structure subhorizontale, séparées par des montagnes plissées aux formes lourdes. Ce domaine est constitué d'un socle, d'âge hercynien, ayant plus ou moins bien conservé sa couverture sédimentaire marine ou continentale et de chaînes récentes nées à l'emplacement de sillons de sédimentation. Ses limites méridionales correspondent au grand alignement des reliefs dominant directement le piémont ou les bas pays sahariens; au S.O. du Maroc cependant, les montagnes de l'Anti-Atlas et du J. Sarhro à plus de 2 500 m sont encore des panneaux du vieux socle saharien soulevés en bloc, contrecoup de la crise orogénique responsable de la mise en place des chaînes atlasiques voisines tandis que l'imposant édifice volcanique du Siroua avec ses 3 300 m isole la dépression du Souss de celle du Dadès. Au nord de ces bastions montagneux débute l'alignement majeur des reliefs atlasiques; se succèdent ainsi la majestueuse barrière du Haut Atlas qui dépasse 4 000 m, les chaînes plus modestes, aérées et discontinues, de l'Atlas saharien algérien : monts des Ksour, du jbel Amour, des Ouled Naïl, enfin le bloc des hautes terres de l'Est avec l'Aurès culminant à 2 329 m au Chélia et les Nementcha.

Au nord de cet alignement, on retrouve la disposition longitudinale dans une suite de plaines ou de plateaux isolés transversalement par des systèmes montagneux. A l'ouest, le Plateau Central marocain, morceau du socle, s'élève jusqu'à 1 000-1 200 m, découpé par des vallées profondes de plusieurs centaines de mètres; il sépare les plaines et les bas plateaux atlantiques, du Tensift et de l'Oum-er-Rbia des pays du Sebou. Au centre, un vaste ensemble de hautes plaines constitue le domaine le plus homogène de tout le Maghreb; allongées sur plus de 800 km, elles s'abaissent de 1 200 m dans le Maroc oriental jusque vers 400 m dans le bassin du Hodna. Plus large et plus élevé, le secteur orano-marocain est aussi le plus continu, malgré l'existence d'étroits chaînons sur ses marges méridionales et la présence dans sa partie médiane des cuvettes des deux *chott* Chergui et Rharbi; des montagnes et de hauts plateaux de structure atlasique les dominent au nord. Le secteur algérois, plus bas, plus étroit, est morcelé par les chaînons des Seba Rous et les bassins des Zahrez et du *chott* el Hodna. Plus à l'est, les hautes plaines constantinoises, relevées à près de 1 000 m, sont cloisonnées par des alignements de reliefs discontinus qui déterminent une juxtaposition de bassins bien individualisés, organisés autour des dépressions fermées, les *sebkha* ou *garaa*. En Tunisie enfin, les Hautes et les Basses Steppes constituent deux derniers paliers de bassins et de plaines jusqu'aux rivages méditerranéens.

La continuité de ces plaines et plateaux atlasiques est limitée par trois séries de reliefs transverses bien différents les uns des autres. A l'ouest, la large barrière du Moyen Atlas tabulaire et plissé atteint 3 340 m au Bou Nassere et domine le bassin de la moyenne Moulouya situé à moins de 1 000 m. Au centre, les monts du Hodna et leur prolongement établissent une nouvelle cloison moins élevée, moins large et moins continue cependant que le système moyen-atlasique. A l'est des hautes plaines constantinoises, un dernier obstacle est constitué de moyennes montagnes et de bassins élevés, zone structuralement confuse limitée par les hauteurs de la Dorsale tunisienne culminant vers 1 500 m; des dépressions transverses facilitent cependant le passage vers les steppes tunisiennes.

Mis en place plus tardivement et plaqué contre les régions atlasiques, le **domaine structural tellien** comprend deux éléments : les restes discontinus d'un vieux bourrelet constitué d'éléments de socle et de leur couverture et des matériaux plus récents accumulés dans plusieurs sillons de sédimentation. L'extrême variété lithologique ainsi que la tectonique tertiaire responsable lors des plissements de la superposition des nappes de charriages et de la multiplication des chevauchements, expliquent la complexité structurale et l'intense morcellement topographique de détail. Des déformations tardives, soulèvements et abaissements des différents compartiments, mettent un peu d'ordre dans ce domaine où apparaît, comme dans les régions atlasiques, une certaine organisation longitudinale du relief.

Au Maroc et en Tunisie, la disposition est relativement simple puisque des montagnes bordent directement la Méditerranée tandis que sur leurs versants méridionaux s'étendent des reliefs plus modestes et des plaines alluviales très basses. A l'ouest, le domaine tellien s'étale largement; l'arc rifain atteint 2 452 m au J. Tidirhine mais s'abaisse et se morcelle dans les pays de la basse Moulouya en quelques plaines littorales ou intérieures; il domine les basses montagnes ou collines prérifaines découpées par les longues vallées alluviales de l'Ouerrha et du Sebou qui se rejoignent dans la basse plaine du Rharb, tandis que celle de l'Inaouenne mène à la trouée de Taza; le couloir des plaines élevées de Meknès et de Fès appartient déjà au domaine atlasique. En Tunisie, l'écran montagneux plus étroit, bas et morcelé, de la Kroumirie, des Mogod et des reliefs méridionaux, borde les couloirs alluviaux de la Medjerda moyenne et inférieure et domine à l'est de basses plaines littorales.

Dans le secteur central, en Algérie, l'ordonnancement général du paysage est bien plus complexe puisque des alignements souvent discontinus de montagnes et de dépressions se succèdent du nord au sud. Une première série de reliefs borde la Méditerranée; elle débute par des hauteurs modestes dans la région d'Oran, se poursuit par le Dahra, les monts de Miliana et de Blida, la Grande Kabylie dominée par la crête dentelée du Djurdjura (2 305 m) et les montagnes de Petite Kabylie bordées par les reliefs de la chaîne calcaire atteignant encore 2 000 m dans les Babor. De petites plaines littorales ou sub-littorales très basses, réparties en trois ensembles, interrompent cette continuité orographique : plaines de la Mleta près d'Oran, de la Macta, du bas Chélif à l'ouest, Mitidja et ses annexes vers le bas Isser et le bas Sebaou au centre, plaines isolant le massif de l'Edough et se prolongeant d'Annaba jusqu'au-delà d'El Kala à l'est. Ailleurs, de très modestes plaines, isolées, ponctuent le littoral à Bejaïa, Jijel, Collo ou Skikda.

Un second alignement montagneux débute près de la frontière marocaine avec les massifs des Beni Snassene et des Trara, se poursuit par les monts plus bas et échelonnés du Tessala et des Beni Chougrane, se prolonge par les compartiments intérieurs, plus imposants et élevés, de l'Ouarsenis (1 985 m), du Titteri et des Biban; à l'est, ces reliefs sont relayés par des massifs isolés au nord de Sétif puis plus continus dans les monts de Constantine et de la Medjerda. De multiples plaines ou bassins intérieurs accompagnent ces montagnes. Au centre, un long sillon de 400 km, interrompu pourtant dans la région de Médéa, est installé au contact des deux alignements montagneux telliens; il est occupé à ses deux extrémités par les vallées moyennes du Chélif et de la Soumman, à moins de 300 m d'altitude. A l'ouest, des dépressions, en position méridionale, plus élevées aussi, sont situées au contact même des reliefs atlasiques : plaines d'Oujda-Maghnia, de Tlemcen, de Sidi-Bel-Abbès et de Mascara. A l'est, des bassins modestes et isolés, Mila, Constantine, Guelma, trouent les reliefs telliens. En dépit de cet intense morcellement topographique, l'opposition reste partout sensible entre les montagnes et les très basses plaines d'un Tell maritime et les massifs et les bassins en moyenne plus élevés et difficiles d'accès d'un Tell intérieur, au climat plus continental.

## 1.5. La médiocre organisation du drainage

Le réseau hydrographique, par sa structure, par l'abondance de son écoulement, peut être un facteur important d'organisation de l'espace; les exemples sont nombreux, même dans le Bassin méditerranéen. Ce n'est cependant pas le cas au Maghreb pour de multiples raisons. La part du drainage endoréïque est loin d'être négligeable, même sans tenir compte des espaces sahariens; les bassins fermés, nombreux dans les régions intérieures comme les hautes plaines algériennes, se retrouvent jusque dans les régions littorales, plaines atlantiques du Maroc, plaines méditerranéennes avec les *sebkha* d'Oran, de Tunis ou celles des basses steppes tunisiennes. Quant aux oueds, ils sont courts, atteignent rapidement la mer ou se perdent dans les bassins fermés. Rares sont ceux dont la longueur approche ou dépasse 500 km; à part le Chélif, ils sont tous marocains : Oum-er-Rbia, Sebou, Moulouya ou Draa. Les tracés sont pour la plupart linéaires en l'absence d'un véritable réseau hiérarchisé. La discontinuité spatiale est de règle et les principaux organismes résultent d'une juxtaposition de sections, d'aspect topographique et d'orientation contrastés, d'où les toponymes successifs utilisés de l'amont à l'aval pour le même cours d'eau; les Oueds Touil et Nahr Ouassel se traînent sur les hautes plaines algériennes avant de rejoindre, par un tracé encaissé, les larges plaines alluviales où le Chélif dessine ses méandres. Gorges et vallées évasées alternent ainsi jusqu'à proximité des rivages. Les irrégularités mais aussi les interruptions de l'écoulement dans l'année comme dans l'espace, malgré des crues qui donnent l'illusion très brève d'une certaine continuité, soulignent encore plus l'inorganisation du drainage.

De cette rapide description du relief, il ressort que le Maghreb est d'abord **un pays de montagnes plus ou moins élevées** souvent entaillées par de profondes vallées, aussi bien sur les façades maritimes que sur le rebord saharien; les versants sont longs et les pentes fortes. Difficiles à pénétrer, les montagnes ont joué un rôle important tout au long de l'histoire; elles sont en effet autant d'obstacles franchis en quelques passages privilégiés, contrôlés autrefois par des forteresses ou des tribus entreprenantes, mais la gêne qu'elles opposent à l'établissement de voies de circulation modernes est considérable; elles restent également des milieux de vie traditionnels.

Le Maghreb est aussi un **pays de hautes terres, froides l'hiver,** facteur limitant qui élimine très rapidement bon nombre de plantes cultivées, agrumes, canne à sucre, oliviers, reléguées dans les régions basses.

**La pénétration à partir des littoraux** vers l'intérieur et plus particulièrement vers ces hautes terres **n'est guère aisée;** les quelques grands oueds ne sont pas navigables malgré les tentatives amorcées sur le Sebou inférieur au début de la période coloniale. L'obstacle du relief est souvent immédiat : par exemple la Mitidja est isolée et les routes qui mènent vers le sud doivent soit emprunter les gorges de l'Oued Isser, de la Chiffa ou de l'Oued Djer, soit escalader par des tracés difficiles les monts de Blida; les complications ne cessent pas pour autant car la Nationale 1 se hisse près de Médéa jusqu'à 1 200 m au col de Ben Chicao, bien souvent perdu dans les neiges et les brouillards hivernaux.

**Le compartimentage topographique ne facilite pas les communications interrégionales.** Certes la circulation zonale tire profit de la disposition sensiblement longitudinale des unités de relief, utilisant les plaines et les bassins intérieurs telliens malgré leur discontinuité ou les routes de piémont situées sur les bordures des hautes plaines ainsi qu'au pied des versants sahariens de l'Atlas. Mais les communications méridiennes rencontrent de multiples obstacles avec la succession des chaînes telliennes ou atlasiques, les profondes coupures des vallées du Plateau Central marocain, les alignements de *sebkha,* des *chott* ou des systèmes dunaires. Peu nombreuses sont les voies de pénétration aisée de la Méditerranée au désert, soumises à quelques points de passage obligés. Cependant, aux deux extrémités, les plaines littorales, plus vastes et continues, attirent les hommes et la circulation.

## 2. LES MARQUES DE L'ARIDITÉ

L'aridité, tyrannique au Sahara, règne aussi dans tout le Maghreb; même les quelques régions humides où la moyenne annuelle des précipitations paraît élevée, n'échappent pas à son emprise, ne serait-ce que pendant quelques mois de l'année. Cette aridité, définie par des valeurs chiffrées, se traduit dans les paysages par des aspects qualitatifs immédiatement perceptibles : physionomie du couvert végétal, originalité des sols, nature de l'écoulement, types de cultures. Elle introduit par son intensité et sa durée une division de l'espace maghrébin que les termes aride, sub-aride, semi-aride, sub-humide, tentent d'exprimer et de définir. Elle impose à l'homme et à ses initiatives des contraintes sévères et peut même entraîner des catastrophes.

Des manifestations climatiques excessives, hausses ou baisses anormales des températures, violence des vents, concentration et brutalité des abats d'eau, aggravent la déficience des précipitations : **la sécheresse est bien une menace constante.**

Les sources du mal sont connues. Le Maghreb, situé aux marges extrêmes du domaine tempéré méditerranéen, largement ouvert sur le Sahara, est rattaché, pendant l'été, au domaine subtropical où règnent les hautes pressions responsables du plus grand désert chaud du monde. Les masses d'eau atlantique et méditerranéenne sont certes source d'humidité et de modération des températures mais ces voies privilégiées pour le passage des perturbations tempérées ne sont utilisées que pendant le reste de l'année; le relief et la massivité de l'Afrique du Nord en limitent très rapidement les effets bénéfiques à une frange littorale.

## **2.**1. Un climat méditerranéen aux marges du désert

L'alternance d'une saison sèche et chaude et d'une saison humide, fraîche ou froide, rythme l'année. La sécheresse de l'été dure généralement de 3 à 5 mois, de juin à septembre, mais dépasse 6 mois dès le sud du Maghreb; les précipitations sont nulles ou tout à fait exceptionnelles sauf sur les hautes terres intérieures où des orages éclatent en fin d'été. Mis à part les littoraux, la moyenne mensuelle des températures en cette saison est élevée, supérieure à 20° et, dans de nombreuses stations, le mois le plus chaud approche 28° et 30°. L'été n'est cependant pas une saison continûment très chaude car les températures dépendent pour une bonne part de l'origine des masses d'air; les journées sont supportables, parfois fraîches en altitude au Maroc par vent d'ouest, le *rharbi;* la chaleur est par contre accablante lorsque soufflent les vents d'est ou du sud, *chergui* au Maroc, *siroco* et *guebli* en Algérie et en Tunisie, apportant l'air surchauffé et sec des hautes terres intérieures ou des régions sahariennes jusque sur les montagnes et les plaines littorales, rendu encore plus brûlant dans ces dernières par des effets de foehn : les maximums extrêmes dépassent largement les 40°. Ces coups de chaleur qui se prolongent durant plusieurs jours ou plusieurs semaines sont difficiles à supporter. L'été est naturellement la grande période d'arrêt de la végétation; les espèces annuelles ou vivaces se dessèchent et meurent et les cultures non irriguées survivent difficilement; une livrée désertique couvre le pays, marquée uniformément par les couleurs vives des terres nues. Le sol alimente des vents de poussières, tandis que s'installe sur les terres plus lourdes un réseau de profondes et larges fentes de dessication. Le Maghreb est à cette saison une véritable annexe saharienne.

Avec l'arrivée des pluies d'automne débute l'année agricole, prolongée jusqu'au printemps et marquée par une succession plus ou moins régulière de périodes de beau temps sec et frais et de passages pluvieux très attendus. Après le retrait vers le sud de la barrière anticyclonique subtropicale, le régime perturbé de type tempéré atteint le Maghreb. Deux situations sont prépondérantes. Dans un cas domine une circulation d'ouest; venues de l'Atlantique, les perturbations gagnent la Méditerranée occidentale; les abats d'eau sont considérables sur les versants océaniques marocains et reprennent avec une abondance moindre sur la frange littorale N.E. maghrébine. Dans le cas d'une circulation méridienne, les courants perturbés du Nord, après avoir traversé la Méditerranée abordent de front les reliefs du Maghreb oriental et, à la rencontre de masses d'air plus chaud, donnent des précipitations importantes; le refroidissement est sensible.

Le mécanisme qui règle ainsi la distribution des précipitations n'est donc pas toujours le même à l'ouest et à l'est du Maghreb, ce qui explique qu'à de bonnes années agricoles marocaines correspondent souvent de mauvaises récoltes en Algérie et en Tunisie et inversement. Mais il y a aussi en saison hivernale des périodes de calme anticyclonique, avec généralisation d'un temps ensoleillé et froid.

Le nombre de jours de précipitation est au total faible : 60 à 70 en moyenne, 100 à 120 pour les secteurs les plus arrosés, mais à peine une trentaine pour les régions proches du désert. Les précipitations ont un régime à maximum d'hiver, mais les nuances sont nombreuses; très souvent à l'intérieur des terres se succèdent deux maximums, celui d'automne, le plus important, débutant par de fréquents orages et celui de février-mars; à l'ouest, l'arrivée de la pluie est plus tardive à l'automne. A part quelques secteurs privilégiés où les hauteurs d'eau annuelles sont considérables, les précipitations moyennes sont dans l'ensemble bien modestes puisque dans la plus grande partie de l'espace maghrébin, elles sont comprises entre 200 et 600 mm, se répartissant à peu près également de part et d'autre de l'isohyète de 400 mm qui représente la limite au-dessous de laquelle les cultures pluviales deviennent aléatoires. Comme les températures sont fraîches, l'évaporation est réduite et la végétation profite largement de cette humidité hivernale : c'est la grande saison agricole. Mais les froids peuvent être vifs et prolongés. Le gel est fréquent sauf sur quelques étroites franges côtières qui donnent au premier abord une fausse illusion de pays chaud et de larges possibilités de cultures. En situation continentale et en altitude, le nombre de jours de gel s'élève rapidement, atteint 30 à 45 sur les hautes plaines, dépasse plusieurs mois en montagne; trois grandes zones de froid occupent alors l'intérieur des terres : le bloc des montagnes et des bassins du Haut et du Moyen Atlas marocains, les hautes plaines algériennes de l'Ouest, les plaines constantinoises et le bastion des Aurès. Les minimums moyens du mois le plus froid descendent à 0° et au-dessous ce qui explique les valeurs absolues de −20° et même −27° enregistrées dans le Moyen Atlas. La neige fait son apparition chaque hiver jusqu'à basse altitude : les chutes sont fréquentes, même tardivement en saison, abondantes, et le manteau reste au sol plusieurs semaines ou mois sur les hautes montagnes. Le Maghreb est ainsi un pays où le froid est habituel, difficile à supporter lorsque soufflent les vents; il est responsable, en régions élevées, après la sécheresse de l'été, d'un second arrêt de la végétation et limite l'extension de bien des cultures. Les tempêtes de neige déciment les troupeaux mal abrités, isolent les chantiers forestiers, perturbent la circulation. Les froids humides provoquent dans les campagnes et dans les quartiers populaires des villes une brutale augmentation de la mortalité infantile, car les moyens utilisés pour se protéger sont souvent peu efficaces malgré la généralisation récente dans les maisons des hautes terres maghrébines du poêle et de la cheminée.

Ce rythme climatique annuel se retrouve cependant modifié dans le domaine désertique saharien. Les rares précipitations se font en saison fraîche, sauf dans les montagnes de l'Ahaggar, arrosées par quelques éclaboussures des pluies tropicales d'été; mais partout les hauteurs d'eau recueillies sont très modestes et la saison sèche occupe en fait l'année entière. Les températures restent par contre un facteur de différenciation important; les très fortes amplitudes annuelles font de l'hiver saharien une saison relativement agréable, mais les étés sont accablants.

**Plus que la succession des saisons, les irrégularités et les excès marquent profondément le climat au Maghreb;** les sécheresses avec leurs conséquences désastreuses, les précipitations abondantes se traduisant par des inondations possibles partout, même au désert, sont au total plus graves que les coups de froid ou de chaleur.

C'est toute la vie économique d'un pays qui est affectée par la sécheresse, réalité difficile à analyser et à définir car elle présente de multiples facettes. Les travaux récents des agronomes ou des hydrauliciens permettent de mieux la cerner. Il peut s'agir d'un déficit global des précipitations au cours d'une année agricole. Les dangers sont graves s'il s'agit de régions marginales où les moyennes sont normalement déjà faibles; quand elles sont de l'ordre de 300 ou 400 mm et que le déficit s'élève à 25 ou 30 %, ce qui est courant, la catastrophe est inévitable; inversement un excès pluviométrique de même ampleur assure des rendements très élevés. Il y a donc dans ce cas corrélation directe entre le total des pluies et les récoltes (Ph. JOUVE, 1983).

Dans les régions où la pluviométrie moyenne est nettement plus élevée, les menaces les plus sérieuses viennent des irrégularités intersaisonnières. La précocité des pluies d'automne permet une mise en culture rapide, d'où une récolte qui pourra se faire avant l'arrivée des grosses chaleurs de la fin du printemps; leur abondance assurera les besoins en eau en hiver, grâce au stockage de réserves dans les sols s'ils sont favorables; les pluies de printemps, de mars notamment, sont tout aussi importantes car elles surviennent à un stade critique du cycle végétatif : l'épiaison. Tout retard ou tout déséquilibre dans la répartition intersaisonnière est cause d'effondrement des rendements dans des régions pourtant renommées pour leur vocation céréalière.

La médiocrité des chutes de neige en montagne est tout aussi dommageable pour la mise en herbe des pâturages, comme pour la recharge des aquifères.

Les sécheresses prolongées, étalées sur plusieurs saisons agricoles, à plus forte raison sur plusieurs années consécutives, sont évidemment les plus graves. Elles sont au Maghreb des repères chronologiques souvent évoqués comme celle des années 1945-1946 où la famine fut aggravée par une épidémie de typhus. Plus récents sont les déficits pluviométriques dans les trois pays et plus particulièrement au Maroc pour les trois saisons agricoles successives : 1980-1981, 1981-1982, 1982-1983, provoquant la sécheresse la plus importante enregistrée depuis le début du XXe siècle (*Hommes, Terre et Eaux,* 1983). L'eau est rare partout; le niveau des nappes s'effondre, les sources tarissent, le débit des oueds baisse dangereusement. Les réserves hydriques des sols sont inexistantes; les récoltes sont très médiocres et les arbres, pourtant bien adaptés aux aléas du climat, perdent leur feuillage et meurent. L'économie des campagnes est dangereusement menacée, les fellahs vendent leurs troupeaux et abandonnent leurs terres pour se réfugier vers les grandes villes dans l'espoir de trouver un secours immédiat. On évalue à plusieurs dizaines de milliers le nombre de ruraux venus en quelques mois se réfugier dans les quartiers populaires de la seule ville de Casablanca. Mais les villes elles-mêmes ne sont pas épargnées; les usines de Tanger ont dû arrêter toute activité durant l'été 1983 par manque d'eau.

Les excès de précipitations sont également dommageables mais leurs effets, résultant d'anomalies météorologiques, pour spectaculaires qu'ils soient, sont plus limités dans le temps et dans l'espace. La brutalité et l'abondance des abats d'eau est un fait commun : les pluies de plus de 30 mm/24 h, considérées à ce titre comme torrentielles, sont habituelles dans toutes les stations; mais des valeurs de 100 à 200 mm sont enregistrées. L'eau dans ces conditions ne peut s'infiltrer; elle ruisselle et va rapidement grossir les oueds.

Plus grave encore est la persistance des chutes pendant plusieurs jours ou semaines lorsque les perturbations sont bloquées par les barrières montagneuses. A Ktama, dans les montagnes rifaines centrales, on totalise au cours de l'hiver 1962-1963, en 17 jours, 1 702 mm, la même année agricole ayant enregistré 3 173 mm (G. MAURER, 1968). L'automne 1969 est marqué en Tunisie centrale steppique par trois crises orageuses réparties en un mois, une fin septembre, les deux autres en octobre; elles provoquent des abats d'eau évalués à 800-900 mm, dont plus de 300 mm en 24 h. Les dégâts étaient à peine réparés que de nouvelles chutes d'eau catastrophiques ravageaient les mêmes contrées en mars 1973. Les régions désertiques ne sont pas épargnées; les oasis de la basse vallée du Ziz et du Tafilalet sont en partie détruites en novembre 1965 par une crue brutale.

Devant l'ampleur de ces incidents, tout particulièrement les sécheresses, il est tentant d'évoquer des modifications climatiques. Les récents travaux montrent qu'il n'en est rien (P. ROGNON, 1983). Tout au plus enregistre-t-on au Maghreb et au Sahara des séries d'années anormales, plus sèches, plus humides ou plus fraîches. Ces anomalies climatiques sont à mettre en rapport avec des dérèglements prolongés sur plusieurs années dans le déroulement habituel des saisons. Les dernières véritables crises climatiques, s'étendant sur de bien plus longues durées, plusieurs siècles, responsables de modifications visibles et quantifiables du milieu naturel, sont antérieures à notre ère.

### 2.2. Adaptation de la végétation à la sécheresse et inégale répartition des ressources en eau

Ce sont elles en effet qui traduisent le mieux et de façon spectaculaire le rôle déterminant de la sécheresse. Il est commun d'insister sur la spécificité des plantes méditerranéennes. **Les associations végétales et les espèces se répartissent en fonction de l'aridité croissante :** chênes verts, chênes-lièges avec leurs sous-bois caractéristiques peuplent les régions les plus humides; dans les milieux plus secs domine toute une gamme de conifères : pins d'Alep, thuyas, genévriers; d'autres cortèges floristiques plus xérophiles mêlent des arbres comme l'arganier, les acacias et le pistachier de l'Atlas presque jusqu'aux avant-postes du désert, et des plantes arbustives ou plus basses : jujubier, alfa ou armoise de la steppe. La rapide dégradation physionomique des formations végétales est encore plus évidente. Aux forêts denses, presque impénétrables, succèdent rapidement des boisements clairs tandis que diminue la hauteur des arbres et que s'accuse l'aspect souffreteux de leur port. Bientôt, à cause de l'insuffisance des ressources en eau, les arbres se font plus rares, remplacés par des arbustes et dans la steppe de larges plaques de sol nu isolent les touffes de végétation. Beaucoup de ces formations ont été, dans leur extension comme dans leur aspect, modifiées profondément par l'homme : la forêt décimée ou rognée de tous côtés fait place aux cultures ou à une formation basse secondaire plus ou moins dégradée, le matorral, garrigue ou maquis selon la nature des associations floristiques, elles-mêmes en rapport avec la composition calcaire ou siliceuse des sols; la steppe gagne aux dépens des forêts sub-arides. La « steppe en loques » du désert saharien, avec ses espèces xérophiles, éphémères ou vivaces, n'est qu'une couverture extrêmement lâche, marquée par une très grande discontinuité.

A cette dégradation de la végétation correspond une **gamme originale de sols.** L'évolution pédologique résultant de l'action conjuguée de la lithologie, de la couverture végétale, et des influences climatiques est ralentie, sinon annulée par la sécheresse; il en résulte, dans les régions où cette dernière est prolongée, des sols gris ou beiges, minces, peu diversifiés bien que fertiles. Cette uniformité s'estompe lorsque l'humidité s'accroît et que les couvertures végétales sont plus denses; apparaissent alors la série des sols rouges méditerranéens, les vertisols gris ou noirâtres de type *tell* ou *tirs*, les sols bruns forestiers; profonds, à profils plus différenciés, riches en humus, ils constituent un meilleur support agricole. Cependant dans les régions les plus arrosées, un lessivage prédominant donne des sols médiocres à tendance podzolique. Les sols pierreux ou installés sur roches dures, très répandus, sont difficiles ou même impossibles à cultiver. Très souvent aussi des accumulations anormales de calcaire, de gypse ou de sels, dissous et entraînés par l'eau, puis concentrés et déposés en des horizons privilégiés compliquent la mise en valeur agricole. Les sols salés avec leur végétation halophile prédominent dans les zones de *chott* disposées autour des *sebkha*, mais on les retrouve avec leur coloration blanchâtre dans bien des dépressions. Les sols à accumulation calcaire sont plus répandus; ils se présentent soit sous forme d'un encroûtement homogène, horizon meuble blanchâtre, soit en une croûte durcifiée ou carapace dont l'épaisseur varie de plusieurs décimètres à plus d'un mètre; cette dernière donne aux formes du terrain une rigidité remarquable mais nécessite un défonçage avant toute mise en valeur. Dans les régions les plus sèches, le gypse, plus soluble, concentré et emporté sous forme de poussières, alimente également des encroûtements. Une grande partie de ces sols n'est plus actuelle mais héritée, d'âge quaternaire; leur répartition géographique coïncidant cependant sensiblement avec les grandes divisions climatiques actuelles, les conditions de leur genèse ne devaient guère être différentes de ce qu'elles sont de nos jours.

**Les ressources en eau** dépendent évidemment du climat, à la fois dans leur répartition spatiale et dans l'évaluation de leur bilan saisonnier ou annuel. Les eaux superficielles sont, pour leur plus grande part, entraînées, par ruissellement et par écoulement torrentiels, vers la mer ou les bassins fermés; la violence des précipitations, les fortes pentes, l'importance des terrains imperméables, tels sont les principaux responsables de cette énorme déperdition. Il s'y ajoute cependant une très forte évaporation, plus directement perceptible sur les nappes d'eau stagnantes, eaux douces permanentes, ou temporaires comme les *daïa* ou les *merja*, ou les retenues artificielles des barrages. Les pénuries d'eau sont normales chaque été, saison des étiages ou des arrêts de l'écoulement; elles sont plus graves encore par sécheresse prolongée puisque les reports interannuels ne se font plus.

Les réserves en eau du sol, importantes pour la végétation naturelle comme pour les cultures, sont également conditionnées par la plus ou moins grande durée de la sécheresse. Des études montrent que dans les plaines du Maroc atlantique le report des stocks d'eau de l'automne au printemps dans des sols profonds permet la diversification des systèmes de cultures où alternent céréales d'hiver et maïs ou légumineuses d'été (A. Papy *et al.*, 1981). Au contraire, à précipitations comparables mais sans réserve d'eau par suite de la médiocrité des sols, la monoculture céréalière d'hiver est la seule possible, avec tous les aléas qu'elle comporte. Les techniques modernes tentent de trouver des solutions pour améliorer et préserver les réserves d'eau du sol; la jachère labourée, mise au point par la colonisation en Algérie avec destruction de la couverture herbacée, en est une; mais les effets en sont très discutables et mobilisent inutilement une grande part des superficies cultivables. L'entretien d'un horizon meuble permanent comme dans l'olivette sfaxienne pour empêcher toute remontée capillaire a l'inconvénient de faciliter l'érosion des sols.

Depuis longtemps les eaux souterraines sont largement utilisées au Maghreb. Sources et puits atteignant l'eau des nappes phréatiques peu profondes ont fixé les hommes et leurs activités. Mais les saisons ou périodes de sécheresse sont également durement ressenties. Les petites sources, éparses et de faible débit, sont rapidement taries; d'autres se maintiennent comme celles situées au pied des massifs calcaires, dans les lits superficiellement asséchés des oueds ou même dans certaines oasis sahariennes alimentées par des remontées de nappes profondes, dans le Bas-Sahara tunisien par exemple. Les puits de surface, nombreux dans les plaines alluviales, les couvertures détritiques des littoraux bas et les accumulations limono-argileuses au centre des bassins, bénéficient de réserves irrégulièrement alimentées et menacées par la multiplication des pompages. Seules les nappes profondes, situées à plusieurs centaines de mètres, échappent à l'emprise de la sécheresse; mais elles sont inégalement réparties et leur exploitation pose de nombreux problèmes techniques.

Bien des eaux, qu'elles soient superficielles ou profondes, sont salées, ce qui limite leur utilisation puisqu'elles sont impropres à la boisson et que leur emploi pour l'irrigation ne peut se faire sans précaution au-delà de 2 g/l; elles sont inexploitables pour l'alimentation et l'agriculture à 4 ou 5 g/l. La fréquence et la dispersion des terrains salifères ainsi que l'action d'une forte évaporation liée à l'aridité et à l'organisation déficiente du drainage sont les facteurs les plus importants de ce lourd handicap. Beaucoup de nappes phréatiques ou mêmes profondes sont ainsi inutilisables; quant aux eaux superficielles, qu'il suffise d'évoquer la richesse des termes pour désigner les nappes salées permanentes ou temporaires : *sebkha, chott, garaa, zahrez* ainsi que le nombre incalculable d'oueds *mellah.*

**L'aridité conditionne la vie humaine et économique au Maghreb,** à plus forte raison dans le désert saharien. C'est cependant dans l'exploitation des ressources naturelles, forêt, pâturages, ainsi que dans la mise en valeur agricole que cette contrainte est la plus immédiatement perceptible et que les adaptations de l'homme sont d'autant plus remarquables : place importante de l'arbre dans le système de culture, olivier, figuier, amandier, choix parmi les céréales de l'orge à cycle végétatif plus court pour les régions marginales, opposition enfin entre les régions de cultures pluviales et celles où les récoltes irriguées sont les seules assurées.

## 2.3. Des régions humides au désert

Le principe de la répartition de l'aridité est simple puisqu'elle s'accroît des rivages méditerranéens vers le sud; les montagnes, jusqu'à des latitudes méridionales, les influences marines sur les littoraux atlantique et oriental de Tunisie en atténuent cependant les effets. La carte des précipitations annuelles montre clairement cette dégradation puisque les valeurs extrêmes passent de plus d'1 m à moins de 100 mm (fig. 2). Mais les hauteurs d'eau ne caractérisent que très imparfaitement l'aridité. Les combinaisons des données climatiques fondamentales, précipitation et température exprimées par les indices xérothermiques et les diagrammes ombrothermiques (H. Gaussen, 1952) ou par le quotient pluviothermique, mis au point précisément et appliqué au Maghreb par L. Emberger apportent plus de précision; celui-ci définit quelques grands types de climats (1955); à ces derniers correspondent des ensembles de groupements végétaux ayant tous les mêmes aptitudes écologiques; ce sont les cinq étages de végétation, appelés plus simplement domaines ou régions bioclimatiques : humide, sub-humide, semi-aride, sub-aride et aride (les deux derniers termes ont été préférés parce que plus expressifs aux adjectifs aride et saharien habituellement utilisés). L'étude et la comparaison de la répartition des précipitations annuelles et des domaines bioclimatiques permettent de préciser ainsi les principaux cadres de la mise en valeur.

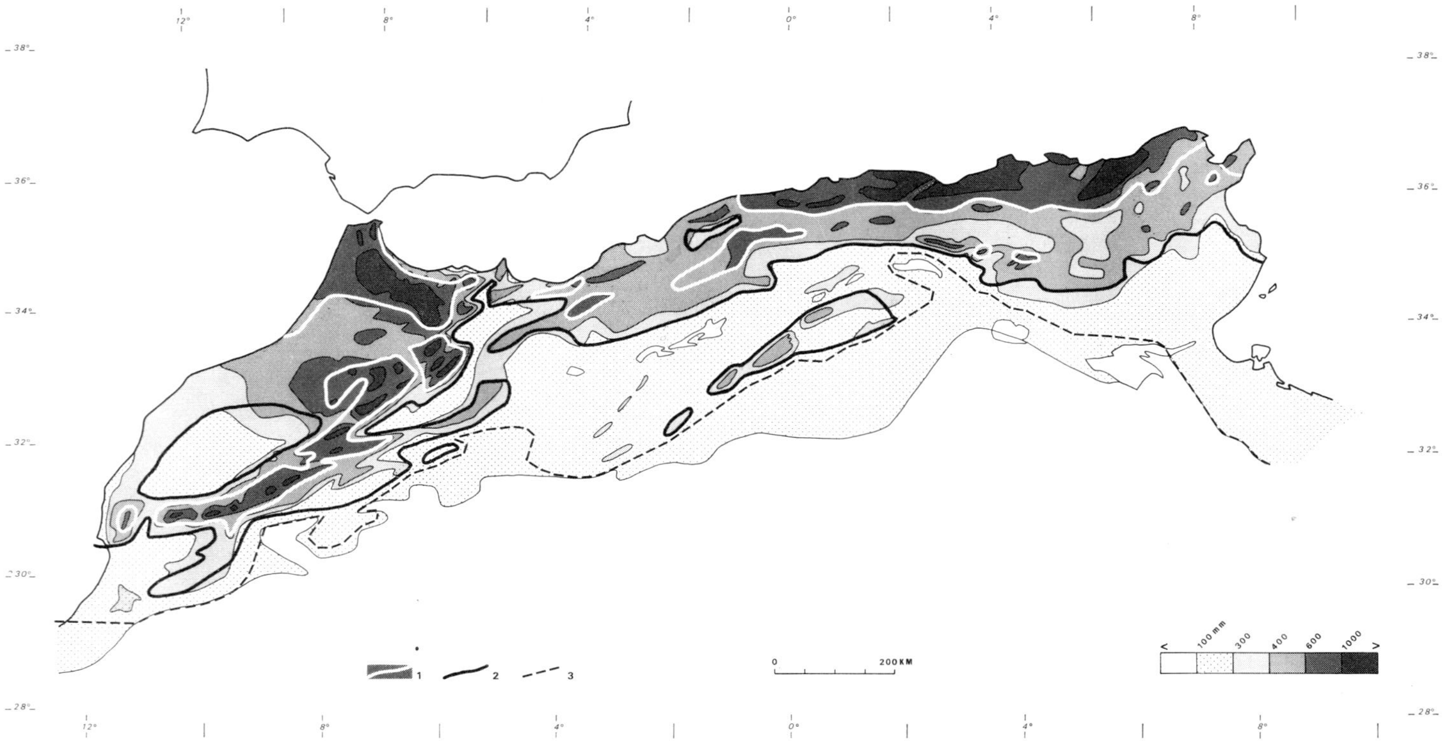


Fig. 2. — LES PRÉCIPITATIONS ANNUELLES ET LES DOMAINES BIOCLIMATIQUES
(Méthodes L. Emberger, d'après cartes *Atlas du Maroc,* M. Cote, 1983 et divers pour la Tunisie).

1 *Limite des domaines humide ou sub-humide et semi-aride*
2 *Limite entre les domaines semi-aride et sub-aride*
3 *Limite entre les domaines sub-aride et aride*

### 2.3.1. Les domaines humide, sub-humide et semi-aride des régions telliennes ou méditerranéennes

Ces régions sont les plus influencées par la proximité de la Méditerranée et par l'importance des terres de culture par excellence de type *tell,* sols lourds, de couleur plutôt foncée; bien que plus ou moins abondantes, les précipitations sont suffisamment élevées et prolongées dans l'année pour assurer des récoltes sans le secours de l'irrigation; la conjonction de cette humidité et de ces sols fait de ces régions le Maghreb fertile et utile. L'espace naturel et agricole tellien ne recouvre cependant pas exactement le domaine structural qualifié du même nom et défini plus haut; il le déborde plus ou moins largement puisqu'il englobe sur ses marges méridionales des secteurs appartenant géologiquement au domaine atlasique.

— **Les domaines bioclimatiques sub-humide et humide** concernent les régions où tombent respectivement plus de 600 et 1 000 mm d'eau dans l'année. Les précipitations étalées sur un nombre élevé de jours, 75 à plus de 100, sont relativement bien réparties selon les saisons, car le nombre de mois définis comme secs ne dépasse pas 3 à 4. A la différence du reste du Maghreb, les difficultés de l'agriculture ne sont pas dues ici à la sécheresse mais au contraire aux excès d'humidité; les années pluvieuses sont catastrophiques. L'écoulement des oueds, s'il n'est pas toujours permanent, se prolonge au moins durant une grande partie de l'année. Les couvertures détritiques sur les versants et les sols sont épais. Une forêt à sous-bois dense, impénétrable dans les secteurs les plus humides, pare les montagnes et les plaines : chênes-lièges dans les régions les plus basses, chênes verts et chênes à feuillage caduc plus haut, sapins et cèdres en altitude.

Ces traits communs se retrouvent dans deux grands secteurs littoraux méditerranéens : à l'ouest, l'ensemble montagneux rifain et ses bordures, à l'est, une bande continue de montagnes et de plaines débutant dans le massif de Miliana dominant la Mitidja et se poursuivant sur plus de 700 km jusqu'à la région de Bizerte. L'humidité de ces deux secteurs n'est cependant pas analogue. Par suite de la disposition originale de la chaîne rifaine, les versants méridionaux et occidentaux plus directement exposés aux influences océaniques sont très arrosés, relativement doux; malgré des hauteurs de précipitations élevées, aucune station n'enregistre 90 jours de pluie. Ce domaine privilégié déborde largement les limites des montagnes jusque dans les collines et les vallées du Prérif septentrional, également dans les plaines atlantiques au nord du Rharb. Le versant méditerranéen de la montagne, relativement abrité, présente déjà des indices de sécheresse qui s'affirment dans le Rif oriental semi-aride où les forêts s'effilochent et où apparaissent les toits en terrasse par opposition aux toits à double pente des régions arrosées. La dissymétrie climatique rifaine est fondamentalement est-ouest. Dans le Tell oriental humide, la dissymétrie est nord-sud, puisque la majeure partie des pluies arrive du secteur nord. Aussi abondantes que dans le Rif, elles sont plus étalées dans le temps, 110 à 120 jours; la saison sèche est par surcroît atténuée par une humidité atmosphérique très élevée. Précipitations prolongées et températures douces conjuguent leurs effets pour favoriser sur le versant septentrional une végétation naturelle exubérante. Le versant méridional, abrité des vents du nord, est plus sec; en position continentale, il est aussi plus frais et même froid en hiver; le contraste est brutal entre les sommets encore humides et les bassins semi-arides du Tell méridional.

— **Les régions semi-arides** représentent la plus grande part de l'espace tellien. Le total des précipitations se réduit à une étroite fourchette, comprise entre 600 et 400 mm, les jours de pluie ne sont plus en moyenne que de 50 à 70 et la saison sèche se prolonge jusqu'à 5 et 6 mois. Les forêts claires comprenant entre autres des oléastres, des thuyas et des pins d'Alep ont été presque partout défrichées; les plaines et les bas plateaux sont le domaine des grandes cultures. Trois grands ensembles régionaux concentrent une intense activité économique. Ce sont à l'ouest les pays du Sebou, des hautes plaines de Fès et Meknès et des collines prérifaines au Rharb, ainsi que la partie occidentale du Plateau Central marocain et ses plaines bordières littorales. En Algérie occidentale et centrale, le domaine semi-aride, très allongé, empiète aussi faiblement sur les marges septentrionales des hautes plaines. Il s'étale par contre beaucoup plus largement, en Algérie orientale et en Tunisie, des bassins sud-telliens et de la moyenne Medjerda aux plaines constantinoises et aux bassins et chaînons du Haut Tell tunisien; en raison de cette extension vers des régions méridionales plus continentales et plus élevées, les amplitudes thermiques annuelles sont plus fortes.

### 2.3.2. Le domaine sub-aride, steppique

On y trouve tous les caractères de l'aridité et le contraste avec les régions telliennes est le plus souvent brutal. Le total des précipitations tombe au-dessous de 400 mm, limite critique pour les cultures pluviales. Les agronomes estiment plus précisément à 300 mm les précipitations nécessaires durant les 7 ou 8 mois de la saison agricole, condition difficile à atteindre quand on sait que le nombre de jours de pluie n'est plus que de 20 à 50 et que celui des mois considérés comme secs varie entre 7 et 11. A part quelques oueds allogènes venus des montagnes, l'écoulement est temporaire, pour ne pas dire accidentel. L'arbre est rare et la steppe occupe l'espace. Le climat est rude, avec de très fortes amplitudes thermiques, annuelles et journalières, aggravées encore par l'altitude et par le vent qui balaie ces vastes étendues dénudées. Un ensemble très vaste et continu de steppe sub-aride s'étend des pays de la Moulouya jusqu'à la cuvette du Hodna. Un second secteur correspond aux Hautes et Basses Steppes tunisiennes, prolongées au sud par la plaine de la Djeffara au pied des hauteurs du Dahar. Les taches de sub-aridité de l'Ouest marocain sont plus limitées, dans les plaines intérieures du Tadla et du Haouz, et plus au sud dans celles du Souss et de l'Oued Massa.

### 2.3.3. L'aggravation des conditions physiques en pays aride

Les conditions physiques s'aggravent dans le domaine aride où les précipitations tombent en dessous de 100 mm, pays saharien avec ses plaines de sable, ses étendues caillouteuses, ses lits d'oueds larges et aux limites imprécises, presque toujours à sec. Seules les vallées rayonnantes autour du massif de l'Ahaggar ont un écoulement pendant quelques jours ou quelques heures chaque année. La vie humaine est désormais partout sous l'emprise du milieu désertique.

### 2.3.4. L'originalité bioclimatique des montagnes méridionales et des régions littorales

Cette disposition zonale des principaux domaines bioclimatiques est forcément schématique. Une étude plus précise apporte des nuances et permet de mettre en évidence plusieurs anomalies.

Les montagnes du Maghreb méridional, par leur altitude et leur exposition, sont autant d'îlots d'humidité dominant des domaines de sécheresse. Les précipitations sont encore abondantes, souvent plus d'un mètre; le nombre de jours de pluie se relève, comme a tendance à se réduire la durée de la longue saison sèche habituelle à cette latitude; de nombreux oueds vont se perdre sur les marges sahariennes. Des forêts de feuillus ou de conifères réapparaissent, très étroitement localisés dans les étages supérieurs. Sur les barrières du Haut et du Moyen Atlas marocains les versants nord et ouest, exposés aux vents humides, sont drapés par les boisements de chênes verts, de thuyas et de cèdres, surmontés de formations buissonnantes à genévriers et de pelouses; milieux humides, sub-humides, semi-arides sont ici juxtaposés et superposés sur de courtes distances. Ces domaines favorisés sont réduits dans les Aurès et les monts du Hodna; ils sont plus rares encore, avec des aspects moins exubérants, dans quelques chaînons du jbel Amour ou des Ouled Naïl.

Les montagnes jouent également le rôle de barrière climatique; la faiblesse relative des précipitations dans l'Oranie occidentale et leur rareté dans les pays de la moyenne et de la basse Moulouya où elles atteignent souvent moins de 200 mm, s'explique en grande partie par l'écran des reliefs moyen-atlasique et rifain; la steppe s'avance presque jusqu'aux rivages, réduisant le domaine tellien à une frange étroite et morcelée.

Un autre type d'anomalies se remarque dans plusieurs régions littorales, atlantique marocaine, méditerranéenne en Oranie ou au sud de la péninsule du cap Bon en Tunisie. Dans les trois cas, il n'y a pas concordance entre le tracé des isohyètes, notamment celle de 400 mm et la limite fondamentale entre les domaines semi- et sub-arides. Si l'isohyète de 400 mm ne se prolonge pas au-delà de Casablanca et s'arrête brutalement à la racine même du cap Bon, le milieu semi-aride se poursuit bien plus loin vers le sud jusqu'à l'extrémité occidentale du Haut Atlas au Maroc et jusqu'au voisinage de Sfax. Le déficit des précipitations est en effet compensé dans les deux cas par une humidité atmosphérique plus élevée d'origine marine, apportée notamment en été par les brises quotidiennes. Les amplitudes thermiques sont réduites comme le sont les fortes températures estivales et par là même l'évaporation : l'aridité est atténuée. Ces traits se retrouvent tout au long des rivages maghrébins, mais c'est évidemment dans les secteurs limites que leurs effets sont les plus manifestes. Dans les plaines littorales ou sublittorales du Maroc oriental et de l'Oranie, la faiblesse des précipitations, comprises entre 300 et 400 mm, est compensée par une humidité atmosphérique plus grande et une meilleure répartition saisonnière des pluies; l'aire d'aridité se réduit à quelques îlots localisés en position d'abri : plaines au sud de Nador et autour d'Oujda, vallée moyenne du Chélif.

De l'analyse des données bioclimatiques on retiendra d'abord que la menace de sécheresse est permanente, en toutes régions. La disposition de ces milieux est également celle des principaux alignements du relief, imposant ainsi au Maghreb un découpage zonal. Mais que de contrastes! Dans le sens méridien avec une rapide dégradation vers l'aride, rarement observée ailleurs au moins sur d'aussi courtes distances; contraste également entre les littoraux accueillants et l'intérieur où les rigueurs du climat conditionnent plus strictement la mise en valeur; opposition enfin entre plaines et montagnes et pour ces dernières entre versants selon leur exposition aux vents humides, selon également leur orientation au nord ou au sud.

## 3. LES FORMES DU TERRAIN ET LEUR ÉVOLUTION

### 3.1. La part des héritages morphologiques

L'évolution rapide et souvent spectaculaire des formes du terrain est un trait commun à ces milieux. Comme dans tout le Bassin méditerranéen, cette dynamique actuelle s'inscrit dans un paysage morphologique hérité, élaboré pour l'essentiel au cours du Quaternaire sous l'influence combinée de l'alternance climatique de pluviaux humides et frais et d'interpluviaux, secs et plus doux, de la succession de retraits ou d'avancées du niveau de la mer, de déformations tectoniques localisées. Les témoignages de cet héritage se retrouvent dans les formes du relief et dans les formations détritiques conservées sur les versants ou plus généralement accumulées dans les dépressions; cette trame morphologique guide la mise en valeur.

Les vallées sont jalonnées par des terrasses alluviales, étagées parfois sur plus d'une centaine de mètres de hauteur; elles sont les témoins d'anciens systèmes d'écoulement et marquent les principales étapes du creusement fluviatile. La diversité de ces conditions morphologiques est mise à profit par les hommes pour leurs cultures.

Les piémonts sont également des secteurs privilégiés. Au débouché des vallées ou au pied des versants de la montagne s'étalent des cônes ou des plans à faible pente, taillés dans le soubassement rocheux ou représentant le sommet d'accumulations détritiques; un étagement à plusieurs niveaux souligne ici aussi une histoire complexe étudiée par les géologues et les géomorphologues qui y trouvent de nombreux arguments pour définir la genèse des formes du terrain et pour expliquer l'évolution générale du relief. Depuis longtemps, l'abondance de l'eau et la qualité des terres y ont attiré les hommes.

Les plaines elles-mêmes, loin de constituer un milieu homogène, malgré leur apparente monotonie, portent la marque de leur origine. Opposées par leur taille, par l'épaisseur et la nature des accumulations récentes qui les recouvrent, par leur situation dans un cadre de hauteurs ou dans une région plus largement ouverte, elles se différencient également par la variété de leurs sols et par l'organisation de leur drainage, superficiel ou souterrain.

Sur les versants, formations détritiques et sols sont pour la plus grande part des héritages. Les longs versants marneux situés au pied des crêtes gréseuses dans les pays des nappes telliennes sont couverts de boisements de chênes-lièges, arbre portant calcifuge; l'existence d'une épaisse couverture siliceuse mise en place tout au long du Quaternaire explique cette anomalie.

### 3.2. Le déchaînement de l'érosion actuelle

Quel contraste entre le monde apparemment figé et ordonné des grandes unités de relief ou des formes de terrain héritées et le désordre des modelés sans cesse changeants dus à l'érosion actuelle! Car c'est bien elle qui, par la brutalité et la variété de ses manifestations, donne au cadre morphologique maghrébin ses caractères originaux. C'est d'elle aussi dont on parle dans les médias ou dans les services techniques, car elle est source de menaces permanentes, voire de catastrophes et de difficultés dans la plupart des opérations de mise en valeur ou d'aménagement du milieu rural ou urbain. Le terme est commode mais imprécis, car en fait les dangers dus à l'accumulation de matériaux détritiques sont aussi importants que les processus de l'érosion proprement dite. Ses actions peuvent être mineures, plus ou moins facilement perceptibles, à évolution lente; elles sont le lot du quotidien; mais c'est lors des grandes crises que les atteintes au milieu sont les plus visibles et les transformations les plus spectaculaires.

Les excès du climat sont fondamentalement à l'origine de ces mécanismes destructeurs, notamment les pluies abondantes et prolongées; les fortes amplitudes thermiques ne sont que secondaires; quant au vent, dangereux par son intensité et sa durée, il n'intervient réellement que dans la steppe et le désert. Ces accidents climatiques sont aggravés par d'autres facteurs déjà évoqués : la prépondérance des reliefs montagneux avec des versants raides ou présentant de brutales ruptures de pentes, la médiocrité de la couverture végétale qui laisse souvent apparaître de larges plaques de sols nus, un matériel facile à attaquer et à mobiliser comprenant des sols et des dépôts superficiels le plus souvent meubles et de nombreuses formations géologiques peu résistantes, marnes, argiles, sables, d'âges très divers. Dans ces milieux fragiles, l'intervention de l'homme, très ancienne, provoque des déséquilibres; ils ont pour origine la déforestation pour la recherche de bois d'œuvre et de chauffage, et les défrichements dans un système de mise en valeur resté longtemps agro-pastoral; on estime le recul des forêts d'Afrique du Nord à près des 2/3 de leur extension initiale. La steppe est tout autant mise à mal. S'y ajoutent enfin, et de manière croissante, les travaux de génie rural et les chantiers les plus divers : équipements, habitat. La conjonction de ces facteurs physiques et humains provoque des catastrophes, déclenchées par des abats d'eau exceptionnels; les versants sont les premiers atteints, puis interviennent dans les bassins et les plaines des écoulements ravageurs, provoquant des inondations; les dégâts sont nombreux et les régions sinistrées portent pendant de longues années les marques de ces excès.

D'autres catastrophes naturelles sont aussi menaçantes. Les violentes tempêtes provoquent d'importants dégâts en mer et dans les installations portuaires artificielles et très exposées sur l'Atlantique; elles sont également dangereuses sur le littoral nord méditerranéen dont les baies mal protégées sont ouvertes aux coups de vent de N.O. ou de N.E.; hangars et grues du port d'Oran ont ainsi été mis hors de service pendant plusieurs semaines durant l'hiver 1980-1981. La séismicité est aussi une réalité maghrébine; les tremblements de terre affectent particulièrement les régions telliennes, secondairement les pays sud-atlasiques. Les catastrophes répétées d'El-Asnam (ex-Orléansville) en 1936, 1954, 1980, comme celle d'Agadir en 1960, en sont les manifestations les plus importantes, éclipsant les effets des nombreux séismes de moindre intensité. En plus des destructions habituelles, ils occasionnent de brutales perturbations du milieu naturel, modifiant la topographie par les failles et le déclenchement d'éboulements et de glissements de terrain, bouleversant la circulation superficielle et souterraine des eaux.

Les versants et les fonds de vallées sont deux domaines complémentaires où il est possible de suivre l'enchaînement des processus d'érosion et où les rapports entre les mécanismes mis en œuvre et les types de modelé sont bien apparents.

Les conditions sont réunies sur les versants pour faciliter l'action des précipitations : pente, nature du matériel, inévitables cicatrices résultant des interventions humaines. Le ruissellement diffus tronque les horizons superficiels des sols; les rigoles du ruissellement concentré strient les pentes. Les ravins et les mouvements de masse, éboulements, glissements ou coulées boueuses sont des processus responsables de formes d'une autre ampleur.

Il est difficile de quantifier les volumes ainsi arrachés et entraînés vers le fond des vallées, d'autant plus qu'il y a très souvent une redistribution des matériaux sur les versants eux-mêmes. Une cartographie précise montre l'étendue des désordres. Les secteurs d'érosion généralisés couvrent, dans certaines parties des basses montagnes prérifaines comme du Haut Tell tunisien, près d'1/3 des versants.

Les fonds de vallées sont également des secteurs où l'évolution des formes du terrain est rapide; l'agent de l'érosion est ici l'oued, avec ses écoulements irréguliers, marqués par les crues plus que par l'opposition des périodes de hautes et de basses eaux, régime que ne connaissent que les organismes les mieux alimentés des régions humides. C'est au moment des crues que s'écoule en quelques heures ou en quelques jours la part la plus importante des eaux et qu'évolue le paysage morphologique. Certaines, par leur ampleur exceptionnelle, ont des effets catastrophiques; les débits instantanés ont atteint 10 000 $m^3/s$ sur l'Oued Sebou, à son confluent avec l'Ouerrha; en octobre 1969, l'Oued Zeroud, en Tunisie centrale, charriait 17 000 $m^3/s$ alors qu'une crue habituelle ne dépasse guère 200 à 500 $m^3/s$; sur la Medjerda, 15 à 20 % de la quantité d'eau annuelle s'écoule en un seul jour. Sur les petits oueds les valeurs sont, toutes proportions gardées, encore plus impressionnantes; ainsi sur le versant méditerranéen du Rif, on enregistrait, en 1951, sur l'Oued Lao 1 530 $m^3/s$ pour un bassin-versant de 939 $km^2$, ce qui correspondait à un débit maximum spécifique de 1,63 $m^3/s/km^2$ (J. KARST, 1960). La montée des eaux est rapide et le débit de la Moulouya passe en quelques heures de un à plusieurs centaines de $m^3/s$. L'oued en crue transporte des matériaux ayant transité sur les versants mais il exerce par lui-même une érosion importante, principalement par sapement latéral des berges ou des pieds de talus; les matériaux s'effondrent par pans entiers et la charge s'en trouve accrue d'autant, atteignant des valeurs pouvant s'élever jusqu'à 15 à 20 % du volume total; l'oued modifie son tracé, les méandres sont recoupés, des lits sont abandonnés. Ailleurs les accumulations l'emportent sur l'érosion; les débordements, en plus des dégâts provoqués par les eaux, étalent les alluvions; la plaine de Kairouan, à la suite des crues récentes du Zeroud et du Marguellil, est recouverte par des dépôts sur plus d'un mètre d'épaisseur, effaçant toute trace de l'ancienne organisation des cultures (H. BANNOUR *et al.*, 1981); l'alluvionnement des petits oueds côtiers rifains est tel qu'il occupe toute la largeur du fond des vallées, ennoyant les champs et que seules émergent les cimes des arbres. L'envasement des barrages de retenue est un fait majeur dans tout le Maghreb (cf. IIe Partie).

Les reliefs maghrébin et saharien portent ainsi les marques de l'érosion actuelle; il n'est pas possible de les définir sans décrire ces types de modelés superficiels, eux-mêmes révélateurs des conditions physiques et humaines locales ou régionales. Les atteintes de l'érosion progressent; les observations précises sur des versants-témoins ou sur le recul des berges des oueds, la comparaison des photographies aériennes prises à des dates successives le confirment; la rapidité croissante de la montée des eaux lors des crues en est un autre indice; l'érosion actuelle est bien une érosion accélérée.

Le bilan de l'érosion est difficile à dresser; des valeurs chiffrées ont été avancées pour quantifier les pertes en matériaux, en centimètres enlevés par bassins-versants ou en milliers d'ha perdus chaque année par pays; mais ces évaluations sont loin de tenir compte de tous les éléments en jeu et restent très approximatives. Ce qui est plus réel et déterminant est bien plutôt la réduction des surfaces utiles et facilement aménageables, rongées et morcelées par la multiplication des accidents de toute sorte.

**Relief montagneux et morcelé, contrastes et rigueurs du climat, violence de l'érosion,** que de facteurs physiques, limitants ou difficiles à surmonter! On comprend que la surface agricole utile ne représente qu'une faible partie des terres maghrébines : 1/5 en Algérie et au Maroc. Certes les potentialités sont loin d'être négligeables; il y a des plaines accueillantes, des sols de bonne qualité dans les steppes ou en pays tellien; l'eau superficielle ou souterraine est abondante en plus d'un point; de magnifiques forêts couvrent les montagnes humides. Mais ces avantages sont dispersés, mal répartis, rarement réunis en une seule et même région.

**Le morcellement géographique en petites régions souvent isolées** est un second handicap. Les recherches cartographiques entreprises pour définir des zones homogènes physiques, en Algérie par exemple, donnent l'image d'une mosaïque de petites unités juxtaposées les unes aux autres, chacune étant individualisée par la prédominance d'un trait particulier. Les chances ne sont pas égales entre les unes qui paraissent plus faciles à aménager, mieux situées et d'autres, défavorisées à bien des égards. Ces contrastes posent problème aux responsables de l'organisation régionale et de l'aménagement du territoire.

Une troisième remarque concerne la **répartition zonale des principaux domaines physiques au Maghreb.** La superposition des cartes de la répartition des unités du relief, des domaines bioclimatiques, auxquelles on pourrait ajouter celle de la dynamique et des modalités de l'érosion, souligne la prééminence du découpage en quelques grandes zones orientées E.O. Dans chacune d'entre elles se retrouve, du Maroc à la Tunisie, une certaine unité de cadre de vie; mais les échanges entre régions à potentialité naturelle comparable restent réduits malgré la facilité des communications. Les contrastes sont par contre affirmés du nord au sud et la complémentarité des milieux ainsi opposés a toujours suscité d'importantes relations, échanges locaux ou plus généraux mettant en rapport la Méditerranée et les pays telliens avec la steppe, le Sahara et au-delà l'Afrique Noire. Les États contemporains, installés solidement dans les régions telliennes, ont eu le constant souci de cette progression vers le sud pour assurer leur autorité et pour rechercher de nouvelles bases économiques.

A l'échelle de l'Afrique du Nord enfin, la répartition des principaux volumes de relief permet de différencier quatre grands ensembles physiques (voir carte hors-texte).

L'organisation zonale est surtout manifeste dans **la région centrale** maghrébine, correspondant sensiblement à l'Algérie occidentale et centrale. Les pays telliens, malgré leur grand morcellement, présentent eux-mêmes une succession régulière d'alignements de montagnes et de plaines, soulignant l'opposition entre un Tell maritime et intérieur; la continuité des hautes plaines sub-arides et steppiques est par contre remarquable, limitées sur leur marge méridionale par les chaînons discontinus et boisés de l'Atlas saharien. C'est dans ce secteur central aussi que les contrastes sont les plus tranchés sur de courtes distances entre la Méditerranée et le désert.

**A l'ouest,** l'arc montagneux, majestueux et presque continu, du Rif, du Moyen et du Haut Atlas enserre, tel un immense amphithéâtre, un vaste domaine de plaines et de plateaux largement ouvert aux influences océaniques. Les bas pays tirent bénéfice du contact avec la montagne; les eaux abondantes convergent en deux bassins, au nord et au sud du bombement du Plateau Central marocain; en un mouvement continu, des montagnards descendent vers les plaines et les régions littorales. Au-delà et à l'abri de ces barrières montagneuses, l'aridité est solidement installée; le Maroc oriental et présaharien, peu peuplés, font figure de régions marginales.

**A l'est,** l'organisation générale du milieu physique est inverse. Le bastion élevé des terres humides du Constantinois et du Haut Tell tunisien, très morcelé topographiquement, est entouré de régions basses, périphériques. Au nord, les plaines littorales algériennes de Skikda, d'Annaba et d'El Kala communiquent facilement entre elles, mais la vallée inférieure et isolée de la Soummam n'est qu'un étroit couloir menant à Bejaïa. Au S.O. et au sud s'étendent des bas pays déjà arides : les longs piémonts du Hodna s'inclinent doucement vers les nappes salées du *chott;* le contraste topographique est plus imposant au pied de l'Aurès puisque, en quelques dizaines de kilomètres, on passe des sommets de plus de 2 000 m à la dépression du Melrhir à −26 m. A l'est enfin, les basses terres tunisiennes constituent une façade privilégiée par leur ampleur et leur position littorale. La disposition du réseau hydrographique souligne par son allure rayonnante l'organisation originale de cette extrémité orientale du Maghreb et les ressources en eau des reliefs alimentent les plaines périphériques. La complémentarité naturelle entre haut et bas pays provoque des migrations complexes : mouvements convergents vers le centre des hautes terres avec la montée des nomades ou semi-nomades de la steppe ou de la bordure du désert, mais aussi avec la descente des montagnards chaouïa de l'Aurès ou Kabyles, mouvements divergents vers les plaines périphériques riches de leurs cultures, de leurs villes, de leurs activités industrielles ou minières.

L'immense **Sahara** constitue à lui seul un vaste espace divisé politiquement, diversifié par sa structure et les grands compartiments de son relief, plus que par son climat et sa nature désertique; cependant sur ses marges septentrionales, un domaine de transition, caractérisé par des précipitations non négligeables, par une végétation steppique relativement dense et par l'importance de ses ressources en eau superficielle ou souterraine expliquant le nombre des oasis, peut être défini comme un Sahara sud-maghrébin ou un Présahara.

Chapitre **2**

# LA MISE EN VALEUR DES PRINCIPAUX MILIEUX NATURELS

Dans le cadre maghrébin et saharien, le poids des données physiques n'est pas partout comparable. Leurs difficultés mais aussi leurs aptitudes différencient un certain nombre de milieux naturels. De ceux-ci, l'homme va tirer partie; ses initiatives sont partout les mêmes, développement de l'agriculture jusqu'aux limites du possible et utilisation des parcours naturels, maîtrise de l'espace et multiplication des équipements industriels et urbains, contrôle de l'eau, aménagement régional par une mise en valeur rationnelle des potentialités.

## 1. LES CONTRAINTES DU DÉSERT

Un million et demi à deux millions d'habitants vivent dans la partie nord du désert saharien, celle qui intéresse les trois pays du Maghreb. Sur un immense domaine, le pays est pour ainsi dire vide, car la plus grande part de cette population se concentre en quelques points. Les oasis avec leurs cultures irriguées et leurs villes en pleine croissance en rassemblent, à elles seules, plus de la moitié, localisées principalement tout au long de l'axe de l'Oued Saoura-Messaoud, sur les bordures montagneuses des Atlas marocains, du Tafilalet au Draa inférieur, à la lisière méridionale de l'Erg occidental et dans le Bas-Sahara algérien et tunisien où elles sont plus nombreuses et étendues (fig. 3). Les centres de prospection et d'exploitation pétrolière ou minière souvent isolés ne rassemblent que des effectifs limités; quelques chantiers s'imposent par la taille et le nombre de leur personnel : 17 000 actifs sur la base d'Hassi-Messaoud, plusieurs milliers à Hassi-Rmel ou sur les gisements phosphatiers de Bou Craa à l'ouest. Sur le littoral atlantique, les villes de Tarfaya et d'El Aïoun grandissent rapidement. Les populations nomades, minoritaires et en forte diminution, maintiennent cependant des déplacements pastoraux traditionnels; réduits sur les marges atlantiques du Sahara occidental, malgré des conditions naturelles moins sévères qu'ailleurs, ils se poursuivent au Sahara-Nord et N.E. avec la migration annuelle d'été de quelques groupes d'éleveurs vers les pays plus accueillants de la steppe maghrébine. La défense contre l'agressivité du climat, la recherche de l'eau, la maîtrise de l'espace sont au désert les trois préoccupations majeures.

### 1.1. L'agressivité du climat

Le Sahara est un désert chaud où les fortes températures persistent durant presque toute l'année, la fraîcheur hivernale n'étant que de courte durée; elles sont aggravées par les vents et la très forte luminosité de ce « pays sans ombre ». Les solutions traditionnelles apportées au maintien d'une certaine fraîcheur dans les habitations sont insuffisantes. Des techniques nouvelles sont employées pour mieux isoler maisons et baraques de chantier. La climatisation reste le moyen le plus efficace pour abaisser la température dans les habitations et les bureaux. L'organisation du travail pour les populations non sahariennes occupées dans des conditions pénibles sur les chantiers se fait suivant le système de la récupération; au travail continu de plusieurs semaines succède une période de congé plus ou moins prolongée durant laquelle les intéressés retrouvent leurs familles restées dans le nord. Les fortes températures obligent également à prévoir des dispositifs spéciaux pour le refroidissement des moteurs, pour l'utilisation des boues de forages; en été, le trafic aérien, actif dès la tombée de la nuit, se ralentit et même s'arrête dans la journée, l'air surchauffé ne permettant plus d'assurer le décollage des avions. L'ensoleillement et les températures élevées de l'hiver sont cependant, depuis quelques années, des atouts valorisés dans les oasis méridionales par une agriculture spécialisée; tomates du Touat et du Tidikelt, abricots, prunes et nèfles précoces d'El Goléa alimentent les marchés du Tell, facilement atteints malgré les distances grâce à un excellent réseau routier (J. Bisson, 1984). La lutte contre le sable est incessante; l'entrée des maisons est disposée à l'abri du vent dominant; les cultures et les villages sont protégés par des haies ou des rideaux d'arbres. Des haies de palmes sèches entrelacées jouent le rôle de brise-vent *(afreg);* l'accumulation du sable contre cet obstacle crée une dune artificielle (dune-*afreg*) qu'il faut sans cesse fixer à mesure qu'elle s'élève par de nouvelles haies. Toute construction installée en dehors de ce réseau de protection est rapidement ensablée comme en a fait l'expérience le village socialiste de la révolution agraire de Mguiden (J. Bisson, 1983). Mais que faire sur les routes ou les pistes par vent de sable, sinon attendre la fin de la tempête avant de reprendre son chemin!

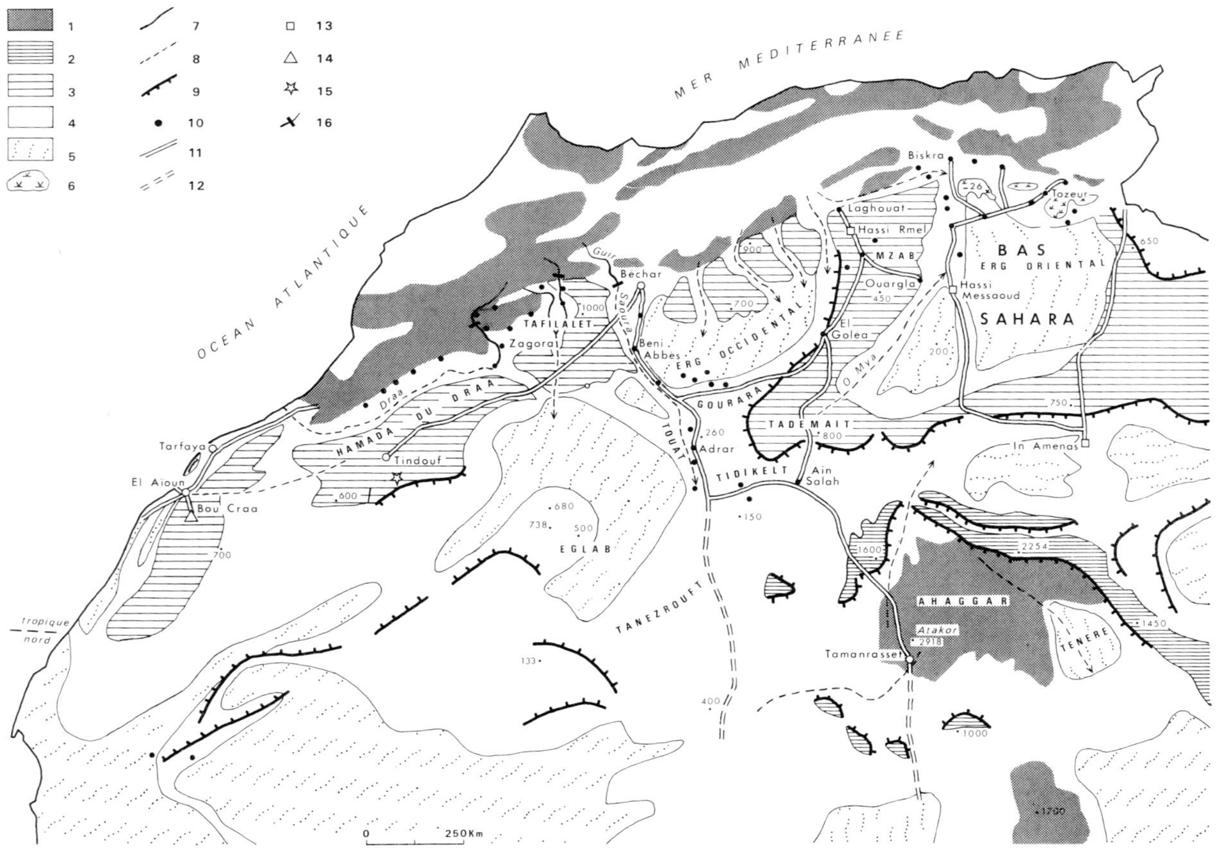


Fig. 3. — LE SAHARA DU NORD

## 1.2. La recherche de l'eau

Cette recherche a été de tout temps la principale préoccupation; l'eau apporte la vie et on peut encore mourir de soif dans le désert. Pendant longtemps les ressources sont restées limitées et dispersées, utilisées traditionnellement à partir des sources nombreuses dans la région des *chott* au N.E., des puits, artésiens ou non, installés dans les plaines alluviales, ou des conduites drainantes souterraines de type *foggara* au Touat, Tidikelt et Gourara. Les aménagements sont réalisés et entretenus par les individus ou plus généralement par les collectivités, l'eau est gratuite à condition d'être propriétaire d'un droit d'utilisation. L'introduction des pompes à moteur a récemment bouleversé les anciennes techniques. Depuis la fin de la seconde guerre mondiale, des forages profonds ont mis en évidence l'existence de deux aquifères dont les ressources ont été confirmées par les recherches hydrogéologiques récentes des années 1970. La nappe du Continental terminal à moyenne profondeur (– 200, – 300 m) est centrée sur la cuvette du Bas-Sahara; rechargée par infiltration à partir des bordures méridionale et occidentale de ce bassin, elle alimente les sources du Djérid et du Nefzaoua. La nappe du Continental intercalaire, beaucoup plus profonde (– 1 000 m en moyenne) est aussi plus vaste puisqu'elle s'étend de la vallée de la Saoura au Sahara tunisien; bénéficiant des infiltrations venues des montagnes atlasiques, ses réserves sont cependant en partie héritées.

Malgré des ressources potentielles élevées, l'exploitation des eaux a des limites. Un prélèvement trop important entraîne rapidement une diminution des débits; la capacité des sources de Tozeur a diminué depuis la multiplication des forages dans leur voisinage. Lorsqu'il n'y a pas jaillissement artésien, le pompage entraîne des coûts d'exploitation trop élevés à partir d'une certaine profondeur. Les eaux artésiennes sont chaudes et très minéralisées d'où une utilisation quelquefois difficile. Seuls enfin, les organismes étatiques ont la capacité d'entreprendre des forages; ils sont aussi propriétaires d'une eau qui est désormais vendue aux collectivités ou aux individus. Malgré ces réserves, force est de reconnaître la révolution introduite par ces techniques nouvelles : des oasis naissent dans le nord du Bas-Sahara.

L'utilisation des eaux superficielles est exceptionnelle. Les quelques crues annuelles des oueds de l'Ahaggar n'entretiennent que de pauvres jardins; les conditions sont moins défavorables sur la bordure montagneuse au nord du désert où sont utilisés les épandages des eaux. Plusieurs barrages ont été installés au Maroc et en Algérie au prix d'énormes investissements. Il faut sans cesse les protéger contre l'envahissement du sable. Ces retenues connaissent toutes des difficultés de remplissage et le nouveau système de distribution de l'eau perturbe le paysage agraire des oasis traditionnelles du Tafilalet (Ziz) et du Draa. Quelles que soient les techniques utilisées, l'irrigation mal conduite et les rejets des eaux usées provoquent un peu partout dans les oasis la

---

Ci-contre :
1 *Montagnes*
2 *Reliefs tabulaires élevés, tassili*
3 *Bas plateaux*
4 *Plaines*
5 *Régions dunaires*
6 *Chott*
7 *Cours d'eau à écoulement permanent*
8 *Cours d'eau à écoulement temporaire*
9 *Reliefs monoclinaux*
10 *Oasis*
11 *Principales routes*
12 *Pistes*
13 *Hydrocarbures*
14 *Phosphates*
15 *Gisement de fer*
16 *Barrages*

remontée et l'affleurement de nappes superficielles posant de sérieux problèmes de drainage comme dans la large vallée de l'Oued Rhir qu'un ancien canal n'arrive pas à assainir.

### 1.3. La maîtrise de l'espace

Dans ce milieu où les distances se comptent en centaines ou en milliers de km, la maîtrise des communications est malaisée. La route construite et revêtue pénètre de plus en plus loin vers le sud dans chacun des trois pays. En Algérie s'organise un réseau avec des itinéraires transverses reliant les voies méridiennes; Ouargla à l'est et Adrar à l'ouest tirent profit de cette circulation nouvelle pour affermir leur rôle économique et administratif. Dans ce pays également, l'exploitation des lignes aériennes mettant en rapport les régions sahariennes entre elles et ces dernières avec les pays telliens, nécessite des installations au sol dont la maintenance pose problème. De multiples gazoducs et oléoducs évacuent les hydrocarbures vers les régions consommatrices et les ports exportateurs. Dans ces espaces immenses et uniformes, les limites politiques artificielles, souvent discutées, restent difficiles à contrôler; l'eau en fixant la population peut être l'outil d'une politique nationale; grâce aux forages lancés par le Plan directeur des eaux du Sud, le gouvernement tunisien prévoit la création d'un chapelet d'oasis, affirmant ainsi sa présence et son autorité au long de la frontière libyenne (A. et P. BADUEL, 1980).

## 2. LES NOUVELLES CONQUÊTES DANS LA STEPPE

La steppe maghrébine couvre une surface presque aussi importante que les pays telliens, 375 000 km$^2$ contre 415 000 km$^2$ (H.N. LE HOUEROU, 1975). Un ensemble continu occupe les hautes plaines algéro-marocaines, débordant vers le nord dans le couloir de la Moulouya, vers le sud sur le piémont saharien, isolant les chaînons montagneux atlasiques. Elles est moins étendue à l'est, dans la moitié méridionale et littorale de la Tunisie; à l'ouest, ce ne sont que des îlots localisés dans les plaines intérieures sud-atlantiques du Maroc et dans la plaine du Souss.

Qualifiées déjà de Sahara par les populations locales, d'arides ou de sub-arides par les botanistes, ces régions portent les marques affirmées de la sécheresse par opposition aux régions telliennes; le terme de steppe s'impose de plus en plus et souligne bien le rôle déterminant tenu par l'aspect du couvert végétal. Cette formation basse, composée de graminées (alfa ou sparte), de buissons ligneux (armoise) ou d'espèces halophiles occupe le sol de manière discontinue avec un taux moyen de recouvrement de l'ordre de 10 à 30 %. Naturelle elle l'est en partie seulement puisqu'il est prouvé que les secteurs les moins secs portaient initialement une végétation boisée ou arbustive, sans doute elle-même très claire.

La steppe est aussi un milieu climatique rude et contraignant; les moyennes de précipitation comprises entre 100 et 400 mm n'ont guère de signification, la réalité n'étant en fait qu'une succession d'irrégularités saisonnières ou interannuelles, marquée tous les dix ans par une sécheresse catastrophique comme celle de 1970-1971 dans l'Oranie. Une situation continentale et élevée entraîne des écarts de température considérables; à l'hiver glacial où le thermomètre descend au-dessous de 0° pendant 40 à 60 jours, succèdent des étés brûlants supportés avec difficulté par les hommes et les animaux. Comme le désert, c'est aussi le pays du vent.

Cette steppe est cependant loin d'être uniforme. Cartes topographiques et photographies aériennes font découvrir une mosaïque de milieux étonnamment diversifiés. Le drainage superficiel oppose le réseau des vallons ou des vallées, drainés épisodiquement, aux dépressions fermées occupées par les nappes saisonnières d'eau douce des *daïa* ou les étendues salées des *chott* et des *garaa*. De légers accidents de terrain modifient les conditions pédologiques, botaniques et culturales; sont juxtaposés en un grand désordre les plans et les ondulations couverts de croûtes calcaires, stériles, les épandages limoneux plus aisément mis en valeur, les couvertures sableuses éparses ou organisées en dunes (M. POUGET, 1980).

La steppe est un pays ouvert, aux vastes horizons, où la circulation est aisée aussi bien sur les pistes que sur les routes de tracé rectiligne; les espaces ne sont pas suffisamment étendus et hostiles pour se perdre et mourir de soif. Dans ces pays plats où les surfaces cultivées restent limitées, la place ne manque pas; les villes, les installations industrielles, les camps militaires peuvent s'étaler à volonté. L'occupation humaine est lâche; de moins de 5 hab./km$^2$ au Maroc oriental et en Oranie, elle s'accroît vers l'est pour atteindre 30 à 40 hab./km$^2$ en Tunisie; elle est également élevée dans les plaines atlantiques. Ces chiffres ne sont que des moyennes car la répartition de la population est irrégulière; les secteurs de parcours utilisés par les nomades ou semi-nomades font figure de pays vides par rapport aux zones de culture ou aux agglomérations humaines, villes et grands chantiers industriels ou miniers (Msila, Kasserine, Gafsa). L'augmentation de la population est rapide, résultat d'une croissance naturelle forte, accentuée par une immigration récente. La place de la steppe dans l'économie des trois pays s'affirme; en Algérie, elle rassemble 2/3 du troupeau de chèvres et de moutons; en Tunisie, elle assure 1/4 de la production céréalière.

Pendant longtemps à l'écart des préoccupations administratives, notamment pendant la période coloniale, la steppe est de plus en plus intégrée dans les projets planifiés nationaux. Depuis les indépendances, de nombreuses actions spécifiques, sectorielles ou ponctuelles sont lancées. En Algérie, après les programmes spéciaux des *wilaya* (Tiaret, Saïda) ou des *daïra* (Aflou) du début des années 1970, est publié, en 1975, le Code pastoral en rapport avec le début des opérations de la troisième phase de la révolution agraire; en 1981, est créé à Djelfa le haut commissariat de la steppe. En 1970, paraît le projet de Recherche et de Développement intégré des parcours du centre-sud de la Tunisie, suivi peu après du Plan directeur des eaux du Sud, particulièrement orienté vers les régions steppiques.

Les études, les rapports, les directives politiques et techniques mettent l'accent sur quelques aspects spécifiques des relations entre l'homme et le milieu steppique, insistant sur la réduction des parcours et l'extension des cultures mécanisées avec comme conséquence les progrès de la désertification, ainsi que sur la mobilisation de l'eau comme moyen de mise en valeur.

## 2.1. La réduction et le cloisonnement des parcours

La vie pastorale est la vocation naturelle de la steppe, tradition ancienne, pratiquée par une société dont les démarches sont variées. Les vrais nomades avec déplacement saisonnier de la famille sont rares; seuls quelques groupes sahariens, après avoir passé l'hiver au désert, prennent à la fin du printemps le chemin des hautes plaines algériennes avant de se disperser aux limites des pays telliens en été; les Arbaa de Laghouat vont ainsi du désert aux terres cultivées du Sersou avant de reprendre à l'automne la route en sens inverse. Les semi-nomades ne quittent pas le milieu steppique, n'effectuant que des parcours saisonniers limités, les troupeaux étant conduits par quelques membres de la famille, les autres restant fixés auprès des champs et des jardins. Les troupeaux appartiennent aussi à des sédentaires de la steppe ou des régions telliennes voisines qui les confient à la garde de bergers ou les donnent en association à des éleveurs (M.A.R.A., 1974).

Peu de bovins, mais essentiellement des ovins et des caprins, moins exigeants en eau et en nourriture. Si les structures de l'élevage évoluent, certaines pratiques traditionnelles restent vivantes. Les déplacements sont une nécessité car les ressources utilisables par km$^2$ sont faibles; la succession des stations sur des parcours de graminées, d'armoise ou de plantes halophiles très recherchées comme les soudes, assure l'équilibre de la nourriture du troupeau. On joue également sur la complémentarité entre la végétation éphémère de l'*acheb* dans les régions plus sèches, les pâturages de la steppe, les chaumes du Tell, les pelouses et les forêts claires d'altitude du Haut Atlas oriental ou de la Tunisie centrale. Le plus important de ces mouvements reste la grande migration estivale de l'*achaba;* elle intéresse encore, en Algérie, 100 à 200 000 personnes et 3 millions de bêtes, venues du désert ou des régions méridionales de la steppe vers les pays telliens. Bergers et éleveurs n'abandonnent pas la tente, même lorsqu'elle reste fixe; mais la maison se généralise et abrite durant l'année la majeure partie de la famille. Le statut des terres, collectives pour la plupart, est la condition de cette mise en valeur, l'occupation liée à la mise en culture n'étant qu'une forme d'appropriation souvent temporaire.

L'équilibre résultant de cette adaptation au milieu naturel est cependant bien fragile, menacé par la réduction des parcours. La guerre d'indépendance algérienne a conduit à une sédentarisation accélérée. L'extension récente de la céréaliculture, secondairement de l'arboriculture, est un fait autrement plus important. Depuis quelques décennies, les surfaces cultivées se sont considérablement accrues. Alors que 100 000 ha étaient soustraits aux parcours de la Haute Steppe tunisienne en 1930, en 1975-1976, les surfaces mises en culture atteignaient 450 000 ha, après avoir même été de 550 000 ha; actuellement les terres de parcours ne représentent plus que 25 % de l'espace régional (H. Attia, 1977). En Algérie, la multiplication des Coopératives de la révolution agraire (C.A.P.R.A.), à partir de 1975, sur les terres collectives situées sur les marges méridionales des domaines autogérés, héritiers des fermes de colonisation dans le Sersou ou dans la région de Sebdou contribuent à modifier le visage de la steppe (R. Couderc, 1978). L'auréole céréalière s'élargit, année après année, autour de la ville d'Aïn Beni Mathar dans les hautes plaines marocaines, tandis que l'occupation du sol dans la partie occidentale du bassin de la haute Moulouya, très discontinue il y a encore vingt ans, est maintenant totale (R. Raynal, 1961; A. Dutour, 1983); dans le Haouz de Marrakech, en année favorable et en dehors des périmètres irrigués, l'orge occupe toutes les terres disponibles : la steppe sub-aride n'est alors qu'une immense plaine verdoyante. Un bilan chiffrait, en 1970, les surfaces emblavées dans les trois pays à environ 43 000 km$^2$, soit plus de 10 % de la steppe; elles continuent à s'étendre et on estime qu'actuellement 12 à 15 % des parcours sont soustraits à l'élevage, à raison de dizaines de milliers d'hectares supplémentaires chaque année. Dans quelques secteurs privilégiés, l'arboriculture s'installe et devient envahissante; depuis 1950, les plantations d'oliviers, d'abricotiers ou d'amandiers se multiplient dans la Basse Steppe tunisienne et gagnent la partie orientale de la Haute Steppe; à près de 1 500 m d'altitude, en haute Moulouya, près de Midelt, les vergers de pommiers irrigués jalonnent les principales vallées. Réduction mais aussi cloisonnement de la steppe par les champs isolés, les blocs ou les périmètres de culture, telle est l'évolution du paysage agraire dans les secteurs où les conditions naturelles sont les moins défavorables.

Sur des parcours désormais limités et médiocres, le troupeau reste toujours aussi important. Plus que les chiffres absolus des effectifs, variables selon les années en fonction des sécheresses ou de la rigueur des hivers, le nombre de bêtes par unité de surface est révélateur de la surcharge pastorale : 2 à 4 moutons par hectare dans les meilleurs secteurs, 1 mouton pour 4 à 10 ha pour les plus déshérités. Cette densité est en moyenne trois fois plus importante que dans les systèmes d'élevage comparables des pays neufs. Elle s'explique aussi par le fait que les déplacements sont de plus en plus réduits et que disparaissent les anciennes complémentarités; au lieu de rester quelques mois dans les hautes plaines et de migrer ensuite vers les régions limitrophes plus humides, les bêtes y séjournent en permanence; mieux, les troupeaux des élevages spéculatifs appartenant à des propriétaires telliens envahissent ces pâturages collectifs.

Il n'est pas étonnant que dans ces conditions les parcours aillent en s'appauvrissant sous la dent des animaux; les touffes de végétation s'espacent, leur taille diminue et le déchaussement des plantes s'accuse; bien des espèces disparaissent telles les graminées que ne protègent plus des végétaux résistants. Il faut ajouter l'action directe des hommes avec l'éradication des espèces ligneuses utilisées comme combustible et l'exploitation abusive, mal contrôlée, des nappes alfatières, inaugurée par la colonisation et poursuivie depuis.

Quelques rares mesures d'aménagement avaient été prises durant la période coloniale. Les véritables remèdes sont proposés depuis peu. Des secteurs expérimentaux et des centres d'études sont créés : périmètres de Sbeïtla dans la Haute Steppe, zones pilotes de la Djeffara et du Dahar en Tunisie (T. IONESCO, 1975), centre d'essai près de Bou Saada en Algérie. Dans les trois pays, et sans attendre les résultats des expérimentations, sont inaugurés des périmètres pastoraux. Plus d'une dizaine l'ont été en Tunisie depuis 1969. Au Maroc, l'aménagement du domaine pastoral de l'Aarid en haute Moulouya, intéresse un plateau de 25 000 ha, recouvert de croûtes calcaires; les périmètres d'amélioration pastorale (P.A.P.) ont des buts comparables, ainsi celui d'Aïn Beni Mathar à proximité de la frontière algérienne (M. HLAL, 1983). C'est dans ce dernier pays que cette politique a été la plus développée; reprenant des initiatives antérieures, la révolution agraire crée, à partir de 1975, les nouvelles coopératives d'élevage les C.E.P.R.A., au nombre de plusieurs dizaines, regroupées dans des complexes pastoraux répartis dans les *wilaya* de Sebdou, Msila et Tebessa. Pour protéger le milieu naturel et faciliter la régénération des pâturages, sont imposées une limitation du nombre et de l'effectif des troupeaux ainsi que la rotation des parcours, ce qui nécessite, dans la plupart des cas, un cloisonnement de la steppe matérialisé par des grillages; des abreuvoirs, des abris pour le bétail, des hangars avec réserves de fourrages sont aménagés; des hameaux et de nouveaux villages rassemblent les pasteurs.

Après une décennie de fonctionnement le résultat de ces opérations est discutable. Les unités prévues sont généralement de taille beaucoup trop réduite, 5 à 10 000 ha en moyenne, partagées en plusieurs blocs livrés successivement au pacage; la complémentarité des parcours indispensables à la bonne conduite du troupeau ne peut plus être assurée; chez les Beni Zid du périmètre tunisien d'Oglat Merteba la rupture est totale avec l'aménagement traditionnel basé sur la dispersion des terroirs en fonction des sols, des espèces végétales, des risques climatiques (P.R. BADUEL, 1979). Par ailleurs, les périmètres pastoraux, bien que ne représentant au total qu'une très faible partie de la steppe, sont des secteurs réservés à un petit nombre de bénéficiaires; la grande masse des éleveurs vit très mal cette nouvelle réduction de ses pâturages et cette gêne supplémentaire pour ses déplacements. L'effort de sédentarisation qui accompagne plus particulièrement l'expérience algérienne avec la création des villages pastoraux regroupant éleveurs privés et ceux de la révolution agraire, accentue la concentration des troupeaux. Dès la fin de 1983, les responsables algériens, prenant acte des difficultés rencontrées par les C.E.P.R.A., décidaient leur dissolution.

Ces expériences s'inscrivent dans un cadre de mesures plus générales intéressant l'ensemble du domaine steppique. Elles restent cependant sectorielles et visent avant tout l'amélioration de la production animale. Rares sont les semis directs de plantes steppiques comme dans le périmètre marocain de l'Aarid où une herbacée remplace l'alfa et l'armoise; dans le centre et le sud de la Tunisie, plus de 50 000 ha de cactus inermes assurent un complément de nourriture appréciable. Des efforts sont entrepris pour le développement local de cultures fourragères irriguées; l'Algérie et la Tunisie comptent cependant sur la création de stations de réserves fourragères alimentées par importation des régions telliennes, mais l'opération revient cher (R. COUDERC, 1976). La multiplication des points d'eau est une condition nécessaire à la mise en valeur rationnelle des parcours; on estimait en Algérie, vers 1970, à 8 millions d'ha sur les 20 millions que représentait la steppe, ceux qui étaient effectivement pâturés; plus de la moitié de ce capital restait ainsi inexploité parce que l'eau ne pouvait être régulièrement assurée aux animaux. De nouvelles conquêtes sont donc possibles par l'implantation de puits, à éoliennes ou à moteurs, et de forages.

### **2.**2. L'extension des cultures mécanisées

Les cultures dans la steppe connaissent depuis deux décennies une extension considérable. Face aux besoins en céréales sans cesse croissants et devant la stagnation générale des rendements, la conquête de nouvelles terres apparaît comme une solution d'autant plus aisée qu'elle s'accompagne d'un large mouvement de sédentarisation. Les initiatives individuelles sont nombreuses parmi les anciens nomades ayant perdu leurs troupeaux ou les propriétaires devenus entrepreneurs de culture qui tous tentent leur chance. Elles sont encouragées par les politiques gouvernementales qui facilitent le partage des terres collectives. En Tunisie, les mesures de 1971, attribuant des terres individuelles, ont été décisives pour la mise en culture des Hautes et Basses Steppes; l'ancienne parcelle de terre collective devient propriété privée. L'Algérie pousse à la conquête de nouvelles terres en multipliant sur les collectifs des hautes plaines, les C.A.P.R.A. ou les G.P.M.V., mais les unités non rentables, installées sur les terres les plus déshéritées viennent d'être dissoutes. Au Maroc également, l'appropriation est facilitée par les dispositions du *Code des investissements agricoles* de 1969.

Ce nouveau type de mise en valeur n'a cependant rien de commun avec les anciennes formes d'occupation agricole. Celles-ci étaient localisées dans les sites les plus favorables par la qualité de leurs sols et par leurs ressources en eau, dans les vallons ou à proximité des lits d'oueds, dans les dépressions fermées où se conservent pendant quelques semaines les nappes d'eau douce des *daïa*, sur les zones d'épandage des crues ou des ruissellements appelées *bled segui* dans le Sud tunisien. L'implantation des parcelles, souvent de petite taille, donnait l'image d'une bonne adaptation au milieu naturel. Il n'en est plus de même avec les nouveaux blocs de culture gagnés sur la steppe; de grande taille et de tracé géométrique, ils s'étendent sans tenir compte des caractères pédologiques : sols lourds argileux des bas fonds, sols encroûtés, sols caillouteux sont uniformément travaillés et ensemencés; les rendements sont très faibles. Deux facteurs expliquent le succès de l'opération : les étendues planes et la possession du tracteur. Les vastes espaces subhorizontaux sont en effet nécessaires à l'évolution des machines; ce sont eux qui déterminent la localisation des nouvelles parcelles. Le tracteur permet de travailler vite sur de grandes surfaces aux moindres

Un paysage aménagé par l'homme : l'olivette sfaxienne en Tunisie; impluviums et entretien d'un sol meuble *(A.A.A. Photo, Cl. Naud).*

précipitations; il est l'outil de la conquête de la steppe et sa possession assure la promotion sociale.

Le passage répété de la charrue à disque, outil privilégié de cette mécanisation, égratigne le sol sur 10 à 15 cm de profondeur, mais détruit systématiquement toute végétation naturelle; de même dans les plantations arboricoles tunisiennes se répand la technique sfaxienne de l'entretien d'un horizon supérieur meuble en permanence, moyen de lutte contre l'évaporation. Les sols ainsi systématiquement travaillés et détruits dans leurs structures sont désormais nus pendant une grande partie sinon la totalité de l'année. **Les processus d'érosion habituels de la steppe,** ruissellement diffus ou concentré, action éolienne, jusqu'alors limités, **se généralisent du fait de l'emploi d'engins puissants et leur efficacité s'accroît.**

### 2.3. La désertification

**Réduction des parcours avec le surpâturage comme conséquence, extension des cultures mécanisées** sont les deux processus qui menacent actuellement les milieux steppiques maghrébins. L'expression récente de désertification traduit bien le sens de cette évolution. Il ne s'agit en aucune manière d'une progression du désert saharien vers les régions septentrionales, mais de la dégradation sur place, sans modification climatique, de la steppe et de son remplacement par un paysage ressemblant à celui d'un désert. Les plantes sont les premières atteintes, certaines espèces disparaissent, d'autres rapetissent, l'espacement entre les touffes s'accroît; le déficit fourrager s'aggrave rapidement dans plusieurs secteurs critiques du Sud tunisien ou du Hodna. Les sols sont érodés et l'évolution paraît irréversible (Ch. FLORET et R. PONTANIER, 1982; J.A. MALBERT et Ch. FLORET, 1983). Parmi les manifestations de cette désertification, les actions éoliennes sont les plus originales et spectaculaires : vents de poussière alimentés par le départ des horizons meubles des sols ou par le balayage des dépressions limoneuses, multiplication des *nebka*, formes d'accumulation sableuses accrochées aux touffes de végétation dans les zones d'épandage ou les lits d'oued, entretien de cordons dunaires.

Les responsables sont conscients de cette dégradation accélérée. De vastes secteurs de la steppe algérienne sont protégés et les mises en cultures interdites. Les figurations symboliques et les slogans des panneaux disposés le long des grandes routes sont des invitations pressantes à respecter le milieu; mais leur efficacité reste douteuse. Un peu partout ont été lancées des opérations de boisement dans le but de protéger les villes et les périmètres cultivés contre l'action des vents desséchants et d'y maintenir une certaine fraîcheur; les bosquets à proximité des points d'eau apportent de l'ombre aux troupeaux; des rideaux linéaires bordent plusieurs routes dans les trois pays.

Un projet bien plus important est en cours de réalisation en Algérie avec le **Barrage vert.** L'opération, d'une très grande ampleur puisqu'elle se développe sur toute la longueur du pays entre les frontières marocaine et tunisienne et doit couvrir 3 millions d'ha, consiste en l'établissement d'une bande forestière, large de 4 à 20 km, s'appuyant sur les montagnes atlasiques. L'œuvre de longue haleine, menée essentiellement par les militaires du Service national, a débuté dans six secteurs dont El Bayadh, Djelfa et Bou Saada. Dans les montagnes il s'agit en fait d'une opération de reboisement puisqu'elles étaient originellement couvertes de forêt; la réussite est certaine. Dans les dépressions trop sèches les résultats sont par contre décevants. Un programme de mise en valeur et d'aménagement de type agro-pastoral accompagne le projet forestier qui apparaît comme un vaste périmètre d'intervention. L'expression de barrage ne correspond pas à la réalité puisqu'il n'y a pas progression du désert vers le nord, mais désertification sur place dans les hautes plaines elles-mêmes. D'ailleurs les vents dominants qui constituent le danger le plus grave sont en majorité d'ouest, entraînant poussières et sables en direction de l'est, avec des composantes nord-est ou sud-est selon les accidents de relief, c'est-à-dire parallèlement à l'orientation du Barrage vert.

## 2.4. La mobilisation de l'eau

Dans ce domaine sub-aride, la maîtrise de l'eau est une préoccupation ancienne; les solutions traditionnelles de mobilisation et d'utilisation restent bien vivantes, améliorées cependant par les techniques nouvelles.

Sur les versants en pente douce, la multiplication des obstacles fractionne le ruissellement; l'érosion des sols est maîtrisée et l'eau s'infiltre; des ados, simples levés de terre suffisent, mais on peut les renforcer en les armant de figuiers de Barbarie ou d'acacias; les résultats dans les régions méridionales de Tunisie sont cependant décevants. Les banquettes d'infiltration discontinues, fermées aux deux extrémités, plantées sont des techniques récentes et plus efficaces à condition d'être bien entretenues (M. COTE, 1964). Des aménagements anciens, tombés en désuétude et souvent abandonnés sont à nouveau à la mode et répandus depuis quelques années par les services techniques agricoles : *meskat*, petits impluviums dans les olivettes du Sahel, *jessour* du Sud tunisien, retenues de terre à l'arrière de murettes de pierre, barrant le fond des vallons où, grâce au maintien de l'humidité, poussent des oliviers ou des essences forestières. La dérivation des oueds

Défense et Restauration des Sols (D.R.S.) : un exemple de banquettes de reboisement au Maroc *(A.A.A. Photo, Cl. Naud).*

au sortir des montagnes contribue à la mise en valeur des piémonts, mais l'écoulement dirigé ne donne que des récoltes aléatoires; la rentabilité de l'opération est accrue par la plantation d'arbres dont les racines captent l'humidité en profondeur.

L'irrigation permanente traditionnelle ne porte que sur de petits périmètres; elle utilise l'eau des sources, des oueds, des puits peu profonds. Ces oasis, généralement sans palmier, sont situées à l'amont des piémonts. Elles frangent en un semis discontinu la bordure méridionale du Haouz de Marrakech et le *dir* moyen-atlasique de Beni-Mellal. On les retrouve dans le Souss, la haute et la moyenne Moulouya, sur le versant nord de la cuvette du Hodna, en limite des chaînons des steppes tunisiennes. Les vallées des oueds pérennes de plaine ont aussi leurs cultures irriguées, grâce à des canaux de dérivation ou à des puits; le cours de la moyenne Moulouya est une rue de petites oasis.

Les installations anciennes ne pouvaient satisfaire les besoins sans cesse grandissants, agricoles mais aussi urbains et industriels. Les potentialités sont certaines, eaux superficielles non encore utilisées, et surtout eaux souterraines. Les nappes phréatiques, grâces aux pompes à moteur sont intensément exploitées; en Tunisie, l'installation depuis moins de dix ans de 5 000 puits dans le seul gouvernorat de Sidi Bou Zid a permis la mise en valeur de 20 000 ha, soit 10 % de la surface irriguée de tout le pays (H. ATTIA, 1984). Les nappes profondes sont maintenant bien connues, mais leurs réserves sont inégales, importantes en Algérie pour celle du Chott ech Chergui qui alimente les grosses sources d'Aïn Skhouna, limitées et fractionnées dans les steppes tunisiennes du Centre. Depuis quelques années, la multiplication des forages contribue à étendre les surfaces irriguées; les sources de la Djeffara tunisienne sont relayées par l'exploitation de la nappe côtière atteinte par 250 forages.

Quelques grands ouvrages ont pour objectif d'accumuler les réserves interannuelles, les années de pluviosité satisfaisante devant compenser les années déficitaires. Les calculs sont souvent mis en défaut et le remplissage n'est pas assuré; par ailleurs les pertes par évaporation sont fortes et les envasements rapides; la mince pellicule d'eau de Boughzoul au sud de Boghari est très fluctuante selon les saisons et les années. Quel avenir pour deux réalisations tunisiennes récentes du Nebhana et de Sidi Saïd, réserves d'eau, mais aussi régulateurs destinés à écrêter de terribles crues? Pour des raisons identiques les quelques lacs collinaires ou les petits barrages installés en Algérie sur les versants nord des chaînes atlasiques, notamment dans la région d'Aflou, sont des échecs. Cependant, grâce à ces travaux, les périmètres irrigués se sont multipliés; les ressources étant limitées et dispersées ils sont petits, quelques centaines d'hectares en moyenne, mille à deux mille pour les plus grands: périmètres publics de Tunisie centrale, Nebhana, Sidi Bou Zid, Kasserine, Sbiba, Sbeïtla ou les projets de la plaine de Kairouan. En Algérie, les 2 000 ha irrigués des rives sud du chott el Hodna sont morcelés en petites unités étalées sur 60 km n'ayant en moyenne que 30 à 80 ha (M. Cote, 1980). Au Maroc, les réalisations bien plus importantes (périmètres de l'Oued Massa, du Haouz de Marrakech et de la Tessaout, de la plaine du Tadla) n'ont pu l'être que par l'installation des retenues en montagne ou par des pompages modernes.

Depuis peu sont apparus dans la steppe de nouveaux consommateurs avec la création et le développement des villes, la naissance de pôles industriels. De plus, une partie du capital hydraulique de la steppe est captée et transférée vers les régions limitrophes; en Tunisie, l'eau du Nebhana alimente Sousse et sa région; les sources et les forages de Sbeïtla, Sfax, les régions présahariennes méridionales, Gabès et ses industries, les forages de la Djeffara, Jerba et ses stations touristiques (voir IIe Partie).

**La place tenue par la steppe est bien différente dans l'économie des trois pays maghrébins.**

Au Maroc, le contraste est grand entre les steppes atlantiques et continentales. Les unes sont basses, moins sévères par leur climat; à côté de grands secteurs d'irrigation moderne, on y tente chaque année des cultures sèches et les zones de parcours sont réduites; elles sont aussi proches des régions riches et peuplées du pays. Les autres, beaucoup plus vastes et continues, sont au contraire en position excentrée, marginale; plus sèches, elles sont aussi très peu peuplées en dehors de quelques périmètres traditionnellement irrigués; elles paraissent négligées dans les programmes d'aménagement.

La steppe couvre une part relativement plus importante du territoire algérien; elle se situe entre deux domaines en développement; au nord, le Tell profondément remodelé, avec ses cultures, ses villes, ses usines; au sud, le Sahara, nouvelle source de richesse avec son gaz et son pétrole. De gros efforts sont entrepris pour aménager et intégrer plus étroitement dans l'économie nationale cette région intermédiaire traversée par une intense circulation des ressources et des hommes.

La grande sollicitude du gouvernement à l'égard de la steppe tunisienne s'explique par son étendue, sa position centrale et par le nombre élevé de ses habitants. Depuis longtemps, les hommes sont à la recherche d'un équilibre difficile à atteindre entre une mise en valeur agricole et une érosion menaçante; les brusques excès des écoulements torrentiels des régions nord sont relayés au sud présaharien par une sécheresse plus continue et par l'aggravation des manifestations éoliennes.

## 3. LES HOMMES À L'ÉTROIT DANS LES MONTAGNES ATLASIQUES

Les montagnes atlasiques marocaines constituent un ensemble de relief unique au Maghreb par son altitude et sa massivité; étagé entre 400 et 4 000 m, allongé sur plus de 700 km avec une largeur de 150 à 200 km, il comprend une succession de hauts reliefs, séparés par des dépressions intra-montagnardes dont celle de la haute Moulouya. On peut y rattacher l'Anti-Atlas et le J. Sarhro, bien que de structure non atlasique. A l'est, le bastion de l'Aurès avec ses prolongements dans les monts du Hodna et des Nementcha, moins élevé et moins vaste, garde cependant une fière allure au-dessus des plaines limitrophes. Rien de comparable dans les chaînons de l'Atlas saharien, plus bas, très morcelés ainsi que dans la mosaïque de massifs et de bassins du Nord-Est tunisien. A la différence des domaines précédents marqués par l'aridité, l'altitude, la massivité et la vigueur du relief vont fixer ici des limites à la mise en valeur.

### 3.1. Les limites à l'occupation humaine

Importance des reliefs, exiguité des terroirs, rudesse des hivers, sécheresse des versants présahariens sont des facteurs contraignants.

**Le relief est un premier handicap.** Par suite du soulèvement en bloc récent de ces compartiments montagneux et de l'entaille vigoureuse du réseau hydrographique, les dénivellations sont imposantes et les pentes raides entre les sommets portés à haute altitude et les fonds de vallées. Celles-ci, longues, étroites et profondes ne sont que de médiocres voies de pénétration; l'accès aux cols, toujours élevés, est interminable et difficile. Les hautes vallées restent encore isolées surtout en hiver. La circulation locale a cependant toujours été active et les principaux itinéraires qui franchissaient la montagne étaient étroitement contrôlés par les tribus berbères.

**Les hommes manquent de place;** minuscules sont en effet les rubans alluviaux avec leurs terres irriguées ou les terrasses bordées de murettes accrochées au bas des versants; plus haut des champs de culture sèche se dispersent sur les éperons ou les replats. Les hameaux et les villages se tassent sur des promontoires rocheux ou se plaquent sur les pentes raides. Deux secteurs sont cependant privilégiés. A l'amont, les vallées s'élargissent en bassins et des pentes moins fortes mènent à de hautes surfaces qui prennent une grande extension dans le Moyen Atlas ou le Plateau Central; généralement trop élevées pour être mises en culture, elles constituent des zones de pâturages très recherchées. A l'aval, les piémonts s'étalent ou occupent le fond de quelques bassins intérieurs; leur contrôle et leur mise en valeur a toujours été une préoccupation essentielle pour les populations de la montagne.

**Les ressources en eau sont suffisantes,** sauf dans les massifs les plus méridionaux, Anti-Atlas ou Sarhro. Elles sont cependant irrégulièrement réparties; les contrastes sont grands entre le bloc des montagnes calcaires, Haut Atlas central et Moyen Atlas avec leurs sources abondantes et régulières situées en périphérie et les massifs cristallins ou schisteux où le ruissellement est rapide, l'écoulement plus irrégulier, les réserves souterraines limitées et dispersées. Il est vrai que les fortes couvertures neigeuses peuvent compenser ces désavantages.

**L'étagement climatique est particulièrement net** dans ces montagnes élevées, situées à des latitudes méridionales et dominant des pays de steppe ou même de désert (G. Maurer, 1980). Ce sont des îlots de précipitations abondantes; les hauteurs d'eau atteignent 600 mm et même plus de 1 m en montagne marocaine; mais au-dessus de 3 000 m les tranches d'eau diminuent et ne dépassent pas 500 mm sur les hauts sommets. Une part non négligeable des pluies tombe en été, provoquant le renouveau des pâturages que mettent immédiatement à profit les éleveurs. La neige contraint chaque année les hommes et les animaux à se réfugier à mi-versant ou dans les vallées; on enregistre fréquemment 10 à 20 jours de neige par an; l'enneigement se prolonge de 2 à 4 mois au-dessus de 2 000 m et dure plus de 6 mois à 3 500 m; il est de 3 mois sur les sommets de l'Aurès.

Les hivers sont froids; le nombre de jours de gel dépasse 1 mois, même dans les dépressions; il atteint 4 mois à Ifrane à 1 650 m. Il peut geler pendant 10 mois au cœur du Haut Atlas central. Gel et neige limitent les installations humaines permanentes; habitat et cultures ne dépassent pas 1 900 m dans le Moyen Atlas, 2 400 m dans le Haut Atlas.

L'étagement de la végétation est tout à fait remarquable, disposition classique dans des régions où l'ambiance climatique générale est déjà sèche. Aux steppes et forêts claires succèdent en hauteur vers 600-800 m des boisements plus denses qui s'élèvent jusque vers 2 500 m; mais les arbres disparaissent dans les montagnes plus méridionales de l'Anti-Atlas et du Sarhro, remplacés comme dans le Haut Atlas oriental par la steppe.

**Les constrastes entre versants** perturbent quelque peu ce schéma général; ils sont dus aux précipitations plus qu'aux températures. Au Maroc, à altitude égale, les pluies sont moitié moindres sur les façades abritées des vents d'ouest ou du nord; elles sont très faibles dans les bassins : 200 mm en haute Moulouya, 200 à 300 mm dans les vallées du Haut Atlas central. Les couvertures forestières ourlent les versants humides tandis qu'une steppe buissonnante ou arbustive occupe les versants sud. Les seules belles forêts de l'Aurès sont au nord et la végétation de la façade saharienne est déjà bien dégradée.

## 3.2. La complémentarité des milieux et la mobilité des hommes

Différences d'altitude et contrastes d'exposition multiplient les cadres de vie sur de courtes distances. La gamme des ressources est large. L'élevage dispose de terrains de parcours dans les steppes des régions bordières, sur les pelouses d'altitude sans négliger les pacages sous forêt ou sur les versants proches des villages. Les terroirs de culture sont tout aussi variés : terres chaudes des piémonts et des basses vallées, plantées d'oliviers au nord et de palmiers-dattiers sur les versants sahariens, où les moissons sont hâtives; moyennes vallées où, malgré le manque de place, mais grâce à l'irrigation, blé et maïs voisinent avec le maraîchage et les arbres fruitiers, abricotiers et noyers; versants plus élevés où s'éparpillent les champs temporaires de seigle ou d'orge, gagnés par défrichement et récoltés bien plus tardivement au début de l'été (M. Belfquih et A. Fadloulah, 1977). Pour mettre à profit ces ressources à la fois dispersées et limitées, les hommes ont trouvé de multiples solutions, mais elles supposent toutes une très grande mobilité. Élevage et cultures sont associés, mais en proportion variable; selon les conditions locales l'une ou l'autre de ces activités est prépondérante. Il y a des montagnes pastorales, Haut Atlas central et oriental, Moyen Atlas, Plateau Central, peu peuplées, avec des densités de 10 à 15 hab./km$^2$, occupées tardivement par des éleveurs nomades venus du Sud; la place manque pour les cultures mais les bêtes trouvent leur nourriture en forêt ou sur de vastes terrains de parcours. Haut Atlas occidental, Anti-Atlas, Aurès sont par contre occupés depuis longtemps par des cultivateurs, nombreux puisque les densités sont en moyenne le double des précédentes : 25-30 hab./km$^2$. L'agriculture est pratiquée partout où elle est possible, dans les fonds des vallées comme sur les versants.

Les déplacements des hommes et des animaux sont nombreux, mais d'ampleur variable. Les mouvements sont limités à l'intérieur d'un même cadre géographique ou tribal, suffisamment vaste pour associer des terroirs différents; le finage laniéré des Mesfioua du Haut Atlas, organisé autour de la vallée du Zat, réunit sur 50 km de long avec une dénivellation de 2 000 m les parcours d'amont, les champs irrigués et les plantations au centre, les cultures sur les épandages du piémont (P. Pascon, 1977); les territoires contrôlés par plusieurs fractions d'éleveurs Beni Mguild sont à cheval sur le Moyen Atlas occidental et la partie nord-est du Plateau Central. Les mouvements sont de plus grande ampleur lorsque les finages sont morcelés en unités éloignées les unes des autres, disposition nécessitant des accords avec les populations voisines, ne serait-ce que pour faciliter le passage des animaux; les villageois de l'Aurès disposent ainsi de pâturages d'altitude, de jardins irrigués vers 1 000 m, de cultures sur épandages dans le piémont saharien où ils possèdent des palmiers-dattiers; s'y ajoutent quelquefois des champs sur le versant nord du massif.

Dans les montagnes peuplées de paysans *chleuh,* 10 à 30 % seulement de la superficie totale est utilisable, au prix de travaux d'aménagement ingénieux; au fond des vallées, des barrages de dérivation ou de retenues alimentent les *seguia* distribuant l'eau sur les terrassettes construites; sur les versants le travail à l'araire ou à la houe n'est pas aisé (J. DRESCH, 1941); des champs défrichés et cultivés temporairement sont cependant nombreux dans le Haut Atlas occidental où les précipitations à moyenne altitude sont encore élevées. Dans l'Anti-Atlas, bien plus sec, mais où les pentes sont plus douces et les sols mieux conservés, des terrassettes de culture sèche, plantées d'amandiers occupent les versants sur presque toute leur hauteur. L'élevage est important puisqu'il représente encore souvent près de la moitié des revenus; à côté d'un troupeau sédentaire de bovins qui ne quitte guère les abords du village, le petit bétail monte chaque été dans un grand mouvement de transhumance vers les pelouses d'altitude, *tichka* ou *agoudal* du Haut Atlas, pâturages collectifs situés entre 2 000 et 3 000 m; en hiver, sous la garde de bergers, il s'installe sur les parcours ou les chaumes des piémonts. Ces remues mettent ces sédentaires en perpétuel mouvement (J. BERQUE, 1978). La situation paraît actuellement bloquée dans une montagne dont la population continue de croître malgré une forte émigration. Il n'y a plus de champs à conquérir; dans la vallée de l'Azzaden, toutes les terres cultivables des hauts de versants l'ont été au cours des deux dernières décennies (J. DRESCH, 1982), mais comme dans les Aurès, on signale les premiers abandons de ces champs trop difficiles à travailler et aux récoltes bien maigres et incertaines. L'eau est juste suffisante au maintien des anciennes surfaces irriguées et sa distribution est toujours aussi minutieuse. Seuls évoluent quelque peu les systèmes de cultures, le maïs et le maraîchage prenant une place prépondérante. Les espaces réservés aux animaux dont le nombre se maintient vont en se rétrécissant; la transhumance d'hiver dans les plaines tend à disparaître avec la réduction des parcours mis en culture; les mouvements d'été perdent de leur importance par suite de la disparition des bergers; les troupeaux stationnent presque en permanence dans la partie moyenne des vallées où la surcharge pastorale achève de dégrader la végétation et les sols. **La montagne se referme lentement sur elle-même et les hommes trouvent dans l'émigration l'essentiel de leurs ressources.**

**L'évolution des modes de vie est au contraire rapide dans la plupart des montagnes pastorales.** Les éleveurs, relativement moins nombreux, installés par vagues successives dans un vaste mouvement de poussée des confins sahariens vers le nord, bénéficient de vastes espaces : parcours steppiques des piémonts et de certains versants, sous-bois forestiers, pelouses d'altitude et surtout pâturages correspondant aux vastes domaines asylvatiques couvrant les surfaces tabulaires du Plateau Central et d'une grande partie des causses moyen-atlasiques avec leurs prairies rases dans les creux, les *almou.* Les vrais nomades vivant toute l'année en famille sous la tente sont maintenant peu nombreux; les semi-nomades dans leurs mouvements plus limités, utilisent encore la tente, mais un habitat fixe de maisons en dur les retient toujours plus nombreux en quelques secteurs privilégiés.

Trois formes de déplacements pastoraux subsistent de nos jours et concernent des milieux géographiques différents.

— **Les semi-nomades du Haut Atlas oriental,** comme ceux de l'Atlas saharien algérien parcourent, avec leurs troupeaux de moutons, les larges couloirs montagnards et ne s'élèvent pas sur les hauteurs.

— **Dans le Haut Atlas central** prédominent les mouvements verticaux; certains groupes se déplacent ainsi sur les versants sahariens; d'autres ne quittent pas la montagne et se réfugient en hiver dans le fond des vallées où ils retrouvent quelques champs; dans les troupeaux, les moutons sont aussi nombreux que les chèvres, moins résistantes au froid. Exceptionnellement cette forme de vie pastorale se maintient telle quelle dans une montagne pauvre avec ses massifs calcaires dénudés, où l'eau est rare et où les terres cultivables ne dépassent pas 2 à 3 % de la surface totale (G. COUVREUR, 1968 et 1979).

— **Les déplacements des semi-nomades du Moyen Atlas** sont plus complexes puisqu'ils combinent de longues migrations méridiennes entre les steppes de la Haute Moulouya et le versant nord des causses avec des mouvements verticaux. Les pâturages d'été sont sur les hauteurs, les *jbel,* ceux d'hiver, comme les terres cultivées, dans les dépressions tout particulièrement celle qui s'allonge entre le Plateau Central et la bordure du causse, le pays de l'*azarhar;* c'est là que la sédentarisation est la plus rapide, avec la généralisation d'un habitat en dur, isolé ou groupé. Une partie du troupeau y stationne en permanence, l'autre gagnant le *jbel* dans un mouvement qui n'est souvent plus qu'une transhumance d'été. La céréaliculture extensive en sec gagne très rapidement et occupe plus d'1/4 du terrain dans les dépressions (G. BEAUDET, 1969). Cultures et surpâturage y provoquent la dégradation et la destruction de la couverture végétale et une rapide érosion des sols par ruissellement concentré et ravinement. La dislocation du système pastoral gagne la montagne elle-même; les Aït Arfa mettent en culture le haut bassin du Guigou, en sec et en irrigué, et ne pratiquent plus qu'un élevage sédentaire.

Les piémonts atlasiques apparaissent comme des secteurs favorisés, avantagés par de nombreux facteurs physiques où l'espace n'est plus mesuré et où l'eau est souvent abondante; c'est aussi un lieu de très grande concurrence; les périmètres traditionnels irrigués mobilisent une grande partie des eaux superficielles; les anciens terrains de parcours qui accueillaient les troupeaux de la montagne sont maintenant mis en culture en sec ou en irrigué grâce aux puits individuels; s'y ajoute enfin l'incorporation de plusieurs secteurs dans des périmètres d'irrigation moderne.

### 3.3. Vers de nouvelles formes de mise en valeur

**L'évolution récente est donc bien caractérisée par la dislocation des complémentarités, agraires et pastorales,** basées sur la solidarité des groupes et les accords entre les tribus. On s'achemine vers une mise en valeur et une utilisation spécifique de chacun des milieux. L'administration participe à cette transformation bien que ses interventions soient difficiles, peu spectaculaires et nécessitent de gros investissements; les responsables ont cependant conscience des richesses qu'offre la montagne atlasique avec ses forêts, l'abondance des eaux, la beauté des paysages; un des objectifs actuels est de concilier les préoccupations immédiates de ses habitants en même temps que l'exploitation et la protection de ses richesses.

Quelques projets de mise en valeur agricole ont été lancés, tout particulièrement dans le Moyen Atlas. L'aménagement du causse d'El Hajeb doit porter sur 170 000 ha dont 100 000 seront réservés à l'agriculture; des travaux d'épierrage, de forage de puits, de remembrement, constituent l'amorce d'une politique de conquête de nouvelles terres. Grâce à une eau abondante, l'irrigation se développe dans le bassin de Skoura, dans la vallée du haut Guigou et dans les plaines d'Azrou. Près d'Imouzzer-du-Kandar des capitaux *fassi* sont investis pour aménager des plantations de pommiers. Mais dans les autres montagnes tout est figé par manque de place.

Les mesures prises en faveur de l'élevage consistent en une politique de conservation des pâturages par délimitation des collectifs et de zones de protection, par l'interdiction de culture; quatorze projets d'amélioration des pâturages et des parcours, portant sur 250 000 ha, sont lancés dans le Moyen Atlas (BANQUE MONDIALE, 1981). De nouvelles formes d'élevage imitant le système du ranching sont entreprises sur initiatives gouvernementales avec l'expérience de l'Adarouch près d'Azrou, ou par quelques gros propriétaires du Plateau Central. Les actions en vue de l'amélioration des conditions de vie du bétail sont dispersées : on multiplie les abris pour l'hivernage des bêtes en altitude; 600 ont été créés dans le Haut Atlas, 300 dans le Moyen Atlas; le ravitaillement des troupeaux est assuré par plusieurs centres d'affouragement.

Pour les protéger contre les emprises de l'éleveur et les défrichements, les forêts sont délimitées, mises en défens ou bien les parcours y sont réglementés. Des opérations de reboisement restent très ponctuelles dans les montagnes du centre de la Tunisie. En Algérie, le projet agro-sylvo-industriel de l'Aurès a effectivement démarré en 1975, rattaché à l'Office national des travaux forestiers (O.N.T.F.) en 1978, avec comme objectif d'être un modèle de développement intégré en région montagneuse (*El Moudjahid,* 1979); à côté d'un aménagement forestier, basé sur une meilleure conduite de l'exploitation des surfaces existantes, sont prévus des reboisements, également la création de scieries et de petites unités industrielles travaillant le bois; les premières réalisations intéressent la forêt des Beni-Imboul. Ce vaste programme est animé et contrôlé par le nouvel institut de technologie forestière de Batna. Au Maroc, des études sont entreprises en vue de la réalisation d'un projet d'aménagement intégré d'un bassin montagnard, celui de la haute Tessaout; l'un des buts est de lutter contre l'érosion des sols et l'envasement du barrage de Moulay Youssef (Aït Aadel).

Le tourisme n'est pas à négliger dans ces montagnes élevées, fraîches l'été, couvertes de neige pendant les mois d'hiver, avec des forêts giboyeuses, des lacs et des torrents poissonneux. Le Maroc possède les équipements les plus nombreux; dans le Moyen Atlas, Imouzzer-du-Kandar, Ifrane, Azrou sont fréquentés par les Fassi et les Meknassi, mais également par les habitants des villes littorales atlantiques; on peut y ajouter Tarmilate-Oulmès dans le Plateau Central autour d'une source thermale. Dans le Haut Atlas les fraîches vallées d'Asni et de l'Ourika, ainsi que les champs de neige de l'Oukaïmeden à 2 600 m, ont de bonnes liaisons avec Marrakech. Les paysages grandioses de l'Aurès ne sont accessibles qu'à partir des villes et des hôtels de Batna ou de Biskra.

## 4. CONTRASTES DANS LA MISE EN VALEUR DES PLAINES ET MONTAGNES TELLIENNES

Débutent avec le domaine tellien une nouvelle organisation et dimension du milieu physique; compartimenté et morcelé, il combine en une mosaïque complexe des montagnes et des plaines. De basses ou moyennes montagnes dominent des plaines de superficie généralement modeste; mais le contraste entre les deux reste toujours net, marqué par de brusques ruptures de pente, le changement de nature des terrains, les formes d'érosion des hauteurs et le colmatage des régions basses. Association et opposition des plaines et des montagnes, tel est le double aspect de la mise en valeur du domaine tellien. Le climat lui donne plus d'unité puisqu'il s'agit de pays suffisamment humides pour que les cultures pluviales soient partout possibles. C'est un milieu que ses forêts, ses sols profonds et variés, ses oueds pérennes opposent à la steppe voisine. Ses limites méridionales débordent vers le sud jusque sur les marges des hautes plaines algéroises et oranaises, plus largement encore à l'ouest dans le Maroc atlantique et à l'est, englobant la presque totalité des hautes plaines constantinoises et le Haut Tell tunisien.

Les pays telliens sont les plus peuplés du Maghreb, mais le contraste entre plaine et montagne ne se reflète pas systématiquement dans la répartition de la population. Les densités atteignent plusieurs centaines d'hommes au km$^2$ en Grande Kabylie, quelques dizaines seulement dans plusieurs massifs de l'Est algérien. De même les hommes s'entassent dans certaines plaine littorales, alors que les parties orientales et centrales des plaines constantinoises ne dépassent pas 30 à 40 hab./km².

**Le domaine tellien est aussi celui des grands bouleversements économiques et sociaux contemporains.** Inaugurés par la colonisation qui y retrouvait un cadre naturel plus méditerranéen qu'africain, ils se sont poursuivis et même accélérés après les indépendances : mises en valeur agricole, multiplication des villes, équipement industriel et commercial, migrations humaines pour raisons économiques mais aussi par faits de guerre. Au cours de cette histoire, quelle inégalité dans la répartition des chances! A l'ancienne complémentarité succède l'opposition des plaines et des montagnes; ces dernières font figure de secteurs isolés, délaissés, sous-administrés, vivant de ressources traditionnelles par contraste avec les plaines où les investissements et les innovations transforment les paysages et les modes de vie; malgré les mesures récentes prises en leur faveur et les initiatives privées, le retard des montagnes reste important.

Les problèmes spécifiques à chacun de ces deux milieux appellent des solutions différentes; le développement de la montagne suppose un aménagement des versants et une mise en valeur des potentialités naturelles; la nature des sols et le contrôle des eaux règlent en plaine les activités des hommes.

## 4.1. L'occupation des versants : ses difficultés

Le cadre de vie est bien différent de celui des montagnes atlasiques. Un dense réseau de vallées courtes, profondes et étroites, orientées en tout sens, compartimente le relief et multiplie les versants; l'ampleur de leur dénivelée, plus que les altitudes moyennes ou même basses souligne le cachet montagnard du pays. Entre d'étroites crêtes sommitales constituées de roches résistantes et le fond des vallées encaissées, parcourues par les oueds travailleurs, la partie moyenne des versants présente des replats plus ou moins larges et continus; ailleurs des éperons passant à des croupes d'interfluves contribuent à former au-dessus du fond des vallées cet étage topographique intermédiaire. Cette disposition du relief est un facteur fondamental de la répartition de la population et de l'organisation de ses activités (G. MAURER, 1968).

Partout ce ne sont que clairières de défrichement, isolées ou jointives en quelques grands blocs; la forêt est en effet la formation naturelle de ces montagnes humides qu'elle recouvre intégralement. La nature différente des peuplements souligne un certain étagement. Les interpénétrations entre les associations et les espèces sont fréquentes et les limites beaucoup moins tranchées que dans les montagnes atlasiques plus sèches. L'aspect des formations est cependant plus important que leur étagement. A côté des forêts luxuriantes avec des arbres imposants et un sous-bois dense, simplement trouées par les vides naturels des marécages et des tourbières ou par des clairières portant des prairies naturelles, combien de boisements clairs avec de larges plaques de sol à nu, isolant des arbres petits et d'allure chétive! Le matorral couvre une surface plus importante que la forêt, même dans les secteurs les plus arrosés.

Entre 600 et 1400 m, s'étend le domaine favorisé de la moyenne montagne; les précipitations sont abondantes, les étés moins chauds, les hivers frais; la neige au sol se maintient pendant quelques jours seulement et les cultures sont variées dans les innombrables clairières; l'habitat permanent ne dépasse guère 1 200 m et les champs d'orge à cette altitude sont récoltés tardivement en été. Au-dessus de 1 400 m les hivers sont nettement froids, la durée du gel et la couverture de neige au sol pendant plusieurs semaines limitent les cultures (G. MAURER, 1979).

Les montagnes telliennes sont très peuplées, deux à trois fois plus en moyenne que les montagnes atlasiques et habitées par des sédentaires. Mais la répartition de la population reste très inégale, des noyaux de forte densité alternant avec des secteurs d'occupation plus faible. Les monts de Tlemcen ou de Saïda n'atteignent guère 30 à 40 hab./km$^2$ comme plusieurs parties du Haut Tell tunisien ou les régions forestières de la frontière algéro-tunisienne. Mais que de montagnes où la moyenne est de 70 hab./km$^2$ : Rif occidental et ses bordures méridionales, Ouarsenis, Kabylie de l'Est, Kroumirie, Mogod! Les 100 hab./km$^2$ sont dépassés en plus d'un endroit et la Grande Kabylie atteint même des densités de 200 à 300 au km$^2$, plus de 400 dans la *daïra* de l'Arbaa Naït Irathen. La population a augmenté lentement depuis des siècles dans le Rif occidental et central, plus récemment dans les autres massifs, par accroissement naturel, également par immigration. Beaucoup de montagnards sont des sédentaires de vieille date, habitant des hameaux ou des villages, berbérophones pour une bonne part dans le Rif central et oriental, les Beni Snassene, les Trara et en Grande Kabylie; d'autres avaient au contraire conservé un genre de vie semi-nomade et vivaient sous la tente jusqu'au siècle dernier avant de se fixer définitivement sous forme de petits noyaux épars ne dépassant pas quelques dizaines de foyers dans les monts de Miliana, le Tell algérien à l'est de Skikda, la Kroumirie. Malgré un exode rural et une émigration vers l'étranger importante, en dépit des déplacements imposés lors de la guerre d'Indépendance en Algérie, la population ne fait que croître; estimée pour les montagnes telliennes de ce pays à 33 hab./km$^2$ à la fin du XIX$^e$ siècle, la densité est aujourd'hui de 75 habitants (M. COTE, 1983).

Les villes sont peu nombreuses et de petite taille; l'aménagement de la montagne est donc essentiellement rural. Les clairières de culture se dispersent sur les versants, profitant des moindres avantages; sur les pentes douces il est plus facile de bâtir et d'étendre champs et plantations; les sources, bien que peu abondantes, sont nombreuses. Malgré un désordre apparent, le paysage agraire est relativement bien structuré. Autour des maisons de pierre ou de pisé, couvertes de tuiles, de chaumes et plus souvent maintenant de tôles de zinc, ou à terrasses dans les régions plus sèches, les jardins irrigués ou non, plantés de quelques arbres fruitiers, sont entourés de haies vives ou de murettes rehaussées de broussailles. Plus loin se dispersent des parcelles de culture sèche alternant avec des plantations d'oliviers, de figuiers ou d'amandiers; au-delà s'étendent les terrains de parcours dans les forêts ou le matorral, terre collective trouée de champs temporaires gagnés par écobuage (Dj. SARI, 1977 et A. El GHARBAOUI, 1981). Les cultures ne couvrent que des surfaces limitées, 20 à 25 % dans le Rif, 30 % dans le Nord Constantinois, 45 % en Grande Kabylie où le défrichement est plus important.

Les techniques de travail sont traditionnelles et le tracteur ne remplace la houe ou l'araire que dans quelques secteurs à pentes douces. Les aménagements des versants restent frustes; pas de murettes de pierre sauf dans les secteurs irrigués, mais quelquefois un épierrage, avec des levées parallèles aux courbes de niveau; pourtant les paysans protégent leurs champs contre l'érosion : des haies de buissons ou d'arbres quadrillent les versants donnant une allure bocagère aux montagnes du Rif occidental ou de Grande Kabylie; des rigoles de drainage évacuent les eaux en excès vers les points les plus bas; une végétation dense est soigneusement maintenue en bordure des principaux ravins. L'irrigation est partout présente, mais elle se disperse en une multitude de petits aménagements liés aux sources; le réseau des *seguia* distribue l'eau à partir de bassins, mais les pertes sont nombreuses par manque de soin et d'entretien, à la différence des montagnes atlasiques. Pas d'élevage transhumant, mais le troupeau sédentaire est un peu partout une source de revenus aussi importants sinon plus que les cultures; bovins et caprins, beaucoup plus nombreux que les moutons qui supportent mal l'humidité, se déplacent sous la conduite de bergers, mais rentrent chaque soir à la ferme.

Des nuances dans le milieu physique apportent des variantes à ce schéma général. En l'absence de terroirs à mi-versant, le paysan du Rif méridional ou de Grande Kabylie s'installe sur les éperons et les interfluves à condition qu'ils ne soient pas trop élevés; les maisons s'égrènent le long des crêtes ou se tassent sur les pitons et le finage s'organise en quelques grands quartiers. Plus rares sont les terroirs irrigués des fonds de vallées comme dans le Rif central, les monts de Tlemcen chez les Beni Snouss. Dans les basses montagnes marneuses, Prérif, Tell oranais du Tessala aux Beni Chougrane, Nord constantinois, la mise en culture est à peu près totale après le défrichement des derniers îlots de palmiers-nains, de lentisques et de jujubiers; 97 % de la superficie des Beni Chougrane sont maintenant occupés; toutes les formes de structures agraires sont mêlées puisque cohabitent de petites exploitations groupées en hameaux et de grands domaines privés ou étatiques, héritage de la colonisation qui s'était aventurée dans ce milieu attrayant.

**Les montagnes telliennes sont en crise.** A proximité des plaines voisines en plein essor elles sont restées trop longtemps négligées. Malgré la large palette des ressources de l'élevage, des cultures, des plantations, des forêts, dans un milieu favorisé climatiquement, le niveau de vie reste médiocre; la surcharge croissante des hommes entraîne de nouveaux déséquilibres. Les défrichements se multiplient un peu partout pour la conquête de nouvelles terres de culture, en Tunisie du Nord avec une réduction rapide des surfaces de matorral dans les Mogod ou des parcours dans le Haut Tell, dans l'Oranais où le recul de la forêt se chiffre depuis le début du siècle à plusieurs centaines de milliers d'hectares (M. Benchetrit, 1972, Dj. Sari, 1970), dans le Rif également où les paysans élargissent leurs emprises. La forêt est mutilée par les incendies et le pacage des troupeaux. Cette destruction du couvert végétal pour des gains de terrains médiocres et en forte pente ne fait qu'accroître l'instabilité des versants, mal chronique, mais qui depuis quelques années prend des dimensions inquiétantes. Limité dans les montagnes atlasiques, il est ici généralisé; au Maroc, 60 % des terres érodées viennent du seul domaine rifain (B. Heusch, 1969). Les pentes sont fortes et les dénivellations importantes; les roches résistantes, grès, quartzites, calcaires sont bien plus rares que les marnes, les schistes ou les flyschs tendres, éminemment favorables au déclenchement de toutes les formes de l'érosion; les couvertures détritiques ou pédologiques conservées sur de grandes épaisseurs sont également très menacées. L'agressivité des précipitations est enfin d'autant plus grande que ces montagnes ont perdu une partie de leur couverture forestière.

Les gouvernements sont conscients de la gravité de la situation et depuis quelques décennies des initiatives sont prises pour le développement et l'aménagement de ces montagnes, mais elles se heurtent à bien des difficultés.

**La lutte contre l'instabilité des versants** reste plus que jamais prioritaire. Des banquettes inaugurées dès la fin de la seconde guerre mondiale pour protéger de l'envasement les retenues de quelques barrages ont été généralisées dans le cadre des opérations de Défense et Restauration des Sols (D.R.S.). Installées suivant les courbes de niveau, avec une légère pente, elles ont pour but de retenir les eaux de ruissellement et de faciliter leur évacuation après décantation de leur charge, vers les ravins et les torrents voisins; des opérations complémentaires consistent à les garnir d'arbres et à traiter les exutoires en les stabilisant par la construction de petits barrages et par des plantations systématiques d'espèces s'enracinant rapidement (M. Cote, 1964). Les périmètres ainsi traités sont innombrables, trop souvent cependant morcelés et isolés.

On les retrouve à peu près dans tous les bassins-versants dominant les principaux barrages : opération du Loukkos au Maroc, lancement récent du projet de l'Oued Fodda en Algérie avec reboisement de 76 000 ha en dix ans, aménagement du bassin du Nebhana en Tunisie. Un plus grand nombre de travaux est cependant destiné à lutter contre l'érosion et à la prévenir dans les zones de cultures; ils ont aussi pour objectif d'améliorer la condition des fellahs par la plantation d'arbres fruitiers, de les obliger à cultiver suivant les courbes de niveau. Les problèmes sont cependant nombreux. Les uns sont d'ordre technique, car la généralisation abusive, surtout en terrain marneux et argileux, de banquettes mal construites, sans pente longitudinale pour l'évacuation des eaux, aggrave les désordres au lieu de les enrayer en favorisant par infiltration les mouvements de masse (G. BEAUDET, 1962); on renonce maintenant à cette technique pour revenir à la plantation directe d'arbres. D'autres difficultés sont d'ordre économique et social, car par ces opérations la continuité des parcelles est interrompue et les pertes en terrain cultivable importantes, d'autant qu'une mise en défens des périmètres ainsi traités est nécessaire au moins pendant les premières années; l'entretien régulier des banquettes et des plantations est aussi une condition de réussite; mais ne risque-t-on pas de voir les populations rurales délaisser les travaux agricoles pour ne plus s'occuper que de la protection des versants moyennant un salaire?

**Les fortes pentes et leur instabilité sont également de sérieux handicaps pour les constructions modernes et l'infrastructure routière.** Les immeubles de plusieurs étages qui ponctuent les crêtes de Grande Kabylie sont solidement ancrés par des pieux et des dalles de béton, après d'importantes fondations qui augmentent considérablement les prix de revient. Les difficultés sont aggravées dans les villes; une topographie morcelée, le manque d'espace plan, les secteurs de pentes trop fortes ou instables imposent de lourdes contraintes aux aménageurs et aux entrepreneurs. En Grande Kabylie, les maisons de l'Arbaa Naït Irathen sont groupées le long de deux étroites rues; les quartiers de Tizi-Ouzou occupent les hauteurs et les versants entre le J. Belloua au nord et la bordure du massif Kabyle au sud, le stade municipal étant lui-même entaillé à mi-versant d'une colline. Que dire des rues en forte pente de Guelma, des difficultés d'accès aux sites perchés du Kef, de Miliana, de Frenda ou de Chauen, tassé au pied de la Dorsale calcaire rifaine, de la circulation entre les différents quartiers de Tiaret et les trois villes superposées de Taza! Constantine elle-même est à la recherche de son site, partagée entre le vieux centre sur son rocher et les nouvelles constructions des plateaux environnants, séparés par les vallées et les gorges de Rhumel et du Bou Merzoug. Dans la plupart des villes, les pentes les plus fortes sont le refuge des populations déshéritées; occupées par un habitat spontané, elles sont dépourvues des équipements élémentaires : quartiers Dersa à Tétouane, Boudrhène à Tlemcen. A Constantine, les bidonvilles ne font pas masse mais s'insinuent partout dans les positions les plus dangereuses; en janvier 1972, le glissement de terrain du quartier Sabatier nécessita l'évacuation de 15 000 personnes (M. COTE, 1974). Les nouvelles créations urbaines demandent des études et des solutions urgentes; un zonage strict, prévoyant des espaces verts sur les versants faillés et instables, est proposé pour Bougaa au nord-ouest de Sétif (A. BOUGHERARA *et al.,* 1980). A Taounate, nouveau chef-lieu de province marocain dominant la vallée moyenne de l'Ouerrha, comment réunir en un organisme urbain cohérent, d'anciens villages ou hameaux perchés sur des crêtes isolées les unes des autres? Que de travail partout en perspective pour les aménageurs et les architectes et que d'investissements à prévoir pour les constructions et les équipements de base dans un tissu urbain aussi discontinu!

De nouvelles routes sont ouvertes; délaissant les anciens itinéraires traditionnels des crêtes, elles utilisent au prix de gros travaux le fond des vallées ou bien sont installées à mi-versant, entaillant les épaisses couvertures détritiques toujours très instables, multipliant les risques d'érosion dans les talus et sur les remblais; dans les trois pays, la création et l'entretien des routes en montagne tellienne consomment une grande part du budget des Travaux publics. Les villages, les hameaux, les maisons isolées sont maintenant accessibles par un réseau de pistes utilisables par l'auto, la camionnette ou le camion; établies hâtivement et sans précaution par les collectivités ou les individus, elles sont à l'origine de bien des glissements ou des ravinements qui balafrent les versants. On imagine par ailleurs aisément les difficultés rencontrées dans ces montagnes pour l'installation des adductions d'eau ou l'électrification.

**Des mesures sont prises pour améliorer la production agricole.** Des opérations comme les plantations d'arbres fruitiers rencontrent un grand succès, vergers d'amandiers dans le Rif oriental, plantations d'oliviers sur les bas de pentes dans le nord de la Tunisie pendant la période d'organisation collective de l'agriculture (A. KASSAB, 1983). L'humidité du milieu permet en Algérie orientale et en Tunisie le développement des exploitations fourragères en sec, à base de vesce et d'avoine. Mais beaucoup d'améliorations résultent d'initiatives individuelles; les cultures maraîchères couvrent les versants de la chaîne numidique du Zouagha dans le Nord constantinois où un habitat isolé s'étend à côté des anciens hameaux (J. C. BRULÉ, 1971). Plus récemment ont été lancés des projets de développement intégré, dans le but d'améliorer les conditions de vie des populations montagnardes; ils intéressent également l'aménagement du milieu rural. Au Maroc, le programme D.E.R.R.O. (Programme de Développement Économique et Rural du Rif Occidental) particulièrement adapté à la montagne rifaine prévoit des unités de développement rural (U.D.R.) s'étendant sur une ou deux communes rurales et dans chacune d'entre elles, une zone pilote de mise en valeur destinée à servir de témoin; plusieurs dizaines de ces périmètres de développement fonctionnent et plus de 40 000 ha sont traités (A. CHBICHEB, 1974). En Algérie, les projets de développement des montagnes telliennes touchent à l'ensemble de la vie rurale avec les programmes spéciaux des *wilaya* défavorisées, Kabylie, Chélif, Médéa, décidés en 1969, mis en route en 1972 et les plans communaux de développement. Dans tous les cas sont prévus des moyens de lutte contre l'érosion ou en faveur de la petite hydraulique; d'autres programmes sont plus localisés comme ceux de la vallée de la Soumman ou du jbel Ouach à l'est de Constantine qui porte sur 300 000 ha. Le plan de développement rural tunisien de 1973 (P.D.R.) retient plus les aspects économiques et sociaux que l'aménagement du milieu; mais en 1975 le projet plus particulier du Nord-Ouest met à son programme la lutte contre l'érosion et la rentabilisation des terres par la plantation d'autres espèces forestières que le chêne-liège.

### 4.2. L'exploitation des ressources naturelles de la montagne

La mise en valeur des ressources naturelles de ces montagnes est une préoccupation de plus en plus affirmée. Malgré des dégradations répétées et une évidente réduction des surfaces, les massifs forestiers subsistent un peu partout. Certains encore vastes sont magnifiques : la cédraie rifaine, les pins d'Alep des monts de Saïda ou des versants méditerranéens à l'est de Tenès, les chênes-lièges de Yakourène en Grande Kabylie et plus à l'est les forêts de Guerrouch, de Collo, de l'Edough et de Kroumirie. Des programmes d'aménagement et de reboisement sont en cours. Au Maroc, dans le cadre du Plan national de reboisement, des opérations ont lieu sur les versants d'accumulation situés au pied des crêtes gréseuses du Rif occidental. En Algérie, après de multiples plantations dispersées, les grands projets de développement et d'exploitation rationnelle des forêts, en 1979, dans le Tell, inaugurent une politique plus coordonnée, regroupant le reboisement, la défense des sols, la création d'infrastructures; dans la région d'El Kala un reboisement industriel pour alimenter de futures usines de pâte à papier porte sur 40 000 ha d'eucalyptus en montagne et de pins maritimes sur les sables proches du littoral; un autre projet intéresse la péninsule de Collo où l'O.N.T.F. a hérité de grands domaines coloniaux producteurs de liège qu'il s'agit de rénover en y introduisant des espèces nouvelles et en améliorant la production. En Tunisie, des reboisements récents en eucalyptus s'étendent dans le nord des Mogod, tandis que des plantations de pins d'Alep ponctuent la plupart des massifs du Haut Tell.

Mais la forêt pose de sérieux problèmes. Dans beaucoup de régions, l'administration se heurte aux populations locales qui ont toujours revendiqué des droits de propriété sur les parcelles forestières ainsi que des droits d'usage dans les forêts domaniales : pâturages, ramassage du bois. Les conflits avec l'administration, très anciens, n'ont jamais cessé; les incendies de forêt sont le résultat de négligences, mais aussi des manifestations brutales des revendications de ruraux désireux d'agrandir leur domaine cultivé.

Les eaux superficielles sont abondantes et il était tentant pour les habitants des plaines voisines de contrôler cette richesse et de l'utiliser pour l'irrigation et l'alimentation des villes. Les barrages sont faciles à établir grâce à de nombreuses gorges dans les vallées, encore que l'ancrage des ouvrages dans des affleurements rocheux tectoniquement très fracturés pose un certain nombre de problèmes techniques. L'alimentation des retenues par des oueds pérennes est plus régulière et les pénuries des années sèches sont moins sensibles que dans les montagnes atlasiques. Les barrages ont également comme objectif d'écrêter les crues et de protéger les régions basses des inondations catastrophiques, mais l'envasement est plus rapide qu'ailleurs.

Au Maroc, dominent de grands ouvrages installés sur les principaux oueds dont les eaux servent prioritairement à l'irrigation : barrages du Loukkos et de basse Moulouya auxquels il faut ajouter le projet de Mjara sur l'Ouerrha moyen qui doit distribuer l'eau dans la vallée inférieure et une partie de la plaine du Rharb. Les autres réalisations sont modestes et visent essentiellement à l'alimentation en eau des villes de Tanger (Ibn Batouta), de Tétouane (Nakhla), d'Al Hoceïma (Nekkor). En Algérie, les montagnes telliennes représentent la presque totalité des réserves superficielles utilisées, mais par suite du compartimentage du relief et de la superficie réduite des bassins-versants, les réalisations sont plus modestes. Depuis quelques années, des ouvrages nouveaux, achevés ou en chantier, complètent les installations anciennes datant de la période coloniale. L'équipement intéresse la totalité du Tell, mais quelques régions sont cependant privilégiées par leur situation et leurs conditions naturelles; les ressources du bassin de la Tafna sont plus importantes que celles de l'Oranie orientale; l'Ouarsenis est presque totalement aménagé avec des réserves qui profitent aux cultures et aux villes des plaines du Chélif; la Mitidja sera bientôt cernée de lacs de retenue; la région du Tell oriental à partir des Babor, région la plus humide du pays, est aussi celle des réalisations les plus nombreuses. Sept barrages sont achevés en Tunisie du Nord où se trouvent 60 % du potentiel mobilisable du pays.

L'essor touristique est lent à se développer dans des montagnes pourtant attrayantes par leur cadre forestier et leur climat frais l'été, situées à proximité des grandes agglomérations littorales. Les installations, très dispersées, sont fréquentées par les nationaux : Chauen et Ktama dans le Rif, Chréa dans les monts de Blida, Tala Guilef,

Tikjda et Yakourène en Grande Kabylie, Seraïdi dans l'Edough et Aïn Draham en Kroumirie, sans oublier les nombreuses stations thermales comme Hamman Righa à l'ouest de la Mitidja et Hamman Meskoutine près de Guelma, Moulay Yacoub ou Sidi Harazem aux environs de Fès.

### 4.3. L'aménagement des plaines

Nombreuses et morcelées, variées par leur taille, elles se différencient également par leur situation, littorale ou intérieure. Ce sont les régions les plus riches et les plus actives du domaine tellien. Pendant longtemps et jusqu'à la fin du XIXe siècle, elles sont restées peu peuplées à part quelques exceptions autour des villes; occupées par des populations pratiquant une économie agro-pastorale, se déplaçant sous la tente, elles étaient encore largement couvertes d'une brousse d'oléastres, de lentisques, de jujubiers ou de palmiers-nains. Terrains de parcours, elles portaient aussi quelques cultures temporaires, faites par des semi-nomades dans le Rharb ou l'Algérie orientale, ou par des sédentaires à l'étroit dans leurs montagnes; les Beni Snassene avaient des terroirs complémentaires au nord dans les Triffa et au sud dans la plaine des Angad, les populations forestières de l'Ouarsenis dans la vallée du Chélif, les Kabyles dans le bassin du Sebaou ou dans la vallée de la Soummam, les Chaouïa de l'Aurès dans les hautes plaines de l'Est; au Maroc, les semi-nomades des causses moyen-atlasiques menaient leurs troupeaux jusque dans le Saïs de Fès et de Meknès.

Par un rapide renversement de situation, ces plaines sont maintenant défrichées, occupées et mises en culture par des sédentaires; elles rassemblent une grande partie des villes maghrébines. L'héritage de la colonisation qui y avait ses propriétés et y avait concentré ses équipements a été repris et renforcé par les gouvernements indépendants qui leur ont accordé une grande part de leurs investissements. Dans ces régions très peuplées les densités moyennes sont maintenant de l'ordre de 70 à 80 hab./km$^2$; elles dépassent 100 hab./km$^2$ dans plusieurs régions littorales et même intérieures, autour de Mascara, dans le Chélif supérieur, en Medjerda moyenne; elles atteignent plus de 250 au km$^2$ en Mitidja. Moins dense cependant reste la population des hautes plaines constantinoises avec une moyenne générale de 60 au km$^2$ (M. Cote, 1979) et du Haut Tell tunisien encore inférieure à 40. Mais au total, les plaines rassemblent maintenant la majeure partie de la population tellienne.

**La nature des sols et la maîtrise des eaux sont les deux facteurs déterminants de leur mise en valeur.**

L'importance prise par les sols s'explique dans un milieu où les accidents topographiques sont modestes et où les niveaux topographiques ont tendance à se confondre. En plus d'un endroit, les sols médiocres posent problème pour l'aménagement. Des essais de mise en valeur agricole sur les terres salées se sont soldés par des échecs dans le pays des *garaa* constantinoises; les maisons du village socialiste de Boulhilet n'ont pas résisté à l'action sournoise de la nappe salée; le paysage reste désespérément vide sur les bordures de la *sebkha* d'Oran ou du lac Fetzara. Sur les marges de la plaine du Rharb, les épandages détritiques caillouteux ou sableux sont autant de vides, abandonnés aux éleveurs ou réservés à des reboisements d'eucalyptus. Les sols à croûte calcaire, fréquents en zone semi-aride sur les plans et les bombements topographiques les plus anciens, sont les plus difficiles à mettre en valeur. Le défonçage de la croûte nécessite des moyens mécaniques puissants et revient cher; des plantations par trous espacés sont tentés lorsque la carapace n'est pas trop épaisse; mais le plus souvent les secteurs encroûtés sont abandonnés ou réservés à une maigre agriculture lorsqu'il y a quelques limons superficiels. L'extension plus grande des terres collectives dans le Saïs de Fès par rapport à celui de Meknès trouve son explication dans l'inégalité de la répartition de la croûte calcaire.

Au centre des plaines, de très faibles dénivellations topographiques influent sur la mise en valeur. Dans le Rharb, des bourrelets alluviaux récents, bordant le Sebou et le Beht sur 2 à 10 km de large et quelques mètres de hauteur, attirent les hommes qui y trouvent des terres limoneuses, légères à travailler et faciles à irriguer, le *dhess* (J. LE COZ, 1964); les villages sont à l'abri des inondations; au-delà de ces bandes de fortes densités, limitées étroitement aux fleuves, s'étend la plaine plus basse, inondable, aux sols lourds, les *tirs,* exploités plus difficilement et plus tardivement, beaucoup moins peuplés. Une disposition tout à fait comparable se retrouve en moyenne Medjerda avec le contraste entre l'occupation du centre de la plaine par les grands domaines et les finages laniérés des villages installés sur des bourrelets alluviaux (A. KASSAB, 1979). Cette organisation agraire n'est cependant pas générale car dans beaucoup de plaines la divagation des lits et les sapements des berges font des bordures des oueds des zones dangereuses et répulsives.

La maîtrise des eaux est une préoccupation constante. Les excès sont fréquents; les plaines sont des zones où les oueds provoquent des inondations aggravées par les apports directs par ruissellement sur les versants des reliefs bordiers; les pentes souvent très faibles des cours d'eau ne facilitent pas les écoulements qui, dans les plaines littorales, sont également bloqués du côté de la mer par des cordons dunaires. Les étendues couvertes par les eaux superficielles stagnantes sont élevées, estimées pour la Tunisie à 20 % de la S.A.U. des plaines telliennes (A. KASSAB, 1978). On y trouve des secteurs marécageux, des lacs d'eau douce ou *merja,* gonflés en hiver, presque à sec en été; s'y ajoutent les vastes zones temporairement inondées; en mars 1973, l'eau recouvrait 47 000 ha en basse Medjerda, et certains hivers pluvieux des milliers d'hectares sont inondés dans la plaine de Jendouba. Depuis le début de la colonisation, des travaux de drainage et d'assainissement sont entrepris en moyenne et basse Medjerda, cette dernière étant reliée directement à la mer par un exutoire artificiel de crue. D'autres aménagements intéressent la région de Bizerte-Mateur et les petites plaines du Haut Tell. Les succès remportés en Mitidja centrale, mise en valeur après des efforts incessants et coûteux n'ont pas été égalés dans d'autres plaines algériennes, celles de la Seybouse, du Sig et de l'Habra ou celle d'Eghis à proximité de Mascara. Dans le Rharb, plusieurs canaux évacuent plus rapidement les eaux des compartiments inondés vers le cours inférieur du Sebou ou vers les *merja* marginales dont la plus importante, la *merja* Zerga est reliée artificiellement à l'Océan; un peu partout des digues canalisent les inondations.

La mobilisation de l'eau superficielle a eu pendant longtemps comme objectif de servir l'irrigation. Il était en effet tentant d'utiliser une partie des eaux tombées en hiver pour assurer des cultures d'été. Construction de barrages en montagne et aménagement de périmètres en plaine ont débuté en Algérie, dès la fin du XIX^e^ siècle, avant de connaître un grand engouement après la seconde guerre mondiale; des travaux complémentaires entrepris en plaine complètent les installations : barrage de dérivation, au « fil de l'eau » à la racine des principaux canaux à El Aroussia sur la basse Medjerda, digue sur la *merja* Sidi Abed dans le bas Chélif, barrages de retenue dans les vallées légèrement encaissées, Idriss I^er^ sur l'Inaouenne près de Fès ou ceux de l'Oum-er-Rbia inférieur.

Parallèlement à ces réalisations, on assiste depuis quelques années au développement de la petite et moyenne hydraulique. Les lacs collinaires ont pour but d'accumuler dans des sites faciles à aménager à peu de frais des réserves d'eau et de prolonger ainsi jusqu'en été le bénéfice des précipitations hivernales. L'expérience se développe rapidement en Tunisie au cap Bon, en Algérie, au nord de Sétif et dans les plaines du Constantinois, également dans le bassin du Sebaou. Le Maroc depuis la sécheresse de

1981-1983 projette l'installation d'un certain nombre de réserves dans le bassin du Sebou. Le succès le plus spectaculaire est cependant celui des prises directes dans le lit des oueds pérennes. Autrefois limité aux cours inférieurs des oueds comme le Sebou, dont le régime régulier permettait l'utilisation des grandes norias à godets, le procédé est maintenant généralisé grâce à la pompe à moteur. Les cours moyens de l'Ouerrha et du Sebou sont bordés de cultures maraîchères, fruitières ou industrielles comme le tabac en plein essor; l'eau de la retenue du barrage Idriss Ier alimente sur ses bords de petites exploitations irriguées. L'évolution est comparable sur les rives de la Tafna, le long du Chélif ou sur la Medjerda moyenne. Initiatives individuelles et gouvernementales coexistent dans l'exploitation des ressources souterraines; forages profonds ou puits de surface voisinent dans les plaines littorales; les multiples nappes de la Mitidja contribuent pour beaucoup à l'alimentation de l'agglomération algéroise.

La rapidité du développement économique des plaines est telle que **l'espace et les ressources apparaissent depuis peu limités.** L'occupation du sol, multipliée par 3 ou 4 depuis le début du siècle, est maintenant totale, mis à part les secteurs irrécupérables. Toute l'histoire agraire du Maghreb contemporain se retrouve dans la superposition des systèmes de cultures et des paysages agraires. Les régions de culture sèche (céréales et vignobles) alternent avec les périmètres irrigués où voisinent les agrumes, les maraîchages, les cultures industrielles de la betterave ou de la canne à sucre, les fourrages à l'origine des nouveaux bassins laitiers. Les blocs de culture des anciennes terres de colonisation se pérennisent sous la forme des exploitations autogérées et collectives algériennes, des combinats, fermes-pilotes et coopératives de production agricole tunisiennes, des fermes des sociétés étatiques marocaines. Une autre partie de cet héritage est venu accroître la moyenne et la grande propriété privée nationale. A côté vivent difficilement les petits propriétaires trop souvent refoulés sur les terres les plus médiocres, encroûtées, ou sur les versants plus raides au pied des montagnes. Ces plaines telliennes sont aussi celles où sont lancés les innovations techniques et les grands projets d'aménagement. Au Maroc, après l'échec de l'opération labour, immédiatement postérieure à l'Indépendance, le plan *Bour* comme le souligne son nom est destiné à promouvoir les 3 millions d'hectares de cultures sèches comprises pour l'essentiel dans les plaines et les collines telliennes. Dans un premier périmètre expérimental, celui de Fès-Karia-Tissa, lancé depuis peu, les interventions ne concernent que secondairement les aménagements du milieu naturel comme la lutte contre l'érosion, mais privilégient la formation des agriculteurs, le remodelage des structures foncières et la création des infrastructures (BANQUE MONDIALE, 1981). En Algérie sont inaugurés des programmes de développement intégré des plaines comme celui de Sidi-Bel-Abbès, réalisé avec l'aide étrangère; de nombreux projets sont également proposés pour l'aménagement des plaines du Haut Tell tunisien.

Espaces désormais limités, **les plaines telliennes deviennent aussi des lieux de concurrence.** Agglomérations urbaines et mitage péri-urbain, pôles et zones industrielles, grands équipements occupent une place sans cesse croissante aux dépens trop souvent de bonnes terres agricoles; les conflits sont également vifs pour le contrôle et l'utilisation de l'eau (voir IIe Partie).

Plaines et montagnes telliennes connaissent ainsi des développements inégaux qui accentuent les contrastes entre ces deux milieux. Elles ne sont cependant pas isolées; si les complémentarités anciennes surtout agricoles s'effacent, d'autres s'établissent et se renforcent; les montagnes avec leurs ressources naturelles et leur cadre de vie et les plaines avec leur richesse économique et les nécessités de leur protection ne peuvent être dissociées dans les programmes d'aménagement.

## 5. L'ATTRACTION DU LITTORAL

Pendant longtemps les pays maghrébins ont tourné le dos à la mer qui leur avait amené la plupart des envahisseurs; tout au long de l'histoire, des ports, comptoirs commerciaux commandaient le débouché des voies terrestres; les puissances européennes les ont longtemps contrôlés ou les ont utilisés comme tête de pont ou base de leurs conquêtes; les actuelles présides espagnoles de Ceuta et de Melilla en sont les derniers vestiges. Les populations rurales, sauf sur les côtes orientales de Tunisie, n'étaient pas attirées par la mer. Rares étaient les pêcheurs côtiers aussi bien sur l'Océan malgré ses richesses halieutiques que sur la façade méditerranéenne nord et l'insécurité expliquait le vide des littoraux. Dans la vallée rifaine des Beni-Bou-Frah, des études précises montrent une occupation très lente de la zone côtière, à partir des XVIe et XVIIe siècles seulement par suite du manque de place dans les montagnes d'amont surpeuplées (P. PASCON et H. VAN DER WUSTEN, 1983).

Il est vrai que les littoraux maghrébins ne sont guère accueillants. Les versants montagneux tombent souvent directement dans la mer; des falaises plus ou moins hautes entaillent le soubassement rocheux ou, comme sur une grande longueur de la façade atlantique, des dunes quaternaires durcifiées. Les côtes basses ne sont guère plus accessibles; des plages ou des platiers rocheux sont adossés à des cordons littoraux couverts de dunes, barrant les basses plaines et gênant l'écoulement des eaux intérieures; des marais littoraux encombrent les embouchures. Dans plusieurs régions atlantiques marocaines, des alignements d'anciennes dunes s'interposent sur plusieurs kilomètres de profondeur entre le rivage et l'intérieur, créant les paysages originaux du Sahel. D'autres sahels constitués de bourrelets de basses collines bordant une partie de la Mitidja et du littoral tunisien ont, de longue date cependant, attiré les hommes.

**Le littoral est maintenant devenu dans son ensemble une zone attractive où se fixe la population;** la douceur du climat, l'ensoleillement, les plages sablonneuses, la présence d'eau douce, mais aussi l'ouverture économique des trois pays vers les marchés extérieurs, expliquent l'essor du tourisme, des cultures irriguées et l'accroissement démesuré des villes.

L'espace littoral est aussi désormais recherché par les nationaux. A l'imitation des rivages européens voisins, des résidences principales ou secondaires, isolées ou groupées en lotissements, se multiplient, reproduisant des styles architecturaux étrangers, avec notamment de larges ouvertures face à la mer.

### 5.1. Les atteintes au rivage

Les rivages sont des zones d'équilibre fragile entre érosion et accumulation et toutes les installations humaines sont des facteurs de perturbation. Les études réalisées en Tunisie ces dernières années soulignent les modifications des lignes de rivage à Tabarka, dans la baie de Bizerte, où, depuis un siècle, sous l'influence de la dérive littorale modifiée par les travaux du port, la côte progresse au nord et au contraire s'érode dans la rade et sur les plages au sud de celle-ci (R. PASKOFF, 1981); les formes d'érosion les plus spectaculaires sont enregistrées sur les plages du centre et du sud du pays, dans les régions de Sousse, de Gabès et sur la côte de Jerba; la ligne de rivage recule et le sable est emporté. Bien que le niveau de la mer soit pratiquement stabilisé depuis 5 à 6 000 ans, un très léger relèvement de plusieurs dizaines de centimètres depuis l'Antiquité suffit à renforcer l'attaque des vagues; mais les causes de cette rapide érosion sont principalement d'origine humaine. L'avant-dune, trop souvent détruite et occupée par les lotissements ou des hôtels « sur l'eau », ne joue plus son rôle de protection et la construction de digues de béton n'apporte pas de solution. Par surcroît les barrages récemment créés sur les oueds à l'intérieur des terres retiennent une part non négligeable de la charge solide qui alimentait autrefois les dérives littorales et engraissait les plages.

Comme bien d'autres rivages méditerranéens, ceux du Maghreb n'échappent pas à la pollution. Très rares sont les stations d'épuration dans les villes littorales, les collecteurs d'égouts se jetant directement en mer; une seule est en service à Tunis et n'intéresse que la partie nord de l'agglomération. La pollution industrielle est grave; quatre zones sont menacées en Tunisie : Bizerte, Tunis, Sfax et Gabès; dans les deux dernières, les rejets solides de phosphogypses par les usines chimiques s'élèvent à près de 3 millions de t par an; stockés sur la plate-forme continentale, à proximité du rivage, ils entretiennent le trouble des eaux dans une mer généralement calme et peu profonde, repoussant les zones de baignade de plusieurs kilomètres et détruisant les herbiers marins à posidonies qui assuraient une certaine protection contre l'érosion (M. FAKHFAKH, 1977). La pollution est également inquiétante autour des pôles industriels du littoral algérien; dans la baie d'Arzew, la raffinerie de pétrole et les usines pétrochimiques rejettent des résidus liquides. Des conditions semblables se retrouvent à Skikda, également à Ghazaouet où les rejets solides de l'usine d'électrolyse de zinc installée au contact du port s'accumulent sur place au pied des falaises. Un peu partout le démazoutage des bateaux de commerce et de pêche, qu'aucun contrôle sérieux ne limite, se pratique à proximité du littoral. Dans tous les cas, le milieu floristique et faunistique marin est perturbé et la pêche a disparu de ces zones critiques. A la pollution de la mer s'ajoute enfin une pollution atmosphérique des plaines littorales, entourées de reliefs qui rabattent les fumées : la plaine et la ville de Skikda subissent les rejets de la zone industrielle voisine.

## 5.2. Les concurrences sur le littoral

Le littoral est désormais un domaine de vive concurrence entre des utilisateurs multiples. On assiste à un essor tout à fait spectaculaire de la ceinture maraîchère au long des côtes maghrébines. Au Maroc, ces cultures occupent une bande presque continue sur 300 km, de Kenitra jusqu'à proximité de Safi et reprennent dans la région d'Agadir, installées dans le plus bas et plus récent des sillons interdunaires, *l'Oulja*, débordant également vers l'intérieur des terres dans le Sahel sableux. Elles sont plus éparses en Algérie, mais se concentrent en quelques secteurs du Nord-Est tunisien ainsi que dans le Sahel de Sousse et près de Sfax.

Cette localisation s'explique par des considérations physiques : douceur du climat maritime, absence ou rareté des gelées, humidité atmosphérique diminuant l'évapotranspiration, régime des brises de mer et de terre atténuant les contrastes thermiques; les sols légers se travaillent facilement; les nappes phréatiques dans les sillons interdunaires ou dans les sédiments quaternaires sont abondantes. Le milieu naturel est profondément modelé par l'homme, morcelé en petites parcelles de cultures entourées de haies ou de brise-vents, parsemé de puits et de systèmes de distribution d'eau, envahi par des serres de plastique tandis que l'habitat dispersé se généralise. Les cultures destinées à la consommation intérieure ou à l'exportation sont continues dans l'année; aux primeurs succèdent les productions de saison; plusieurs secteurs se spécialisent dans les cultures industrielles.

La concurrence pour l'espace et l'eau est de plus en plus vive entre ces nouvelles régions agricoles et l'urbanisation du littoral. Sur la partie sud-est du littoral du cap Bon, comprise entre Hammamet et Nabeul, les cultures maraîchères et les plantations d'agrumes, traditionnellement irriguées grâce à quelques réservoirs et à des nappes peu profondes, sont menacées par l'expansion du tourisme, gros consommateur d'espaces et d'eau pour les complexes hôteliers et pour les lotissements (H. SETHOM, 1980). L'ancien équilibre entre l'homme et le milieu naturel est rompu, l'irrigation n'est plus qu'occasionnelle, les cultures se réduisent, les olivettes abandonnées entre les îlots d'urbanisation sont désormais des friches sociales, attendant les initiatives des promoteurs. Développement urbain, industriel, touristique entraînent partout des déséquilibres comparables. Autour de Tunis, les anciens secteurs maraîchers de Bab el Khadra ou les olivettes de l'Ariana sont maintenant occupés par la ville; dans le Sahel de Sousse, comme près de Mahdia des projets touristiques prévoient la disparition de centaines d'hectares de bonnes terres de culture dont certaines bénéficiaient depuis peu de l'eau du barrage de Nebhana.

## 5.3. L'aménagement des sites urbains littoraux

Les conditions topographiques tiennent une place importante dans le développement des villes littorales. Rares sont celles qui bénéficient d'un cadre physique homogène, relativement plat comme Kenitra, Sfax ou Gabès. Le morcellement du relief, l'importance des dénivelés entre les parties hautes et les bas quartiers groupés autour du port, la raideur des pentes sont fréquents. Les noyaux anciens bien localisés et limités sont souvent mal intégrés dans les agglomérations nouvelles.

Les organisations urbaines actuelles se résument schématiquement en deux types principaux. Dans un premier cas, fréquent sur le littoral atlantique marocain, les plans étagés de la ville sont le reflet de la morphologie littorale, marquée par la superposition de niveaux marins quaternaires ou par l'étagement d'anciens alignements dunaires. Une des difficultés majeures de l'aménagement réside dans les communications entre le port, la ville ancienne qui le domine, les nouveaux quartiers, installés sur les plans supérieurs et qui bénéficient d'un climat local plus agréable, mieux ventilé, à l'abri des brouillards côtiers et souvent plus recherchés par les classes aisées; c'est le cas à Safi et à Rabat-Salé. A Agadir, le rivage, partagé entre le secteur touristique et le port, est dominé par la ville administrative et commerciale, elle-même surmontée par les nouveaux quartiers d'habitat. A Casablanca, les dénivellations entre les différents plans sont atténuées et l'altitude 100 m n'est atteinte qu'à 4 ou 5 km du rivage (D. NOIN, 1965); l'organisation radio-concentrique de la ville épouse cependant la disposition étagée des dunes quaternaires; les différentes auréoles sont séparées par des boulevards dont le plus élevé portait le nom révélateur de Panoramique.

Le deuxième cas, plus complexe, propre au littoral méditerranéen, découle du morcellement topographique du domaine structural tellien. On y retrouve à peu près partout la trilogie classique de la butte ou du versant à pente forte où se tassait la ville ancienne, précoloniale ou coloniale, de la marine avec le port, de la basse plaine alluviale voisine, souvent marécageuse. L'extension de la ville ne pouvait se faire que vers les hauteurs ou par occupation d'une partie de la plaine. Ici aussi l'aménagement urbain suppose l'organisation des rapports entre ces différents éléments. Alger est sans doute la meilleure illustration de ces difficultés avec une ville ancienne et coloniale étagée en amphithéâtre sur le versant nord du bourrelet sahélien dominant une étroite plaine littorale bordant la rade et le port. Les nouveaux quartiers résidentiels avec un habitat pavillonnaire, les blocs d'immeubles collectifs, les équipements universitaires et sportifs occupent le plan supérieur situé en moyenne vers 200 m, tandis qu'un mitage récent gagne la retombée sud jusqu'en bordure de la plaine de la Mitidja; à l'est, les reliefs disparaissent au-delà de la coupure de l'Oued el Harrach et l'agglomération s'étale dans la basse plaine marécageuse. A Tanger et à Oran, les relations entre les noyaux urbains anciens perchés, le port et les nouveaux quartiers industriels de l'intérieur ne sont pas aisés; c'est également le cas de villes plus petites comme Mostaganem, Beni-Saf ou Ghazaouet où le manque de place en bordure de mer est un lourd handicap. En Algérie orientale et en Tunisie, le morcellement topographique est plus accentué encore; à Bejaïa, Skikda, Annaba, Bizerte et Tunis, la vieille ville et les quartiers d'habitat, aisé ou spontané, occupent les nombreuses collines, séparées par les zones basses, mal drainées et inondables, réservées aux zones industrielles et aux immeubles collectifs lorsqu'elles ne sont pas abandonnées aux marécages.

*Chapitre* **3**

# SOCIÉTÉS ET MILIEUX NATURELS

Les interactions entre sociétés et milieux naturels sont particulièrement évidentes au Maghreb et au Sahara car l'équilibre est fragile entre des conditions naturelles sévères et les interventions humaines souvent brutales. Les rapports évoluent sans cesse et sont parfois fort subtils, car aux initiatives des hommes répondent des perburbations physiques imprévisibles responsables à leur tour de déséquilibres dans les sociétés.

## 1. DES MISES EN VALEUR TRADITIONNELLES AUX AMÉNAGEMENTS RÉCENTS : LES RUPTURES DE L'HISTOIRE

Les sociétés anciennes les mieux connues occupaient en fait seulement quelques milieux, faciles à contrôler et à mettre en valeur, à une époque où les moyens techniques étaient précaires; il s'agissait essentiellement de la steppe et des plaines telliennes généralement à proximité des rivages; les montagnes, tout particulièrement celles du Tell, restaient à l'écart. Les Phéniciens et les Carthaginois commercent par l'intermédiaire des comptoirs installés le long des côtes mais le royaume de Massinissa est centré sur les hautes plaines constantinoises. L'occupation romaine elle-même reste bien localisée; vie citadine, mais aussi rurale, protégée par le *limes* avec une installation plus étalée dans l'Est, axée sur les basses et hautes plaines telliennes, annexant l'Aurès, relativement peu boisé, mais délaissant toujours les montagnes trop humides du Nord. Au centre et à l'ouest du Maghreb, seules les plaines et les rivages les moins arrosés du domaine tellien sont contrôlés.

Une économie agro-pastorale très longtemps rejetée vers les régions marginales reprend possession, à partir du XI^e^ siècle, de la plus grande partie du Maghreb. La vie sédentaire villageoise se maintient dans les montagnes atlasiques, Aurès, monts des Ksour, Haut Atlas central et occidental, Anti-Atlas; elle se renforce plus lentement et plus tardivement dans les massifs telliens : Rif, Trara, Grande et Petite Kabylie, ainsi qu'en plusieurs secteurs du littoral tunisien. A ces montagnes pauvres, anormalement peuplées, s'opposent les plaines occupées de manière très partielle où subsistent quelques villes isolées. L'occupation turque de l'Algérie et de la Tunisie, à partir du XVIe siècle, ouvre plus largement ces pays sur la Méditerranée.

La colonisation française introduit une rupture brutale. De nouvelles formes et techniques de mise en valeur sont pratiquées, de nouveaux espaces sont touchés. L'exploitation des ressources naturelles est générale : mines, forêts, nappes alfatières. Les meilleures terres agricoles telliennes sont occupées et on y introduit des cultures nouvelles; une partie de la population indigène est refoulée vers les régions marginales, montagneuses et pauvres; les anciennes complémentarités dans l'utilisation de l'espace sont désorganisées. Un réseau de villes et de centres ruraux naît dans les régions littorales et les plaines telliennes, structurées par des voies de communications modernes. Mais des déséquilibres apparaissent avec un contraste grandissant entre la mise en valeur rapide des régions privilégiées et la stagnation, pour ne pas dire l'abandon, des montagnes, de la steppe, du désert, malgré l'équipement de quelques axes de pénétration et quelques aménagements localisés.

Une dernière étape débute avec l'Indépendance et plus précisément pour les trois pays à partir des années 1970. Les effets du bouleversement démographique sont partout sensibles; la population maghrébine double en vingt-cinq ans; la croissance urbaine est spectaculaire; les campagnes continuent à voir leur population augmenter malgré un exode rural rapide. La mobilité des hommes est très grande, car aux mouvements internes et à celui des ruraux vers les villes s'ajoute une émigration à l'étranger. Les deux millions de travailleurs maghrébins, pour la très grande majorité d'entre eux en Europe occidentale, réinvestissent une part importante de leurs revenus dans leur pays d'origine et leurs initiatives constituent un facteur fondamental de l'évolution économique et sociale actuelle. L'intégration à l'économie monétaire et commerciale est maintenant générale, même dans des régions qui apparaissaient, il y a peu de temps encore, isolées; les « taxis » ou les camionnettes arrivent partout. L'évolution récente de la société est frappante; les anciennes structures se désintègrent, le pouvoir des collectivités traditionnelles se réduit au profit des initiatives individuelles, les formes d'entraide s'estompent. Les modes et habitudes de vie nouveaux copiés sur l'étranger se généralisent; la dispersion croissante de l'habitat traduit dans le paysage cette évolution sociale.

Les gouvernants, prenant conscience des retards et des besoins économiques et sociaux ainsi que des dangereux déséquilibres régionaux, s'engagent dans des politiques de développement dans tous les domaines. Mais il faut faire vite en raison du chômage croissant, prendre des décisions rapidement sans que les études préalables ou les réflexions aient été suffisamment approfondies comme dans les pays développés. Ces mesures nationales ne peuvent par ailleurs être isolées du contexte international, puisque des aides techniques et financières viennent de l'étranger, comme les recommandations concernant les orientations économiques. Les opérations de mise en valeur et d'aménagement se multiplient avec des résultats inégaux. Dans ce bouleversement économique et social actuel, les rapports entre les hommes et le milieu naturel connaissent une nouvelle histoire.

## 2. ÉVOLUTION DES RELATIONS ENTRE GROUPES HUMAINS ET MILIEU NATUREL

### 2.1. Conquête et utilisation des terres

Le défrichement et la conquête de nouvelles terres de culture sont une constante de l'histoire agraire maghrébine. Tous les exemples montrent les dangers de cette pratique systématique, encore actuelle, et les graves conséquences qui en résultent par la dégradation du milieu physique. Ces gains sont le plus souvent le fait d'initiatives individuelles mais les mesures gouvernementales prises dans le cadre des réformes agraires ou agricoles y contribuent aussi pour une bonne part.

Dans les hautes plaines constantinoises, le pays des *Garaa* installé au centre des cuvettes sur les épandages limoneux entourant ces lacs salés, était à toutes les époques une réserve de parcours steppique (M. Cote, 1974); sur de médiocres terres communales ou domaniales d'origine beylik, les tribus voisines envoyaient leurs troupeaux en hiver, tandis qu'en été le pays était ouvert à la migration de l'*achaba*. On assiste cependant à une lente contraction de la steppe; le mouvement de grignotage, amorcé par la colonisation qui s'y taille quelques petits périmètres et accorde des terroirs de compensation aux groupes dépossédés des meilleurs terroirs des marges septentrionales, s'accélère depuis l'Indépendance; la révolution agraire trouve là un domaine privilégié de mise en valeur; la création de secteurs irrigués par la réserve d'eau de Boulhilet ou par les forages, la progression des défrichements et des cultures en sec dans le cadre des C.A.P.R.A. et des G.P.M.V., autour de plusieurs villages socialistes, font de cette zone d'aménagement pastoral un espace maintenant « achevé ».

L'utilisation agricole ou pastorale des terres a été souvent précédée par la destruction du couvert végétal pour les besoins des villes ou des centres miniers. Les hauteurs situées à proximité des villes telliennes ont ainsi, tout au long de l'histoire, perdu leurs forêts, destinées à la fabrication du charbon de bois; la partie orientale des Mogod, réduite maintenant à un matorral troué, alimentait la ville de Tunis; la végétation buissonnante des montagnes calcaires dominant Tétouane continue à être exploitée par les charbonniers. Dans le Plateau Central marocain, des clairières, lieux de pâturages pour les éleveurs semi-nomades, entourent les sièges des anciennes mines dont celle du Jbel Aouam très connue au XVIe siècle pour l'extraction et l'industrie du plomb (B. Rosenberger, 1970). Plus près de nous, la déforestation des hauteurs entourant Gafsa date du début de l'exploitation des phosphates.

L'évolution des types d'exploitation du sol modifie également les rapports entre les hommes et le milieu naturel. L'histoire agraire des nombreux bassins atlasiques qui constituent le cadre de vie des hautes plaines constantinoises, du Haut Tell et de la Haute Steppe tunisienne est complexe. Les piémonts formaient ici une véritable couronne verdoyante, avec leurs champs et leurs arbres, autour des plaines. L'équilibre est rompu dès la fin de la période romaine; commence alors la longue histoire de la dégradation de ce milieu, avec le développement de la monoculture céréalière, le mauvais entretien des murettes ou leur destruction, le déboisement de la montagne, processus qui iront en s'aggravant jusqu'à la fin de la présence française. Une nouvelle étape débute avec la reconquête actuelle de ces terroirs agricoles; elle commence cette fois par l'aménagement des plaines où se développe l'irrigation à partir des puits et des forages et la mise en valeur des terres par une agriculture sèche; elle se poursuit par une réoccupation des piémonts où l'on multiplie les plantations forestières ainsi que les vergers et où des réseaux de levés et de banquettes ont pour but de recharger les nappes souterraines; elle gagne enfin les montagnes où les reboisements assurent une nouvelle protection : l'aménagement est global.

L'évolution de l'utilisation du sol dans les montagnes telliennes est tout aussi riche d'enseignements. La conquête de nouvelles terres de culture par défrichement pour faire face à l'accroissement de la population se poursuit; à l'automne s'élèvent encore en bien des régions les colonnes de fumée révélatrices des brûlis; l'aggravation des processus d'érosion qui en résultent est partout visible avec l'extension des désordres sur les versants, la rapidité croissante de la montée des eaux dans les oueds et l'ampleur des inondations dans les plaines voisines. Mais depuis quelques années, plusieurs montagnes n'apparaissent plus comme des milieux agricoles; en Grande Kabylie, dans la Kabylie côtière, dans les pays de la Soummam, pourtant très fortement peuplés, la déprise agricole par suite de l'émigration ou de la progression des activités secondaires ou tertiaires, se marque par l'abandon des cultures; il atteint la presque totalité du finage de certaines communes; les friches sont envahissantes et la protection des versants maintenue jusque-là par une accumulation de petits travaux d'entretien, n'est plus assurée; de nouveaux secteurs sont gagnés à l'érosion (J.-P. TIHAY, 1976). **Surcharge de population et déprise agricole ont des effets comparables.**

La transformation de certains systèmes de culture peut avoir des conséquences imprévisibles.

En Kroumirie, dans la région d'Aïn-Draham, les cultures proches des maisons, basées sur l'irrigation d'été et le drainage des terres en hiver ont pratiquement disparu ces dernières années au profit d'un système de production extensif fondé sur des cultures céréalières non irriguées, éparses sur les versants, et sur la multiplication des troupeaux (J. BONVALLOT, 1982); les bassins qui recueillaient l'eau des sources et le réseau des *seguia* ne sont plus entretenus; l'eau court n'importe où, s'infiltre et aggrave les mouvements de masses : coulées boueuses, décollements et éboulements.

L'évolution des techniques et des systèmes de culture révèle les potentialités des milieux naturels : l'histoire de la mise en valeur de la plaine atlantique de la basse Chaouïa est à ce titre intéressante (R. HAKIMI, 1984; R. FOSSET, 1979).

Dès l'époque précoloniale, les membres d'une même tribu, celle des Ouled Hriz occupaient les terres à l'entour de la kasba de Berrechid. A l'est, sur une vaste plaine subhorizontale constituée de sédiments, l'occupation agro-pastorale restait très lâche; les sols, malgré leur richesse, étaient lourds et difficiles à travailler. Les Ouled Hriz de l'Ouest disposaient d'une plus grande variété de terroirs installés sur les affleurements du socle : pâturages humides des fonds de *daïa,* sols caillouteux ou sableux, peu épais mais faciles à travailler, sur les versants, sols plus lourds des secteurs plans intermédiaires.

Durant la période coloniale, de grandes fermes européennes ou marocaines, spécialisées dans la céréaliculture sèche s'installent sur la majeure partie de la plaine orientale qu'elles exploitent avec des moyens mécaniques puissants. Berrechid profite de cette évolution et devient un centre urbain actif.

Après l'Indépendance s'ouvre une nouvelle étape dans l'essor de la région orientale. Sous l'influence de l'agglomération voisine de Casablanca, grosse consommatrice de légumes et grâce à la technique des puits profonds atteignant l'abondante nappe phréatique nouvellement reconnue, les propriétaires consacrent désormais une part importante de leurs terres aux cultures maraîchères très rentables; les cultures fourragères progressent rapidement; l'irrigation par aspersion peut concerner 20 à 30 % de la surface. L'évolution des Ouled Hriz de l'Ouest, en majorité petits propriétaires, est beaucoup moins spectaculaire. Le contraste de développement et de richesse entre les deux groupes s'accroît.

### 2.2. La difficile maîtrise de l'eau

La maîtrise de l'eau est une des préoccupations majeures dans tous les milieux maghrébins; son contrôle et son utilisation par l'homme sont bien complexes et en constante évolution.

Dans ces pays plus qu'ailleurs encore l'eau est un facteur de localisation de la population. Sans parler du Sahara et de ses oasis, est-il besoin de rappeler ici le rôle des sources en montagne ou dans les régions de piémonts, à l'origine de bien des douars ou des villes. On ne trouve cependant pas ici les liens qui unissent si fréquemment les villes et les fleuves en Europe, même sur ses rivages méditerranéens : Cordoue et Séville sur le Guadalquivir n'ont pas leur équivalent au Maghreb, Kenitra à l'amorce de l'estuaire du Sebou n'étant en fait qu'une création récente. Les raisons physiques sont déterminantes; les oueds ne sont pas navigables et leur cours dans les plaines est instable, entouré trop souvent de marécages. La faible occupation des basses plaines jusqu'à une date très récente explique aussi ce peu d'attrait pour les cours d'eau.

L'eau vivifie les terres lorsque les conditions topographiques sont favorables, même si les sols ne sont pas particulièrement réputés pour leurs qualités. L'équipement traditionnel du Haouz de Marrakech avec des têtes mortes dont les prises étaient installées au débouché des oueds dans la plaine, permettait l'irrigation de petits périmètres répartis sur les cônes alluviaux entre les différentes fractions (P. PASCON, 1977); la qualité des sols importait moins que l'abondance des eaux et la régularité de leur distribution; les périmètres amont, favorisés, étaient les plus riches. Ce schéma est modifié par la confiscation ultérieure d'une partie des eaux par les pouvoirs seigneuriaux ou par l'État avec la construction de prises situées plus à l'amont encore et de longues *seguia* rectilignes dirigées vers les grands domaines situés dans les vides entre les cônes alluviaux. Une seconde intervention est celle de la colonisation en 1935-1936 avec la construction du barrage de Lalla Takerkoust (ex-Cavagnac) et de plusieurs canaux bétonnés détournant un supplément d'eau à partir des principaux oueds. L'exploitation des ressources souterraines par les moyens traditionnels, *foggara* et puits, relayés par les pompages modernes, crée de nouveaux secteurs de culture à l'aval du piémont. L'occupation de l'espace steppique du Haouz est ainsi fondée sur la distribution de l'eau, chacun des types d'aménagement portant la marque d'organisation sociale différente.

Les surfaces irriguées ne cessent de croître au Maghreb, mais il y a trop souvent une utilisation désordonnée des ressources en eau et la mauvaise conduite de l'irrigation est une autre cause de difficultés (voir IIe Partie). Il arrive également que les grands équipements hydrauliques perturbent l'environnement physique.

La vallée inférieure du Ziz est un pays d'irrigation traditionnelle dans la partie de la vallée encaissée de part et d'autre d'Er Rachidia, et plus à l'aval dans la plaine alluviale du Tafilalet; dérivations à partir du lit de l'oued, puits et épandages de crues qui représentaient 80 % des ressources en eau dans la plaine étaient les techniques utilisées de longue date (M. JARIR, 1983). Afin d'assurer une meilleure régulation annuelle et interannuelle et de protéger la vallée des crues violentes comme celle de novembre 1965 qui, avec un débit maximum de 5 000 $m^3/s$, avait provoqué la destruction de 750 maisons et de 5 000 ha de terres cultivées, est entreprise la construction du barrage Hassan Eddakhil, achevé en 1971. Une nouvelle politique de l'eau est plaquée sur le système traditionnel. A côté de résultats positifs comme une meilleure répartition dans le temps et l'amélioration de la distribution par des canaux modernes dans la vallée, de graves perturbations apparaissent dans la plaine du

Tafilalet qui ne bénéficie plus de l'arrivée des crues. La nappe phréatique qu'elles rechargeaient s'épuise au moment même où 3 600 puits modernes équipés de moteurs et des stations de pompage s'ajoutent aux 2 000 installations traditionnelles. Par ailleurs 18 000 ha dans la partie aval ne reçoivent plus les épandages de crues et sont maintenant en voie d'abandon. Le Tafilalet perd définitivement son image de périmètre « accordéon », étendu et florissant dans les années fastes, et se réduit à 10 000 ha, arrosés par l'eau du barrage arrivant par le lit de l'oued et par les faibles ressources des puits. L'oasis est en crise et s'étiole.

Les grands barrages et périmètres irrigués ne sont pas à l'abri des difficultés. La sécheresse persistante des années 1981 à 1983 au Maroc est à cet égard révélatrice (*Hommes, Terres et Eaux*, 1983). Depuis 1982, des plans d'irrigation sont mis en place par les responsables des périmètres, réduisant le nombre et l'abondance des lâchers, recommandant l'interruption de certaines cultures grosses consommatrices d'eau comme les fourrages ou le coton. Une nouvelle organisation économique est imposée par les autorités avec des conséquences à l'aval sur les industries agro-alimentaires.

**Les rapports entre l'eau et les villes maghrébines** se présentent sous un jour nouveau depuis les dernières décennies. Dans ces agglomérations qui se développent rapidement les problèmes les plus importants concernent l'alimentation, la distribution et l'évacuation des eaux usées.

La ville de Fès, et plus particulièrement sa médina, illustre bien la gravité de la situation (Schéma Directeur, 1981); l'expansion récente de l'agglomération dans la plaine perchée du Saïs provoque de graves perturbations. Au S.O., dans le secteur bas et humide bordant l'Oued Fès sont nés, depuis 1970-1975, des noyaux de constructions illégales, non équipées, regroupant environ 50 000 habitants; les puits creusés pour l'alimentation en eau voisinent avec les puisards pour l'évacuation des eaux usées. La nappe phréatique qui alimentait à l'aval la médina est polluée comme l'eau de l'Oued Fès distribuée par les canalisations traditionnelles. Par surcroît l'étanchéité des anciens réseaux d'assainissement laisse à désirer et l'oued est, au bas de la médina, un égout à ciel ouvert. La ville, née au VIIIe siècle dans un site de vallons parcourus par une eau abondante qu'elle avait su intégrer à son patrimoine architectural grâce aux fontaines publiques ou aux vasques des palais, est maintenant menacée par l'eau.

Ces difficultés d'alimentation en eau et d'assainissement sont d'ailleurs communs à toutes les villes maghrébines grandies trop rapidement pour que les équipement aient pu suivre leur extension. On rencontre aussi des problèmes techniques spécifiques des pays semi-arides comme celui du fonctionnement des stations d'épuration en saison chaude et sèche où l'évaporation est très forte. La situation est particulièrement critique dans plusieurs villes marocaines comme Marrakech où la concurrence pour l'eau est vive entre la ville et l'agriculture et où les eaux usées se perdent dans la palmeraie. En Algérie, les coupures d'eau en été sont constantes dans la plupart des villes (voir IIe Partie).

Ailleurs, notamment en Algérie orientale et en Tunisie, par suite de la topographie des villes, les risques d'inondation par les oueds ou par les eaux pluviales sont sérieux.

La ville de Sfax s'étale dans une grande cuvette basse et plate, en bordure de mer, vaste réceptacle de 800 km$^2$ pour les eaux de pluie qui s'écoulent difficilement par quelques chenaux d'oueds mal tracés et la plupart du temps à sec ou qui envahissent d'anciennes *sebkha;* seule la médina, installée sur un léger promontoire surmonte de quelques mètres la plaine (A. HENTATI, 1978). Lors des fortes précipitations, comme en novembre 1975, l'eau ruisselle de toutes parts et inonde les parties les plus basses du centre ville. La démolition des levées surmontées de cactus, les *tabia* dans la zone péri-urbaine des jardins, les *jnan*, à la suite de l'extension de l'agglomération, gêne l'infiltration et aggrave le ruissellement superficiel. La construction d'un grand canal de rocade qui protégera la ville des risques d'inondation est décidée. Dans d'autres villes, la protection est assurée par des digues; à Kairouan, celle de l'Ouest doit être prolongée vers le sud; un ouvrage met Sidi Bou Zid à l'abri des épandages inquiétants de l'Oued el Fekka. C'est également la solution retenue pour Jedeïda, ville de 7 000 habitants sur la basse Medjerda, où les inondations de mars 1973 avaient provoqué d'importants dégâts, en particulier à la station émettrice de Radio-Tunis (M. TAG-ELDEEN, 1980); l'aire inondable représente 87 % de la superficie municipale; des cartes de risques sont dressées pour orienter les schémas d'aménagement urbain. Le problème est plus complexe encore à Annaba où les quartiers de plaine ont été dévastés par les inondations de novembre 1982, provoqués essentiellement par les ravins et les nappes ruisselantes venues des collines environnantes. A moins de travaux importants, bien des sections de basse plaine ne pourront être intégrées dans le futur tissu urbain.

### 2.3. Les nouvelles organisations spatiales

Par opposition aux formes anciennes de l'occupation du sol et aux complémentarités traditionnelles, de nouveaux types d'organisation et de rapports spatiaux apparaissent. Le développement rapide de l'urbanisation et la constitution de grandes agglomérations ou de régions urbaines sont des facteurs de déséquilibre et de perturbation. Les problèmes sont particulièrement graves lorsque le cadre naturel est limité comme pour la région littorale et basse du Sahel algérois et de la plaine de la Mitidja, bande de terre longue de 90 km sur une largeur variant de 15 à 30 km, bordée de trois côtés par des montagnes et où vivent, sur environ 2 500 km$^2$, 3 millions de personnes pour moitié installées dans la capitale.

La partie orientale de la Mitidja, région agricole, est maintenant gagnée par de multiples formes d'urbanisation et d'activités nouvelles (A. GAIDON-ARVICUS, 1980). L'extension de la zone industrielle de Rouiba-Reghaïa, du complexe de Meftah, du chantier de Sidi Moussa se fait aux dépens de bonnes terres de culture dont on estime le recul à environ 5 % de 1965 à 1975 (G. MUTIN, 1980). Le développement des petites villes, l'extension des centres ruraux, la naissance de noyaux d'habitat spontané, la multiplication des maisons individuelles alourdissent l'occupation de la plaine dont la population atteint 525 hab./km$^2$ en 1977. Les équipements liés à la proximité de l'agglomération algéroise sont également envahissants : aérodrome international H. Boumedienne, routes et autoroute, réseau encore inachevé de conduites et de stations de pompage et de traitement des eaux pour la capitale, lignes à haute tension et stations électriques. Le cadre naturel des montagnes est à son tour perturbé sur ses bordures par de multiples chantiers, tandis que plus haut les anciennes forêts aménagées et les reboisements, lieux de détente de plus en plus fréquentés, sont aussi menacés par les incendies. Après une phase d'intense mise en valeur agricole, la nouvelle étape de l'industrialisation et de l'urbanisation montre un manque d'organisation et même une destructuration de l'espace qui porte atteinte au milieu.

Dans les autres grandes concentrations humaines maghrébines, tunisoise ou littorale au Maroc, les conditions géographiques sont différentes. L'expansion urbaine du grand Tunis, agglomération de plus d'un million d'habitants, guidée par les étendues d'eau du lac et de la *sebkha* Séjoumi et par le cadre des collines, s'étale de manière désordonnée, depuis 1970, dans les régions basses du N.O. et du Sud, dans les plaines inondables de l'Ariana, sur les terres agricoles occupées par l'aéroport de Tunis-Carthage et par la zone industrielle voisine de la Cherguia, tandis que la banlieue balnéaire envahit les collines du Nord, comme le littoral bas et fragile du sud du golfe (P. SIGNOLES *et al.*, 1980). La destruction des derniers lambeaux de végétation sur les collines, l'envahissement par l'habitat urbain des zones maraîchères et des plantations, ses progrès récents dans les secteurs de cultures sèches, céréalières ou olivettes, plus éloignées encore, comme la multiplication des équipements, perturbent le milieu physique; certains problèmes comme celui de l'amélioration des communications entre le nord et le sud de l'espace urbanisé ne sont pas résolus pour autant.

Au Maroc, la concentration urbaine allongée sur 130 km de Kenitra à Casablanca regroupe, sur une étroite frange littorale, des grandes agglomérations et des villes intermédiaires, des camps militaires, cinq aérodromes, des installations industrielles isolées, des secteurs de cultures maraîchères, des équipements balnéaires. La concurrence est sévère pour la maîtrise et l'occupation du sol. Un des facteurs déterminants du développement reste celui de la circulation suivant une disposition parallèle au rivage. Les grandes agglomérations s'allongent en ce sens, le tissu urbain continu de Casablanca dépassant 20 km. Les villes intermédiaires comme Bouznika ont été des étapes routières avant de connaître une diversification de leurs activités. Les liaisons ont été multipliées, routes, autoroute, voie ferrée dont le doublement est prévu, mais la circulation de transit est difficile dans chacune des grandes agglomérations et nécessite des itinéraires de contournement. Par ailleurs, les profondes coupures des oueds côtiers encaissés dans le socle morcellent cette région, mal organisée et structurée dans ses activités.

Les perturbations apportées par l'expansion d'une ville moyenne sont tout aussi importantes. Un des meilleurs exemples est celui de Tanger, ville de 300 000 habitants, débouché d'une petite région agricole, le Fahs (A. BOULIFA, 1983). Les nouveaux quartiers d'habitat spontané envahissent les terres de culture; des usines essaiment dans la campagne comme la cimenterie (fig. 4); les installations touristiques isolent de la mer les *douar* de l'intérieur; les champs bordant la Forêt diplomatique sont saccagés par les sangliers de cette réserve de chasse; l'aérodrome de Boukhalf morcelle les finages désorganisés également par les emprises des stations de radio profitant de la remarquable position au contact de l'Atlantique et de la Méditerranée; l'eau du barrage Ibn Batouta ne profite qu'à la ville, les projets d'irrigation ayant été abandonnés. Le Fahs de Tanger présente l'image de la destructuration d'un espace rural autrefois organisé en liaison étroite et harmonieuse avec la ville.

**Les complémentarités entre milieux naturels si répandues au Maghreb sont loin de disparaître, mais elles évoluent et se transforment.** En Tunisie, les rapports anciens entre Tell et steppes fondés sur les migrations saisonnières des troupeaux en *achaba* et des travailleurs semi-nomades allant faire les moissons dans les bassins et les plaines du Nord et ramenant en échange quelques sacs de grains sont maintenant remplacés par le mouvement des moissonneuses-batteuses des entrepreneurs de culture plus nombreux dans la steppe que dans le Tell où l'appropriation du matériel par les exploitants est plus développée (A. KASSAB, 1983).

L'évolution est plus complexe pour les Beni Guil du Maroc oriental (M. HLAL, 1983). Les mouvements de parcours se sont considérablement réduits. La sédentarisation presque totale dans les pays de la moyenne Moulouya autour des cultures d'oasis, la fermeture des frontières avec l'Algérie depuis trois décennies ont arrêté tous les déplacements zonaux; seuls se maintiennent les mouvements méridiens, réduits en distance et de plus en plus concentrés suivant un axe de développement allant de Bouarfa à Tendrara et Aïn Beni Mathar, au long duquel les pasteurs trouvent des équipements modernes : points d'eau, réserves fourragères, abris pour le bétail, soins vétérinaires, écoles, marchés.

La Grande Kabylie fournit un bon exemple de nouvelle complémentarité associant plaine et montagne. Dans le bassin du moyen Sebaou, les terres étaient contrôlées par les montagnards riverains qui y pratiquaient des cultures céréalières complémentaires des ressources de la montagne

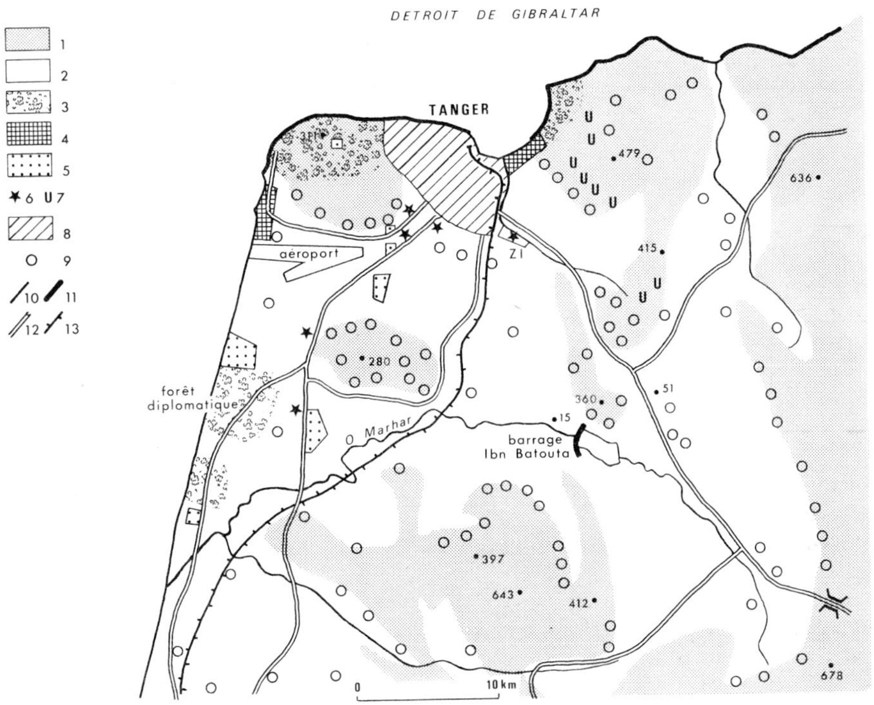


Fig. 4. — LE FAHS DE TANGER, UN ESPACE RURAL PERTURBÉ PAR UNE VILLE (d'après cartes de A. Boulifa, 1983).

1 *Montagnes*
2 *Plaines et collines*
3 *Boisements*
4 *Installations touristiques*
5 *Stations émettrices ou réceptrices de radio*
6 *Usines*
7 *Carrières*
8 *Agglomération de Tanger*
9 *Douars*
10 *Côtes basses*
11 *Côtes à falaises*
12 *Principales routes*
13 *Voie ferrée*

(S. Bouali, 1973). Depuis l'Indépendance et la politique d'industrialisation, s'opère une nouvelle répartition des activités. Si la plaine reste un domaine de grande culture, elle est devenue en quelques années le siège de nombreuses usines ou entrepôts, isolés ou rassemblés dans les villes et la zone industrielle d'Oued Aïssi (fig. 5). Rares sont les ouvriers installés dans la plaine ou à son contact malgré les immeubles collectifs de Fréha ou d'Azazga et les constructions individuelles du nouveau centre de Tikobaïne. Chaque matin des centaines de travailleurs quittent les villages de la montagne, amenés par les cars ou les camions des différentes entreprises et regagnent le soir leurs foyers. La montagne n'est désormais plus qu'un simple cadre de vie auquel les Kabyles restent profondément attachés; les cultures sont abandonnées dans leur grande majorité mais les terres sont l'objet d'une intense spéculation qu'explique l'extraordinaire multiplication de l'habitat. Un tel dédoublement moderne de l'activité se retrouve ailleurs, dans la vallée de la Soummam où les villages de crêtes abritent la main-d'œuvre des nouveaux centres industriels et urbains d'Akbou et de Sidi Aïch.

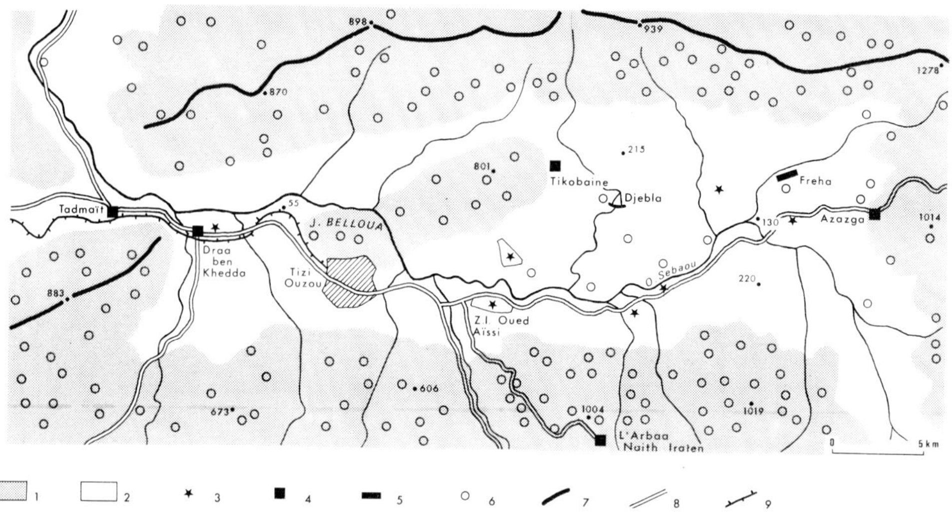


Fig. 5. — LE BASSIN DU MOYEN SEBAOU (Algérie).

1 *Montagnes*
2 *Plaines et collines*
3 *Zone et établissements industriels, parc de stockage*
4 *Petites villes et centres en voie d'urbanisation*
5 *Immeubles collectifs isolés*
6 *Villages*
7 *Lignes de crêtes*
8 *Principales routes*
9 *Voie ferrée*

## **3.** LA MAÎTRISE DU MILIEU NATUREL ET SES LIMITES

### **3.**1. Les mesures d'aménagement

Le milieu naturel est de plus en plus pris en compte dans les politiques de développement. Les programmes concernant les aménagements et les directives qui accompagnent les plans y font référence. La majorité des orientations et des propositions porte sur des aspects sectoriels : lutte contre l'érosion, maîtrise de l'eau, protection des forêts; ces mesures techniques sont prises soit isolément, soit dans le cadre d'une politique plus générale visant à l'amélioration de l'économie et de la société; les hommes ne sont plus dissociés du milieu physique. Par ailleurs, depuis quelques années, devant le constat des déséquilibres croissants entre des régions favorisées naturellement et en développement rapide et d'autres aux potentialités réduites et en stagnation économique, s'amorce une politique de rééquilibrage et de réorganisation de l'espace; mais **le véritable aménagement du territoire n'en est encore qu'à ses débuts.**

Les décisions relèvent d'organismes dont les compétences se chevauchent. Parmi les ministères les plus directement intéressés, on peut retenir pour les trois pays ceux de l'Intérieur et de l'Agriculture, auxquels il faut ajouter pour le Maroc celui de l'Habitat et de l'Aménagement du Territoire ainsi que le secrétariat au Plan, et pour l'Algérie ceux, plus spécialisés, de l'Hydraulique, créé en 1977, et de la Planification et de l'Aménagement du Territoire depuis 1979, ainsi que le secrétariat d'État aux Forêts créé la même année. Dans chacun de ces ministères ou secrétariats d'État, des directions plus spécialisées sont chargées des études et de l'application des décisions gouvernementales.

Sur le plan de l'exécution, les organismes locaux ou régionaux sont nombreux. Les circonscriptions administratives sont naturellement les plus utilisées. D'abord les communes qui, en Algérie, sont dotées de responsabilités économiques depuis le code de 1967 et qui peuvent élaborer des plans de développement (P.C.D.); la charte communale du Maroc de 1976 donne également la possibilité aux communes d'envisager des études et des propositions d'investissement dans le cadre de plans. Les niveaux intermédiaires sont les mieux équipés et les plus efficaces; les provinces marocaines, les *wilaya* algériennes, les gouvernorats tunisiens ont des services administratifs et techniques chargés de l'application des décisions gouvernementales; mais ils ont aussi des responsabilités socio-économiques en Algérie où les assemblées de *wilaya* proposent des plans; au Maroc, les assemblées provinciales peuvent également intervenir. Le niveau supérieur est par contre déficient; rien n'existe en Algérie; au Maroc, les sept régions économiques, créées en 1973, sont restées longtemps en sommeil avant de retrouver récemment une activité; en Tunisie, les comités régionaux de planification sont plutôt des organismes d'étude.

D'autres cadres interviennent dans l'exécution des décisions gouvernementales. En Algérie, un Haut Commissariat s'occupe des problèmes de la steppe; en Tunisie de multiples offices étatiques contrôlent de grands secteurs économiques avec des tâches de promotion et de mise en valeur : Pastoralisme et Élevage, Terres irriguées avec les périmètres publics dont celui de la vallée de la Medjerda (O.M.V.V.M.) est le plus important, Terres Domaniales; au Maroc, les neuf Offices Régionaux de Mise en Valeur Agricoles (O.R.M.V.A.) s'occupent du développement des grands périmètres irrigués.

De multiples mesures ont été prises; on peut les regrouper sous trois rubriques : **programmes spécifiques, programmes intégrés, amorce d'une politique d'Aménagement du Territoire.** Les premières, de loin les plus nombreuses, correspondent à des programmes précis imposés par les autorités gouvernementales ou demandés par les collectivités locales; c'est le cas de la lutte contre l'érosion, D.R.S. en Algérie et au Maroc, C.E.S. (Conservation des eaux et des sols) en Tunisie. Les banquettes anti-érosives datent de la seconde guerre mondiale et elles ont connu un développement rapide de 1945 à 1977 puisque durant cette période près de 375 000 ha ont été traités en Algérie, 200 000 ha au Maroc et plus de 1 000 000 d'ha en Tunisie, soit un total considérable de plus de 1,6 millions d'ha (S.O.G.R.E.A.H., 1983). Elles sont spécialement appliquées dans les régions montagneuses humides, à précipitations hivernales où l'érosion spécifique est certes de loin la plus forte, alors que la technique avait été mise au point dans les régions intérieures des U.S.A. pour lutter contre les dégâts des violents orages d'été. Malgré des adaptations techniques, l'échec est certain. En Tunisie, 1/4 seulement des périmètres traités est en bon état, 150 000 ha de banquettes ont disparu, ailleurs les dégâts sont importants. Les abats d'eau exceptionnels, la nature trop souvent marneuse du sous-sol, l'absence des entretiens sont les principales raisons de l'échec de cette expérience maintenant arrêtée et remplacée par des opérations plus traditionnelles comme les plantations ponctuelles, la construction de terrasses de cultures, la protection des ravins et enfin le reboisement systématique.

Le reboisement est partout en plein développement car la forêt dense assure une meilleure protection contre l'érosion; par ailleurs on cherche à reconvertir et à étendre les forêts de production. L'exemple algérien illustre bien l'évolution de cette politique puisque de 10 000 ha reboisés durant la période 1850-1944 et de 20 000 ha de 1945 à 1960, on est passé à 350 000 ha de 1963 à 1975. Au Maroc, 370 000 ha ont été plantés de 1956 à 1976.

Dans les régions de steppe, la lutte contre la désertification et l'aménagement des parcours et des pâturages ont donné également de bons résultats.

Par ailleurs dans le saupoudrage de crédits affectés à des opérations très générales d'assistance, une partie des fonds est orientée vers une meilleure utilisation des potentialités naturelles et leur protection; les gens sans emploi ou sous-employés sont mobilisés dans le cadre de la Promotion nationale au Maroc, du programme de la lutte contre le sous-développement en Tunisie, des chantiers populaires de reboisement en Algérie, véritables armées de ruraux employés saisonnièrement ou de manière permanente à des travaux de mise en valeur. En Tunisie, le Programme de Développement rural, lancé en 1973, vise également à l'aménagement de l'espace rural. Dans les enveloppes budgétaires spéciales affectées à des régions déprimées, des rubriques sont également prévues pour l'aménagement et la protection de l'espace rural; c'est le cas en Algérie, depuis 1969, des programmes spéciaux des *wilaya* ou des *daïra;* au Maroc, des programmes spéciaux pour les régions défavorisées avec création d'un Fonds spécial de Développement régional en 1979, le F.S.D.R.

Les programmes d'aménagement ont des objectifs multiples et plus cohérents, combinant des mesures d'intervention sur le milieu physique à des réformes économiques et sociales; on les qualifie volontiers de **programmes intégrés**. En fait, il ne s'agit encore souvent que d'une juxtaposition d'initiatives, la véritable intégration supposant une coordination étroite des décisions, des objectifs et également la définition d'un espace homogène, un massif montagneux ou un bassin-versant, auquel s'appliquent ces mesures. Cependant, dans chacun des trois pays, des initiatives sont de plus en plus nombreuses en ce sens.

Au Maroc, la Mission Sebou, organisme auquel collaboraient le gouvernement et la F.A.O. avait procédé, depuis 1961, à un bilan exhaustif des ressources physiques, humaines et économiques du bassin de ce fleuve qui s'étend dans les plaines et montagnes rifaines ainsi que sur une partie du Moyen Atlas et du Plateau Central. Des mesures d'aménagement sont proposées, en 1969, liant très étroitement des opérations techniques à des réformes de structures agraires, mais le projet n'a pas été retenu par le gouvernement.

Dans le domaine de l'irrigation moderne, les mesures d'intégration sont plus avancées, inaugurées dès la période coloniale, reprises et confortées depuis : périmètres publics irrigués de Tunisie (P.P.I.), les O.R.M.V.A. au Maroc, les périmètres irrigués algériens. Ces administrations s'occupent des problèmes techniques concernant le développement de l'irrigation, la distribution de l'eau, la protection des retenues ou des périmètres eux-mêmes par des plantations. Elles procèdent également à des réformes agraires, à la limitation des propriétés comme en Tunisie, à la politique des lotissements et au choix des attributaires au Maroc. Elles interviennent enfin par l'intermédiaire de Centres de travaux en Algérie et des C.M.V. (Centres de Mise en Valeur) au Maroc dans l'organisation des plans de culture, de la commercialisation des produits, dans la construction de villages.

En Algérie, les programmes intégrés existent pour les forêts avec les grands projets forestiers et le Barrage vert qui ont des objectifs multiples agro-sylvo-pastoraux.

En Tunisie, le projet intégré P.A.M. concerne, depuis 1969, les régions Centre et Sud; il s'adresse aux coopératives et prévoit la création de nouvelles plantations, le développement des cultures fourragères, mais aussi la régénération des parcours ainsi que des travaux de défense et de conservation des sols et de la petite hydraulique. Autre expérience tunisienne : le projet de développement rural intégré (M. FAKHFAKH, 1984); celui de Sedjenane dans les Mogod est basé sur l'amélioration des parcours et le développement fourrager, organisé autour d'une ferme pilote entourée de prairies permanentes dont une partie est louée à des éleveurs de la région. Il s'agit de la mise en place d'une cellule de rayonnement ayant pour but de mettre en valeur les zones voisines en intéressant les petits éleveurs aux nouvelles techniques de l'élevage et des cultures fourragères.

Toutes les opérations précédentes ont certes pour but d'atténuer les disparités régionales, mais elles restent trop limitées dans le temps et dans l'espace. Il n'y a pas encore de véritable politique d'aménagement du territoire ayant comme but une meilleure utilisation des ressources et l'organisation d'un développement cohérent pour lutter contre les déséquilibres spatiaux. **L'aménagement du territoire,** malgré l'existence de Directions et de Services dans chacun des États, ne fait que débuter. Les responsables se sont d'abord intéressés au monde urbain, avec l'établissement des Plans d'urbanisme directeurs en Algérie (P.U.D.), des Schémas directeurs réalisés pour treize villes marocaines, et la création des outils pratiques de travail, les plans d'aménagement et de modernisation. Le véritable aménagement régional ne se concrétise effectivement en Tunisie, après la première étude d'armature urbaine et la définition des zones touristiques prioritaires, qu'en 1982 avec l'élaboration du Schéma national d'Aménagement accompagné de schémas régionaux. Au Maroc, après les orientations du plan quinquennal 1973-1977, le plan triennal 1978-1980 propose la création d'un Schéma national d'Aménagement du Territoire, mais les objectifs apparaissent encore bien généraux; des études sont lancées avec les S.A.R. (Schéma d'Armature Rurale), et les S.D.A.R. (Schéma de Développement et d'Aménagement Régional) reprenant le cadre des régions économiques. En Algérie, l'Aménagement du Territoire a pris du retard; les grandes orientations sont anciennes mais l'action de l'État concernait surtout la planification et le développement sectoriel; cependant des mesures, prises en 1983, accordent aux *wilaya* des pouvoirs accrus de décision et de gestion. Partout la tendance générale est encore à la déconcentration de la gestion administrative, sans une véritable décentralisation.

### 3.2. Les limites des décisions administratives

La longue liste des organismes responsables, la multitude des cadres d'application des mesures envisagées, expliquent en partie la difficile mise en œuvre de toute politique de développement au moins en ce qui concerne l'aménagement du milieu rural; les objectifs multiples et complexes ne sont souvent pas clairement définis. Par ailleurs, le comportement des populations concernées peut être un obstacle à la réussite d'un programme ou d'un projet; les décisions viennent d'en haut sans qu'elles aient été consultées, d'où leur méfiance et leur réticence, sinon leur résistance aux mesures envisagées; l'autre attitude qui consiste à tout attendre des autorités est aussi dangereuse car les initiatives s'effacent et une mentalité d'assisté se répand facilement. Il est également difficile de concilier les intérêts de l'État avec les initiatives des individus ou des collectivités; les décisions administratives peuvent être bloquées ou détournées de leurs objectifs par une personnalité influente; ailleurs ce sont des offices étatiques ou de grandes sociétés nationales, comme en Algérie, qui mènent leur propre politique de développement et de localisation industrielle : les autorités administratives locales sont alors mises devant le fait accompli. Mais les principaux obstacles restent d'ordre physique. Bien des projets sont décidés rapidement, sans études préalables approfondies et exécutés sans le suivi des opérations permettant des réajustements indispensables après le constat des premières erreurs. Les échecs sont innombrables dans ces milieux naturels fragiles; est-il besoin de rappeler la généralisation des banquettes anti-érosives, le difficile contrôle des eaux superficielles, les erreurs de conduite des opérations d'irrigation et plus récemment la multiplication des atteintes sur les versants par les travaux routiers. Il ne faut enfin pas oublier que **dans le désert, dans la steppe et en montagne les facteurs limitants restent impératifs.**

### 3.3. Une protection du milieu naturel qui reste à promouvoir

**Le milieu naturel est en fait peu protégé.** On assiste partout à une occupation désordonnée de l'espace, démarche ancienne mais dont les conséquences restaient limitées tant que la densité de la population était faible; la situation s'aggrave rapidement depuis quelques décennies avec l'accroissement démographique; elle se traduit par la prolifération d'un habitat rural épars, un mitage péri-urbain généralisé, la croissance de quartiers d'habitat spontané dans les villes, la localisation improvisée des installations industrielles, la difficulté de maîtriser les littoraux, la multiplication des pistes routières. L'utilisation rationnelle et méthodique des ressources naturelles est recommandée mais les mesures sont inefficaces, sauf en ce qui concerne les productions minérales, facilement contrôlables. La protection des forêts est, dans son ensemble, assurée par des services compétents mais les vieux conflits sont toujours latents avec les paysans qui revendiquent un certain nombre de droits d'usage. A l'image des pays développés s'amorce une politique de création de parcs nationaux; treize sont prévus en Algérie; au Maroc, il est question de celui d'Ifrane; plusieurs existent en Tunisie, dont celui de Carthage-Sidi Bou Saïd créé en 1979; ce dernier est en fait un espace vert aménagé dans l'agglomération de Tunis qui, comme toutes les autres villes du Maghreb, manque de lieux de détente.

La protection des versants avec leur capital de sols de culture reste préoccupante malgré une prise de conscience certaine de la part des responsables et de la population sensibilisée par de grandes manifestations symboliques, comme les journées de l'arbre. La course pour le contrôle et l'utilisation de l'eau est trop souvent, elle aussi, désordonnée et les dangers de pénurie sont de plus en plus graves.

La pollution, fléau des pays développés, gagne le Maghreb. Les installations industrielles mal contrôlées y contribuent mais le problème majeur reste celui de l'assainissement des villes. L'équipement ancien du réseau, établi sur le modèle européen, se trouve depuis l'urbanisation accélérée des dernières décennies complètement dépassé; beaucoup d'installations vétustes doivent être remplacées et les nouvelles sont mises en place trop lentement, vu le prix de revient élevé des travaux. Plus grave encore est l'absence de contrôle des eaux usées, non traitées dans des stations d'épuration et qui contribuent à la pollution des rivages, des bas-fonds ou des nappes phréatiques.

Se pose également le problème des ordures ménagères car les usines d'incinération sont très rares. Les décharges contrôlées sont encore un moindre mal mais les décharges sauvages foisonnent dans les périmètres péri-urbains : terrains vagues ou carrières abandonnées. Les villes sont ainsi entourées d'une véritable ceinture de dépôts malodorants d'où le vent entraîne les papiers et les morceaux de plastique qui s'accrochent aux touffes de végétation.

**Les exemples étudiés montrent l'évolution constante des relations entre les hommes et les milieux naturels. Cette histoire au déroulement relativement lent, faite de succession de déséquilibres et d'équilibres s'accélère depuis les indépendances; les initiatives individuelles ou collectives sans cesse plus nombreuses sont relayées par les décisions officielles; les projets et les réalisations se multiplient et leur exécution se précipite. Il y a d'indiscutables réussites et des transformations visibles du cadre de vie, mais les atteintes au milieu naturel sont de plus en plus fréquentes et les inégalités spatiales se maintiennent quand elles ne se renforcent pas; les déséquilibres régionaux restent grands entre plaines et montagnes, littoral et intérieur, région de cultures pluviales régulières et région de cultures aléatoires, secteurs irrigués ou non; ces déséquilibres se surajoutent aux nouvelles disparités opposant villes et campagnes et les catégories sociales entre elles.**

DEUXIÈME PARTIE

# L'eau : atout et limite pour le développement

par Jean-François Troin

Les territoires du Maghreb sont situés sur les marges de l'aridité et, pour leur partie saharienne, dans le domaine franchement aride (cf. I^re Partie). Ceci fait peser sur eux une menace constante et les récentes années de sécheresse, depuis 1980, ont attiré l'attention sur la fragilité des ressources en eau dans les trois pays.

Les besoins en eau ont longtemps été ressentis essentiellement pour l'utilisation agricole (irrigation) mais le rapide développement démographique et l'urbanisation (cf. III^e Partie), les nouvelles implantations industrielles, les équipements touristiques révèlent d'autres consommations en forte croissance. Dès 1985, dans le seul secteur de l'eau potable, 50 millions de consommateurs seront à alimenter. En s'en tenant à des normes très modestes (150 l/j/hab.) bien éloignées de celles des pays européens (300 à 400 l) ou des États-Unis (600 l), d'autant plus modestes qu'il s'agit de pays chauds, à longue période sèche annuelle, le ravitaillement des populations demandera de lourds investissements et une recherche forcenée de toutes les sources d'alimentation disponibles. A coup sûr, l'on se dirige vers de sévères conflits d'utilisation entre eau potable, eau agricole et eau industrielle, qui nécessiteront des choix draconiens.

La mobilisation de l'eau constituera certainement l'un des problèmes les plus cruciaux des vingt dernières années de ce siècle. A défaut, les efforts de développement seront stoppés. Bien plus, une véritable « économie de l'eau » devra être mise en place d'ici l'an 2000, pour éviter de trop grandes distorsions entre secteurs d'utilisation mais aussi entre régions inégalement dotées. Aux flux habituels qui dessinent l'armature spatiale des nations (flux d'hommes, de produits agricoles et industriels, de capitaux, d'informations), s'ajouteront des « flux hydrauliques » que nous verrons déjà s'esquisser, à la fin de cette partie, vers les grandes régions consommatrices du Maghreb.

## RÉSERVES, RESSOURCES, MOBILISATION HYDRAULIQUES : DES SITUATIONS TRÈS CONTRASTÉES

Contrairement au Moyen-Orient, il n'y a pas ici de grands fleuves permettant la capitalisation de l'eau. Seuls, peut-être, l'Oued Oum-er-Rbia au Maroc et la Medjerda en Tunisie jouent un rôle important dans le stockage. Les réserves sont avant tout au Maghreb de deux types :

– **des châteaux d'eau montagnards** faisant fonction de réservoirs (Haut et Moyen Atlas marocains, Kabylie algérienne).

– **des nappes souterraines,** plus ou moins profondes, constituées par des réserves renouvelables (régions du Nord) ou fossiles (zone saharienne).

Les potentialités naturelles sont très inégales, leur utilisation actuelle est plus ou moins avancée. Comme l'indiquent le tableau I et la figure 6, les prélèvements et les réserves, du moins dans le domaine des eaux continentales, différencient déjà les trois pays.

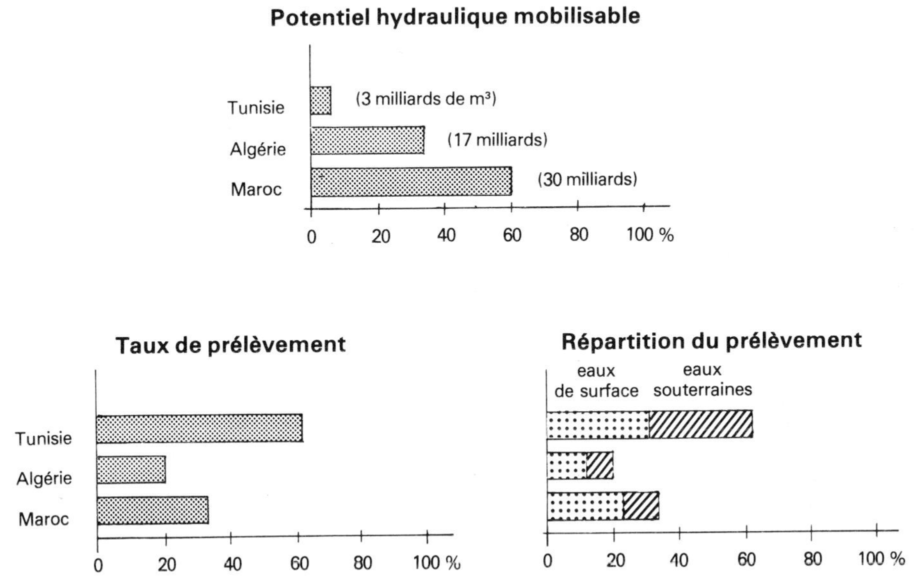


Fig. 6. — RÉSERVES ET UTILISATIONS ANNUELLES DES RESSOURCES EN EAU AU MAGHREB (estimation 1981-1982 en milliards de $m^3$).

TABLEAU I. — RÉSERVES ET UTILISATIONS ANNUELLES DE L'EAU AU MAGHREB (en milliards de $m^3$)

| PAYS | Potentiel mobilisable | | | Prélèvements | | Répartition du prélèvement | |
|---|---|---|---|---|---|---|---|
| | Eaux de surface | Eaux souterraines | Total | en $MMm^3$ | en % | Eaux de surface | Eaux souterraines |
| MAROC (1981) | 22,5 | 7,5 | 30 | 10 | 33 % | 7,5 | 2,5 |
| ALGÉRIE (1982) | 13,5 | 3,5 | 17 | 3,4 | 20 % | 1,9 | 1,5 |
| TUNISIE (1981) | 1,5 | 1,5 | 3 | 1,865 | 62 % | 0,940 | 0,925 |

Bien que ces chiffres soient constamment révisables (découverte de nouvelles ressources, meilleur jaugeage des réserves, assèchement rapide de certaines sources mobilisables), ils permettent d'opposer :

– **le Maroc,** (21,5 millions d'hab. en 1984; 7 millions d'ha cultivables) riche en eau, ayant déjà fortement équipé ses cours d'eau, mais où les nappes souterraines constituent une réserve d'avenir.

– **l'Algérie** (à peu près la même population; 5,7 millions d'ha cultivables) dont les ressources sont presque inférieures de moitié, mais qui dispose d'une assez large marge d'utilisation et qui va, d'ici 1990, multiplier par 5 le volume d'eau régularisé par les barrages, après un évident retard d'équipement.

– **la Tunisie** (7 millions d'hab., 4 millions d'ha cultivables) dix fois moins dotée que le Maroc, avec près des 2/3 des ressources mobilisables déjà mises à contribution (et 77 % des eaux souterraines), et qui, tout en étant moins vaste et moins peuplée, aperçoit déjà la fin de ses réserves en eaux continentales.

Dans ce tableau, il manque un élément primordial : la distorsion géographique existant entre zones productrices de l'eau et zones comsommatrices. Cette distorsion est particulièrement sensible en Algérie et en Tunisie et amène les États à concevoir, en cette fin de siècle, des transferts d'eau à moyenne et longue distance. Le Maroc connaît une meilleure coïncidence des bassins producteurs et consommateurs, mais le développement des besoins sur le littoral atlantique central conduit dès maintenant à envisager aussi des réseaux d'adduction notamment vers la zone côtière Kenitra-El Jadida et vers Marrakech.

Par ailleurs, les réserves mobilisables ne représentent qu'une faible part des quantités d'eau tombées. Au Maroc, les précipitations atmosphériques apporteraient normalement 150 milliards de $m^3$ par an sur lesquels l'évaporation prélève 120 milliards. Ensuite les violents ruissellements dûs aux crues et les déversements à la mer qui en résultent enlèvent encore 6,5 milliards de $m^3$ aux eaux superficielles. L'abondance des eaux d'hiver ne doit donc pas faire illusion. Elle se traduit souvent par des crues catastrophiques (bassin du Sebou au Maroc en 1966, Tunisie centrale en 1969) qui obligent à prévoir des ouvrages de grande hydraulique pouvant accepter les débits exceptionnels mais dévastateurs des crues millénaires ou séculaires. A l'inverse, des étiages très importants affectent les oueds, pouvant aller jusqu'au tarissement total sur la plupart des organismes fluviaux. Malgré la présence de grands réservoirs de stockage, l'alimentation en eau des hommes et des cultures est menacée, les usines hydro-électriques s'arrêtent (exemples de plusieurs centrales au Maroc en 1982).

Quel que soit le type d'aménagement hydraulique retenu (petite, moyenne ou grande hydraulique pour capter les écoulements superficiels, forages profonds, pompages des nappes alluviales, puits artésiens pour mobiliser les eaux souterraines), **l'irrégularité de l'alimentation en eau** demeure au Maghreb une contrainte fondamentale.

Chapitre **4**

# L'IRRIGATION, PREMIÈRE CONSOMMATRICE D'EAU : PROGRÈS ET INCERTITUDES

L'apport d'eau à l'agriculture s'impose pratiquement dans tout le domaine situé en deçà de l'isohyète 400 mm, c'est-à-dire au sud des bourrelets telliens en Algérie et Tunisie, au sud du parallèle d'El Jadida au Maroc (exception faite des Atlas) et dans toute la zone saharienne. L'irrigation est également nécessaire comme complément en saison sèche dans les régions recevant en moyenne plus de 400 mm annuels, notamment dans les vallées intra-montagnardes. Elle y est impérative si l'on veut intensifier ou diversifier les systèmes de cultures.

L'irrigation est donc de très loin au Maghreb la première consommatrice d'eau, absorbant de larges volumes aqueux, que lui disputent, un peu plus chaque année, d'autres utilisateurs (consommateurs humains, industries) comme l'indique le tableau II page suivante.

TABLEAU II. — ESSAI DE RÉPARTITION
PAR SECTEUR DES CONSOMMATIONS ANNUELLES D'EAU AU MAGHREB

| | Agriculture | | Eau potable | | Eau industrielle | |
|---|---|---|---|---|---|---|
| | millions de $m^3$ | % | millions de $m^3$ | % | millions de $m^3$ | % |
| MAROC (1983) | 7 000 | 87,7 | 800 | 10 | 180 | 2,3 |
| ALGÉRIE (1980) | 1 600 | 75 | 400 | 18,5 | 140 | 6,5 |
| TUNISIE (1981) | 1 600 | 86 | 195 | 10,5 | 60-70 | 3,5 |

## 1. UNE HISTOIRE HYDRAULIQUE EN VOIE D'ACCÉLÉRATION

Les traditions de l'irrigation sont anciennes en de nombreux points du Maghreb chez les vieux sédentaires du Rif et du Tell (irrigations de vallée), au pied de l'Atlas marocain (Dir de l'Atlas, Haouz de Marrakech), en Tunisie du Nord-Est, du Centre (cap Bon, Sahels) et, bien entendu, dans toute la zone présaharienne et saharienne. Le Maroc a, tout spécialement, donné naissance à des sociétés d'irriguants aux techniques traditionnelles mais perfectionnées. Cependant de vastes régions de plaines, de plateaux ou de collines ignoraient, à l'exception des épandages de crues, les techniques hydrauliques si bien maîtrisées par les montagnards de l'Atlas ou les oasiens.

La colonisation va faire de la grande hydraulique un de ses choix majeurs pour la mise en valeur des terres basses, l'ancrage des fermiers européens, la production de denrées d'exportation.

L'Algérie fournit l'exemple le plus évident de cette « politique des barrages » avec 17 ouvrages implantés essentiellement dans l'ouest du pays, là où le potentiel hydraulique était le plus faible mais où se trouvaient les utilisateurs : les colons d'Oranie et de la vallée du Chélif. A l'Indépendance, 93 % de la capacité globale était située à l'ouest du méridien d'Alger. Les deux grands barrages de l'Est (Iril Emda et Erraguene) étaient destinés à la production d'hydro-électricité. Ces 17 barrages offraient un volume régularisé utilisable d'à peine 600 millions de $m^3$, du fait de l'envasement important des retenues (fig. 7), particulièrement marqué dans la partie centrale montagneuse (Chélif et ses affluents) et dans le sud des Hautes Plaines. Après 50 ans d'utilisation, certains de ces barrages étaient devenus inutilisables, du fait de leur remplissage en alluvions (comme le barrage des Cheurfas aujourd'hui déclassé). Ces ouvrages dominaient un ensemble de périmètres irrigués estimés, en 1962, à 275 000 ha (théoriques, car une partie d'entre eux ne recevait plus d'eau).

Le Maroc colonial, beaucoup plus tardivement, a connu la même politique d'équipement et a poursuivi un double rêve de grande irrigation moderne et de production hydro-électrique. Une meilleure conception des aménagements, bénéficiant des expériences de l'Algérie voisine, la puissance des débits et la taille élevée des périmètres ont permis de doter le pays des plus grands ensembles hydrauliques du Maghreb. Seize ouvrages ont ainsi équipé les grands oueds marocains, principalement sur le versant atlantique. La réalisation la plus marquante fut « l'escalier de barrages » jalonnant le bassin de l'Oum-er-Rbia depuis Bin el Ouidane jusqu'à Sidi Saïd Maachou (voir fig. 9, p. 99), ensemble qui sera complété, sous le Maroc indépendant, le long du même fleuve et de ses affluents.

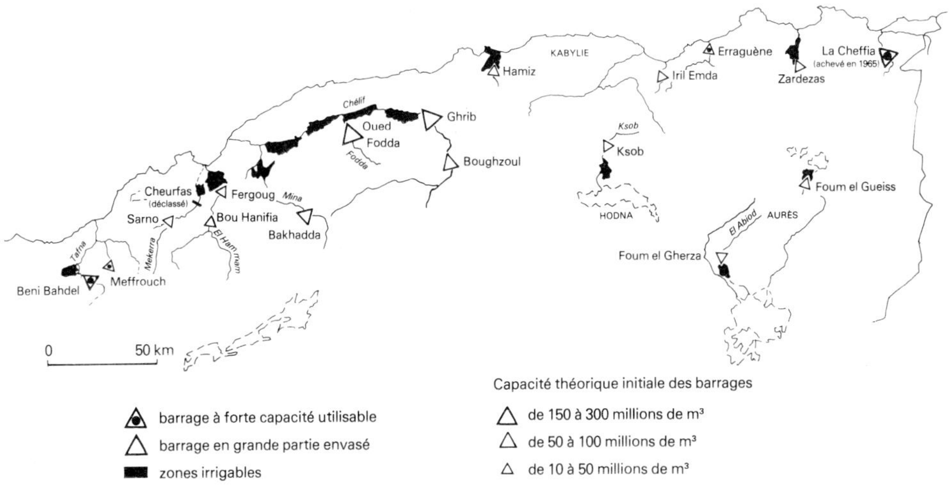


Fig. 7. — LES BARRAGES HÉRITÉS DE LA PÉRIODE COLONIALE EN ALGÉRIE : DISSYMÉTRIE OUEST-EST ; FORT ENVASEMENT DES RETENUES.

En 1960, le Maroc disposait de 160 000 ha équipés et plus de 200 000 ha recevaient l'eau des barrages ou des sources aménagées. L'ancienneté des traditions hydrauliques avait largement facilité le développement de l'irrigation. Mais le rêve de l'hydro-électricité n'allait pas pouvoir être poursuivi, du fait de la croissance des besoins en kWh. Si, à l'Indépendance, productions électrique et thermique s'équilibraient, la part de l'hydro-électricité allait rapidement s'amenuiser (puissance installée : 43 % du total et production réelle : 20 %, en 1981, au cœur des années de sécheresse). Quoi qu'il en soit, le legs de l'hydraulique coloniale est, au Maroc, sur le plan technique, d'une qualité supérieure à celle du piètre héritage laissé à l'Algérie.

La colonisation française en Tunisie a cherché à mobiliser les eaux du bassin de la Medjerda, afin de capter le potentiel le plus abondant et de doter les colons de la basse vallée d'une bonne alimentation en eau et d'une sécurité contre les inondations. Les aménagements ont été ici plus modestes : 4 barrages principaux et 65 000 ha irrigués en 1956, année de l'Indépendance.

Maroc et Tunisie vont poursuivre et fortement accélérer, après leur indépendance, les programmes d'équipement hydraulique pour l'irrigation. L'Algérie, tout entière occupée aux tâches d'industrialisation et de réforme agraire, connaîtra au contraire une stagnation dans ce domaine jusqu'à la vigoureuse reprise de 1977.

En effet, d'autres besoins que ceux de l'agriculture se manifestent : ravitaillement en eau des villes, des centres ruraux, des nouveaux complexes industriels, des unités touristiques. Ces besoins se superposent à ceux d'une agriculture irriguée qu'il faut à tout prix développer pour fournir de l'emploi et des terres aux fellahs, avec le secret espoir de ralentir un exode rural devenu préoccupant. Les besoins en eau potable croissent d'environ 8 % par an au Maghreb. En Tunisie, 10,5 % de l'eau exploitée est aujourd'hui destinée à l'alimentation des villes et le tourisme a été un véritable révélateur de la croissance accélérée des besoins en eau sur le littoral. Au Maroc, la production d'eau potable de l'Office National de l'Eau Potable a augmenté de près de 13 % entre 1982 et 1983. En Algérie enfin, les besoins des villes et des industries sont massifs : la zone industrielle de la petite ville de Saïda consomme autant d'eau que les 80 000 habitants de la cité; le complexe sidérurgique d'El Hadjar engloutit 580 l/s, ce qui correspond à une quantité annuelle supérieure au volume régularisé par un seul barrage ancien (du type Fergoug ou Hamiz par exemple). **L'eau potable et industrielle est, en Algérie, la priorité majeure.**

Tout ceci n'a pas empêché, depuis 30 ans, la poursuite de grands programmes d'irrigation dont nous pouvons tenter de dresser le bilan et les perspectives d'avenir face à ces diverses concurrences.

## 2. LES CHOIX HYDRAULIQUES ET LEURS CONSÉQUENCES

### 2.1. Périmètres équipés et irrigués

Faire le point sur les périmètres irrigués maghrébins au cœur des années 80 n'est pas chose aisée. Les unités de compte coïncident rarement dans les statistiques des divers services. Entre l'achèvement d'un barrage et celui du périmètre dominé, il peut s'écouler jusqu'à trente ans. Les hectares équipés sont ainsi bien moins nombreux que les irrigués, où l'eau s'écoule sans trop de contrôle (c'est le cas bien souvent au Maroc). Ailleurs, des périmètres achevés ne reçoivent de l'eau que sur une partie de leur superficie, et le total réellement irrigué est inférieur aux surfaces irrigables (en Tunisie, par exemple). De nombreux documents officiels ajoutent aux périmètres modernes de grande hydraulique des surfaces d'accompagnement voisines aménagées en moyenne et petite hydraulique, voire des périmètres traditionnels, partiellement modernisés. Le tableau III, ci-dessous, essaye de rétablir des données comparables, d'un bout à l'autre du Maghreb, même si elles ne recoupent pas les bilans officiellement fournis par les services hydrauliques nationaux.

TABLEAU III. — LES SUPERFICIES IRRIGUÉES AU MAGHREB
(en ha)

| | Total irrigué | dont : grande hydraulique | Petite et moyenne hydraulique | % de la superficie cultivable |
|---|---|---|---|---|
| MAROC (1982) | 786 000 (585 000) équipés | 530 000 (419 000) équipés | 256 000 (166 000) équipés | 11 % |
| ALGÉRIE (1981) | 300 000 (en fonction) | 60 000 | 240 000 | 4-5 % |
| TUNISIE (1981) | 190 000 (publics et privés) | 76 000 | 114 000 | 4,75 % |
| Totaux | 1 276 000 ha | 666 000 ha | 610 000 ha | |

Ce tableau fait ressortir l'avance marocaine, notamment dans le secteur de la grande hydraulique, les efforts considérables réalisés pour accroître les équipements,

Le Tadla (Maroc), le plus grand périmètre irrigué moderne du Maghreb, vu depuis le belvédère d'Afourer *(A.A.A. Photo, Cl. Naud).*

(spécialement au Maroc avec 40 000 ha mis en irrigation chaque année, depuis 1977, et, en Tunisie, avec un potentiel irrigable multiplié par trois depuis l'Indépendance), la structure particulière de l'Algérie où, depuis vingt ans, ont fleuri — en dehors de l'encadrement étatique — de multiples petits périmètres et, enfin, pour l'ensemble maghrébin, l'équilibre réalisé entre les deux techniques de la grande et de la petite et moyenne hydraulique.

Aujourd'hui, ce n'est plus irrigation moderne et irrigation traditionnelle qu'il faut opposer mais infrastructures lourdes étatiques et investissements légers privés. En quelque sorte, **le barrage,** symbole du pouvoir de l'État et de sa mainmise sur les campagnes, crée le périmètre géométrique, les assolements contrôlés, l'encadrement des paysans. Au contraire, **la moto-pompe** amène la multiplication de petits périmètres ou de jardins, les spéculations culturales les plus variées, l'apparition de « campagnes spontanées » : c'est le symbole de la débrouillardise individuelle.

Cette petite hydraulique privée a fleuri en Algérie, où l'on compte plus de 5 000 jardins dans les Hautes Plaines orientales (M. COTE, 1983), où l'on trouve de multiples installations sur le littoral maraîcher (arrière-pays de Mostaganem) dans le Sersou, le Zab Chergui. En Tunisie, les régions de la vallée de la Medjerda, Siliana, Kasserine, Sidi Bou Zid, Kairouan ont connu un grand développement des moto-

Un exemple réussi de périmètre irrigué par revivification d'une *foggara* : Benzita (Gourara, Algérie) *(Cl. J. Bisson)*.

pompes et des canalisations mobiles. Au Maroc, la bande maraîchère du littoral atlantique, la plaine du Souss, et, depuis cinq ans, en raison de la sécheresse, de nombreuses zones voisines des barrages en partie asséchés sont le domaine des puits privés équipés de moteurs. Un double effet est d'ailleurs obtenu : un surpompage dangereux — notamment dans les nappes du Souss — mais aussi un rabattement bienvenu de la nappe phréatique qui, par excès d'irrigation, avait, en certains lieux, remonté jusqu'à la surface des périmètres — notamment dans le Tadla.

Entre l'irrigation aléatoire par *seguia* (canaux de terre) des anciennes paysanneries et l'irrigation massive, mais devenue cyclique du fait des récentes années sèches des périmètres officiels, une irrigation néo-moderne privée s'est donc largement développée au Maghreb. Elle est souvent liée au réinvestissement de capitaux accumulés lors de l'émigration en Europe; elle est encouragée par les besoins de ravitaillement des villes, en produits maraîchers, tout spécialement en Algérie; elle peut devenir dangereuse si le contrôle des prélèvements effectués dans le sous-sol n'est pas mieux assuré.

### **2**.2. Effets et méfaits de la grande hydraulique

Les effets massifs sur l'économie et la société rurales du développement hydraulique sont cependant ceux de la grande hydraulique. Si la productivité des cultures commerciales a été fortement accrue, si les améliorations techniques sont évidentes, des faiblesses structurelles accompagnent cependant partout au Maghreb cette formidable mise à disposition de l'eau pour les agriculteurs.

Tout d'abord, la plupart des bénéficiaires sont de nouveaux venus à l'irrigation. Les périmètres modernes, installés en plaine, remplacent des terres cultivées extensivement en sec ou des espaces pastoraux. Les résultats sont souvent chez ces sociétés brutalement converties à l'irrigation moderne assez contradictoires :

– **sécurité des récoltes, mais gaspillage de l'eau** amenant des lessivages, des remontées de nappes suralimentées, l'asphyxie et la salure des sols qui, à elle seule, menace par exemple 20 000 ha en Oranie, dans le périmètre du Sig, en particulier;

– **maintien,** pendant les premières années tout au moins, de cultures traditionnelles — notamment céréalières — de faible valeur, maintien encouragé par la tarification faible ou inexistante de l'eau se traduisant par une faible productivité des périmètres;

– **abus des irrigations d'été,** afin de produire au maximum, en même temps que tout le monde, et, au contraire, délaissement des cultures d'avant et d'arrière-saison, plus difficiles à conduire et nécessitant plus d'investissements;

– **insuffisance des réformes foncières,** laissant subsister de grands propriétaires (qui ne se conforment pas toujours à l'obligation d'irriguer, comme en Medjerda) les plus aptes à accueillir et appliquer les nouvelles techniques face à des micro-fundiaires tentés par des solutions de rentabilité immédiate sur leurs petits lots et se lançant dans le maraîchage forcené;

– **insuffisance des structures d'encadrement :** manque de moniteurs et vulgarisateurs agricoles, traduction limitée des résultats remarquables des stations de recherche agronomique auprès des irriguants, crédit agricole et commercialisation incomplètement organisés;

– **fragilisation des équilibres naturels.** L'insuffisance de traitement des bassins-versants a provoqué de gigantesques envasements : au Maroc, l'envasement annuel est estimé à 70 millions de $m^3$ et correspond à la perte de 7 000 ha irrigués par an; en Algérie, la situation catastrophique des anciens barrages a déjà été signalée : les réservoirs du Fergoug et du Ksob sont envasés à 70 %, ceux du Ghrib et de l'Oued Fadda à 35 %; en Tunisie, ce même envasement représente entre 15 et 35 % du volume des barrages. La surexploitation des nappes s'est accélérée, depuis 1977, dans les trois pays; elle est renforcée par les forages individuels et risque de perdurer, même si le remplissage en eau des grands barrages redevient satisfaisant. Elle a des effets particulièrement néfastes dans les zones côtières (Doukkala, zone de Mohammedia au Maroc) où l'eau de mer risque d'envahir la nappe phréatique;

– **importance,** enfin, **des déséquilibres socio-psychologiques** (P. Pascon, 1979) : enrégimentés par les nouveaux offices d'irrigation, les fellahs se désintéressent du système d'irrigation moderne, parfois le dégradent ou le détournent, ne s'intègrent pas au nouveau canevas hydraulique, même dans des régions où les traditions d'irrigation sont anciennes (Tafilalt). Devenus des « assistés » de l'État, ils risquent de subir passivement ces transformations, du moins en deçà d'un certain seuil foncier qui ne permet pas l'enrichissement.

Tout ceci ne doit cependant pas faire oublier **les éléments de sécurité apportés par la grande hydraulique.** De nombreuses dévastations par les crues ont été enrayées (Rharb marocain, Chélif algérien, Tunisie centrale). Le stockage réalisé a pu largement retarder les effets des récentes années de sécheresse, grâce à un dosage parcimonieux mais contrôlé des lâchers d'eau. Une régulation, impossible à obtenir par la petite et moyenne hydraulique, a pu être appliquée. La sécheresse n'aurait-elle pas — en particulier au Maroc — apporté des dégradations plus considérables et souvent irréversibles sans la présence des grands réservoirs?

### 2.3. L'État aménageur et ses créanciers

La grande hydraulique renforce largement le pouvoir de l'État. L'impact politique de toute construction de barrage est considérable. Mais si l'image de marque des gouvernements est, de ce fait, largement améliorée, les investissements considérables qu'entraînent ces travaux obligent à un recours massif aux financements internationaux. L'État devient alors encore plus dépendant.

Les coûts des barrages (études d'implantation, génie civil, équipements hydromécaniques, canalisations) sont considérables : 1 125 millions de dirhams pour Aït Chouarit (région de Marrakech) au Maroc (1980-1985), 700 millions de dinars pour Keddara en Algérie (1982-1986), 60 millions de dinars tunisiens pour Joumine en Tunisie (1984) soit respectivement 1 203, 1 113 et 673 millions de FF pour ne prendre que quelques exemples récents. Bien souvent, 40 à 50 % de ces coûts sont à régler en devises. Les pays du Golfe accordent des prêts (fonds saoudien, koweïtien de développement, O.P.E.P.) mais aussi l'U.R.S.S., les démocraties populaires, la B.I.R.D., quelques pays d'Europe occidentale fournisseurs de matériel. Les bureaux d'études sont, en large majorité, étrangers (la Suisse est fréquemment présente) de même que les entreprises de construction et les fournisseurs de matériel hydro-mécanique (Yougoslavie, U.R.S.S., France). Les entreprises nationales de grande taille participent de plus en plus aux opérations de génie civil — celles du Maroc sont particulièrement compétitives dans le domaine des forages — mais la dépendance vis-à-vis de l'extérieur reste très forte.

Ces aménagements grèvent lourdement les budgets nationaux : le Maroc investira 4 milliards de dirhams, de 1981 à 1985, dans l'hydraulique, le plan algérien 1980-1984 prévoit 23 milliards de dinars dans ce domaine. Ceci entraîne les États maghrébins dans une véritable course aux aides, augmente leur dette extérieure et relance le débat en faveur d'une petite et moyenne hydraulique; moins prestigieuse mais aussi moins coûteuse et plus auto-centrée. On retrouve ce débat dans chacun des pays. L'augmentation fulgurante des besoins en eau serait-elle satisfaite, sauf ravitaillements locaux de petits périmètres et de villes moyennes, par de petits équipements dispersés? Quel serait leur coût réel, leur fiabilité? Il est bien difficile, à l'époque actuelle, de trancher.

## 3. TABLEAU GÉOGRAPHIQUE DE L'IRRIGATION : UNE EXTRAORDINAIRE DIVERSITÉ

Les modes de captage de l'eau, les modes d'irrigation, l'utilisation moderne ou traditionnelle des canevas hydrauliques, les inégalités entre périmètres (surfaces, dotations en eau), la destination variée des terroirs irrigués (cultures vivrières, spéculations maraîchères, cultures industrielles encadrées, fourrages, arboriculture), la diversité des paysages créés comme celle des sociétés paysannes utilisatrices de l'eau mériteraient à eux seuls un ouvrage spécialisé, tant la palette maghrébine est ici complexe et nuancée.

Nous nous contenterons de résumer sous forme d'un tableau (IV) et d'une carte de synthèse (fig. 8) la diversité des situations à travers le Maghreb et de donner un aperçu de la production agricole réalisée dans le cadre de l'irrigation moderne.

L'apport économique en produits agricoles de ces multiples périmètres est difficile à estimer, du fait de la multiplicité des zones, de la diversité des denrées et des rendements, des variabilités interannuelles considérables selon les apports en eau.

TABLEAU IV. — TYPES D'IRRIGATION AU MAGHREB

| FORME GÉNÉRALE D'IRRIGATION | PRINCIPALES LOCALISATIONS D'OUEST EN EST | | CARACTÉRISTIQUES |
|---|---|---|---|
| Périmètres irrigués modernes étatiques | Sous-Massa, Haouz, Tadla, Doukkala, Rharb, Loukkos, Triffa et Basse Moulouya | MAROC | Barrages et canaux modernes implantés à partir de l'époque coloniale. Cultures commerciales. Fort encadrement étatique. Haute technicité, mais retards socio-économiques. |
| | Maghnia, Habra, Mina, Chélif et affluents, Hamiz, Soummam, Bou Namoussa, Abadla | ALGÉRIE | |
| | Jendouba, Basse Medjerda, Nebhana, Sidi Saad | TUNISIE | |
| Petits périmètres privés néo-modernes (moto-pompes essentiellement) | Zone maraîchère atlantique du Maroc, vallée du Souss, Nekkor | MAROC | Irrigation « spontanée » par de nouveaux cultivateurs. Usage de moto-pompes et tuyaux mobiles. Cultures maraîchères pour les villes (dans les 3 pays) et l'exportation (Maroc). |
| | Zone maraîchère de Mostaganem, hautes plaines orientales algériennes, région d'Annaba | ALGÉRIE | |
| | Régions de Kairouan, Kasserine, Siliana, Sidi Bou Zid (aménagement public mais périmètres privés) | TUNISIE | |
| Irrigation traditionnelle des bordures montagneuses | Beni Snassen, Souss et Massa, Haouz, Dir du Haut et Moyen Atlas | MAROC | Vergers et jardins de vieux sédentaires arboriculteurs. Canalisations traditionnelles. Pertes en eau. |
| | Trara | ALGÉRIE | |
| Irrigation traditionnelle diffuse en zone d'agriculture sèche (vallées, bassins) | Vallées montagnardes des Jbala (Rif occidental), du Rif central, du Haut Atlas occidental, de l'Anti-Atlas | MAROC | Traditions d'irriguants montagnards (Maroc) ou apports andalous (Tunisie). Importance des puits en Tunisie. Par modernisation passage au type précédent. |
| | Dahra, Kabylie, Aurès | ALGÉRIE | |
| | Sahel de Bizerte, cap Bon, Sahel de Sousse | TUNISIE | |
| Irrigation traditionnelle des zones de contact steppique (sources, épandages) | Moyenne Moulouya | MAROC | Agriculture céréalière. Irrigation par submersion et utilisation de crues. Sédentarisation récente. Faibles rendements. |
| | Bassins du Hodna et nord de l'Aurès | ALGÉRIE | |
| | Région de Kairouan, Piémont de la Dorsale tunisienne | TUNISIE | |
| Irrigation concentrée des oasis | Oasis du Bani, Dra, Dadès, Rheris, Tafilalt, Figuig | MAROC | Périmètres très localisés. Cultures à plusieurs étages sous palmiers-dattiers. Traditions anciennes. Récoltes répétées sur de micro-surfaces. Agriculture en crise (émigration, industrialisation, tourisme). |
| | Touat, Gourara, Tidikelt, Ziban, Oued Rhir, Souf, Ouargla | ALGÉRIE | |
| | Jerid, Nefzaoua, Gabès | TUNISIE | |

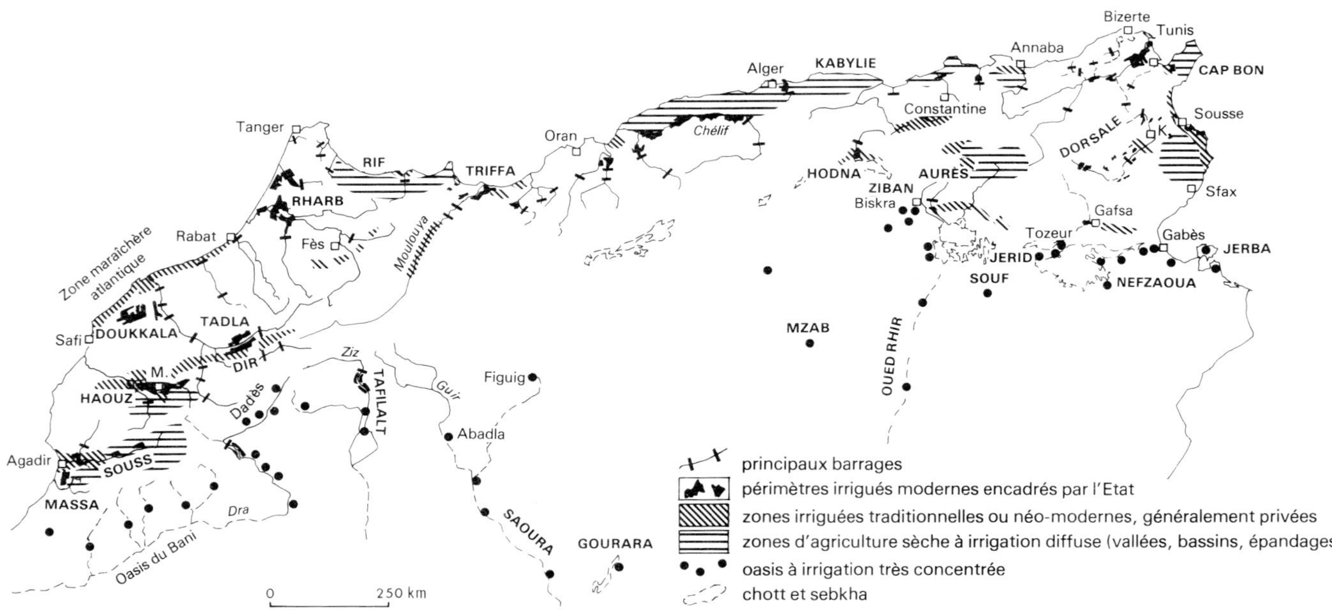


Fig. 8. — TYPES D'IRRIGATION AU MAGHREB.

Les périmètres étatiques modernes, livrés essentiellement aux cultures commerciales et industrielles (agrumes, riz, coton, betterave et canne à sucre, fourrages irrigués, primeurs) font l'objet d'évaluations plus ou moins précises quant à leur productivité économique.

La production de l'agriculture irriguée moderne est ainsi estimée, en Tunisie, à 27 % de la valeur des ressources agricoles du pays (sur 3,5 % des superficies cultivables, rappelons-le) (J.Hassainya, 1982). Celle du Maroc (sur 11 % des surfaces cultivables actuelles) correspondrait à 25 % en valeur de la production agricole totale (périmètres contrôlés par les Offices Régionaux de Mise en Valeur, 1980).

La rentabilité de ces périmètres modernes peut donc être considérée comme bonne, par rapport aux surfaces intéressées. Elle peut apparaître comme insuffisante, eu égard à l'énormité des investissements consentis.

De plus en plus, l'extension des grands périmètres et l'amélioration de leurs fournitures en eau sera soumise aux besoins des consommateurs urbains et industriels. Depuis longtemps, en Algérie, des détournements d'eau agricole vers les canalisations d'eau potable ont été effectués (le barrage colonial des Beni Bahdel en Oranie fut un des premiers exemples). En Tunisie, les réseaux d'adduction récents sont prioritairement orientés vers les zones de consommation littorales. Au Maroc, sans qu'il y ait encore menace directe, des transferts d'eau importants se préparent. Peut-on estimer que les programmes d'irrigation sont menacés? Cela dépend grandement des moments et des formes de prise de conscience des besoins hydrauliques dans les pays maghrébins. Cela dépend aussi du bilan d'équipement hydraulique accumulé en ces années 80 et des possibilités d'extension des fournitures en eau d'ici la fin du siècle.

Chapitre **5**

# LE RÔLE DES POLITIQUES NATIONALES POUR LA MOBILISATION DE L'EAU : ESSAI DE BILAN

Les politiques adoptées pour la mobilisation de l'eau sont marquées par des spécificités nationales et ne sont pas forcément calquées sur les potentiels hydrauliques. Nous avons déjà pu mesurer la diversité des héritages : sociétés diversement expérimentées dans l'irrigation, legs coloniaux, priorités plus ou moins nettes réservées aux équipements. Ces politiques sont donc plus ou moins affirmées, orientées, continues, efficaces. Il est temps de tenter d'en dresser le bilan.

## 1. LE MAROC : VERS LE MILLION D'HECTARES IRRIGUÉS INFRASTRUCTURES ET RÉALITÉS

Dans le domaine hydraulique, le Maroc a été heureusement doté par la nature : abondance des ressources en eau, présence de vigoureux « châteaux d'eau » montagnards dominant de vastes plaines, ce qui permet des écoulements gravitaires aisés.

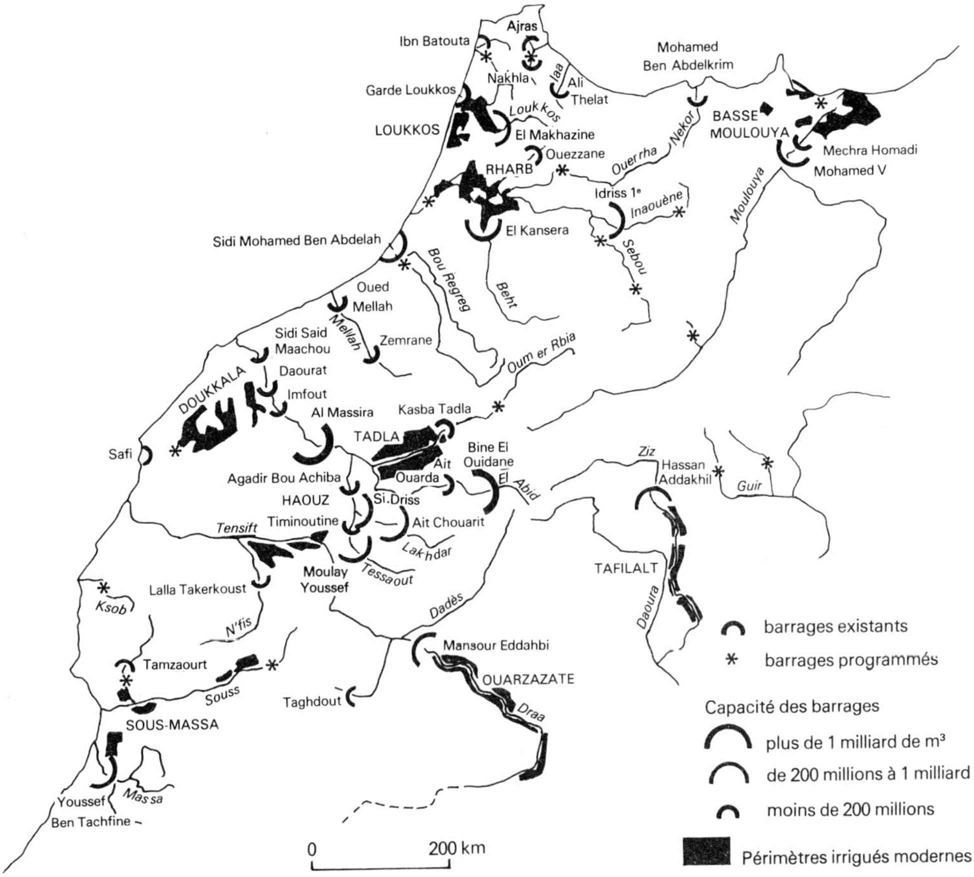


Fig. 9. — LE MAROC, ROYAUME DE LA GRANDE HYDRAULIQUE.

L'histoire a de plus façonné des sociétés d'irriguants habiles, diversifié les techniques d'irrigation et vu le Protectorat entamer un programme de grands ouvrages largement calibrés.

Le Maroc indépendant a poursuivi avec acharnement une politique de grande hydraulique, donnant à l'irrigation une place essentielle dans les plans de développement agricole et aux équipements hydrauliques un rythme de développement soutenu : dans les plans 1973-1977 et 1978-1980, environ 56 % des crédits du budget de l'agriculture sont allés aux projets d'irrigation. Cette politique visait à retenir le maximum d'eau derrière les barrages (les apports de crue représentent 65 à 90 % des volumes écoulés annuellement — A.N.A.F.I.D., 1982) et à doter les régions méridionales où l'évaporation est très forte (2 200 mm/an à Marrakech, 4 800 mm/an à Ouarzazate) et qui n'avaient guère été favorisées par le Protectorat, car considérées comme faisant partie du « Maroc inutile ».

Aujourd'hui, 32 barrages, souvent de grande taille, constellent le territoire (fig. 9). La moitié d'entre eux fut construite sous le Protectorat, 16 datent d'après l'Indépendance. Il y avait 3 ouvrages en cours d'achèvement fin 1982 et 16 équipements sont programmés pendant le plan quinquennal 1981-1985.

Les nouveaux barrages portent des noms d'anciens souverains ou de batailles historiques, ce qui témoigne de la sollicitude particulière de la monarchie pour l'équipement hydraulique, mais aussi de la recherche constante de racines rurales dans le développement moderne, avec références à un passé glorieux. Les barrages sont bien les phares de cette « voie agricole » choisie par le Maroc.

Le chef de l'État a lancé personnellement le slogan du **« Million d'hectares » irrigués** pour la fin du siècle. Programme ambitieux, mais qui constitue un véritable aiguillon, et dont l'échéancier est grossièrement respecté :

Bilan 1981 : 786 000 ha irrigués (mais pas tous équipés) tous modes confondus
Plan 1981-1985 : + 163 000 ha à irriguer soit un total cumulé de 949 000 ha
1990-2000 : 1 150 000 ha prévus dont : 850 000 en grands périmètres
300 000 en petite et moyenne hydraulique
et 300 000 en irrigation temporaire

Le Maroc compte ainsi **les plus vastes périmètres irrigués modernes du Maghreb** (celui du Tadla dépasse les 100 000 ha, celui du Rharb en approche) et un niveau d'achèvement par rapport aux programmes fixés en grande hydraulique assez élevé (Tableau V).

TABLEAU V. — LES PÉRIMÈTRES A IRRIGATION PERMANENTE DES O.R.M.V.A. DU MAROC (début 1982)

| O.R.M.V.A.[1] | Superficie irriguée 1982 (en ha) | Observations | Superficie en phase finale[2] (en ha) |
|---|---|---|---|
| Tadla | 110 000 | Grande hydraulique | 117 500 |
| Rharb | 86 000 | Grande hydraulique | 246 150 |
| Basse Moulouya | 62 000 | Grande hydraulique | 70 900 |
| Doukkala | 43 000 | Grande hydraulique | 102 300 |
| Haouz | 39 000 | 83 000 si l'on inclut la petite et moyenne hydraulique (P.M.H.) | 154 500 |
| Souss-Massa | 21 000 | 89 000 avec P.M.H. | 94 510 |
| Tafilalt | 21 000 | 37 000 avec P.M.H. | 43 400 |
| Ouarzazate | 19 000 | 26 000 avec P.M.H. | 26 500 |
| Loukkos | 18 000 | Grande hydraulique | 41 040 |
| Total | 419 000 | | 896 800 |

1. O.R.M.V.A. : Offices Régionaux de Mise en Valeur Agricole
2. Ces chiffres comprennent les programmes de petite et moyenne hydraulique réalisés dans les O.R.M.V.A.

Cet impressionnant équipement pourrait faire du Maroc la « Californie du Maghreb ». Les consommations d'eau industrielle ne sont pas préoccupantes pour le moment, du fait d'un certain piétinement dans ce domaine. Les dotations en eau pour les villes vont fortement augmenter et de nombreuses demandes rurales en eau potable ne sont pas satisfaites. Mais l'agencement géographique des bassins producteurs et des régions consommatrices est favorable : il y a juxtaposition des uns et des autres, ce qui économise de coûteux transferts. La concurrence entre eau agricole et eau potable commence cependant à apparaître dans la région de Marrakech.

Mais les sécheresses catastrophiques de ces dernières années sont venues assombrir le tableau d'un Maroc assis sur son trésor aquifère et espérant en tirer une manne agricole prolongée. Les barrages ont connu des étiages-records : le coefficient de remplissage d'Al Massira sur le très régulier Oum-er-Rbia est tombé à 17,3 %, celui de Bin el Ouidane n'était que de 21,5 %, seul le barrage du Loukkos atteignait un niveau acceptable avec 65 % (mai 1982). Même s'il s'agit de faits conjoncturels, les barrages se sont révélés insuffisants pour assurer une régulation interannuelle des apports des cours d'eau (*Hommes, Terres et Eaux,* 1983) et les pertes de récoltes ont été considérables (près de 600 millions de dirhams pour le seul périmètre du Rharb, par rapport à une année moyenne). La sécheresse a, de plus, multiplié par 2,8 la facture de combustibles de 1980 à 1982, grévant largement le budget de l'État. La prolifération des puits à moto-pompes est impressionnante. Elle encercle en particulier les grands barrages ne débitant plus assez d'eau (Massa, Nekkor).

Si le taux de croissance de 5 % par an de mobilisation des eaux de pluie se poursuit, on devrait atteindre, en 1990, 16 milliards de m$^3$ prélevés, soit le volume maximal des ressources mobilisables actuellement identifié. Il restera certes les puissantes réserves souterraines, encore peu entamées. Mais la progression des besoins marocains est vertigineuse — on en verra plus loin un exemple-témoin avec l'alimentation en eau potable du littoral atlantique — et oblige, dès maintenant, à une sévère économie de l'eau.

Des signes précurseurs de pollution des eaux usées apparaissent. Les infrastructures d'assainissement ne suivent pas celles des adductions. Un vigoureux rattrapage est ici à lancer.

Enfin, de nombreux équilibres socio-économiques en milieu rural sont menacés par l'introduction des périmètres modernes. Riche de sociétés villageoises habiles à maîtriser l'eau, le Maroc devrait veiller à mieux les intégrer dans ses plans d'irrigation, quitte à ce que l'État y perde une part de son pouvoir et de son prestige (P. Pascon, 1979).

L'irrigation moderne a transformé au Maroc des régions entières; elle a augmenté le potentiel de ressources alimentaires du pays dans de grandes proportions (le programme sucrier est une des plus remarquables réussites du développement agricole). Reste à savoir si l'ambitieux programme du « Million d'hectares » pourra être mené à son terme, tant pour des raisons de financement que du fait de l'**émergence rapide de nouveaux besoins en eau.**

## 2. L'ALGÉRIE : UNE REPRISE DES ÉQUIPEMENTS HYDRAULIQUES LONGTEMPS DÉLAISSÉS

La répartition des ressources en eau est, en Algérie, moins favorable. Le potentiel mobilisable est plus limité, la répartition géographique est beaucoup plus contraignante. Les zones productrices d'eau sont situées dans le Tell montagneux, principalement dans l'Est plus élevé et plus arrosé et dans le Bas Sahara. Les bassins consommateurs sont sur le littoral méditerranéen, dans les villes perchées du Tell intérieur, dans les bassins agricoles intérieurs (M. Cote, 1983). Ceci suppose donc des transferts avec franchissement de dénivelées et, par conséquent, de complexes systèmes de pompage (voir la future alimentation de l'agglomération algéroise, ci-après).

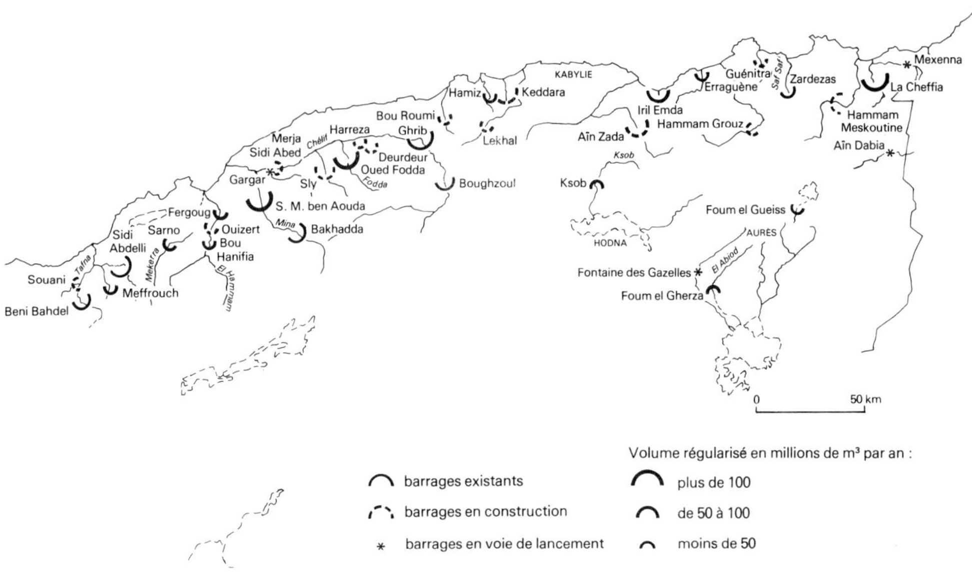


Fig. 10. — L'ALGÉRIE : UNE VIGOUREUSE REPRISE DES ÉQUIPEMENTS HYDRAULIQUES.

L'Algérie post-indépendance s'est peu préoccupée, dans un premier temps, de ses équipements hydrauliques et de ses périmètres irrigués, souvent en piteux état. La « voie industrielle » a ici primé et un retard hydraulique d'une bonne dizaine d'années est venu déséquilibrer un développement, par ailleurs fulgurant, des unités industrielles et des villes. De ce fait, la population urbaine a dû subir des coupures d'eau, parmi les plus rigoureuses du Maghreb (elles étaient estimées à 18 000 h à Alger pour l'année 1978; RAHMANI, 1982). Par ailleurs les barrages ont continué à perdre 2 à 3 % de leur capacité chaque année et certains sont devenus inopérants. Il est aujourd'hui fort difficile de distinguer les périmètres irrigués opérationnels de ceux qui ne sont plus que potentiels. Très vite, enfin, les besoins en eau urbaine et industrielle ont obligé à détourner l'eau vers les zones ou complexes industriels (bretelles de pompage pour alimenter Arzew, absorption des réserves du Tell oriental pour fournir Skikda et Annaba, refoulement des eaux du Bakhada pour alimenter Tiaret).

Le projet du Code de l'Eau n'a pas vu le jour et peu à peu l'Algérie a laissé croître ses besoins et ses équipements prendre du retard.

L'année 1977 marque un tournant : un ministère de l'Hydraulique est créé, une exploration systématique des ressources est lancée, des moyens financiers accrus sont accordés, des ouvrages de grande hydraulique et des lacs collinaires sont mis en chantier. **C'est dans un véritable rattrapage que l'Algérie s'est lancée,** rattrapage que concrétisent bien les investissements actuels du Plan 1980-1985 (fig. 10) : 15 ouvrages en cours en 1983 (635 millions de $m^3$ régularisés), 9 lancés en 1983-1984 (500 millions de $m^3$) alors que la période 1962-1982 n'avait connu que 3 achèvements de barrages et que la période coloniale s'était soldée par 17 aménagements (600 millions de $m^3$ régularisés aujourd'hui disponibles). Ainsi, en 1990, le volume actuellement régularisé par les barrages devrait-il être multiplié par trois. De 1977 à 1986, l'Algérie fera plus pour la grande hydraulique que durant les 130 ans de colonisation et largement mieux pour les adductions d'eau potable et industrielle, où les retards devenaient préoccupants (*Maghreb-Développement,* 1983). Les périmètres irrigués anciens feront l'objet d'actions de sauvegarde (drainage, complément d'irrigation) et 100 000 ha nouveaux devraient s'ajouter au patrimoine existant (Tableau VI). De plus, un rééquilibrage dans les équipements entre l'ouest et l'est sera privilégié.

TABLEAU VI. — LES PÉRIMÈTRES IRRIGUÉS ALGÉRIENS (situation 1983)
(Grande hydraulique)

| NOMS | Surfaces équipées (en ha) | Surfaces réellement irriguées (en ha) | Opérations en cours ou prévues |
|---|---|---|---|
| | *Périmètres anciens* | | |
| Sig | 12 000 | 4 000-5 000 | |
| Habra | 20 000 | 10 000 | Assainissement de 10 000 ha en cours |
| Mina | 18 000 | 4 000 | Rénovation en cours |
| Bas Chélif | 28 000 | 8 000 | Rénovation en cours |
| Moyen Chélif | 22 000 | 10 000 | |
| Haut Chélif | 20 000 | 6 000 | Réalimentation jusqu'à 20 000 ha |
| Hamiz | 13 000 | 8 000-10 000 | |
| Total | 133 000 | 50 000 | + 24 000 ha dans la plaine des Arib<br>+ 25 000 ha pour la Mitidja Ouest |
| | *Nouveaux périmètres (après 1970)* | | |
| Bou Namoussa | 17 000 | 6 000 | Assainissement de 3 000 ha en cours |
| Abadla | 5 000 | 2 500 | |
| Maghnia | 5 500 | 2 500 | |
| Aïn Skhouna | 2 800 | 50 | |
| Soummam | 1 800 (?) | | |
| Total | 32 100 | 11 050 | + Assainissement de 13 000 ha dans les palmeraies de l'Oued Rhir<br>+ Reprise du Ksob : 4 800 ha<br>+ Périmètre de Guelma : 13 000 ha<br>+ Périmètre de Saf Saf : 6 000 ha |
| Totaux généraux | 165 100 | 61 050 | |

L'agriculture irriguée moderne en grands périmètres demeure handicapée. Les opérations d'amélioration et d'extension ne pourront lui donner une place de premier plan. L'originalité algérienne réside plutôt dans la petite et moyenne hydraulique qui couvre quatre fois plus de surface et a connu un développement étonnant ces dernières années. Les périmètres à moto-pompes se sont multipliés. Une attention particulière sera portée dans l'avenir à l'équipement de ces périmètres diffus que pourraient alimenter des lacs collinaires aussi bien que des forages.

Comme le Maroc, l'Algérie commence à connaître de sérieux problèmes de pollution des nappes et des réservoirs de barrage (Laghouat, Tlemcen, Fergoug, Bou Hanifia) et un programme massif de stations d'épuration doit être lancé (trois de ces stations seulement étaient en 1980 opérationnelles sur l'ensemble du territoire). Les rejets industriels sont déjà notables en certains points et doivent être rapidement maîtrisés.

Mais le problème le plus préoccupant est certainement l'alimentation en eau potable et industrielle. L'industrie a déjà ravi à l'agriculture une partie de son eau ; elle a, de plus, contraint de nombreuses agglomérations à de lourdes privations, beaucoup d'ensembles industriels ayant été implantés sans grande préoccupation des ressources hydrauliques. Les besoins de la zone industrielle d'Arzew, de la sidérurgie d'Annaba, des mines de l'Ouenza, des zones industrielles de Mitidja et du Sersou seront satisfaits par des prélèvements importants dans les barrages ou les forages. Déjà, deux petites unités de dessalement de l'eau de mer fonctionnent dans les deux complexes pétrochimiques côtiers. Elles préfigurent, sans doute, les futures unités de grande taille que l'Algérie devra édifier.

Favorisée par une énergie à bon marché, l'Algérie peut, à la différence de ses voisins, concevoir des techniques complexes de forages puissants (notamment dans les nappes profondes du Bas Sahara), d'élévation de l'eau pour le franchissement des lignes de crêtes entre bassins-versants, de dessalement de l'eau de mer. Déjà l'État algérien se préoccupe d'une planification spatiale des ressources et besoins en eau (Plan Hydraulique National et Plans Directeurs Régionaux). L'eau est ici, plus qu'ailleurs, un frein considérable au développement. De lourds investissements devront lui être consacrés pour ne pas ralentir le décollage économique et le fonctionnement urbain. **L'Agriculture et l'Hydraulique** sont déjà annoncées comme **« la priorité des priorités »** dans le projet de plan quinquennal 1985-1989 que le gouvernement a établi en juillet 1984.

## 3. LA TUNISIE : UN EFFORT SOUTENU POUR LA MOBILISATION DE L'EAU FACE AUX MENACES DE PÉNURIE

La Tunisie est caractérisée par une forte dissymétrie géographique des ressources et des consommations en eau.

**Le Nord** dispose d'eaux superficielles abondantes (93 % du potentiel national) et de nappes souterraines bien alimentées (31 % des eaux souterraines exploitées dans l'ensemble du pays). Les fortes consommations y sont limitées à la zone de Bizerte et à l'agglomération tunisoise, auxquelles s'ajoutent les périmètres irrigués échelonnés le long de la Medjerda et de ses affluents.

**Le Centre** a des précipitations faibles et irrégulières, des écoulements torrentiels et souvent dévastateurs. Il ne fournit guère d'eaux superficielles (70 millions de $m^3$ soit 7,3 % du total national) et met largement à contribution les eaux souterraines (29 % du total national). C'est certainement la région la plus défavorisée du pays, car peu alimentée par des nappes réduites d'eau fréquemment salée, elle abrite une forte urbanisation et doit faire face à de gros besoins agricoles. Des industries, des complexes touristiques s'y sont développés dans le Sahel et sont fort demandeurs d'eau (autour de Sousse tout spécialement et de Sfax). En 1980, il fallait alimenter en eau, dans le seul Sahel, environ 1,3 million d'habitants.

---

Ci-contre :
Fig. 11. — DISSYMÉTRIE GÉOGRAPHIQUE DES RESSOURCES ET DES BESOINS EN EAU TUNISIENS.

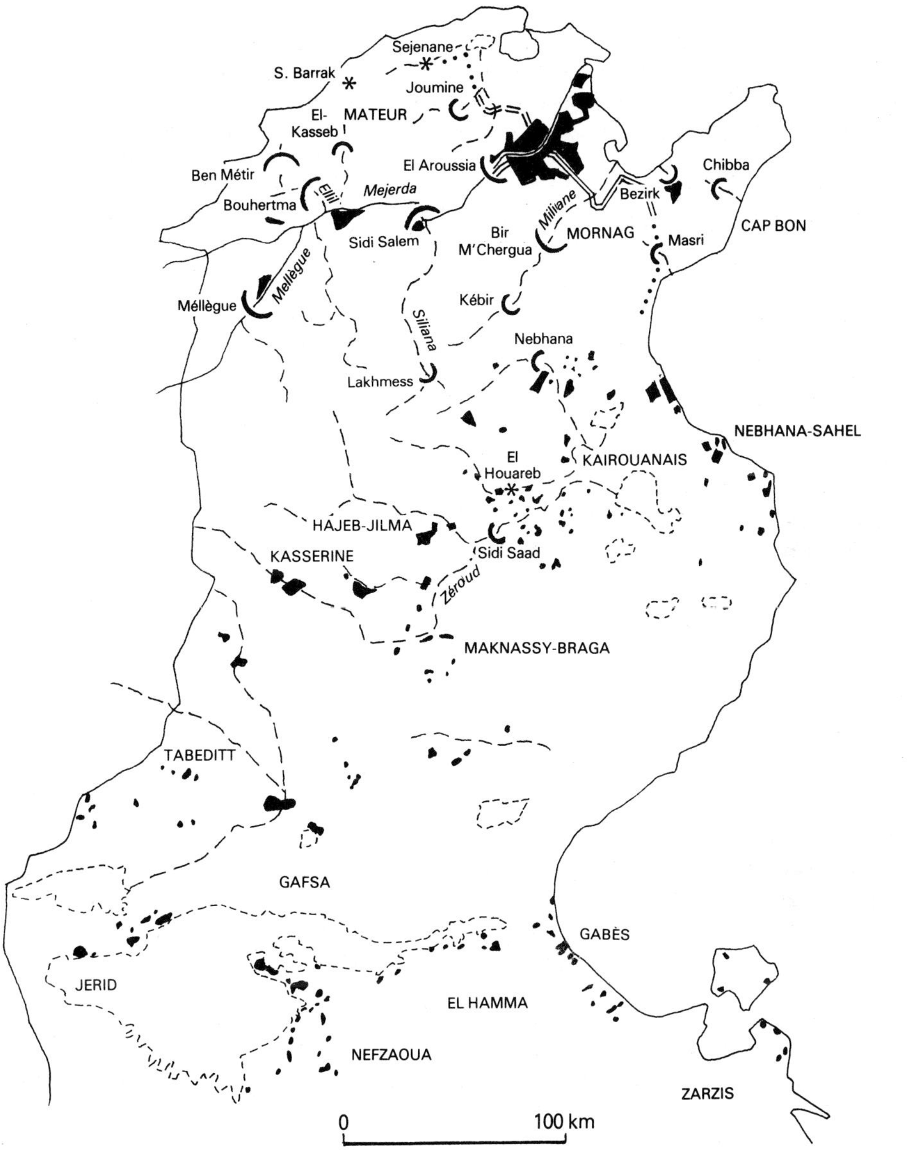


barrages existants ou en voie d'achèvement

* barrages projetés

périmètres irrigués et oasis

Capacité des barrages :

plus de 100 millions de m³

moins de 100 millions de m³

Canal Nord-Sud : ═══ achevé (Medjerda-Cap Bon) = = = en construction (Joumine-Medjerda) ...... programmé

**Le Sud** n'a que des réserves souterraines auxquelles il fait largement appel (plus de 41 % du potentiel national mobilisé), puisant en particulier dans le « complexe terminal » qui fait partie de l'aquifère saharien, exploité environ pour moitié de ses réserves mobilisables actuellement connues. Moins peuplée, cette région a des besoins localisés : région minière de Gafsa, zone de Gabès, ensemble Jerba-Zarzis, palmeraies du Djerid et du Nefzaoua.

**La Tunisie a donc largement entamé ses ressources en eau** (cf. Tableau I) et se voit contrainte, du fait des dissymétries régionales, d'organiser des transferts d'eau notamment du nord vers le centre-est. C'est le but assigné au canal Medjerda-cap Bon, aujourd'hui opérationnel (fig. 11) qui a pour mission de ravitailler en eau potable les régions de Tunis, du Sahel et de Sfax (3 millions d'hab. en 1982), de sauvegarder les agrumes du cap Bon, de créer 30 000 ha irrigués nouveaux et de réaliser également un mélange d'eaux afin de diminuer le taux de salinité des eaux retenues par Sidi Salem, notamment par l'adjonction du canal Joumine-Medjerda actuellement en construction.

La nécessité de tirer parti de toutes les ressources en eau, en particulier par récupération des forts écoulements du Nord, a depuis longtemps été comprise en Tunisie. Depuis l'Indépendance, de gros barrages ont été construits : Sidi Salem, le plus important de Tunisie (555 millions de $m^3$), Sidi Saad, Joumine (prévu pour 1985). Deux derniers ouvrages — Sejenane et Sidi Barrak — viendront compléter, en 1990, avec le projet d'El Houareb (Kairouanais) cet harnachement des rivières qui pourra être considéré comme achevé. L'essentiel des eaux de surface aura alors été mobilisé, et il

TABLEAU VII. — LES PÉRIMÈTRES IRRIGUÉS PUBLICS TUNISIENS (1981)

| Offices | Superficie irrigable (en ha) | Superficie effectivement irriguée (en ha) | Équipements prévus (1981-1986) (en ha) |
|---|---|---|---|
| O.M.V.V.M. (Basse Medjerda)<br>Jendouba (Haute Medjerda)<br>Cap Bon<br>Lakhmès | 31 300<br>15 000<br>6 800<br>1 400 | 20 500<br>6 500<br>6 800<br>1 260 | Bouheurtma III + Ghardimaou<br>+ Testour-Medjez el Bab<br>+ cap Bon + P.D.E.N. II[1]<br>+ Mateur + Ras Jebel + El Kef |
| Total Nord | 54 500 | 35 060 | +39 800 |
| Nebhana<br>Kairouan<br>Tunisie centrale | 5 700<br>6 850<br>5 000 | 3 000<br>4 700<br>2 900 | Tunisie centrale + Sahel<br>(eaux usées) |
| Total Centre | 17 550 | 10 600 | + 7 500 |
| Gabès<br>Tozeur | 1 000<br>2 850 | 800<br>2 850 | P.D.E.S.[1] + puits de surface<br>(nouvelles zones) |
| Total Sud | 3 850 | 3 650 | +13 500 |
| Total national | 75 900 | 49 310 | +60 800 ha prévus |
| Pour mémoire : périmètres privés | 110 000 | | |

1. P.D.E.N. = Plan Directeur des Eaux du Nord — P.D.E.S. = Plan Directeur des Eaux du Sud.

faudra compter uniquement sur les réserves encore disponibles des nappes souterraines renouvelables et fossiles.

Ceci n'a pas empêché le pays de poursuivre un effort continu de création de périmètres irrigués, principalement localisés au nord de la Dorsale (Tableau VII).

La dissymétrie géographique des ressources en eau est fidèlement reproduite dans la répartition spatiale des périmètres. Les équipements prévus d'ici 1986 ne modifieront guère cette dissymétrie. Les régions d'oasis du Sud feront cependant l'objet d'un renforcement particulier (leur superficies irriguées seraient multipliées par cinq).

Les efforts consentis pour le développement de l'irrigation ont donc été considérables (le total était de 65 000 ha en 1956 et de 190 000 ha en 1981, tous périmètres publics et privés confondus). Mais les superficies réellement irriguées ne représentent que 65 %, soit qu'il y ait suffisamment de ressources pluviales (Nord-Ouest), soit qu'au contraire l'eau manque (Centre et Sud), soit que des équipements ne soient pas achevés (Medjerda). La progression prévue d'ici 1986 semble donc fort ambitieuse et il paraît difficile de l'assurer (J. Hassainya, 1982) car elle supposerait 13 200 ha équipés/an alors que la moyenne de la dernière décennie, déjà très forte, est de 7 000 ha annuels.

Mais, comme en Algérie, la préoccupation pour l'avenir est le ravitaillement en eau potable et industrielle, même si la Tunisie est assez bien équipée dans ce domaine. La Société Nationale de Distribution d'Eau alimentait, en 1981, 63,5 % de la population tunisienne, ce qui est un résultat remarquable. On estime que la croissance des besoins devrait suivre la progression suivante :

— 1981 : 140 millions de m$^3$ dont 55 pour Tunis (effectivement distribués)
— 1990 : 280 millions de m$^3$ dont 150 pour Tunis (prévus)
— 2000 : 450 millions de m$^3$ dont 235 pour Tunis (prévus)

Ce volume, en l'an 2000, équivaut à la moitié environ des eaux souterraines mobilisées en 1981. Il attire l'attention sur l'étroitesse des marges dont dispose la Tunisie dans le domaine de ses réserves en eau continentale et, comme en Algérie, conduit à envisager des usines de dessalement d'eau de mer.

Pays aux besoins très diversifiés (irrigation, eau potable urbaine, eau industrielle, desserte des agglomérations rurales déjà bien amorcée, eau touristique), la Tunisie s'est donc lancée assez tôt dans une **planification régionale** de sa desserte hydraulique. Trois plans directeurs, correspondant aux trois grandes zones géographiques déjà définies, ont été élaborés : le Plan Directeur des Eaux du Nord (P.D.E.N.) destiné à orienter l'excédent d'eau de cette région vers le Centre et le Sahel; le Plan Directeur des Eaux du Centre (P.D.E.C.) visant à régulariser l'alimentation des nappes et à lutter contre les crues; le Plan Directeur des Eaux du Sud (P.D.E.S.) conçu pour le renforcement de l'exploitation des eaux souterraines.

On reconnaît là les soucis d'aménagement du territoire qui se sont traduits dans le domaine de l'eau par une planification indispensable des ressources. L'eau est un révélateur particulièrement net des déséquilibres spatiaux de cet État; elle est un instrument majeur d'aménagement et ceci d'autant plus que le potentiel disponible est exigu. Sans exagérer, on peut estimer que des trois pays du Maghreb, la Tunisie, malgré les efforts soutenus qu'elle a accomplis dans la mobilisation des ressources hydriques, présente **la situation la plus préoccupante** pour la fin du siècle.

Chapitre **6**

# L'EAU, DEMAIN, AU MAGHREB : ARBITRAGES ET PLANIFICATION

Les différentes situations nationales, précédemment examinées, laissent présager une régression des développements de l'irrigation. Sauf au Maroc, peut-être, les besoins agricoles seront de plus en plus difficilement satisfaits. Face à la croissance démographique (cf. IIIe Partie) et à la dépendance alimentaire qui affectent aujourd'hui les États maghrébins, cette restriction des irrigations doit donc être limitée au maximum. Pour cela, **les conflits pour l'eau** qui se dessinent à l'horizon 1990 doivent être soigneusement prévus, endigués et atténués. Des améliorations techniques, une lutte contre les gaspillages, la recherche de solutions nouvelles peuvent permettre d'accroître les disponibilités, tant pour les villes que pour les campagnes. Le plus aigu des problèmes est certainement celui de la satisfaction des besoins urbains.

## 1. UNE DEMANDE URBAINE CROISSANTE : DES ADDUCTIONS DE PLUS EN PLUS LONGUES

L'urbanisation a pu se développer, jusqu'aux années soixante, sans trop nécessiter de solutions lourdes pour les adductions d'eau. Des sources, des captages dans les nappes, des dérivations à partir de barrages réservoirs, tous points situés à proche distance des agglomérations, permettaient la satisfaction des demandes, même si les quotas par habitant demeuraient modestes.

**La montée rapide des besoins est due à l'augmentation du nombre de citadins** (les grandes et moyennes villes marocaines consommaient globalement 63 millions de m$^3$ en 1955 et 313 millions vingt ans plus tard), à l'équipement progressif des centres ruraux (au Maroc leur consommation a doublé entre 1965 et 1974), au développement de l'arrosage dans les vergers et jardins entourant les villes, aux besoins municipaux (19 % de la consommation d'eau urbaine totale, hors Tunis, dans l'ensemble de la Tunisie, en 1981), aux installations touristiques (715 l/j par lit occupé, en haute saison, en Tunisie), au développement des zones et des complexes industriels (le futur complexe chimique de Jorf Lasfar au Maroc va puiser dans l'Oum-er-Rbia de grosses quantités d'eau; l'usine de la S.O.N.I.C. à Mostaganem (pâte à papier) est ravitaillée par des conduites débitant 910 l/s; la zone industrielle de Gabès exigera 900 l/s en 1986).

Les agglomérations-capitales sont de loin les plus gourmandes : Alger en l'an 2000 demandera 539 millions de m$^3$/an, dont 450 pour les citadins; le Grand Tunis en absorbera 235; la bande côtière urbanisée de Kenitra à Rabat nécessitera, à elle seule, 266 millions de m$^3$, sans compter la satisfaction des besoins du Grand Casablanca (582 millions).

Cette accumulation de chiffres donne quelque peu le vertige. Pour assurer ces consommations, d'énormes travaux sont déjà lancés. Ils visent à transférer l'eau des espaces producteurs vers les zones de forte consommation et ceci sur des distances de plus en plus longues. Dans le cas d'Alger, ce sont des pompages et des élévations d'eau qui permettront dans l'avenir d'amener l'eau vers l'agglomération : des techniques de plus en plus poussées, des consommations énergétiques croissantes, des systèmes de stockage et de distribution de plus en plus complexes seront nécessaires.

Les zones urbaines vont donc lancer des tentacules de plus en plus lointains vers les arrière-pays producteurs. Quelques exemples régionaux illustrent ci-dessous cette véritable « course aux captages ».

### 1.1. L'alimentation du corridor urbain atlantique au Maroc : une dérivation croissante des fleuves côtiers (fig. 12)

Dès 1934, les captages de la Mamora (Fouarat) permirent de desservir la capitale marocaine, avec des compléments locaux puisés dans la nappe de Témara. Une conduite à longue distance acheminait l'excédent d'eau vers Casablanca : c'était à l'époque une adduction de grand parcours. En 1952, il fallait appeler à la rescousse les eaux de l'Oum-er-Rbia, captées au barrage de Sidi Saïd Maachou, également producteur d'électricité, pour alimenter Casablanca que les sources et le barrage proches de l'Oued Mellah ne pouvaient plus satisfaire. Puis ce fut l'imposant barrage du Bou Regreg, en travers d'une vallée très encaissée, qui permettait de créer un grand réservoir et, dès 1976, de fournir toute la bande littorale grâce à un véritable « aqueduc » qui apportait à lui seul un volume disponible de 186 millions de m$^3$ par an. Dès 1985, ces apports conjugués seront insuffisants et la zone Casablanca-Mohammedia sera déficitaire de 9 millions de m$^3$.

Aussi ce sont successivement deux nouvelles adductions (1987 et 1992) qui devront être réalisées à partir de l'Oum-er-Rbia. Ceci nécessitera quand même une surélévation du barrage du Bou-Regreg, en 1990, pour gagner une centaine de millions de m$^3$ supplémentaires. Et pourtant, en 1995, les besoins totaux (620 millions de m$^3$) seront tout juste couverts et l'on atteindra la saturation des volumes disponibles. D'autres

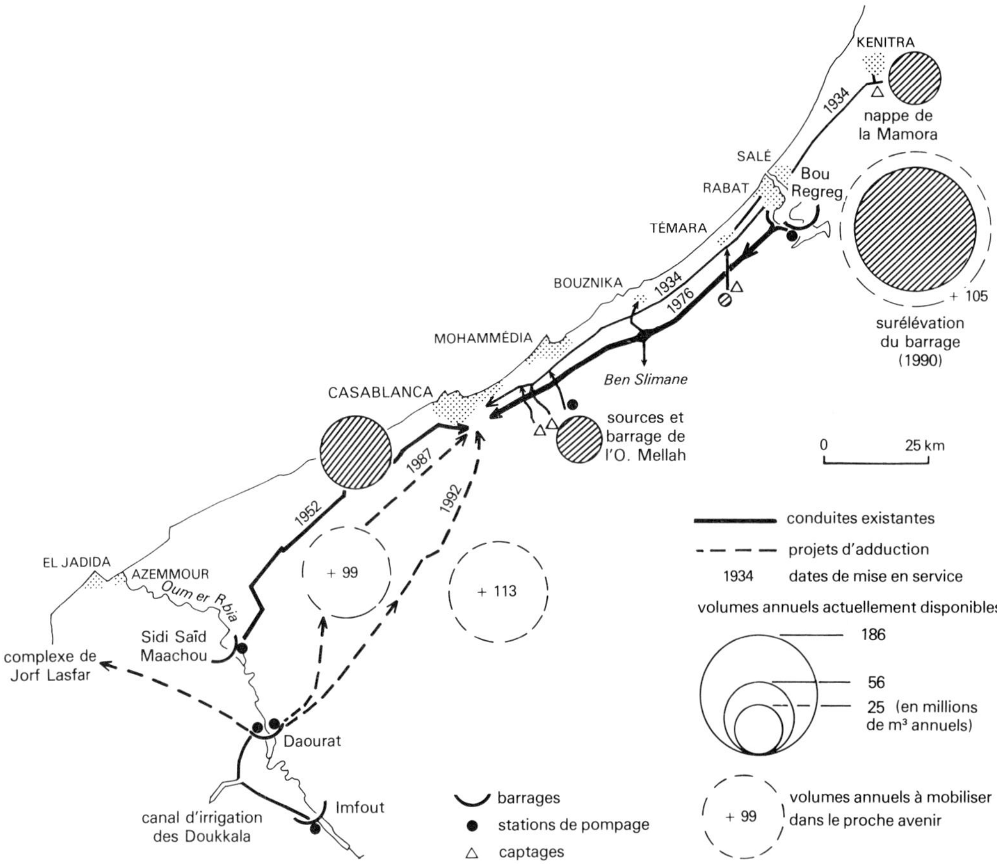


Fig. 12. — L'ALIMENTATION EN EAU POTABLE DU CORRIDOR URBAIN DE LA CÔTE ATLANTIQUE AU MAROC : UNE DÉRIVATION CROISSANTE DES FLEUVES CÔTIERS. (Source : O.N.E.P., 1983)

solutions, donc d'autres antennes, devront être lancées pour atteindre l'an 2000 où l'ensemble du littoral consommera 850 millions de m$^3$.

Pour compléter ces adductions, des pompages dans l'Oued Sebou seront également nécessaires pour alimenter Kenitra, à l'extrémité nord du corridor urbain, qui compte déjà aujourd'hui 200 000 consommateurs.

Ce premier exemple démontre, dans une région pourtant favorisée par l'abondance des écoulements de plusieurs oueds côtiers (Bou Regreg, Mellah, Oum-er-Rbia) et les bonnes disponibilités des nappes souterraines atlantiques, le véritable engrenage de travaux et de réalisations dans lequel s'engagent les grandes aires urbaines métropolitaines.

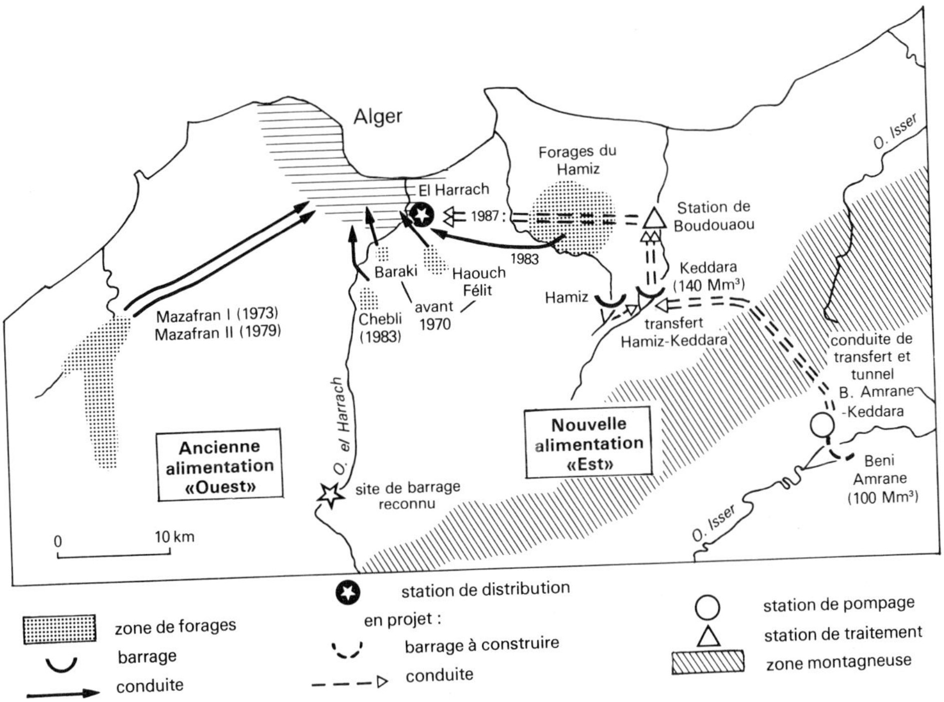


Fig. 13. — ALGER, OU LA SOIF D'UNE CAPITALE : DIX-SEPT ANS D'AMÉNAGEMENTS.

### 1.2. Alger, ou la soif d'une capitale (fig. 13)

L'agglomération algéroise, en 1969, consommait environ 80 millions de m$^3$ d'eau par an. Sur ce total, l'eau potable urbaine comptait pour 65 millions de m$^3$, l'eau industrielle pour 15 (G. Mutin, 1977). La capitale algérienne puisait cette eau dans des forages peu éloignés de la ville (Haouch Felit et Baraki) qui débitaient environ 200 000 m$^3$/j. En 1983, les besoins urbains sont estimés à 150 millions de m$^3$ annuels; les fournitures ne dépassant pas 130, malgré les apports successifs des captages de Mazafran I (1973) et Mazafran II (1979), à l'ouest de la ville, au pied du Sahel d'Alger. Il devient donc nécessaire de chercher non plus à l'ouest mais à l'est de la Mitidja et dans les rivières descendant de l'Atlas tellien, au sud-est, des quantités supplémentaires. En 1983 et 1985, les forages du Hamiz puis ceux du Chebli (Sidi Moussa) doivent apporter 26 millions de m$^3$ annuels. Mais les besoins de l'agglomération auront galopé et le déficit annuel sera, en 1985, d'au moins 70 millions de m$^3$. C'est donc le vaste projet de Keddara-Beni Amrane qui devrait suppléer aux demandes. Le barrage de Keddara établi sur l'Oued Boudouaou, actuellement en construction, stockera les eaux de son bassin-versant. Son réservoir recevra par transfert les eaux du barrage du Hamiz, ouvrage déjà ancien, puis celles de l'Oued Isser retenues par le futur ouvrage de Beni Amrane puis élevées par pompage et transférées à Keddara. Deux grosses conduites entraîneront cette eau vers la station de traitement de Boudouaou puis vers El Harrach dans la banlieue est d'Alger. En 1987, les besoins urbains estimés à 250 millions de m$^3$ annuels devraient donc être satisfaits par ce nouvel apport.

Mais les consommations continueront leur course en avant, surtout si l'on veut non seulement supprimer les coupures d'eau mais améliorer les dotations par habitants (107 l/j en 1972, théoriquement disponibles, que l'on souhaiterait porter à 250 l/j en l'an 2000). A cette époque, l'agglomération aura aux environs de 4,5 millions d'habitants et demandera (eau urbaine + eau industrielle) 539 millions de m$^3$ par an. Il faudra donc exploiter au maximum les nappes existantes (dont les réserves s'épuiseront à ce rythme en trente ans), prévoir d'autres projets hydrauliques sur les oueds de l'arrière-pays, mais aussi recycler les eaux usées et envisager une station de dessalement de l'eau de mer de l'ordre de 150 000 m$^3$/j. Tout ceci se fera en réduisant l'eau d'irrigation, qui ne pourra être apportée en quantité suffisante aux périmètres de la Mitidja. Rarement autant qu'autour de la capitale algérienne la concurrence ville-agriculture apparaît aussi forte : la soif d'une ville semble ne pouvoir être étanchée qu'au détriment des campagnes voisines.

### 1.3. Le Sahel tunisien ou la superposition de tous les besoins

L'agglomération de Tunis a connu, comme ses consœurs algérienne et marocaine, des travaux d'adduction d'eau répétés et l'étirement des conduites de ravitaillement. Depuis 1956 (barrage de Ben Mtir) et 1973 (Oued el Kasseb), des conduites de 135 et 150 km alimentent la ville. Le canal Medjerda-cap Bon permettra d'améliorer ces dotations d'ici la fin du siècle.

Mais c'est le Sahel de Sousse qui apparaît comme le lieu de tous les besoins en eau. Des nappes souterraines de qualité médiocre, exploitées aux 3/4 de leur capacité, de faibles et irrégulières eaux de surface n'apportent que des quantités limitées. Deux conduites de 90 km vont quérir l'eau principalement dans les ressources de Haffouz. Mais, dès 1980, les besoins du Sahel n'étaient plus satisfaits et des forages ont dû être effectués localement, en attendant l'entrée en service du canal Medjerda-cap Bon qui permettra de « tenir » jusqu'en l'an 2000.

Dans cette zone, en effet, une agriculture irriguée ancienne prélève de notables quantités d'eau et reçoit désormais l'eau du Nebhana; l'urbanisation du Sahel, elle aussi ancienne, a accumulé sur une petite portion de territoire 850 000 citadins; l'industrialisation s'est développée sous forme de multiples unités; le tourisme, enfin, a ici un de ses plus puissants pôles méditerranéens.

TABLEAU VIII. — CROISSANCE DES BESOINS EN EAU POTABLE EN TUNISIE
(en millions de m$^3$)

| SECTEURS GÉGRAPHIQUES | 1980 | 1990 | 2000 |
|---|---|---|---|
| Zone de Tunis | 80 | 150 | 235 |
| Zone de Bizerte | 12,8 | 24,2 | 37,8 |
| *Sahel de Sousse* | *22* | *47* | *75* |
| *Sahel de Sfax* | *16* | *36* | *67* |
| Zarzis-Jerba | 8 | 22 | 33 |

Source : Urbaplan, 1983.

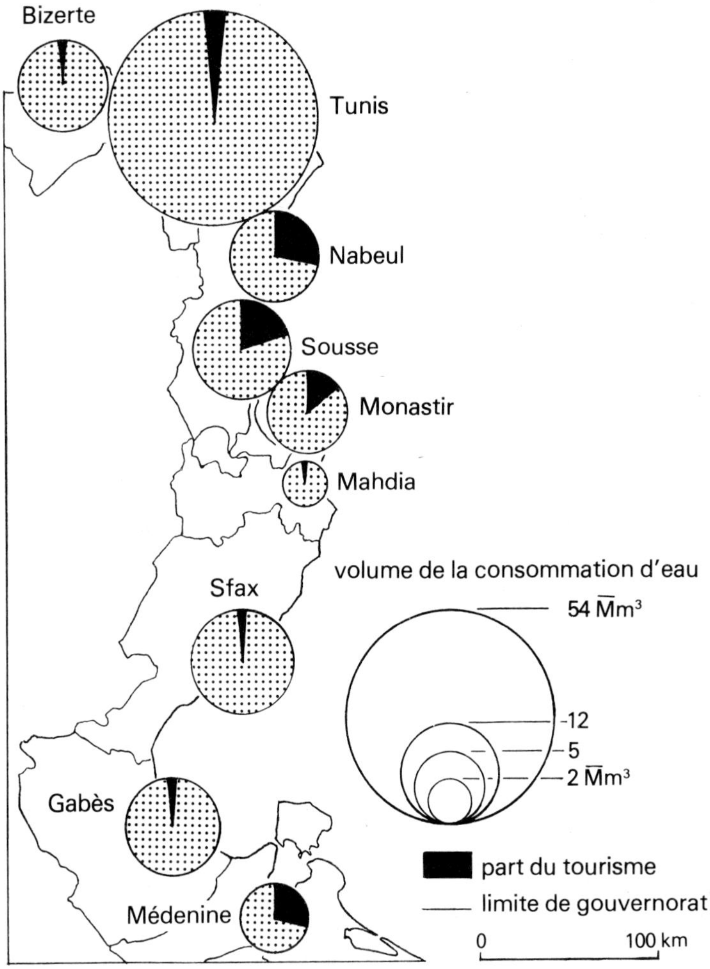


Fig. 14. — LA CONSOMMATION D'EAU PAR LE TOURISME DANS LES ZONES LITTORALES DE LA TUNISIE EN 1981.
(Source : SONEDE, 1981, J.M. Miossec)

Avec le tourisme, apparaît un nouveau concurrent pour l'utilisation de l'eau et l'on mesure bien, en Tunisie, ses exigences et ses implications dans ce domaine. Avec 80 000 lits touristiques et une moyenne de 400 l/j et par lit en saison (hypothèse basse) ce sont 32 millions de l d'eau qu'il faut mobiliser quotidiennement au cœur de l'été. Aux consommations de l'hôtellerie, de la restauration s'ajoutent celles des piscines, des arrosages de jardins et pelouses, de terrains de golf, des équipements de plages. La part de « l'eau touristique » est donc importante tout au long du littoral tunisien (fig. 14). Elle a déjà pénalisé les agrumes du cap Bon qu'il faudra réalimenter par de nouveaux apports. Elle risque d'être une limite importante au développement de nouvelles installations (Kerkennah) comme elle l'a été dans le Sud marocain (Agadir-Taghazout).

Les besoins des Sahels de Sousse et Sfax vont donc croître très vite dans les années à venir et canaliser vers eux des flux d'eaux du Nord de plus en plus importants (Tableau VIII).

## 2. LES INSUFFISANCES TECHNIQUES : DES RISQUES A COMBATTRE, DES ÉCONOMIES A RÉALISER

Les consommations d'eau au Maghreb sont largement accrues par certaines déficiences des infrastructures. Dans le domaine de l'irrigation, nombre de conduites en mauvais état laissent s'échapper une eau précieuse, certains barrages connaissent des fuites au niveau de leur armature de béton ou par infiltrations latérales à partir des réservoirs. On a vu que les envasements fréquents des retenues obligeaient à de coûteuses surélévations (Lalla Tarkerkoust au Maroc, Fergoug en Algérie). Dans le domaine de l'eau potable, les canalisations en mauvais état sont sources de pertes considérables (jusqu'à 45 % à Alger, 29 % en moyenne à Tunis). La réfection des réseaux anciens, l'augmentation de leur calibre pour éviter des surpressions sont des travaux de longue haleine et assez peu efficaces. Pour Alger, si l'on réfectionnait 90 km de conduites par an — rythme qui n'a jamais été atteint jusqu'ici — il faudrait 15 à 20 ans pour rénover le réseau de distribution et des dépenses gigantesques. Dans les agglomérations rurales, principalement, nombre de stations de pompage et de châteaux d'eau sont inopérants.

L'usage massivement développé de l'eau entraîne des rejets importants d'eaux usées. Or les installations d'assainissement ne progressent qu'avec lenteur, bien moins vite que les adductions. Au Maroc, 5 agglomérations urbaines disposent d'une installation de traitement, 85 en attendent une. En Algérie, il est prévu d'en installer une pour toute ville de 20 000 hab. et plus.

La pollution des eaux devient de ce fait importante : elle se réalise par infiltration des nappes dans de nombreux quartiers neufs qui se bâtissent très vite, souvent sans système d'égouts ou de réceptacles à effluents, et avec des puits d'alimentation creusés à quelques mètres des zones de rejets; elle est également due aux maraîchages péri-urbains; elle est surtout massivement produite par les installations industrielles. Au Maroc, dans le bassin de l'Oum-er-Rbia, les rejets des sucreries équivalent, en une campagne, à ceux d'un million d'habitants; le bassin du Sebou accumule les effluents des sucreries, les eaux urbaines usées et les déchets solides de Fès, Meknès, Kenitra, Sidi Kacem, Sidi Slimane, sans parler des dépôts nauséabonds de la « Cellulose du Rharb » à Sidi Yahya. En Algérie, les barrages de Fergoug et Bou Hanifia sont pollués par la zone industrielle de Saïda, alors qu'ils alimentent en eau la ville d'Oran; les rejets à Mostaganem, à Annaba sont également préoccupants. En Tunisie, le lac de Tunis a nécessité un gros programme d'assainissement. L'eutrophisation menace également des lacs de barrage qui servent à fournir de l'eau potable.

D'autres risques sont inhérents aux conditions sanitaires, lesquelles se dégradent vite lorsque l'assainissement est en retard. L'insuffisance des évacuations de matières fécales est source de contamination. Les bornes-fontaines qui ravitaillent encore une grande partie de la population ne disposant pas de branchement sont des points à surveiller tout spécialement, le transport de l'eau augmentant les risques d'infection. Même en zone rurale, la bilharziose a progressé autour des lacs de barrage et des périmètres irrigués et les schistosomiases se développent autour des canaux secondaires de ces mêmes périmètres. Un drainage efficace de ces périmètres, un développement des réseaux et systèmes d'assainissement (il en existe d'autres que les coûteux réseaux d'égouts), un développement nécessaire des branchements individuels d'eau potable, une surveillance sanitaire accrue autour des points d'eau peuvent remédier à ces risques et empêcher le développement de maladies.

L'amélioration de la mise à disposition de l'eau doit donc s'accompagner de mesures de protection, de régulation, de sauvegarde. Moins spectaculaires que les grands travaux de génie civil, elles peuvent économiser cette eau précieuse et éviter la dégradation des conditions de vie. C'est toute une protection de l'environnement qu'il faut mettre en place : ce n'est pas un luxe pour pays riches, comme le pensaient jadis de bonnes âmes, mais une nécessité pour des pays jadis pauvres à développement rapide.

## 3. DE L'EAU, POUR QUI ET POUR QUOI FAIRE?

La croissance concurrentielle des besoins en eau amène à exercer de vigoureux mais douloureux arbitrages. Les programmes d'irrigation devront sans doute être révisés en baisse, les travaux de petite et moyenne hydraulique encouragés (beaucoup de sites de lacs collinaires ont été reconnus et étudiés, bien peu ont été équipés). Une sollicitude particulière doit être accordée aux villes et surtout aux petites villes et centres ruraux dont on a sous-estimé la croissance fulgurante et les besoins : dans le VI^e Plan tunisien, 55 % des montants d'investissements de la S.O.N.E.D.E. iront au secteur rural et semi-urbain; au Maroc la dotation de nombreux centres ruraux n'excède pas 10 l/hab./j. Bien des municipalités font aujourd'hui de l'eau leur cheval de bataille prioritaire.

L'amélioration de la desserte en eau potable devrait aussi viser à une plus équitable répartition entre usagers. Pour les 15 plus grandes villes du Maroc, la consommation des abonnés représente 47 %, celle des administrations et services publics 34 %, celle de l'industrie 19 %; chez les abonnés privés, 5 % réalisent 2/3 de la consommation; 75 % n'en réalisent que 17 %. Une plus grande équité, moins de gaspillages sont des moyens d'amélioration des conditions de vie urbaine.

L'industrie, dont le développement est vital, sera une consommatrice de plus en plus exigeante. L'implantation des futurs pôles et complexes devra, plus nettement que par le passé, tenir compte des disponibilités en eaux locales, du recyclage des eaux usées, des technologies les plus récentes de dessalement de l'eau de mer. La Tunisie envisage quatre unités de ce type et elle sera peut-être la première à les installer. Mais dans un pays où les ressources en hydrocarbures, sans être négligeables, sont comptées, ceci représentera un coût énergétique bien lourd.

Les coûts énergétiques liés à la mobilisation de l'eau vont d'ailleurs croître rapidement. La production hydro-électrique sera partout très vite minoritaire. En Algérie, en 1980, elle ne représente que 4 % de la production totale; au Maroc, elle est censée plafonner (hors sécheresse), à partir de 1981, à 1800 GWh par an (sur 5147 GWh produits cette même année). Le développement des pompages et des forages profonds sera aussi — il l'est déjà — consommateur de produits pétroliers. Les usines de traitement de l'eau de mer en seront encore plus gourmandes. L'Algérie, seule, peut développer sur une grande échelle ces formes coûteuses de récupération de l'eau.

Partout au Maghreb, les budgets pour l'eau sont et seront lourds. Au Maroc, en 1979-1980, l'enveloppe allouée au secteur de l'eau dépasse 50 % des fonds d'investissement. En Tunisie, la mobilisation des ressources en eau, dans le Plan 1977-1981, a absorbé 44 % des investissements agricoles. En Algérie, c'est 30 milliards de dinars qui sont alloués à l'hydraulique dans le plan 1980-1984, dont 1/3 pour les seuls réseaux d'alimentation urbaine et d'assainissement, soit plus que pour les barrages dont on a pourtant vu la vigoureuse reprise des chantiers.

**L'eau est au Maghreb un véritable pivot du développement.** Son rôle est capital sur le plan économique, social, politique, parce qu'elle est rare, irrégulière, nécessaire. Le Maghreb vit sous la menace des pénuries d'eau et tout retour à l'abondance est un facteur de reprise et de confiance. *« Le ciel a voté pour moi »* aurait dit un Premier ministre tunisien des années 70, saluant la succession heureuse d'années pluvieuses pendant son mandat.

**L'eau n'est pourtant pas absente** et il s'agit plus de la mobiliser, de façon équilibrée, que de subir la fatalité des faibles écoulements. Certes, elle est inégalement disponible d'un bout à l'autre du Maghreb. En simplifiant, l'on pourrait dire que le Maroc utilise encore mal ses excédents, que l'Algérie subit le retard de ses équipements, que la Tunisie réalise la mobilisation maximale et sera, la première, confrontée à la fin des réserves. Mais il est bien des possibilités de captage, de stockage, d'économie des eaux à exploiter qui pourront rétablir des équilibres entre besoins et disponibilités.

**L'eau ne devrait plus dans l'avenir accuser les oppositions régionales** mais au contraire les gommer, puisque les transferts d'eau sont à l'ordre du jour. Reconnaissons que, jusqu'à nos jours, et malgré les considérables efforts accomplis dans les zones méridionales du Maghreb (barrages marocains du Massa, d'Ouarzazate, du Tafilalt, aménagement hydraulique de Djorf Torba dans la région d'Abadla au Sahara algérien, développement des forages et pompages dans la zone des oasis tunisiennes), l'eau est encore un puissant facteur de discrimination spatiale. L'eau est cependant inégalement disponible dans les villes et les campagnes et participe aux contrastes brutaux qui caractérisent ces deux domaines à travers tout le Maghreb et sur lesquels ce livre fournira de nombreux exemples.

**L'eau, enfin, pour le plus grand nombre,** en quantités équitables pour les quartiers pauvres comme pour les lotissements de villas, pour les fellahs comme pour les citadins, pose évidemment le problème de la croissance démographique. Sans évoquer cette croissance, on ne peut comprendre la vertigineuse soif qui s'est emparée des périmètres irrigués, des grandes villes, des pôles littoraux (industriels et touristiques) comme des campagnes les plus reculées. **L'eau est bien, au Maghreb, un atout et une limite pour le développement.**

TROISIÈME PARTIE

# Population et urbanisation

par Robert Escallier

Les formations sociales maghrébines ont connu au cours des trois dernières décennies de profonds bouleversements. L'accession à l'Indépendance s'est traduite dans les trois pays par de nouvelles formes d'ouverture au marché mondial et par une volonté de modernisation dont les effets, plus ou moins contrôlés et brutaux, ont concerné des zones de plus en plus larges et des points de plus en plus nombreux. Elle s'est accompagnée d'une volonté, plus affirmée en Algérie, de mieux maîtriser les conditions du développement économique, notamment par une politique volontariste d'investissement industriel. En résultent la transformation radicale des modalités de fonctionnement du marché de la force de travail — ce dont témoignent les puissants courants migratoires —, et les choix sélectifs quant à la distribution géographique de l'investissement, notamment la littoralisation. Les nouvelles conditions de fonctionnement des systèmes économiques maghrébins ont ainsi provoqué des changements d'autant plus significatifs dans la distribution spatiale des populations, que la révolution démographique qui les affecte depuis plusieurs décennies atteint à ce moment-là son plein effet, plaçant le Maghreb parmi les régions les plus prolifiques du monde.

Transition démographique et pression accrue du nombre, restructurations économiques et effondrement des structures sociales anciennes, modernisation des conditions de circulation des hommes, des produits et de l'information, modes de consommation nouveaux et importations/subventions alimentaires, ces éléments, pris parmi d'autres, ont accompagné les populations dans une phase d'urbanisation exceptionnelle, exigeante et mal maîtrisée. Le dynamisme démographique des populations urbaines a été constamment nourri par l'installation en ville de familles campagnardes héritières de comportements non malthusiens et de pratiques socio-spatiales étrangères (les *barrani*) au milieu urbain. Les migrations représentent ainsi un des leviers décisifs des transformations des formations nationales.

Chapitre 7

# DÉMOGRAPHIE ET CROISSANCE

## 1. LA TRANSITION DÉMOGRAPHIQUE AU MAGHREB

Parmi les éléments moteurs de la transformation des sociétés et des espaces maghrébins, l'explosion démographique est sans nul doute l'un des plus significatifs.

### 1.1. Des comportements démographiques tiers-mondistes

L'épanouissement de comportements nationaux différentiels exprime-t-il l'affirmation d'entités nationales aux personnalités propres contrastées? Résulte-t-il d'évolutions socio-économiques diverses, ce qui induirait une atténuation des effets liés à l'existence d'un fonds culturel commun?

#### 1.1.1. Natalité et fécondité

La comparaison des données est délicate en raison des disparités affectant les conditions de la collecte. Au début des années 60, les taux de natalité sont peu différenciés : Maroc, 47,5 ‰, Algérie et Tunisie, 48 ‰; vingt ans plus tard, l'Algérie et le Maroc ont conservé des taux révélateurs de la pérennité d'attitudes favorables à l'égard de la fécondité et se distinguent de la Tunisie bien engagée sur la voie d'une réduction sensible de la natalité. L'indice de fécondité : nombre d'enfants par femme, confirme une semblable évolution.

**On peut avancer ainsi des taux de natalité de 46 ‰ pour l'Algérie, 44-45 ‰ pour le Maroc et de 34,4 ‰ pour la Tunisie.** Cette évolution est confirmée par les chiffres de la descendance finale qui seraient de 7,4 enfants par femme en Algérie (1980), de 6,6 au Maroc contre 5,4 en Tunisie.

L'Algérie présente encore tous les signes d'un régime de « fécondité naturelle ». En 1977, la descendance moyenne d'une femme mariée à 15 ans et restée mariée jusqu'à 50 ans, était de 10,65 enfants. Face au refus des dirigeants d'adopter une politique volontaire de limitation des naissances — position exprimée en 1969 par H. BOUMEDIENNE : « Nous ne sommes pas partisans de fausses solutions telles que la limitation des naissances » —, les seules limites de la fécondité sont celles de la fertilité ou de la survie intra-utérine et de la durée du mariage (G. NEGADI, J. VALLIN, 1974).

La variable fondamentale est la durée du mariage, elle-même surtout déterminée par l'âge au mariage : en 1970, une femme de 45-49 ans mariée à 17 ans avait eu en moyenne 9,2 naissances vivantes, tandis qu'une femme du même groupe mariée à plus de 25 ans n'en avait eu que 5. Or, l'âge moyen au mariage devrait sensiblement augmenter avec l'extension de la scolarisation féminine (J. VALLIN, 1973), ce qui, par simple effet « mécanique », devrait réduire la descendance finale, pour peu que soit définie la place devant revenir aux femmes dans la société algérienne (nouveau code de la famille). Le déclin de la fécondité, condition favorable au développement (« Faire en sorte que la croissance n'annihile pas les effets de la croissance économique » : Charte nationale), passe de plus en plus par une amélioration de la condition féminine.

La Tunisie serait-elle parvenue au stade où la force de loi qu'acquièrent institutions et cadres juridiques nouveaux (règles du mariage, du divorce, statut de la femme) serait suffisante pour l'emporter sur l'inertie fondamentale qu'oppose l'ensemble des pratiques sociales traditionnelles au changement? La baisse de la natalité (28 % en quinze ans), phénomène social complexe, résulte de la conjonction de différents facteurs. Outre les facteurs conjoncturels mis en évidence comme les variations de la structure par âge de la population en relation avec les accidents démographiques de la seconde guerre mondiale (M. PICQUET, 1969) la baisse de la natalité résulte ici de l'émergence d'un « complexe moderniste », c'est-à-dire d'un ensemble d'éléments favorables à l'amélioration du statut de la femme : généralisation de la scolarisation féminine, réglementation du mariage et du divorce, élévation de l'âge au mariage (loi de 1964), plus grande participation des femmes à l'activité économique, amélioration du niveau de vie, adoption très tôt d'une politique de planification des naissances (concrétisée, en 1973, par la création de l'Office National de Planning Familial et de la Population).

Au premier ensemble de facteurs correspond une augmentation de l'âge au mariage des femmes : 20,55 ans en 1970 et 22,5 en 1980, soit une évolution comparable à celle constatée au Maroc au cours des années soixante, l'âge moyen au mariage passant de 17,5 ans en 1960 à 21,4 en milieu urbain et 19,3 dans les campagnes en 1972 (CERED, 1975). La conjonction de ces facteurs avec la contraception contribue à la normalisation de la tendance : la proportion des femmes pratiquant la contraception n'a cessé de croître, passant en 1980 à 27 % contre 10,1 % en 1975; de même, le rapport naissances évitées/naissances totales évolue-t-il très favorablement : 7,1 % en 1971 et 29,2 % en 1979 (J. CHARMES, 1981-1982). Ces données moyennes ne doivent cependant pas camoufler l'ampleur des écarts régionaux, les gouvernorats du Sud et du Centre intérieur étant les moins touchés par le mécanisme de propagation (K. TAAMALLAH, 1978).

### 1.1.2. La fécondité différentielle

Les variations des comportements à l'égard de la fécondité, selon les milieux de résidence, les régions, les groupes sociaux et socio-culturels, demeurent encore insuffisamment connues, faute de sources d'études complètes dans les trois pays.

TABLEAU IX. — NATALITÉ URBAINE ET RURALE AU MAGHREB
(exprimée pour 1 000 habitants)

| Années de référence | MAROC | | ALGÉRIE | | TUNISIE | |
|---|---|---|---|---|---|---|
| | M.U. | M.R. | M.U. | M.R. | M.U. | M.R. |
| 1962 | 48 | 46,7 | | | | |
| 1968 | | | | | 32,5 | 40,7 |
| 1969-70 | | | 47,2 | 51,2 | | |
| 1972 | 46 | 49 | | | | |

M.U. = milieu urbain M.R. = milieu rural

La natalité a diminué plus rapidement en ville, indice de la rencontre des populations avec un modèle révisé de fécondité qu'infèrent les modernisations, notamment la scolarisation féminine. Au Maroc, l'écart entre la fécondité urbaine et la fécondité rurale s'est creusé nettement entre 1962 et 1972 (R. ESCALLIER, 1981), soit en 1972 un taux égal à 189 ‰ en milieu urbain contre 224 ‰ à la campagne. En Tunisie, le mouvement est encore plus avancé, cependant les travaux sur la fécondité réalisés dans le cadre de l'Enquête nationale (I.N.S., 1974) ont montré qu'il n'y avait pas de dichotomie simple entre le milieu urbain et le monde rural, la fécondité variant essentiellement entre régions : dans une région à fécondité relativement faible, les taux sont bas, comparativement à la moyenne nationale, aussi bien en ville qu'à la campagne (M. SEKLANI, 1974).

Si les documents disponibles ne favorisent pas une analyse fine des disparités régionales de la fécondité, ils ont permis la distinction de plusieurs types de comportements.

A partir d'une enquête réalisée en 1961-1963, D. NOIN (1970) a ainsi montré l'existence, au Maroc, de plusieurs types démographiques régionaux, avec l'opposition entre des régions à natalité modérée (Maroc central : 39 ‰ en 1962) et des espaces à fécondité exubérante (Nord-Est : près de 52 ‰). Le bas niveau enregistré dans le Maroc central résulterait de la pratique de comportements « libéraux » à l'égard de la sexualité, favorisant à la fois une plus grande instabilité des mariages et la diffusion anormale des maladies vénériennes, responsables d'une stérilité élevée.

En Tunisie, les variations régionales de la fécondité sont aussi marquées, même si la baisse est générale. Elles sont désormais révélatrices des facteurs qui agissent dans le sens de la baisse; outre les modifications de la structure par sexe et par âge des populations régionales liées à la migration, les niveaux de fécondité sont sensibles à la proportion des citadins, aux modalités de la diffusion des innovations et de leur intensité. L'écart entre Tunis et les gouvernorats du Centre et du Sud paraît moins le fruit de la permanence de différents types de pratiques socio-culturelles actives, que de l'inégale diffusion du nouveau modèle familial de référence, lui-même fonction de différentes variables : équipements socio-culturels et scolarisation féminine, infrastructures sanitaires, socio-éducatives et niveau de la mortalité infantile...

La pérennité de comportements différentiels régionaux n'est pas sans influencer les variations des niveaux de fécondité entre les villes ainsi qu'entre les quartiers des grandes villes. Il faut accepter l'idée que fonctionnent dans les grands centres du Maghreb deux modèles de fécondité d'autant plus que ces villes ont connu une croissance forte à prépondérance migratoire. La migration campagnarde s'apparente au transfert en milieu urbain d'une capacité de reproduction supplémentaire.

Certes, en Algérie, l'enquête « Fécondité 1970-1971 » n'a pas montré chez les femmes de 45-49 ans de différence sensible dans la descendance finale, selon les milieux de résidence. Elle permet toutefois de souligner le rôle déterminant du niveau d'instruction comme facteur de différenciation : à 30-34 ans, une femme aurait eu en moyenne 3,5, 4,7 et 5,7 enfants selon qu'elle est de niveau secondaire ou supérieur, de niveau primaire ou coranique, ou illettrée (G. NEGADI, D. TABUTIN, J. VALLIN, 1974). Les deux modèles de fécondité apparaissent avec évidence lorsque est distinguée la descendance finale des femmes d'une même agglomération urbaine, selon leur origine géographique, comme cela a pu être réalisé pour Tunis (Tableau X) (M. PICOUET, 1975).

TABLEAU X. — NOMBRE D'ENFANTS NÉS VIVANTS SELON L'ORIGINE GÉOGRAPHIQUE DES FEMMES RÉSIDANT A TUNIS (M. PICOUET, 1975)

| Âge / Origine des femmes | MIGRANTES | | | | TUNIS | Total |
|---|---|---|---|---|---|---|
| | Urbaines | Semi-rurales | Rurales | Moyenne | | |
| 17-49 ans | 3,96 | 5,20 | 4,72 | 4,54 | 3,86 | 4,35 |

Le poids des différentes communautés, familles citadines ou d'extraction campagnarde, devient une variable significative de la croissance démographique des villes ou des quartiers urbains.

### 1.1.3. La mortalité maghrébine

Son étude se heurte à des difficultés plus aiguës encore, en raison des statistiques incomplètes des décès. Comme dans la plupart des pays du Tiers Monde il est acquis cependant que la mortalité a baissé depuis la seconde guerre mondiale, à l'exception de la période de la guerre d'Algérie.

Au lendemain de la guerre mondiale, le taux brut de mortalité est supérieur à 27 ‰ dans les trois pays. Au cours des quinze années suivantes la mortalité diminue sensiblement, le taux passe de 28 à 18 ‰ en Tunisie de 1945 à 1960 (M. SEKLANI, 1967); il atteint 19 ‰ au Maroc en 1962.

La densification des infrastructures médico-sociales, l'amélioration de l'hygiène publique et la diffusion des techniques de lutte contre les épidémies, justifient la tendance à la baisse rapide. Autour des années 70, à l'exception de la Tunisie, la tendance s'est ralentie et bute sur le seuil au-delà duquel ce sont les conditions sociales, économiques et culturelles qui deviennent déterminantes. Ainsi, **si le taux brut de mortalité est tombé en Tunisie en dessous des 10 ‰ (7,6 ‰ en 1981), celui de l'Algérie stagne autour de 14 ‰, tandis que celui du Maroc demeure sans doute supérieur à 15 ‰** (15,4 ‰ en 1982), ce qui reflète un retard dans l'évolution des conditions de vie de la grande masse de la population.

Le taux de mortalité infantile est un meilleur indicateur des conditions sanitaires que le taux brut car il élimine l'effet parasite de la structure par âge. Malheureusement ce sont les décès de moins de un an qui sont les plus mal enregistrés; jusqu'à récemment il était difficile d'obtenir une mesure fiable (Tableau XI).

TABLEAU XI. — LA MORTALITÉ INFANTILE AU MAGHREB
(pour 1 000 naissances)

| ANNÉES | MAROC | ALGÉRIE | TUNISIE |
|---|---|---|---|
| 1962 | 160 | 130,4 | |
| 1968 | | | 121 |
| 1970 | | 142 | |
| 1972 | 145 | | |
| 1975 | | | 106 |
| 1977 | | 127 | |
| 1980 | | | 71 |

La mortalité infantile demeure encore élevée. Même si incontestablement la Tunisie est en avance, les pays maghrébins éprouvent des difficultés pour accentuer le mouvement de baisse, retrouvant un phénomène caractéristique observé en Europe, à savoir que la mortalité infantile ne commence à reculer nettement que lorsque la mortalité générale a atteint un niveau assez bas.

L'étude des composantes biométriques de la mortalité infantile est rendue délicate faute de données satisfaisantes; néanmoins divers travaux réalisés par Tabutin (1976) sur l'Algérie, par Seklani (1966) et S. Miossec-Kchir (1979) sur la Tunisie procurent des analyses intéressantes. Le cas de Tunis a été bien étudié. Jusqu'en 1968, la mortalité endogène est responsable d'un tiers des décès; la mortalité exogène, soit la mortalité des conditions de contact du nourrisson avec le milieu de vie, demeure forte soulignant les lacunes et les insuffisances des conditions de vie des familles. Dix années plus tard, la ventilation des décès selon la cause, donnait pour Tunis 46,35 % des décès endogènes (S. Miossec-Kchir, 1981) soit une évolution favorable mais limitée eu égard à l'avantage de la capitale dans les domaines aussi décisifs que l'équipement médico-social, la qualité des soins, l'éducation nutritionnelle... La surmortalité n'est pas seulement la caractéristique de la première année de vie, mais se prolonge au-delà : surmortalité juvénile, la mortalité des enfants de 1 à 5 ans représente environ 14 % des décès de 0 à 5 ans.

L'urgence et la gravité des problèmes (surmortalité exogène, fortes variations saisonnières, inégalités devant la mort, structure des causes de décès), constatés à Tunis, ville où, pourtant, la mortalité infantile est la moins élevée (45 ‰), laissent entrevoir la densité de l'action à entreprendre dans la lutte contre la mort, en particulier celle des jeunes enfants.

### 1.1.4. Inégalités devant la mort

Globalement, on sait que la mortalité générale des populations citadines est bien moins élevée que celle des campagnes; le contraste est saisissant au Maroc (13 contre 20 ‰) comme en Algérie (11,7 contre 18,6 ‰ en 1970). Les facteurs des disparités internes propres aux grandes villes sont multiples (meilleure alimentation, niveau de scolarisation, intégration à la société civile, information...). Ainsi, l'enquête démographique algérienne a-t-elle démontré que la mortalité variait considérablement selon l'instruction du chef de ménage (taux brut de mortalité : 17,4 ‰ quand le chef de ménage est sans instruction; 14,0 ‰ quand il a une instruction primaire ou coranique; 8,1 ‰ quand il a un niveau secondaire ou supérieur. Pour les mêmes catégories, le taux de mortalité infantile est respectivement de 148 ‰, 131 ‰ et 75 ‰) (J. Vallin, 1975).

Les disparités de la mortalité infantile sont plus nettes encore selon que l'on réside dans une grande ville, dans d'autres villes ou en milieu rural. Au Maroc, l'écart était net en 1972 entre le taux de mortalité infantile citadin (105-110 ‰) et le taux rural (160-165 ‰); il était tout aussi prononcé en Algérie, puisque des « métropoles » au « rural épars », il variait de 100 à 152 ‰. Le privilège des grands centres se comprend : ce sont eux qui concentrent la plupart des moyens médicaux (équipements hospitaliers et sanitaires, médecins et pharmaciens) et qui disposent d'un niveau de vie nettement supérieur à la moyenne.

Plus significatives encore sont les données relatives aux inégalités selon les régions et les espaces citadins (les quartiers). De nombreux travaux (VIIe Partie) ont établi les inégalités de développement entre les régions, la marginalisation d'espaces « périphériques » sous équipés et mal désenclavés, le retard des zones montagneuses ou steppiques, le plus faible niveau de vie des populations comparé à celui des zones « centrales » ou « motrices ». D'autres recherches consacrées aux quartiers du sous-habitat (EL ARABI, 1980, M. BOUSNINA, 1971) ont montré les mauvaises conditions de vie des populations plongées dans la sphère de la sous-intégration socio-spatiale, les précarités des situations sanitaires et hygiéniques, les mauvaises conditions d'habitation, le sous-équipement des quartiers... Tous les pays du Maghreb connaissent des disparités démographiques fortes, mais celles-ci ont tendance à être occultées faute de mesures quantitatives précises. Des travaux récents consacrés à la mortalité infantile et juvénile en Algérie, en Tunisie apportent des appréciations nettes sur ces disparités, donnant ainsi des images significatives des inégalités sociales qui définissent les sociétés maghrébines.

Les taux de mortalité infantile dans le Grand Tunis (S. MIOSSEC-KCHIR, 1981) varient de 8,9 ‰ à 169 ‰, selon les quartiers de résidence (fig. 15). Le taux le plus bas est enregistré à **El Menzah,** quartier le plus aisé, lieu de résidence des classes supérieures. Les banlieues balnéaires du nord et du sud, les zones centrales : **centre-ville, El Omrane, Bellevue** retiennent aussi les catégories sociales à revenus élevés et bénéficient de nombreux équipements hospitaliers, d'un cadre de vie favorable, aussi les taux oscillent entre 30 et 50 ‰ (1975). Par contre, les taux supérieurs à la moyenne concernent les quartiers populaires de **Mégrine,** d'**El Ouardia,** de la **Cité Helal,** de la **Soukra** et les zones périphériques de la production domestique du *douar* **Hicher,** d'**Ettadhamen** et de **Kabaria** (P. SIGNOLES *et al.*, 1980) tandis que les taux extrêmes s'observent dans les « vieux » gourbivilles de **Melassine** (112 ‰ en 1978) ou **Jebel Lahmar** (166 ‰) ainsi que dans la cité populaire d'**El Khadra-Cherguia** (169 ‰).

Ces taux, supérieurs à ceux enregistrés dans les régions les plus déshéritées, témoignent d'une pauvreté urbaine particulièrement dense et dramatique. Les plus pauvres parmi les pauvres ne sont-ils pas désormais en ville? Les écarts constatés de l'inégalité devant la mort des plus jeunes enfants (de un à dix-neuf) traduisent les violents contrastes sociaux et spatiaux d'une ville comme Tunis. On les retrouve, parfois amplifiés, dans les autres grandes villes maghrébines : à Casablanca, quelle opposition entre la zone de villas d'Anfa et la surpopulation des bidonvilles ou l'abandon des *douar* semi-urbains de la périphérie! à Rabat-Salé (du Souissi aux *fondouk* surpeuplés), à Alger et Annaba que de ruptures dans l'espace urbain. Ces contrastes sont le plus sensible indicateur des disparités socio-spatiales; ils soulignent le chemin à parcourir pour plus de justice sociale et marquent toutes les ambiguïtés de l'urbanisation maghrébine qui rejoignent celles du Tiers Monde.

**La mortalité maghrébine connaît de grandes variations** révélées par divers paramètres économiques et socio-culturels, liés à l'urbanisation et à l'inégal développement régional. Avec la densification des équipements médico-sociaux et culturels, la plus forte scolarisation féminine, il faut s'attendre à une baisse de la surmortalité infantile et juvénile et de la surmortalité féminine. Ce seront toutefois les pays qui auront donné la

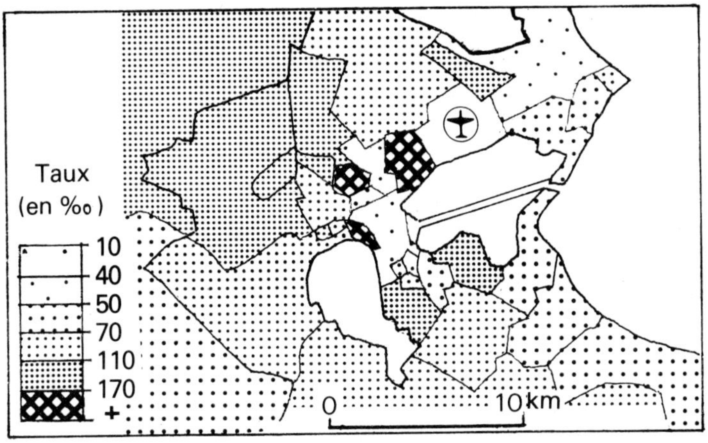


Fig. 15. — INÉGALITÉS DEVANT LA MORT : LA MORTALITÉ INFANTILE À TUNIS.
(Source : S. MIOSSEC-KCHIR)

priorité à la scolarisation, à la diffusion des moyens médico-sociaux, à l'amélioration des conditions de vie des populations rurales... et urbaines, ainsi qu'à la lutte contre les inégalités sociales qui connaîtront une avancée notable en ce domaine. Le Maroc paraît déjà distancé, tandis que la Tunisie fait figure de « pilote » même si, depuis quelques années, elle éprouve certaines difficultés à confirmer ses succès initiaux.

## 1.2. La dynamique démographique maghrébine

Avec un taux moyen annuel de 3,2-3,4 % au début des années 80, l'Algérie doit supporter les effets d'une véritable explosion démographique. Le doublement des populations en 22-23 ans risque d'hypothéquer les efforts réalisés autant dans le secteur industriel avec la pérennité de taux de chômage et de sous-emploi élevés que dans le domaine des équipements. La répartition par âge des populations révèle leur très grande jeunesse et l'exagération de ce caractère : en 1977, 58,2 % des Algériens avaient moins de vingt ans (fig. 16) contre 57,3 % en 1966. La croissance qui reste l'une des plus fortes du monde avec celles de la Libye, de la Syrie, n'a pas connu de recul sensible. Au contraire, depuis une dizaine d'années, la tendance constatée serait au maintien du taux à des valeurs très hautes (3,4 % pour la période 1975-1980). Cette situation résulte des effets de la baisse de la mortalité, liée à l'amélioration du niveau de vie plus qu'à celle des conditions de vie, à la pérennité d'un niveau de fécondité très élevé, malgré l'urbanisation croissante et en dépit de l'élévation du niveau d'instruction « variable la plus discriminante » (L. TABAH, 1972). Au rythme moyen constaté, **la population algérienne atteindra les 35 millions d'habitants en l'an 2000 soit plus de trois fois l'effectif au lendemain de l'Indépendance.**

Le croît naturel marocain demeure encore mal apprécié; estimé à 2,7-2,8 % en 1962, il atteignait 3-3,1 % en 1972. L'augmentation constatée est en accord avec les observations faites à propos de la sous-estimation des naissances en 1962 et avec le faible recul de la mortalité. Au début de la décennie quatre-vingt, le taux est-il revenu au niveau de 1962, correspondant à une baisse de fécondité par la diffusion d'un

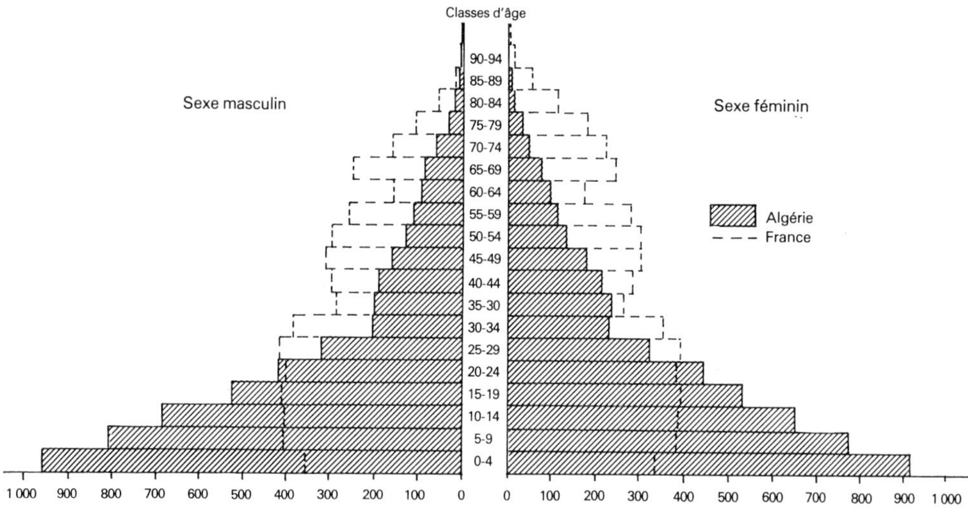


Fig. 16. — JEUNESSE DES POPULATIONS ALGÉRIENNES (pour 10 000 personnes).
(Source : Algérie, recensement 1977 ; France, INSEE, 1978)

modèle révisé de fécondité en milieu urbain, principalement (R. ESCALLIER, 1981) et au maintien d'un taux de mortalité élevé? Un taux annuel de 2,9 % pour la période 1971-1982 est compatible avec l'évolution de la population marocaine et du solde migratoire.

Malgré ses efforts pour réduire le rythme de croissance, la Tunisie enregistre un taux supérieur à 2,5 % au début des années 80 : 2,68 % en 1981, soit un résultat décevant qu'expliquent le ralentissement de la baisse de la fécondité lié à la disparition de l'effet structurel : l'arrivée à l'âge de fécondité modale des classes creuses de 1940-1946 et l'accentuation remarquable de celle de la mortalité. Parvenu à un niveau voisin de 7 ‰, le taux de mortalité ne devrait pas connaître, malgré des structures par âge favorables, de baisse notable; c'est donc du recul de la fécondité qu'il faut attendre une réduction du rythme naturel de croissance. Or les valeurs des taux de natalité enregistrés ces dernières années révèlent les hésitations de la tendance, même si la trajectoire semble bien assurée (J. CHARMES, 1981-1982).

Le Maghreb appartient aux espaces à démographie exubérante dont la transition est largement commencée. La Tunisie est la plus avancée, pourtant le rythme demeure très supérieur à celui des pays en voie de développement : 2,1 % en 1981. C'est donc l'ensemble du Maghreb qui est confronté aux conséquences de « l'explosion démographique » dont les effets compromettent les bénéfices du développement économique traduits en avantages sociaux. Une telle situation devrait impulser l'effort de développement et conduire à l'adoption de politiques de population plus réalistes et rigoureuses. L'Algérie et le Maroc, obnubilés sans doute par leur rivalité et leurs ambitions stratégiques, et disposant d'assises territoriales plus vastes et plus riches, ont négligé la voie de la planification de la croissance démographique, empruntée par la Tunisie dont l'exemple souligne pourtant les difficultés.

## 1.3. La transition démographique maghrébine

### 1.3.1. Le régime démographique « archaïque »

**Au début du XX^e siècle** et jusqu'à la première guerre mondiale, les populations sont soumises au régime démographique « archaïque », caractérisé par une mortalité très forte n'autorisant qu'une croissance lente assurée par la fécondité naturelle. La mortalité est mal connue encore, cependant les estimations sont convergentes et donnent un taux compris entre 30 et 35 ‰; la vie moyenne est proche de 30 ans. La mortalité connaît des fluctuations importantes interannuelles dues à la propagation fréquente d'épidémies meurtrières liées aux effets des graves crises alimentaires. Disette, famine, épidémie sont le lot des populations dont la croissance est périodiquement amputée par la vigueur des crises. La diffusion de celles-ci est alors très inégale dans le temps — lui succèdent des périodes de régulation — et dans l'espace comme le suggèrent les irrégularités du peuplement, notamment entre les plaines et les montagnes mieux protégées de certains fléaux.

La Tunisie aurait ainsi perdu, entre 1866 et 1869, entre le quart ou le cinquième de sa population (J. Ganiage, 1964). La famine et le choléra de 1867-1868 frappèrent aussi durement la région des plaines du Chélif, enlevant environ le tiers des populations autochtones (X. Yacono, 1955-56). Des crises semblables ont également affecté le Constantinois (A. Nouschi, 1961). Au Maroc, après la crise de 1868-1869, celle de 1878-1882, avec la conjonction dramatique de la famine, du choléra et de diverses autres affections, aurait enlevé entre le tiers (J.L. Miège, 1961-1963) et le cinquième (D. Noin, 1970) de la population.

Jusqu'à cette période, tous les témoignages sont concordants, la situation sanitaire est mauvaise. Après ces crises, grâce à diverses mesures, notamment la diffusion d'un équipement sanitaire léger, un premier virage prophylactique fut négocié. En effet, si les épidémies de typhus, de choléra se manifestent encore fréquemment, elles n'ont plus ni la même intensité, ni la même extension spatiale, ni les mêmes conséquences funestes. Les fluctuations de la mortalité s'atténuent sensiblement, à l'exception de la grande crise de la seconde guerre, corrélativement aussi à l'atténuation des crises alimentaires, grâce aux postes de secours organisés à cet effet.

La natalité, au début du XX^e siècle, est forte, moins cependant qu'aujourd'hui au Maroc et en Algérie, ne dépassant pas 40 ‰ : 37,8 ‰ est l'estimation pour la période 1901-1905 en Algérie (J.N. Biraben, 1969), soit environ cinq enfants par femme. La fécondité naturelle rencontre alors plusieurs contraintes; outre la mauvaise santé générale des femmes et la fréquence des décès lors des accouchements interfèrent la longue durée de l'allaitement et la dispersion géographique des populations; on sait que les faibles densités sont un handicap à une nuptialité intense.

### 1.3.2. La première phase de la transition démographique

Au lendemain de la première guerre mondiale, les populations entrent dans **la première phase de la transition démographique.** La mortalité entame un lent mouvement de baisse; en un demi-siècle environ, elle recule de quelques points (de 5 à 10 ‰), en partie grâce à la mise en place des services de Santé publique permettant la généralisation progressive puis l'amélioration technique des mesures initiales, et à celle des équipements hospitaliers et sanitaires. Ces mesures favorisèrent la régression de certaines affections responsables dans un passé récent de violentes « hémorragies », notamment les maladies « pestilentielles »; par contre la propagation d'autres maladies infectieuses et parasitaires (diphtérie, coqueluche, rougeole et tuberculose) au cours de l'entre-deux-guerres, nuance le bilan de l'action sanitaire de la puissance coloniale et révèle les lacunes de sa politique de santé. Au cours de ces années, la natalité progresse en raison de la continuité des comportements culturels à l'égard de la fécondité, et grâce aux effets de la baisse de la mortalité, notamment féminine; la dualité d'évolution de la natalité et de la mortalité est significative de cette phase.

#### 1.3.3. Les crises démographiques

**Les graves crises démographiques** de la seconde guerre mondiale soulignent la précarité des résultats acquis et marquent aussi la fin d'une époque. La Tunisie a supporté, en 1941-1943, des années difficiles dues au rationnement-restriction que les hostilités aggravent et aux épidémies associées de typhus et de fièvre typhoïde. Aux effets sur la mortalité générale et infantile, s'ajoutent ceux sur la natalité, soit la baisse de la nuptialité et de la fécondité en rapport avec la mobilisation d'une partie des hommes. Si la mortalité constatée empiriquement ainsi que les conséquences sur la nuptialité-fécondité ne sont pas chiffrées, les structures par âge de la population tunisienne, relevées lors des recensements successifs, indiquent clairement les incidences des événements sur la constitution des familles.

La hausse significative de la mortalité n'a pas été enregistrée, mais il paraît acquis que durant ces années de crise le nombre des décès puisse avoir dépassé celui des naissances comme le suggère le cas algérien (Tableau XII, p. 132).

Les courbes des taux de natalité et de mortalité (fig. 17) démontrent le brutal arrêt de la tendance et l'exagération « accidentelle » de la mortalité, liée aux événements et perturbations de guerre.

Au Maroc, la récolte céréalière de 1945 est cinq à six fois inférieure à la moyenne, or les récoltes médiocres des années précédentes n'ont laissé aucune réserve. Dès l'automne 1945, la faim s'installe dans un grand nombre de foyers, provoque la fuite des ruraux vers les villes; du Sud au Nord errent des êtres démunis et affamés. Les secours sont insuffisants et tardifs, les populations sont affaiblies et sans résistance. Outre la fièvre récurrente venue d'Algérie vont frapper la variole et le typhus tandis que les affections pulmonaires et intestinales aggravent le mouvement brutal de hausse de la mortalité. La crise se prolonge jusqu'en mai-juin 1946; la famine serait responsable de la mort de 300 000 personnes, le taux de mortalité dépassant 50 ‰ en 1945 et encore 35 ‰ en 1946. Cette crise représente bien « la manifestation tardive et ultime des conditions démographiques passées » (D. Noin, 1970).

#### 1.3.4. L'épanouissement démographique

Aux années difficiles de crises démo-alimentaires où la mort est omniprésente succède **une phase dynamique, exceptionnelle, d'épanouissement démographique.** Elle résulte de la chute de la mortalité provoquée par la diffusion massive quoique tardive de produits chimiques — pulvérisation de solutions de D.D.T. fondamentale dans l'œuvre d'éradication du paludisme —, de nouveaux médicaments (sulfamides et antibiotiques) et par les campagnes de vaccination de masse. Il s'ensuit l'élimination de maladies infectieuses (paludisme) et le recul sensible d'autres (tuberculose, syphilis). En quelques années, le recul de la mort est supérieur à celui constaté au cours du demi-siècle précédent. Dans le même temps, la fécondité ne cesse de se situer à un très haut niveau sinon de croître. Car l'amélioration de la situation sanitaire permet la régression de maladies exerçant des effets négatifs sur la fécondité. Le déclin de la mortalité n'a pas encouragé, car mal

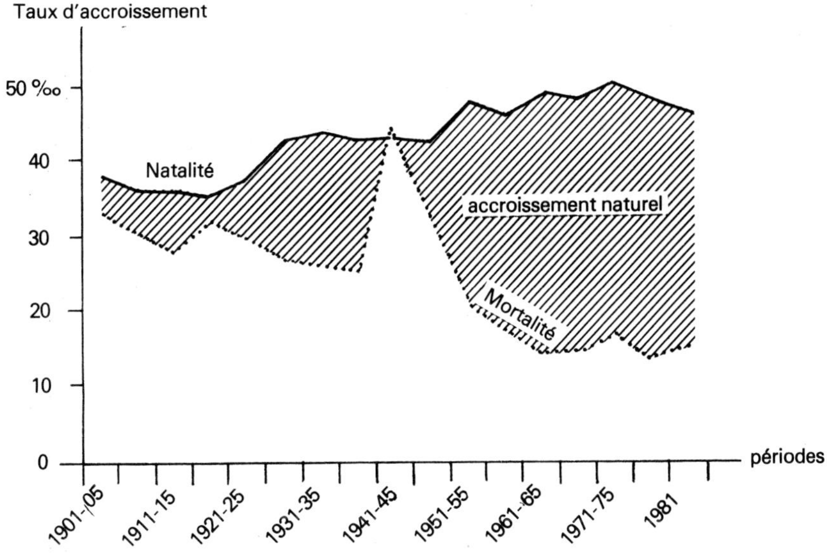


Fig. 17. — ACCROISSEMENT NATUREL DE LA POPULATION ALGÉRIENNE (1901-1981).

perçu et insuffisant, une réduction volontaire des naissances. Le décalage explique qu'au milieu des années 60, les pays du Maghreb atteignent le point culminant de croissance, estimé à 3,4 % en Algérie, 3,3 % en Tunisie (moyenne 1960-1965) et 3,2 % au Maroc, soit une remarquable convergence des comportements démographiques. Il faudra attendre que les politiques de développement, les choix socio-politiques effectués par les États assurent leurs effets pour qu'apparaissent des évolutions démographiques diversifiées.

### 1.3.5. Le ralentissement de la baisse de la mortalité

Après un recul rapide, la baisse de la mortalité s'est ralentie. Elle tient à l'absence ou à l'insuffisance des relais assurés par l'amélioration des conditions de vie et par la transformation des pratiques socio-culturelles. Car il ne suffit plus, à partir d'un certain seuil, d'assurer des campagnes de vaccination, de créer des centres de soins, de favoriser l'intensification des équipements sanitaires (œuvre « quantitative » nécessaire), il faut aussi prévenir, éduquer et informer sur l'exigence de l'adoption et de l'élargissement des principes fondamentaux d'hygiène publique à toutes les catégories sociales et à toutes les formations régionales, sur les règles d'équilibre nutritionnel. Il ne suffit plus de créer des centres hospitaliers bien équipés, il faut ensuite assurer leur bon fonctionnement et leur maintien en service en renforçant aussi les équipes médicales et para-médicales et de nettoyage, réfléchir à l'exigence d'un environnement salubre. Il faut s'interroger aussi sur les répercussions de la crise du logement et des transports, sur la santé des populations, sur les implications de la sous-scolarisation des jeunes filles, du statut des femmes dans la société civile, sur la mortalité des jeunes enfants en particulier et sur la fécondité générale.

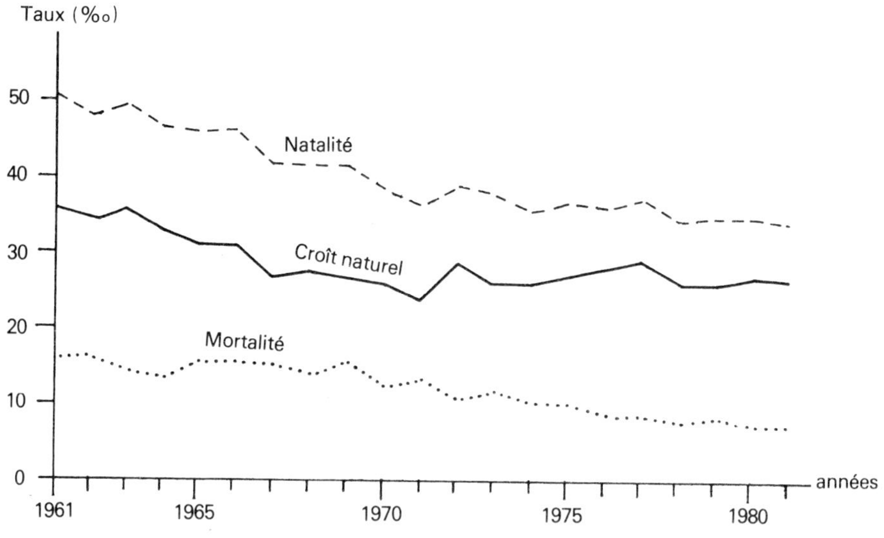


Fig. 18. — CROÎT NATUREL DE LA POPULATION TUNISIENNE (1961-1981).

Durant les vingt dernières années, **la Tunisie** a connu l'évolution la plus prometteuse en s'engageant dans **la dernière phase de la transition démographique** (fig. 18). La mortalité ne devrait pas enregistrer une baisse sensible, car il faudrait alors réunir des efforts considérables, plus importants que ceux mobilisés jusqu'ici, dans le domaine difficile du qualitatif. L'évolution démographique dépend de celle de la fécondité. Comparée aux autres pays, elle est avancée et favorable comme il a été dit précédemment.

Elle a été facilitée à la fois par la préexistence d'un modèle de la femme citadine en milieu traditionnel (ou culturel) — femme consciente de ses responsabilités et de son pouvoir familial —, et par le fait qu'elle s'est déroulée dans un cadre territorial exigu propice à un bon équipement en services, à un meilleur encadrement sociétal des populations et à une prise de conscience des risques de compromettre, par une expansion démographique incontrôlée, les bénéfices sociaux du développement. Cependant la stagnation du taux de natalité depuis quelques années pose problème et implique que l'on s'interroge sur les limites et les obstacles au mouvement de baisse. Si le milieu rural en général et les fortes disparités régionales conditionnent le mouvement, les écarts sociaux, la segmentation sociale, l'existence de plages de pauvreté [un habitant sur cinq des régions intérieures du Centre-Ouest et du Nord-Ouest se trouve au-dessous du seuil de pauvreté retenu pour 1980 (J.M. MIOSSEC, 1983)] représentent actuellement les principaux freins à la baisse.

**L'Algérie et le Maroc** supportent des taux d'accroissement naturel supérieurs ou voisins de 3 %. Ce qui les distingue fondamentalement de la Tunisie, c'est la **pérennité d'une natalité exubérante et d'une mortalité forte,** les deux variables n'étant pas indépendantes l'une de l'autre. Les trajectoires économiques différentes des deux pays voisins — le retard de plus en plus manifeste du Maroc dans le domaine industriel — les politiques sociales (politique de distribution et d'assistance de l'État algérien) et

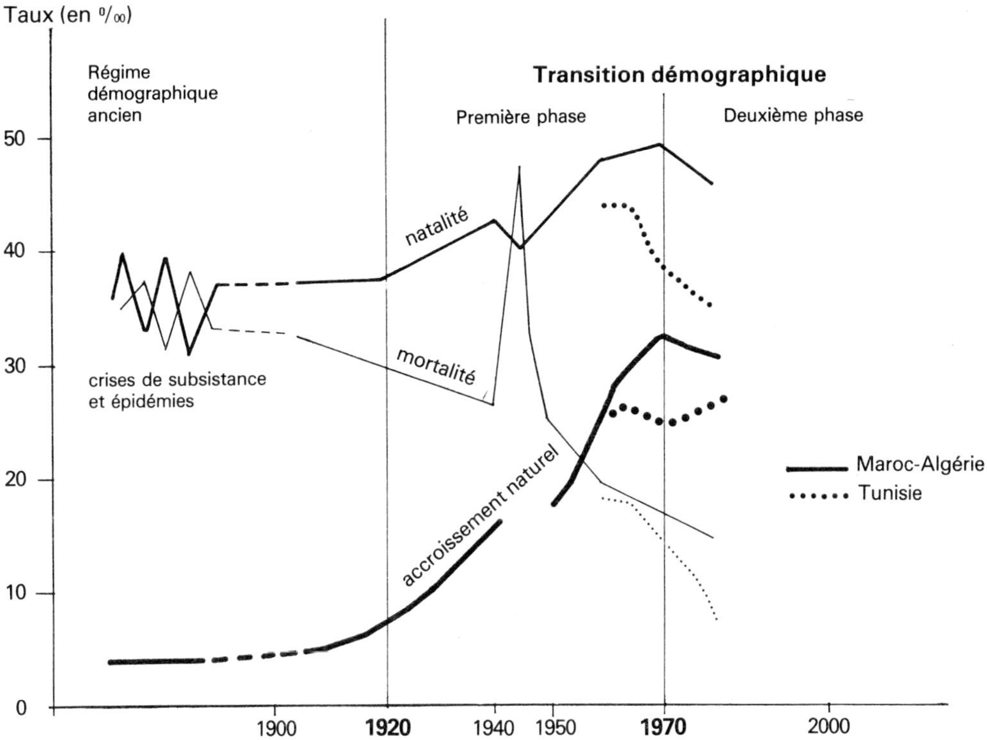


Fig. 19. — SCHÉMA DE LA TRANSITION DÉMOGRAPHIQUE AU MAGHREB.

spatiales (effort d'équipement des régions mieux assuré en Algérie) n'ont pas encore trouvé de traductions démographiques, comme si le niveau de l'espérance de vie était plus dépendant de l'évolution des aspects socio-culturels du développement : éducation, statut de la femme... que des aspects proprement économiques du développement.

Ces taux (Tableau XII) manifestent aussi les hésitations de ces pays à s'engager résolument dans une politique de contrôle des variables démographiques.

A terme néanmoins, des disparités sensibles pourraient apparaître entre l'Algérie et le Maroc : l'insertion des populations algériennes au sein de structures productives modernes (travail industriel, emploi salarié d'État) et le meilleur encadrement scolaire et sanitaire pourraient favoriser la prise de conscience plus aiguë de la nécessité du changement des attitudes démographiques. Demeurent néanmoins plusieurs inconnues, en particulier les variables culturelles dont il est difficile de mesurer l'influence. Le schéma de la transition démographique maghrébine (fig. 19) donne une vue synoptique des changements analysés et anticipe le sens des évolutions futures.

Tableau XII. — ACCROISSEMENT NATUREL DE LA POPULATION ALGÉRIENNE : 1900-1981

| PÉRIODE | NATALITÉ (‰) | MORTALITÉ (‰) | ACCROISSEMENT NATUREL (%) |
|---|---|---|---|
| 1900-1905 | 37,8 | 32,8 | 0,5 |
| 1906-1910 | 35,5 | 30,5 | 0,5 |
| 1911-1915 | 35,3 | 27,4 | 0,79 |
| 1916-1920 | 34,9 | 31,4 | 0,35 |
| 1921-1925 | 37,2 | 29,4 | 0,78 |
| 1926-1930 | 42,3 | 26,6 | 1,57 |
| 1931-1935 | 43,4 | 25,3 | 1,81 |
| 1936-1940 | 42,1 | 25,1 | 1,70 |
| 1941-1945 | 42,9 | 43,1 | 0,02 |
| 1946-1950 | 42,2 | 32,2 | 1 |
| 1951-1955 | 47,4 | 20,6 | 2,68 |
| 1956-1960 | 45,6 | — | — |
| 1961-1965 | 48,5 | 14,6 | 3,39 |
| 1966-1969 | 47,8 | 14,9 | 3,29 |
| 1970-1974 | 50 | 17 | 3,30 |
| 1975-1980 | 47,5 | 13,5 | 3,40 |
| 1981 | 46 | 14 | 3,2 |

*Source* : J.N. BIRABEN (1969), G. NEGADI, D. TABUTIN, J. VALLIN (1974).

TABLEAU XIII. — POPULATION DES PAYS MAGHRÉBINS, AU COURS DU XXe SIÈCLE

| ANNÉE | MAROC | ALGÉRIE | TUNISIE |
|---|---|---|---|
| 1900 | 5 000 000 | 4 090 000 | |
| 1911 | | 4 740 000 | |
| 1912 | 5 400 000 | | |
| 1921 | 5 800 000 | 4 923 000 | 2 000 000 |
| 1926 | 6 200 000 | 5 150 000 | 2 120 000 |
| 1936 | 7 100 000 | 6 200 000 | 2 425 000 |
| 1946 | | | 2 890 000 |
| 1947 | 8 400 000 | | |
| 1948 | | 7 460 000 | |
| 1952 | 9 450 000 | | |
| 1954 | | 8 450 000 | |
| 1956 | | | 3 520 000 |
| 1960 | 11 500 000 | | |
| 1966 | | 11 950 000 | 4 590 000 |
| 1971 | 15 300 000 | | |
| 1975 | | | 5 558 000 |
| 1978 (1.1) | | 17 422 000 | |
| 1980 | | | 6 369 000 |
| 1982 | 20 419 000 | | |
| 1984 | | | 6 996 000 |

*Sources* : D. NOIN et Recensements pour le Maroc.
Service du Recensement et Direction de la Statistique pour l'Algérie.
M. SEKLANI (période 1921-1966) et I.N.S. (période récente) pour la Tunisie.

## 2. ÉVOLUTION DES POPULATIONS MAGHRÉBINES

### 2.1. Les principales étapes de la croissance

**En 1984, le Maghreb devrait franchir le seuil des cinquante millions d'habitants;** en un peu plus de soixante ans, l'effectif de population a quadruplé : 12,7 millions d'habitants en 1921 alors que la seconde phase de la transition démographique est à peine commencée (Tableau XIII).

La Tunisie, avec près de 7 millions d'habitants, représente 14 % de l'effectif total. Avec 21 millions (estimés, car son dernier recensement date de 1977), l'Algérie aurait rattrapé le Maroc, et regrouperait, comme ce dernier pays, 43 % de la population maghrébine. La progression d'ensemble est remarquable; sa poursuite, à un rythme comparable, porterait les effectifs de l'Algérie et du Maroc respectivement à plus de 57 et de 56 millions d'habitants en l'an 2020.

Malgré l'hétérogénéité des données, les courbes d'évolution des populations montrent la remarquable similitude des trajectoires démographiques (fig. 20). L'allure exponentielle souligne l'accélération des rythmes d'accroissement. Dans un premier temps, en effet, la progression est modérée : 12,7 millions d'habitants en 1921, 15,7 en 1936, 19 en 1947, soit un croît annuel moyen de 240 000 personnes. Après la seconde guerre mondiale, la croissance s'emballe, portant l'effectif à 30 millions en 1966 (gain annuel moyen : 740 000 personnes). Le mouvement s'est encore amplifié au cours des années 70, le nombre des Maghrébins augmentant alors chaque année d'un million en moyenne. Aucun ralentissement notable n'est à attendre au cours des vingt prochaines années, d'autant que l'émigration internationale qui, lorsqu'elle fonctionnait à plein, ne pouvait apporter « au problème démographique qu'une solution insuffisante et superficielle » (L. CHEVALIER, 1952), est aujourd'hui bloquée. Un Maghreb de plus de 100 millions d'habitants n'est plus du domaine de l'utopie — il en comptait 6 millions vers 1850! — et ce chiffre pourrait être atteint vers 2015.

Entre les pays du Maghreb, les similitudes d'évolution l'emportent : chacun d'eux connaît ainsi un alourdissement très rapide de son croît annuel (au Maroc, de 90 000 personnes entre 1926 et 1936 à 460 000 entre 1971 et 1982; en Algérie, de 105 000 pour la même période de départ à 475 000 entre 1966 et 1978; en Tunisie, de 30 500 à la même origine à 156 000 entre 1975 et 1980). Certaines différences peuvent néanmoins être décelées, la Tunisie affirmant son originalité par une plus grande maîtrise de sa démographie et par les effets, plus marqués que dans les deux autres pays, de la migration externe.

La croissance démographique, caractéristique des pays du Tiers Monde, est telle qu'elle a fait « sauter l'organisation politique et économique (coloniale) qui n'était pas conçue pour y parer » (H. ISNARD, 1966), qu'elle pose aux États indépendants de multiples problèmes et élève des contraintes difficiles à surmonter. Elle a, par son exagération, infirmé la plupart des hypothèses retenues et balayé les estimations fondées sur les bases les plus pessimistes (forte croissance naturelle) des années 50 et 60. L'exemple algérien est à ce titre évocateur; les hypothèses extrêmes, jugées « peu vraisemblables » (L. TABAH, 1956), incompatibles avec le maintien de « l'unité politique et de l'ordre public », ont été largement dépassées et les prévisions les plus « invraisemblables » prises en défaut. Avec un taux de croissance de 3,3 %, stable au cours des vingt-cinq dernières années, l'Algérie est portée vers des sommets encore inimaginables

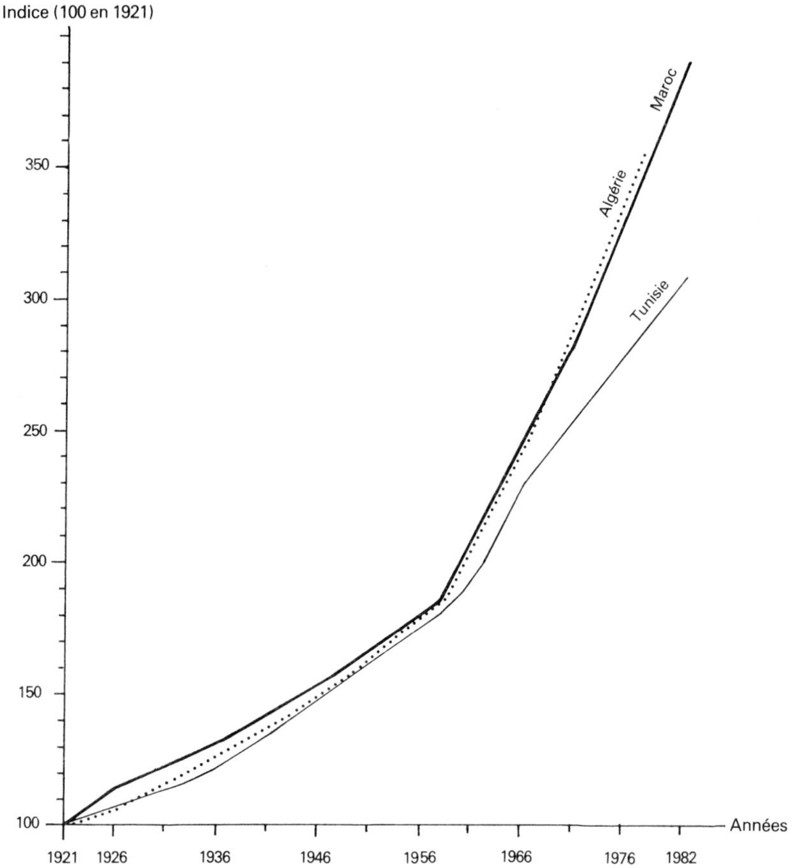


Fig. 20. — ÉVOLUTION DES POPULATIONS MAGHRÉBINES (1921-1982).

il y a quelques années; il lui sera de plus en plus difficile d'en négocier sans douleur les répercussions.

Cette croissance explosive a pourtant été sensiblement freinée par divers facteurs perturbateurs dont il ne sera analysé ici que le plus décisif : la migration externe.

## **2**.2. La migration externe; les incidences démographiques

Le recours à l'émigration vers l'étranger a représenté très tôt pour les sociétés rurales maghrébines l'un des moyens les plus efficaces de résister aux effets de déstructuration socio-spatiale diffusés par les villes et leurs représentants. Effectivement les revenus considérables, par rapport aux capacités productives des régions de départ, provenant du travail à l'étranger (G. SIMON, 1983), ont contribué à assurer la survie des constructions régionales, à fixer des populations relativement nombreuses (milieux montagnards vivant quasi exclusivement de l'épargne transférée par les travailleurs maghrébins à l'étranger).

Plus tard, la migration externe a intéressé une « masse de paysans pas seulement appauvris mais totalement prolétaires, l'émigration constituant l'occasion privilégiée — peut-être la seule qui leur soit donnée — de réaliser les aspirations que leur nouvelle condition autorisait et interdisait à la fois » (A. Sayad, 1977). De fait, l'émigration concerne désormais un plus grand nombre de régions et se trouve alimentée de plus en plus par les villes. Le phénomène d'élargissement socio-spatial de la migration est d'autant plus sensible que l'acte migratoire favorise l'adoption par les sociétés de départ de nouvelles pratiques sociales, de nouveaux modes de consommation, l'émergence de nouveaux besoins contribuant à la destructuration des sociétés régionales, à l'urbanisation déstabilisatrice des campagnes (G. Simon, 1979), ce qui prépare à terme le renforcement des flux d'exode rural.

Cependant la propension à émigrer ne s'exprime pleinement que tant que le transfert de la force de travail rencontre les faveurs des pays d'accueil, essentiellement européens jusqu'à récemment. Or la crise économique, les rapports politiques conflictuels entre partenaires (cf. les relations entre la Tunisie et la Libye), font que les conditions favorables ne sont plus réunies et que l'on assiste depuis plusieurs années à une évolution en dents de scie, sinon au renversement de la tendance.

La migration externe maghrébine, très ancienne, sans doute l'une des premières (la migration algérienne) en date des émigrations originaires du Tiers Monde, n'a cessé de se renforcer corrélativement à l'approfondissement du sous-développement et à la croissance économique des pays européens, notamment de l'ancienne puissance coloniale. Le nombre des travailleurs maghrébins à l'étranger, au début des années 60, ne devait pas cependant dépasser le seuil de 400 000 personnes : environ 350 000 Algériens, 30 000 Marocains et 10 000 Tunisiens, employés dans les centres miniers du nord et du nord-est de la France et les principaux foyers industriels. Les années qui succèdent à l'Indépendance, connaissent une vive accélération du phénomène et une modification radicale de la composition des flux (Tableau XIV).

Tableau XIV. — ÉVOLUTION DE LA POPULATION MAGHRÉBINE À L'ÉTRANGER
(selon G. Simon, 1983)

| ANNÉE | MAROCAINS | ALGÉRIENS | TUNISIENS | MAGHRÉBINS |
|---|---|---|---|---|
| 1970 | 200 000 | 600 000 | 100 000 | 910 000 |
| 1974 | 450 000 | 850 000 | 280 000 | 1 580 000 |
| 1981 | 850 000 | 900 000 | 350 000 | 2 100 000 |

En 1981, près de 5 % des Maghrébins résident hors du territoire national; **ils alimentent un formidable flux de devises estimé à plus de dix milliards de francs** (transferts officiels des revenus du travail, soit la multiplication des ressources par 6,8 en dix ans) (G. Simon, 1983). Au cours de la décennie 70, la structure de l'émigration a été profondément modifiée. L'Algérie, en décidant d'interrompre officiellement l'émigration des travailleurs vers la France en septembre 1973, anticipant sur les mesures prises par le gouvernement français l'année suivante, a provoqué un retournement des soldes migratoires sensible au cours de l'année 1976 (−37 000) et favorisé de fait l'amplification des courants migratoires tunisiens et surtout marocains. En 1970, la

Le réinvestissement de capitaux d'immigrés en Europe à Guercif (Maroc) : logement, commerce et véhicule *(Cl. J.F. Troin).*

migration algérienne représentait plus des 2/3 de la migration maghrébine; en 1981, sa part est tombée à 43 % talonnée par la migration marocaine dont l'épanouissement est spectaculaire et significatif des difficultés économiques et sociales internes. Outre l'arrêt de la migration algérienne, la période qui débute en 1974 — année postérieure au choc pétrolier provoquant un coup d'arrêt à la croissance des pays industrialisés — est caractérisée aussi par le net ralentissement de la migration tunisienne.

A la différence de la migration algérienne, conservant du fait de son antériorité des liens étroits avec le territoire français — huit émigrants sur neuf travaillent en France —, les émigrations marocaine et tunisienne se sont libérées de l'attraction exclusive du marché de l'emploi français même s'il demeure le principal (un travailleur marocain à l'étranger sur deux) et ont diversifié leurs pôles géographiques de travail. Des communautés importantes de travailleurs marocains se sont établies en Belgique (110 000, en 1981), aux Pays-Bas (73 000), en Espagne (40 000), en R.F.A., Italie, Royaume-Uni, Canada même (G. SIMON, 1983). Les Tunisiens sont plus concentrés en France (215 000, soit 61 % en 1984), mais ils sont encore nombreux en R.F.A. (20 000), en Italie (16 000), en Belgique et aux Pays-Bas. Au-delà des pays industrialisés, dont nous savons les politiques migratoires aujourd'hui restrictives, la Tunisie et le Maroc ont élargi leur espace relationnel traditionnel vers les pays arabes du Moyen-Orient :

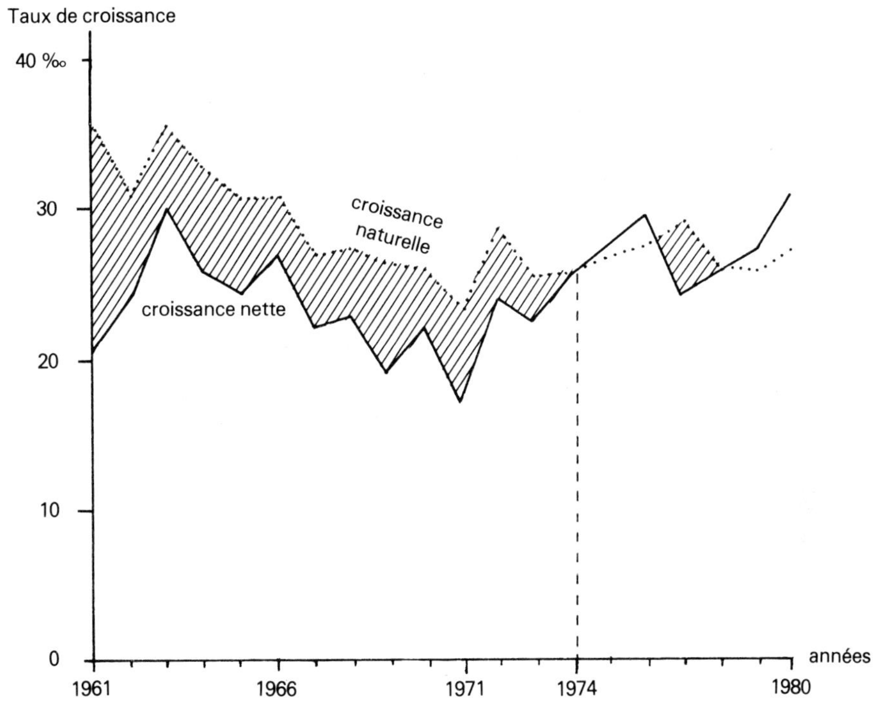


Fig. 21. — MIGRATION INTERNATIONALE ET CROISSANCE DE LA POPULATION TUNISIENNE.

plus de 20 000 Marocains résideraient au Koweït et en Arabie Saoudite, tandis que les Tunisiens orientent vers les pays du Golfe et vers l'Irak (depuis 1981, conséquence de la guerre avec l'Iran) des flux croissants de main-d'œuvre qualifiée. Le solde migratoire tunisien est d'ailleurs de plus en plus dépendant de l'ouverture de ces marchés du travail — ou de leur fermeture —, en particulier de celui de la Libye (80 000 émigrés tunisiens dans ce pays, 23 % du total national, en 1981).

Les implications de la fermeture des frontières des pays d'accueil traditionnels sont multiples. L'exemple tunisien souligne la relation étroite entre l'évolution du solde migratoire et celle de la croissance nette (fig. 21). Jusqu'en 1974, le solde migratoire négatif amplifie le mouvement de baisse du rythme de croissance de la population; à partir de cette date, le renversement des flux migratoires vient aggraver la croissance nette.

### 2.3. Les implications démo-géographiques de la croissance

Elles sont nombreuses et sérieuses bien que les rapports entre démographie et développement économique demeurent difficiles à estimer.

Jeunesse des populations et problèmes de scolarisation : écoliers rentrant de classe à Moulay-Idriss (Maroc) *(A.A.A. Photo, Cl. Grevin).*

### 2.3.1. La jeunesse des populations

Le profil de la pyramide des âges (fig. 16) révèle le caractère très jeune de la population. L'âge médian est très faible : il est inférieur à 17 ans pour l'Algérie (16,03 en 1977), égal à 16,7 au Maroc (en 1971) et atteint 18,5 en Tunisie en 1980 (17,7 en 1975) (à titre de comparaison, l'âge médian en Europe est de 33,1 ans en 1976).

La distribution de la population par classes d'âge renforce encore ce caractère (Tableau XV). Toutefois, après une phase exceptionnelle de rajeunissement, entamée dès le lendemain de la seconde guerre mondiale, un palier semble être atteint. La Tunisie a retrouvé une distribution comparable à celle de 1946, à la suite de la réduction de la fécondité. La part du groupe des 0-4 ans dans le total est passée dans ce pays de 18,5 %, en 1966, à 15,5 % en 1980. La jeunesse de la population n'en demeure pas moins très affirmée : 47,9 % de moins de 15 ans en Algérie en 1977 (soit un taux légèrement inférieur à ce qu'il était en 1970 : 48,4 %); 46,2 % au Maroc (en 1971). La Tunisie se distingue une nouvelle fois, avec 42 % seulement de moins de 15 ans.

TABLEAU XV. — ÉVOLUTION DE LA PART DES JEUNES (0-14 ANS) AU SEIN DE LA POPULATION MAGHRÉBINE

| MAROC | | ALGÉRIE | | TUNISIE | |
|---|---|---|---|---|---|
| Année | (en %) | Année | (en %) | Année | (en %) |
| | | 1954 | 43 | 1946 | 41,5 |
| 1960 | 44,7 | 1960 | 44 | 1956 | 42,5 |
| 1962 | 45,8 | 1966 | 47 | 1966 | 46,3 |
| 1971 | 46,2 | 1970 | 48,4 | 1975 | 43,8 |
| | | 1977 | 47,9 | 1980 | 42 |

Il est à craindre que l'extrême jeunesse de la population ne s'oppose, par les charges humaines et sociales qu'elle induit (coûts de santé, d'éducation, emplois...), à la croissance économique. La population qui participe directement à l'activité économique est-elle en mesure de supporter le poids de ce déséquilibre structurel?

### 2.3.2. Démographie et croissance économique

Les modèles économiques classiques démontrent en théorie qu'en raison des investissements démographiques nécessaires, l'accroissement du revenu moyen annuel et la progression du niveau de vie sont d'autant plus faibles que le croît naturel est élevé. Les faits semblent démentir de semblables assertions et les pays du Maghreb affichent certains signes de réussite économique. Les taux de croissance du P.I.B. sont élevés, et le P.N.B. par habitant a augmenté sensiblement au cours des vingt dernières années : sa croissance annuelle, pour la période 1960-1980, a été de 4,8 % en Tunisie, de 3,2 % en Algérie et de 2,4 % au Maroc, soit des résultats assez probants compte tenu de la poussée démographique.

Mais si ces pays ont pu supporter de tels rythmes, il n'est pas certain qu'ils le puissent encore à l'avenir. A cet égard, la situation économique marocaine est tout à fait préoccupante; aux difficultés d'un environnement défavorable (baisse du prix des phosphates, renchérissement de celui du pétrole, faiblesse de l'investissement productif), s'ajoutent les effets d'années de sécheresse catastrophique et ceux provoqués par un conflit long et difficile qui engloutit en dépenses militaires l'équivalent de 20 % du P.N.B.

Les pays maghrébins sauront-ils faire face à l'explosion des besoins fondamentaux qu'entraîne la croissance démographique? Les investissements de santé et d'éducation ne risquent-ils pas de se réaliser au détriment du secteur productif? Déjà, la population d'âge scolaire (de 5 à 14 ans) s'élève à plus de 13 millions d'enfants en 1984 (moins de 7 millions vingt ans plus tôt), et elle représente partout plus du quart de la population totale (Tunisie : 26,5 %; Maroc : 29,9 %; Algérie : 29,1 %). En Algérie, on s'attend, pour l'an 2000, à 9 millions d'enfants scolarisables à l'école fondamentale (6-15 ans), alors qu'ils n'étaient que 5 millions en 1980. Ce changement d'échelle des besoins est tout à fait capital. Il affecte de la même manière le marché du travail : comment fournir un emploi à ces nouvelles générations que les campagnes retiennent de moins en moins (désaffection accélérée pour le travail agricole) et que les villes accueillent avec des difficultés croissantes?

Il est un autre domaine encore où la pression démographique se manifeste avec une évidence accrue : celui des besoins alimentaires (cf. IVe Partie). Déjà, l'accroissement de la production alimentaire a été moins rapide que celui de la population en Algérie et au Maroc, au cours des années 70; en Tunisie, la situation, un moment plus satisfaisante, s'est rapidement dégradée (A. KASSAB, 1983). Les déficits alimentaires ne cessent de se creuser, du fait d'une croissance accélérée des importations, notamment des produits de base.

Chapitre **8**

# ESPACE, POPULATION ET URBANISATION

La forte croissance démographique, les changements économiques et sociaux liés à la période post-coloniale, les mutations des pratiques sociales ont entraîné des modifications sensibles dans la répartition géographique des populations.

## 1. LA DISTRIBUTION SPATIALE DES POPULATIONS

La répartition d'une population dans l'espace est significative des contraintes physiques que supportent les groupes qui la composent, surtout des capacités des hommes à s'en affranchir pour créer leur propre espace géographique qui soit en accord avec leur projet.

### 1.1. La carte de la distribution des populations

La carte des densités par « plages » (fig. 22), au début des années 80, révèle une distribution caractérisée par :

— **de très fortes inégalités de peuplement,** la distribution des hommes est d'une extrême variété, opposant des zones de faible densité marquées par l'aridité, à des espaces densément peuplés, urbanisés, ouverts aux cultures sèches de rapport ou aux cultures irriguées;

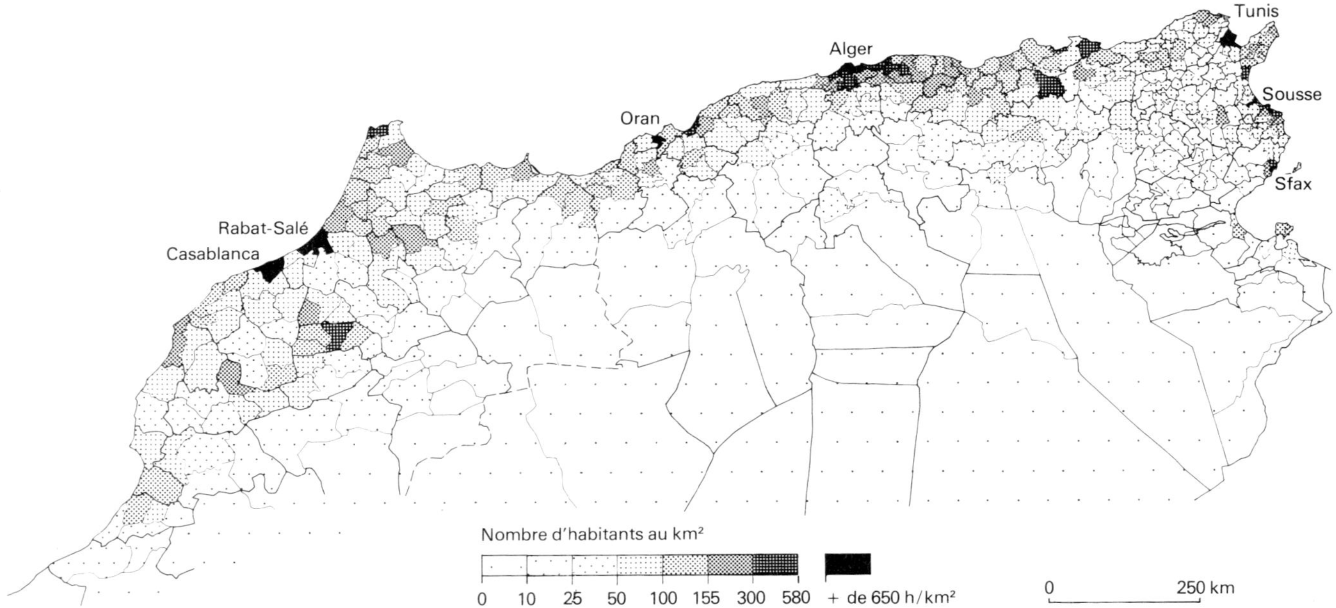


Fig. 22. — LES DENSITÉS DE LA POPULATION AU MAGHREB DANS LES ANNÉES 80.

— **le contraste de plus en plus net entre les espaces littoraux** où les densités ne cessent de croître **et les espaces intérieurs;** la littoralisation du peuplement s'est aggravée malgré les tentatives d'aménagement du territoire;

— **l'affirmation de grands foyers de peuplement** commandés et organisés par quelques métropoles;

— **la pérennité d'anomalies régionales du peuplement,** liées à la solidité d'espaces ethno-sociaux que l'histoire a produite.

### 1.1.1. L'inégale répartition des populations dans l'espace

Aux plaines du Maroc atlantique et aux zones telliennes algéro-tunisiennes s'opposent des espaces vastes et déserts où les densités moyennes, de pauvre signification, sont inférieures à l'unité. La distribution par grandes masses répond aux contraintes du milieu naturel. Les densités les plus faibles caractérisent les régions frappées d'aridité, marquées par les contrastes entre les fortes concentrations oasiennes (les ksouriens) ou des foyers urbains, centres miniers ou de services (Adrar, Ouargla), et les dispersions extrêmes des nomades en voie de disparition par sédentarisation, due à la pression des gouvernements et à l'appel des chantiers. Ainsi, en Algérie, 500 000 personnes à peine (3,1 % de la population totale) vivaient au sud d'une ligne Béchar-Ouargla, soit sur les 3/4 du territoire national (J. Bisson, 1983). Les vides ne concernent pas seulement les régions sahariennes, ils s'étendent aux hauts plateaux algéro-marocains, aux pays de la Moulouya... Les zones steppiques vouées traditionnellement au semi-nomadisme ont des densités inférieures à 20 hab./km², à l'exception des steppes tunisiennes où, dans les espaces contrôlés par les centres de Sidi Bou Zid, Kasserine, Sbeïtla et dans le Kairouannais, les densités évoluent entre 20 et 40 hab./km².

Localement elles augmentent sensiblement dans les zones semi-arides, là où les eaux de ruissellement permettent de meilleures récoltes céréalières et l'extension des cultures arboricoles (J. Despois, 1964); de même elles sont supérieures à la moyenne sur le pourtour des montagnes plus riches en eau : zones du *dir* atlasique d'Amizmiz à Beni Mellal.

Les régions telliennes et les plaines atlantiques enregistrent les plus fortes densités du Maghreb, car elles bénéficient des conditions bio-climatiques les plus favorables et concentrent l'essentiel de l'appareil de production. En Algérie, sur moins de 12 % du territoire, se trouvent plus de 80 % des populations, mais les régions « littorales » (littoral proprement dit, basses plaines littorales et intérieures, bassins telliens), occupant 3,5 % de l'espace, retiennent plus de 55 % de la population totale, soit une densité moyenne de 101 hab./km².

### 1.1.2. La littoralisation : tendance majeure du peuplement

Elle s'est exprimée très tôt, principalement en Tunisie où elle caractérisait le système spatial précolonial; elle n'a cessé de s'affirmer, au détriment des régions intérieures. De la plaine du Souss à l'île de Jerba, les façades maritimes constituent le lieu privilégié de fixation des principales concentrations de population, citadine et rurale, rendues possibles par la présence des centres de pouvoir et l'accumulation des moyens de production, industriels entre autres (G. Mutin, 1980) (cf. Ve Partie).

Cette concentration résulte du jeu de différents facteurs, les uns hérités (extraversion du système colonial), les autres contemporains (intégration de la Tunisie et du Maroc à la nouvelle division internationale du travail; industrialisation et tourisme balnéaire...). Aucun pays n'y échappe, même si la littoralisation paraît plus nette, pour ce qui est de la population, en Algérie et en Tunisie qu'au Maroc — dans ce pays, subsistent en effet de vastes zones intérieures de peuplement dense animées par de puissantes capitales régionales (Fès).

**En Tunisie,** le contraste est saisissant entre la façade littorale orientale très peuplée avec des densités moyennes souvent supérieures à 100 hab./km², et des régions intérieures moins peuplées (gouvernorat de Béja : 69 hab./km²; le Kef : 51; Siliana : 48; Kasserine : 33), et connaissant désormais des rythmes d'accroissement relativement médiocres (gouvernorat de Béja; 1,3 % en moyenne annuelle entre 1975 et 1980; le Kef : 1,7 %; Jendouba : 1,9 %...).

Le Nord-Est recèle de très fortes densités moyennes. Sur environ 5 % de l'espace national, se regroupe, en 1980, près du tiers (31 %) de la population totale, le Grand Tunis en rassemblant à lui seul 17,4 %. Mais la forte concentration spatiale et la primauté démographique, que ces données reflètent, ne se sont pas aggravées au cours des dernières années (H. ATTIA, 1969; P. SIGNOLES, 1978).

Le Sahel de Sousse demeure l'espace régional le plus anciennement et le plus densément peuplé (gouvernorat de Monastir : 220 hab./km²; Sousse : 100 hab./km²). Sur 3 % du territoire se pressent 12,5 % de la population totale. Plus au sud, l'agglomération sfaxienne constitue un noyau relativement récent de fort peuplement, regroupant la majeure partie des populations de son gouvernorat.

Les régions de Gabès et de Médenine se rattachent pleinement à la Tunisie saharienne et présaharienne. Elles possèdent cependant deux foyers de fort peuplement : Jerba, malgré une émigration ancienne et soutenue, orientée principalement vers Tunis; Gabès et ses satellites (Chenini, Ghannouch, Oudref, Metouia), où vivent les ouvriers et manœuvres employés dans la zone industrialo-portuaire de création récente (A. HAYDER, 1980).

Au total, se rassemblent, sur l'étroite bande littorale, 55 % de la population tunisienne et plus de 75 % de la population communale. Quels sont les facteurs d'une telle concentration?

Le dynamisme littoral (et son corollaire, la crise de l'espace intérieur) n'est pas un fait récent; sa permanence est attestée par la continuité des villes actuelles avec les comptoirs phéniciens, les centres puniques et romains... Le fort peuplement est attaché à l'épanouissement et à la solidité de vieilles sociétés sédentaires dans les zones de Bizerte, du sud du cap Bon et du Sahel de Sousse. La polyculture méditerranéenne riche a nourri en partie le dynamisme de villes maritimes, entretenant des activités de pêche et un artisanat varié, tournées vers les échanges avec l'extérieur. Ces sociétés villageoises et citadines, solidaires et bien structurées, ont relativement mieux supporté les implications de la colonisation que les régions intérieures et ont évité les crises qui frappent la Tunisie tellienne depuis plusieurs décennies (J. PONCET, 1962).

Au cours de la phase coloniale, la littoralisation des activités industrielles et commerciales a favorisé la croissance de nouvelles zones de forte concentration de peuplement, autour de Bizerte et de son annexe Menzel-Bourguiba (port de guerre et arsenal militaire), de Sfax et de Tunis. Ville d'artisanat et de commerce, Tunis, centre d'une bourgeoisie dont l'influence fut marquante sur l'ensemble du territoire, a bénéficié « du régime centralisateur, autoritaire et technocrate du protectorat » (R. LALUE et P. MARTHELOT, 1962).

Depuis l'Indépendance, la distribution de la population n'a pas connu de modification notable au plan régional, la volonté du gouvernement tunisien de mieux répartir les équipements publics sur l'ensemble du territoire n'ayant pas compensé la littoralisation des activités de production. La promotion du capital privé national et étranger, des industries exportatrices et du tourisme balnéaire a contribué au renforcement du littoral au détriment de l'intérieur : 87 % des investissements réalisés et 90 % des emplois créés l'ont été au bénéfice du littoral (J.-M. MIOSSEC et P. SIGNOLES, 1982).

L'inégale répartition des pôles d'investissement favorise l'inégale intégration des régions au géosystème national et l'aggravation des disparités tant au plan de l'emploi que des revenus. A terme, le renforcement des déséquilibres régionaux ne peut que favoriser l'accentuation de l'inégale répartition des populations. Les dépenses publiques, les emplois administratifs ne pourront plus compenser l'absence d'investissements productifs. Si la phase 1966-1980 marque une stabilisation des grandes zones de peuplement, la phase actuelle pourrait connaître une nouvelle accentuation des déséquilibres de la répartition au bénéfice du littoral. Le faible accroissement du Nord-Ouest (1,9 % par an - 1975-1980 -) comparé à celui de Tunis (3,4 %) peut le laisser augurer.

### 1.1.3. Les grands foyers de peuplement

Leur dynamisme est impulsé par de grandes villes détentrices de nouveaux pouvoirs de commandement.

— **En Algérie,** la concentration du peuplement autour des métropoles littorales s'est renforcée malgré le desserrement des investissements productifs et les efforts pour promouvoir le développement des régions intérieures. Seules les *wilaya* d'Oran, de Blida, d'Alger et d'Annaba ont enregistré un taux d'accroissement supérieur à la moyenne nationale, compris entre 4,4 et 3,7 % contre 3,2 % pour l'ensemble du pays (1966-1977). La politique d'aménagement du territoire dont l'objectif défini par la Charte nationale était d'assurer « un développement national harmonieux » et de mettre fin aux disparités régionales, n'a pas réussi le rééquilibrage souhaité littoral-intérieur. L'industrialisation, fer de lance de cette politique, a au contraire renforcé les bassins migratoires centrés sur les pôles littoraux (J.-C. Brulé et G. Mutin, 1982).

La région d'Alger, de très loin la plus importante, regroupe, sur 1 % du territoire de l'Algérie septentrionale, 17,5 % de la population (d = 648 hab./km$^2$). L'augmentation des densités est particulièrement rapide dans les communes limitrophes d'Alger, notamment celles industrialisées de la Mitidja orientale (Sidi Moussa, Rouiba). Les *douar* et les domaines autogérés ont vu leur population croître à un rythme comparable ou supérieur à celui des villes en raison de la projection périphérique de fonctions et d'activités que la capitale est incapable d'accueillir (fonction résidentielle et activités industrielles). Par contre, les fonctions de commandement, de gestion, les activités de service localisées à Alger se sont renforcées au fur et à mesure que le modèle étatique centralisateur était mis en place.

La région d'Oran réunit sur une étroite frange maritime (0,4 % de la superficie) près de 5 % de la population, (d = 420 hab./km$^2$). La création de zones industrielles puissantes : Arzew, Béthioua, explique en partie la croissance rapide des populations et le solde migratoire positif de 100 000 personnes (1966-1977) alimenté par les *wilaya* du Tell oranais. Elle n'a cependant pas empêché une baisse du poids relatif et le déclin du rôle de la capitale oranaise dans l'espace national.

L'Est, partie la moins urbanisée de l'Algérie tellienne, présente plusieurs noyaux de fort peuplement rassemblés autour des centres régionaux de Constantine et d'Annaba. La *wilaya* de Constantine (d = 195 hab./km$^2$, en 1977) regroupe 4,2 % de la population tandis que les pôles d'Annaba et de Skikda contrôlent 6 % de la population, originaire principalement du Tell et de l'Atlas saharien.

La répartition géographique de la population algérienne n'a pas été sensiblement modifiée depuis l'Indépendance; l'urbanisation demeure un phénomène littoral et tellien « qui se développe de surcroît là où historiquement la colonisation avait été la plus intense » (C. Rahmani, 1982).

— **Au Maroc,** la distribution dissymétrique observée le long de la diagonale nord-est/sud-ouest, qui suit les principaux axes du relief, est franche et significative du contraste climatique créé par la dorsale principale du relief. Le Maroc atlantique et méditerranéen rassemble la quasi-totalité des citadins et plus de 80 % des ruraux. Les zones de plus faible densité du Rif (au sud-ouest d'Al Hoceïma), du Plateau Central, du Plateau des Ahmar et Reihamna (entre plaines atlantiques et dépressions préatlasiques) et du Haut Atlas délimitent plusieurs zones de fort peuplement où les densités rurales sont fréquemment supérieures à 100 hab./km$^2$ (fig. 25, p. 170). Cinq régions à population dense mais d'inégale importance peuvent être distinguées : le Nord-Est méditerranéen, le Nord-Ouest, les plaines atlantiques du Centre, les plaines intérieures préatlasiques et le Souss. Au recensement de 1982, les bas pays rassemblaient environ deux Marocains sur trois, représentant la moitié des ruraux et les trois quart des citadins (D. NOIN, 1970, H. BÉGUIN, 1974, R. ESCALLIER, 1981).

#### 1.1.4. La pérennité d'anomalies régionales du peuplement

L'étude des grands foyers de peuplement au Maroc montre des distorsions significatives entre la médiocrité des potentialités de certains milieux physiques et le niveau élevé des densités rurales. La plaine du Souss dans un milieu aride présente de fortes densités : 87 hab./km$^2$ en 1982 pour le Souss aval (S. AZIKI, 1983) : seule l'histoire et les facteurs humains, c'est-à-dire la capacité des hommes à s'affranchir partiellement des contraintes du milieu climatique qu'ils acquièrent grâce à l'expérience, la solidarité des groupes permettent de comprendre les raisons de l'accumulation des hommes en des milieux hostiles ou peu attractifs et de leur pérennité. Le Maghreb plus qu'aucun autre espace connaît de telles anomalies de peuplement : elles sont le reflet d'événements historiques lointains dont les conséquences réagissent encore sur le présent.

Différentes régions de plaines ou de collines subissent des densités fortes que n'expliquent ni les conditions naturelles (sols peu fertiles et précipitations rares et irrégulières du Sahel tunisien ou des bas pays atlantiques des Doukkala-Abda et Chiadma, relief bosselé et sols érodés des pays prérifains), ni les circonstances économiques et sociales présentes (inégale répartition des terres agricoles, faibles intensifications et diversifications des systèmes agricoles dominés par une céréaliculture extensive). Les principales anomalies de peuplement concernent toutefois des massifs montagneux dont la densité de l'occupation humaine a été maintes fois soulignée.

Le surpeuplement des massifs n'est pas une règle générale, ainsi les montagnes pastorales marocaines : Plateau Central, Moyen Atlas, Haut Atlas oriental, aux densités relativement faibles.

Plus que certaines chaînes atlasiques, les montagnes telliennes demeurent très peuplées et confrontées aux faits de surpeuplement et de l'émigration. D'ouest en est se succèdent plusieurs régions montagneuses à densité élevée (de 50 à 100 hab./km$^2$, parfois même 200 à 300 hab./km$^2$ comme en Grande Kabylie, dans le Rif central ou dans certains secteurs de Kroumirie). Les densités plus modérées (autour de 40 hab./km$^2$) des autres secteurs montagneux (monts de Tlemcen, Ouarsenis) ne signifient pas que les conditions économiques et sociales y soient plus favorables.

L'accumulation des hommes est ici ancienne. Le Rif oriental dont le fort peuplement fut remarqué dès le XVI$^e$ siècle a pu être considéré comme une montagne « intacte » habitée par des « paléomontagnards » comparables à ceux des chaînes du Haut Atlas, des Aurès (X. DE PLANHOL, 1962). La Grande Kabylie, « réalisation la plus parfaite » du type de montagne refuge (X. DE PLANHOL, 1968) que l'on retrouve dans les massifs des Beni-Snassen et des Trara, fut très tôt une zone de forte accumulation humaine connaissant une émigration régulatrice, constatée dès le XVIII$^e$ siècle. Les habitants de ces montagnes sur lesquelles pèsent de multiples contraintes (relief, milieu

TABLEAU XVI. — RÉPARTITION PROPORTIONNELLE DE LA POPULATION MAROCAINE PAR GRANDES RÉGIONS (1900-1982)

| RÉGION | Vers 1900 (%) | 1936 (%) | 1960 (%) | 1982 (%) |
|---|---|---|---|---|
| *Montagnes* | *33,15* | *28,6* | *23,55* | *21,75* |
| — Rif | 11,75 | 10,9 | 9,6 | 10 |
| — Montagnes pastorales | 7,65 | 6,7 | 5,6 | 5,75 |
| — Montagnes du Sud-Ouest | 13,75 | 11 | 8,35 | 6 |
| *Pays arides* | *11,2* | *9,6* | *8,2* | *8,1* |
| — Moulouya et oriental | 3,3 | 2,9 | 3 | 2,9 |
| — Sahara | 7,9 | 6,7 | 5,2 | 5,2 |
| *Plateaux intérieurs* (M. Atlantique) | *4,2* | *4,7* | *4,8* | *4,5* |
| *Plaines intérieures* (pré-atlasiques) | *8,85* | *9,5* | *8,35* | *9,65* |
| — Tadla | 2,05 | 2,1 | 2,15 | 3 |
| — Srarhna | 2,4 | 2,1 | 1,7 | 1,55 |
| — Haouz | 4,4 | 5,3 | 4,5 | 5,1 |
| *Régions du Nord-Ouest* | *18,8* | *21,45* | *22,45* | *24,4* |
| — Prérif | 10,05 | 10,15 | 8,5 | 6,55 |
| — Saïs | 4,1 | 5 | 5,6 | 6,3 |
| — Rharb | 1,45 | 1,8 | 2,65 | 4,35 |
| — Pays de Rabat | 3,2 | 4,5 | 5,7 | 7,2 |
| *Pays méditerranéens du Nord-Est* | *3,5* | *3,95* | *4,9* | *4,35* |
| *Bas pays atlantiques ouest* | *20,35* | *22,05* | *27,85* | *27,25* |
| — Chaouïa | 5,1 | 8,65 | 13,95 | 16,0 |
| — Doukkala, Abda | 8,3 | 7,6 | 8,45 | 5,85 |
| — Chiadma | 3,25 | 2,8 | 2,75 | 1,7 |
| — Souss | 3,7 | 3 | 2,7 | 3,7 |

*Sources :* D. NOIN (1970), R. ESCALLIER (1981), *Recensement 1982.*

bio-climatique et équilibre instable des versants) sont des paysans pratiquant une agriculture souvent minutieuse, mais pauvre et relativement peu diversifiée (de type agro-pastoral) qui ne procure que de faibles revenus complétés de longue date par diverses ressources d'appoint comme l'artisanat et l'émigration. A l'écart des courants d'échanges et des villes, ces régions repliées sur elles-mêmes ont été épargnées, si on les compare aux plaines, par les grandes épidémies. Du fait de leur forte cohésion sociale, d'une éthique rigoureuse acceptée et partagée par tous, elles ont connu une fécondité plus élevée.

Les anomalies de peuplement, l'irrégularité de la distribution des hommes entre montagnes et plaines trouvent, dans la démographie, l'explication la plus convaincante. Par contre, la permanence des fortes densités montagnardes, des zones surpeuplées (malgré la colonisation, l'appel des chantiers, l'émigration temporaire...) s'inscrivent dans la logique de la cohérence et de la solidité des structures sociales.

## 1.2. Évolution de la distribution géographique des populations

Toutes les régions du Maghreb ont nourri le vigoureux dynamisme démographique, mais elles n'ont pas connu les mêmes rythmes d'accroissement. Ces disparités expliquent les modifications importantes intervenues dans la répartition géographique du peuplement. Dans les trois pays, le centre de gravité des populations s'est sensiblement déplacé vers le littoral et les régions motrices : glissement des populations vers le nord-ouest au Maroc, vers le centre-nord en Algérie et le nord-est en Tunisie.

### Étude du cas marocain

Sur le tableau XVI s'inscrivent les principales mutations enregistrées au cours du XX^e^ siècle dans la répartition de la population marocaine.

L'anomalie ancienne de la distribution spatiale des populations a été, sinon gommée, du moins nettement atténuée. Les massifs montagneux qui retenaient, en 1900, un Marocain sur trois, n'en font vivre, en 1982, guère plus d'un sur cinq. Tandis que la part relative des zones arides s'est elle aussi réduite, celle des bas pays n'a cessé de se renforcer, passant de 55 à plus de 70 %. La progression est significative des transformations économiques favorables aux plaines. Les montagnes et les zones arides ont alimenté de puissants courants migratoires, temporaires ou définitifs, vers les bas pays, notamment atlantiques. Ce panorama général camoufle cependant une grande hétérogénéité des comportements démographiques régionaux (fig. 23).

— **La montagne rifaine** a conservé une place importante au sein de l'ensemble marocain alors que les zones montagneuses du Sud-Ouest (Haut Atlas occidental et Anti-Atlas) ont connu un sérieux et constant amenuisement de la leur. Ces différences d'évolution ne s'expliquent pas uniquement par l'inégale intensité des flux migratoires; sans doute faut-il faire aussi intervenir, pour en rendre compte, des distorsions dans les comportements démographiques des diverses populations montagnardes.

— **Les régions du Nord-Ouest** et les bas pays atlantiques sont les principaux bénéficiaires du « glissement » des populations; elles rassemblent désormais plus de la moitié des populations (52 %), contre 39 % au début du siècle. Cependant toutes les régions n'ont pas enregistré les mêmes trajectoires; la zone prérifaine, les Doukkala-Abda et Chiadma ont vu leur part relative diminuer sensiblement (les seules populations rurales dessinent le même mouvement régressif). Inversement, les régions motrices, modernisées et dynamiques du Saïs, du Rharb, les régions de Rabat et de la Chaouia ont suivi une ascension remarquable au sein de l'espace marocain. Les effets induits multiples et irréversibles (urbanisation, modernisation des transports...) ont joué en faveur de la forte croissance des populations (phénomène comparable dans la plaine du Tadla). Le mouvement d'équilibrage géographique des populations se poursuit; il conduit à un meilleur ajustement entre les populations et les ressources, exception faite de la montagne rifaine.

— **Les plaines intérieures** ont évolué inégalement. La région des Srarhna est en retrait tandis que le Tadla et le Haouz ont renforcé leur position grâce au dynamisme de leurs campagnes. La plaine du Souss a enregistré une augmentation sensible des densités rurales passant de 25 (1900) à 65 hab./km$^2$ en 1982, mais ce n'est que récemment qu'elle a retrouvé le poids qu'elle représentait dans le total du début du siècle.

L'évolution régionale du peuplement comme celle des densités montrent que ce sont les régions de plaine ouvertes aux modernisations qui ont manifesté le plus grand dynamisme, tandis que les régions en régression appartiennent aux espaces périphériques délaissés par les flux d'innovation mais qui, destructurés, ont alimenté de puissants flux migratoires vers les villes et les campagnes.

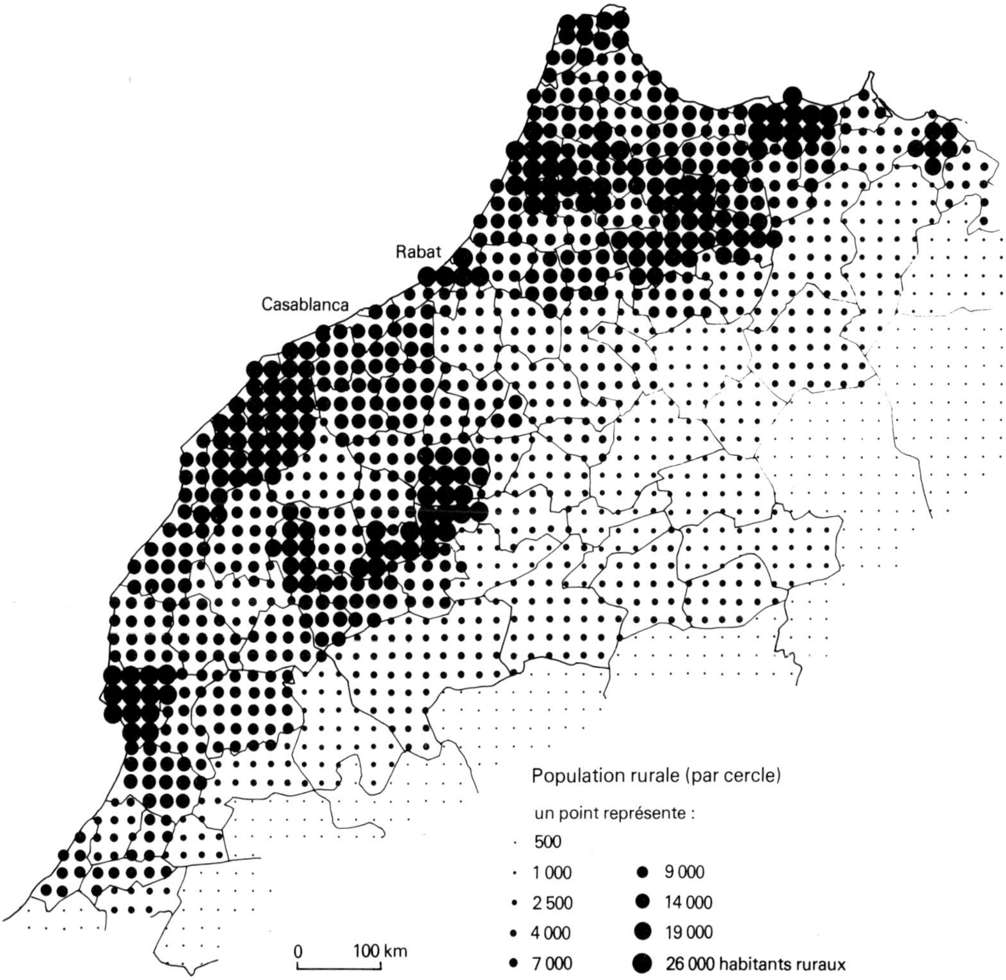


Fig. 23. — LA POPULATION RURALE AU MAROC EN 1982.

## 2. L'URBANISATION DU MAGHREB

La croissance urbaine rapide, nourrie de la rencontre de la dynamique démographique citadine avec celle de la migration campagnarde exprime les transformations profondes des constructions socio-spatiales nationales. Désormais la ville est partout présente au Maghreb et ne cesse d'élargir son champ d'intervention.

Jusqu'à la seconde guerre mondiale, le caractère rural des formations sociales régionales est très accusé : 21 % seulement de la population réside en ville en 1936 (soit

3,5 millions de personnes). En 1956, année d'accession du Maroc et de la Tunisie à l'Indépendance, les effectifs citadins n'atteignent que 6,5 millions de personnes. En vingt ans, le doublement des populations urbaines est à peine assuré et le taux d'urbanisation moyen demeure faible : 27 %. L'explosion urbaine rapide, même brutale que connaît l'ensemble maghrébin est donc un phénomène récent. L'Indépendance marque une rupture dans l'évolution : au cours des trente dernières années, les effectifs urbains ont quadruplé, s'élevant à plus de 23 millions en 1984.

## 2.1. Évolution et croissance des populations urbaines

Partout au Maghreb, la progression des effectifs citadins est impressionnante (Tableau XVII).

TABLEAU XVII. — ÉVOLUTION DES EFFECTIFS CITADINS (en million) ET TAUX D'URBANISATION (1900-1984)
(T.U. = taux d'urbanisation)

| Dates de référence | MAROC | | ALGÉRIE | | TUNISIE | |
|---|---|---|---|---|---|---|
| | Effectifs | T.U. (%) | Effectifs | T.U. (%) | Effectifs | T.U. (%) |
| 1900 | 0,420 | 8 | | | | |
| 1906 | | | 0,783 | 16,6 | | |
| 1914 | 0,650 | 11 | | | | |
| 1926 | 0,980 | 12,5 | 1,1 | 20,1 | 0,527 | 24,4 |
| 1936 | 1,450 | 15,1 | 1,432 | 22 | 0,655 | 25,1 |
| 1946 | | | | | | |
| 1948 | | | 1,838 | 23,6 | | |
| 1952 | 2,650 | 25 | | | | |
| 1954 | | | 2,150 | 25,6 | | |
| 1956 | | | | | 1,250 | 33 |
| 1960 | 3,400 | 28,4 | | | | |
| 1966 | | | 3,700 | 31,5 | 1,819 | 40,1 |
| 1971 | 5,400 | 35 | | | | |
| 1975 | | | | | 2,670 | 47,9 |
| 1977 | | | 6,840 | 41 | | |
| 1980 | | | | | 3,325 | 52,5 |
| 1982 | 8,730 | 43 | | | | |
| 1984 | 9,55 | (estimation) | 9,9 | (estimation) | 3,680 | 52,8 (Recens.) |

Avec 53 % de citadins, **la Tunisie** est le pays le plus urbanisé. La situation n'est pas récente; déjà en 1949, J. DESPOIS écrivait : « La Tunisie est depuis la plus haute Antiquité un pays de villes ». Le caractère s'est accentué depuis l'Indépendance; les transformations politiques et socio-économiques, les innovations techniques, le mouvement géographique des populations ont modifié en profondeur l'organisation de l'espace : « Le contrôle du territoire par les villes s'est affirmé, tandis qu'un réseau hiérarchisé se mettait en place, doté d'une capitale dont les fonctions de gestion économique et sociale se sont épanouies » (J.M. MIOSSEC et P. SIGNOLES, 1982). Il en résulte une croissance très rapide mais stabilisée à un haut niveau des populations urbaines : 3,5 % entre 1956 et 1966; 3,2 % de 1966 à 1975; 3,5 % de 1975 à 1980 (population tunisienne seulement) (P. Signoles, 1984); ceci constitue le phénomène majeur de l'évolution géographique du peuplement tunisien.

**L'Algérie** connaît le rythme d'urbanisation le plus vigoureux : 2,65 % (1946-1954), 4,6 % (1954-1966) et 5,75 % (1966-1977) selon le ministère du Plan et de l'Aménagement du Territoire. Mais quelle est la signification de telles données sachant les bouleversements de la distribution des populations dus à la guerre : départ massif des Européens, déplacement forcé des ruraux — peut-être un sur deux a été contraint d'abandonner son terroir durant la guerre, avec la politique dite « des zones interdites », de « regroupement » et « recasement » des populations —? Les fellahs déracinés, mais « regroupés » dans des semi-agglomérations, « contrôlés » dans les petits centres urbains ou à la périphérie des villes, qu'ils soient du Tell ou de la Steppe, n'ont pas regagné leurs terroirs. La plupart se sont installés définitivement en ville. De 1954 à 1966, le taux de croissance des populations citadines algériennes aurait été proche de 10 %. « Cette phase d'urbanisation démographique a été déterminante pour l'avenir algérien. La société algérienne reprenait à son compte le réseau de villes coloniales. La ville, autrefois symbole de la domination étrangère, devient symbole du nouveau pouvoir algérien » (J.-C. Brulé, G. Mutin, 1982). Depuis, le ralentissement attendu de la croissance urbaine ne s'est pas produit; la révolution agraire de 1971, tentative de restructuration de l'espace rural, a moins freiné l'exode rural qu'elle ne l'a encouragé tandis que l'effort de modernisation du pays — vigoureux processus d'industrialisation, élargissement du rôle de l'État et densification de la trame administrative, grandes actions de planification spatiale — a profité essentiellement aux villes, chefs-lieux administratifs de *wilaya* ou de *daïra*.

**Le Maroc** demeure encore le pays le moins urbanisé du Maghreb, même s'il a enregistré des rythmes élevés de croissance urbaine (R. Escallier, 1981). Jusqu'à la seconde guerre mondiale, le mouvement d'urbanisation est modéré; la guerre et les crises de différentes natures qui lui succèdent, provoquent une première accélération sensible. Au cours des années 60 s'est produit un net changement, comme si les déséquilibres internes s'accentuaient exagérément et provoquaient un courant torrentiel d'exode très mal maîtrisé. La croissance moyenne atteint alors 5,5 % (1960-1971). Les villes accaparent les deux tiers de l'accroissement démographique total contre le tiers les années précédentes. Les répercussions sociales et spatiales sont nombreuses comme la multiplication du nombre des villes et la densification corrélative de la trame urbaine (Tableau XVIII).

TABLEAU XVIII. — ÉVOLUTION DU NOMBRE DES VILLES MAROCAINES (1900-1982)

| 1900 | 1920 | 1926 | 1936 | 1952 | 1960 | 1971 | 1982 |
|---|---|---|---|---|---|---|---|
| 27 | 40 | 48 | 58 | 92 | 107 | 145 | 250 |

L'élargissement spatial du fait urbain résulte de l'intégration des régions dans la sphère de l'économie de marché et de l'intervention accrue des firmes économiques, par l'intermédiaire notamment des marchés hebdomadaires (J.-F. Troin, 1975), puis de l'agrandissement du cadre d'intervention de l'État (promotion administrative de nombreux centres), de la diffusion des innovations et de la transformation des modes de consommation.

Le rythme de croissance serait tombé de 5,5 % à 4,75 % (1971-1982). Ce ralentissement ne résulte pas de l'affaiblissement du dynamisme démographique citadin. Faut-il admettre un freinage réussi de l'exode rural, en relation avec les tentatives de modernisation agricole et de rééquilibrage régional, entreprises par le gouvernement ou retenir une hypothèse plus conforme aux réalités socio-spatiales constatées, celle d'un artefact statistique, la sous-estimation des populations urbaines? L'évolution de l'espace urbanisé des grandes villes, son élargissement intempestif, le bourgeonnement des *douar* semi-urbains contenus aux limites des périmètres municipaux, le formidable mitage des espaces péri-urbains (celui de Casablanca n'est-il pas comparable à celui du Grand Alger?), ne paraissent pas en rapport avec les taux d'accroissement, constatés à partir du recensement de 1982. Les crises profondes qu'ont connues ces dernières années les campagnes (climatiques, sociales, économiques) n'auraient-elles eu aucune influence décisive sur l'évolution des flux d'exode rural?

L'exagération du processus d'urbanisation est commune aux trois pays. **Les villes accueillent désormais chaque année quatre fois plus de nouveaux citadins, qu'au cours des années 50** (1 100 000 personnes contre 270 000 en moyenne annuelle). Ce qui apparaît ainsi redoutable et implacable à la fois c'est, d'une part, la rapidité de la croissance exigeant des mesures immédiates et, d'autre part, le changement d'échelle des problèmes, induisant brutalement l'inadéquation des modèles et l'exigence de nouvelles politiques, défi à l'imagination et au sens d'organisation des hommes. Les villes recueillent plus des deux tiers de l'excédent démographique annuel, près de 66 % en Tunisie. Ces données, pour approximatives qu'elles puissent être, révèlent le basculement déterminant des hommes vers les villes, l'irrésistible emprise de celles-ci.

## 2.2. Les disparités de l'urbanisation maghrébine

### 2.2.1. Inégale diffusion spatiale du fait urbain

Dans la plupart des régions, pénétrées par de multiples et nouveaux flux de relations, de capitaux, de produits, d'hommes, d'informations, émergent de nouveaux centres urbains capables d'influencer et de remodeler le monde rural. Pourtant, si toutes les régions concourent à la croissance urbaine, la diffusion du fait urbain demeure très inégale. Partout la volonté de remise en cause de l'armature urbaine héritée (volonté certes très inégale et vacillante avec le temps), bâtie dans la logique d'une économie extravertie recherchant, pour l'optimisation du profit, les lieux favorables d'implantation et d'accumulation, a été affirmée. Pourtant, quel que soit le cadre de la politique économique (libérale ou planifiée) suivie après les Indépendances, les disparités urbaines et régionales n'ont pas été effacées, ni même atténuées (fig. 24).

**En Tunisie,** les déséquilibres de la distribution spatiale des villes ont suggéré la distinction de cinq ensembles au contenu très différent (J.-M. Miossec et P. Signoles, 1978) : trois axes médians urbanisés séparés par deux zones « dépressionnaires » pas ou très faiblement urbanisées, **le principal ensemble étant l'axe littoral oriental** où les taux d'urbanisation très élevés correspondent à la localisation des plus grands centres : Bizerte, Tunis, Nabeul, Sousse, Sfax et Gabès.

**En Algérie,** la répartition régionale des populations urbaines n'a pas été modifiée de façon significative, en dépit d'une politique industrielle conçue comme l'outil décisif d'aménagement du territoire et le facteur d'impulsion d'un nouveau processus de croissance, en dépit aussi de la diversité des moyens d'intervention de l'État (programmes spéciaux, mise en place de nouvelles infrastructures et nouveaux services, déconcentration d'offices, promotions administratives...). **Le littoral demeure l'axe majeur et privilégié d'urbanisation :** les villes littorales et sub-littorales rassemblaient, en 1977, plus de la moitié des citadins (50,6 %) contre 49,3 % en 1954.

Le maintien du déséquilibre littoral/intérieur n'est pas significatif de la seule inertie des structures spatiales; héritage colonial, il accompagne aussi les principales étapes économiques et choix technologiques réalisés par l'appareil étatique notamment par l'intermédiaire des sociétés nationales : équipement et renforcement des pôles littoraux de croissance (choix systématique en faveur des techniques les plus modernes, à grandes échelles) et industrialisation massive de la région algéroise (G. Mutin, 1977 et 1980). Cependant le mouvement d'industrialisation qu'ont connu les villes intérieures, le renforcement ou la promotion à des fonctions d'encadrement étendues de nombreuses petites et moyennes villes devraient enrayer, à terme, cette convergence vers les zones urbaines littorales. Mais les effets induits d'une nouvelle politique, de nouveaux modes de croissance urbaine : « la rupture avec les déséquilibres régionaux implique une logique économique qui rompe avec celle qui les a créés en investissant préférentiellement sur le littoral... » (A. Prenant, 1980), seront-ils à la hauteur des espérances quand on sait les retards enregistrés dans les programmes d'industrialisation à l'intérieur du pays et les problèmes rencontrés de transports, d'équipements collectifs, de desserte en commerces et services, d'habitat, d'alimentation en eau, de consommation des terres agricoles?

Un second déséquilibre caractérise la distribution régionale du fait urbain : **le poids très contrasté des trois grands ensembles régionaux** (Algérie du Centre, de l'Ouest et de l'Est). Depuis 1954, la concentration urbaine de l'Algérie centrale s'est nettement affirmée : elle compte 44 % des citadins contre 36 % en 1954 (42 % en 1966). Le renforcement des fonctions de direction et de gestion de la capitale, la place de plus en plus dominante que celle-ci détient au cœur du géosystème algérien, expliquent que la région d'Alger (Mitidja et Sahel) soit la principale bénéficiaire du mouvement rassemblant, en 1977, 35,5 % des citadins contre 27,9 % en 1954. La croissance algéroise s'est produite au détriment de l'Oranie dont les villes retenaient, en 1954, 33 % des citadins, mais seulement 22,3 % en 1977. A l'exception de quelques centres dont la dynamique est impulsée par les créations industrielles ou par les plans spéciaux de développement (Saïda), toutes les villes de l'Ouest ont enregistré des rythmes de croissance modérés et plus faibles que ceux des autres régions. Fortement « structurées au temps de la colonisation en un réseau lié à la viticulture » (J.-C. Brulé et G. Mutin, 1982), les villes de la région d'Oran ont connu une phase de croissance « différée » et subissent les effets encore mal appréciés de la contraction du rôle d'Oran au sein de l'espace national, dû au remodelage administratif et à l'extension de l'aire de domination d'Alger.

**L'Algérie orientale est la région la moins urbanisée** (35 % en 1977), même si elle enregistre des taux d'accroissement élevés : 5,4 % en moyenne annuelle de 1954 à 1977. L'opposition littoral-intérieur y est moins marquée; réceptacles de l'exode rural du Tell et de l'Atlas saharien, les centres des Hautes Plaines ont manifesté un dynamisme plus vigoureux que celui des villes littorales (6,8 % contre 4,2 % entre 1954 et 1966). Depuis, à la faveur du renforcement des pôles industriels, les villes littorales démontrent une vigueur renouvelée.

**Le système urbain marocain** est caractérisé par la densification récente des mailles du réseau, par la permanence de la dissymétrie entre la zone du Nord-Ouest, où fonctionnent plusieurs armatures régionales denses et hiérarchisées, et la partie méridionale soumise à l'exclusive casablancaise, et par **« la place centrale » de l'axe urbain atlantique** (R. Escallier, 1982).

Le domaine aride compte plus d'une vingtaine de petits centres. A l'exception des domaines stratégiques (frontière algéro-marocaine, Sahara occidental), les taux d'urbanisation sont faibles,

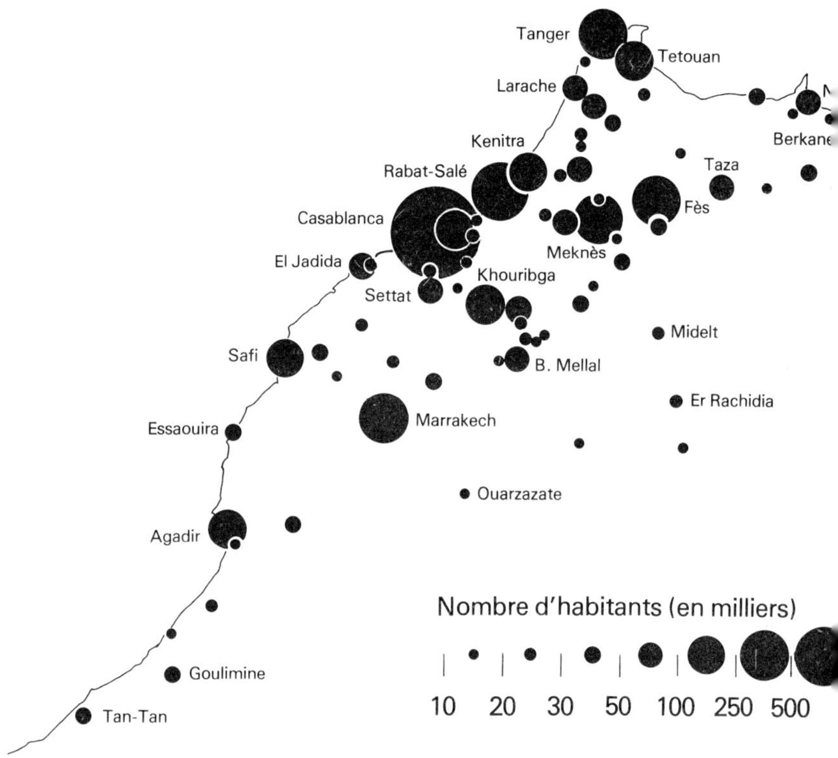


Fig. 24. — L'URBANISATION MAGHRÉBIN

cependant le mouvement amorcé s'amplifie grâce à la multiplication des relais étatiques jalonnant dans l'extrême sud « un nouvel axe... à la fois front pionnier administratif et cordon stratégique » (J.-F. TROIN, 1979). Dans les montagnes pourtant densément peuplées, le fait urbain ne se manifeste que par un petit nombre d'agglomérations de taille modeste.

Les montagnes traversées par la route, parcourues par les marchands ont vu apparaître quelques bourgs commerciaux aux nœuds routiers ou le long des « pénétrantes ». Les villes des bordures ont renforcé leur influence sur des espaces plus dépendants et fragiles, une fois l'isolement rompu. L'urbanisation périphérique traduit l'affaiblissement structurel de l'économie montagnarde.

Au sud de l'Oum-er-Rbia, les plaines et les plateaux ont une trame urbaine encore lâche, formée de noyaux de petite taille, à l'exception de Marrakech et de Safi. L'expansion safiote répond plus aux incitations industrielles, induites par le traitement des phosphates, qu'à la densité des relations ville-campagne, paralysées par la stagnation de l'économie rurale et la permanence de structures foncières inégalitaires. Marrakech, confinée dans une « situation insulaire », dépourvue

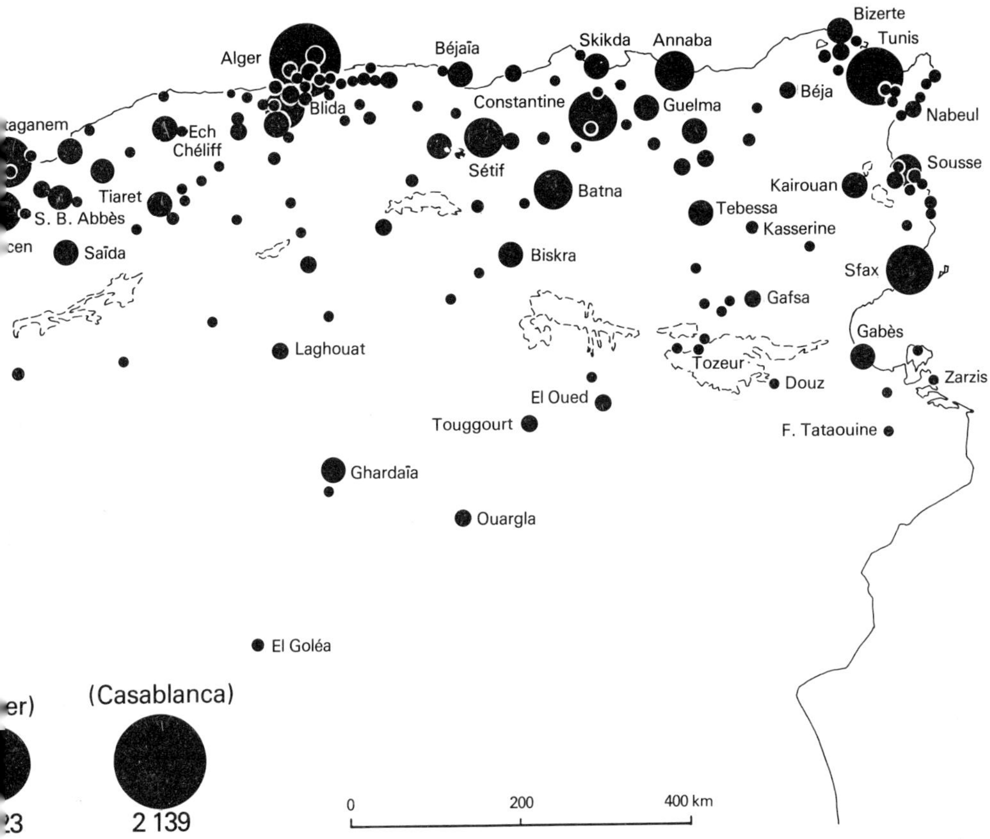


DANS LES ANNÉES 80 (villes de plus de 10 000 hab.).

d'instruments de direction et d'intégration des espaces régionaux n'est qu'un vaste entrepôt, un très gros centre relais. La plaine du Souss, très urbanisée, organisée autour du pôle *gadiri,* constitue l'anomalie régionale par la succession des nombreux centres qui ponctuent, d'Agadir à Taroudant, une campagne peuplée.

Au nord de l'Oum-er-Rbia, le tableau change; plusieurs armatures urbaines régionales s'individualisent. Dans le Centre-Ouest (Chaouia, Plateau des Phosphates et Tadla), la proximité de Casablanca nuit à la croissance et à l'équipement des centres régionaux. La Chaouia subit d'autant plus cette contrainte que l'agriculture est peu peuplante, bâtie autour de vastes domaines et sur des normes techniques évoluées. La région Phosphates-Tadla, structurée autour des deux pôles de Khouribga et Beni-Mellal se transforme sous l'effet des modernisations (agriculture irriguée, diversification des fonctions, accession à des niveaux de service et de gestion supérieurs) et devrait connaître à terme l'épanouissement d'un réseau urbain dynamique et intégrateur. Le Plateau Central et le pays des Zaërs constituent un vide démographique et urbain séparant la trame du Centre-Ouest de celle du Nord-Ouest, articulée autour des centres régionaux de Fès et de

TABLEAU XIX. — CROISSANCE DES VILLES SELON LA TAILLE ET NOMBRE DE VILLES PAR CLASSES
(en milliers d'habitants)

| Classes de taille / Taux annuel (%) | MAROC (1971-82) | | | | | | | | ALGÉRIE (1966-77) | | | | | | | | TUNISIE (1966-75) | | | | | | | |
|---|---|---|---|---|---|---|---|---|---|---|---|---|---|---|---|---|---|---|---|---|---|---|---|---|
| | + 10 | 7,5 10 | 5 7,5 | 4 5 | 3 4 | 2 3 | < 2 | T | + 10 | 7,5 10 | 5 7,5 | 4 5 | 3 4 | 2 3 | < 2 | T | + 10 | 7,5 10 | 5 7,5 | 4 5 | 3 4 | 2 3 | < 2 | T |
| + 1 000 | | | | | 1 | | | 1 | | | 1 | | | | | 1 | | | | | | | | — |
| 500 à 1 000 | | | | 1 | | | | 1 | | | | | | | | — | | | | | | 1 | | 1 |
| 250 à 500 | | | | | 2 | 3 | | 5 | | | | | 2 | | | 2 | | | | | | | 1 | 1 |
| 100 à 250 | | | 2 | | 3 | 1 | | 6 | | | 1 | 2 | 1 | 1 | | 5 | | | | | | | | |
| 50 à 100 | | 2 | 4 | 2 | 4 | | | 12 | | | 1 | 5 | 7 | 3 | | 16 | | | | | 2 | 2 | | 4 |
| 30 à 50 | 1 | 3 | 4 | 1 | 4 | 1 | 1 | 15 | 1 | 2 | 3 | 6 | 5 | 2 | 1 | 20 | | | 1 | 1 | 3 | 2 | 1 | 8 |
| 20 à 30 | 3 | 1 | 4 | 4 | 4 | | | 16 | | | 6 | 4 | 4 | 3 | | 17 | 1 | | 1 | 2 | | 4 | | 8 |
| 10 à 20 | 7 | | 7 | 4 | 4 | 3 | 4 | 29 | 1 | 6 | 13 | 15 | 18 | 8 | 8 | 69 | | 3 | 3 | 2 | 10 | 9 | 2 | 29 |
| TOTAL | 11 | 6 | 21 | 12 | 22 | 8 | 5 | 85 | 2 | 8 | 25 | 32 | 37 | 17 | 9 | 130 | 1 | 3 | 5 | 5 | 15 | 18 | 4 | 51 |

Meknès, dont les aires de rayonnement interfèrent. Les plaines du Rharb et du Saïs forment les zones agricoles parmi les plus prospères du pays. Les relations entre la distribution spatiale et fonctionnelle des villes et l'aménagement des régions rurales y paraissent plus étroites. La croissance urbaine devrait être stimulée par la réalisation ou l'extension des périmètres irrigués et le développement des « cultures intégrées ».

Le réseau tingitan est demeuré étonnamment figé depuis le début du XXe siècle; l'activité touristique saisonnière n'a eu qu'un faible impact économique régional et les villes ont peu profité des flux créés (M. Berriane, 1980). « La nébuleuse du Nord-Est », trop isolée, comprend à la fois les centres dynamiques de Berkane et de Nador, et ceux frappés d'une certaine léthargie (Oujda, Jerada, Ahfir), due au cumul de nombreux problèmes : « système minier » régional en crise, frontière... La partie occidentale, par contraste, manifeste une vitalité remarquable. Berkane, grâce à l'exploitation du périmètre irrigué, a accru son rayonnement commercial de façon telle qu'il fait concurrence à celui d'Oujda. Nador connaît un dynamisme démo-géographique rare, mais artificiel, dû aux implications de la « frontière » avec l'enclave espagnole de Melilla et aux retombées de l'émigration temporaire.

### 2.2.2. Les inégalités de la croissance urbaine

Les zones géographiques d'expansion urbaine ne se confondent donc plus avec les régions les mieux urbanisées. Longtemps les centres des zones littorales et des régions « spéculatives », lieux de concentration des Européens et des outils de commandement et de gestion économique, furent les plus dynamiques, tandis que les villes intérieures, placées à l'écart des grands courants économiques, étaient des pôles d'émigration citadine à l'exemple de Fès, de Tlemcen ou de Kairouan. Désormais les régions sous-urbanisées et périphériques enregistrent les taux d'urbanisation les plus soutenus. En Tunisie, les villes du Centre, du Sud, au Maroc les zones arides et montagnardes (régions méridionales d'Agadir à Figuig, provinces du Moyen Atlas et du Plateau Central avec Boulmane, Beni-Mellal, Knifra, Khemisset, zones du Nord-Est avec Taounate, Al Hoceïma, Nador), connaissent des taux supérieurs à la moyenne. En Algérie, la reprise de la croissance de villes « intérieures », l'explosion urbaine saharienne (J. Bisson, 1983) que symbolise la croissance de Ouargla ou de Ghardaïa (12 950 hab. en 1966, 43 000 hab. en 1977) manifestent les mêmes tendances.

L'affaiblissement relatif de la croissance des métropoles ou des grands centres a été compensé par « l'explosion » des communes urbaines périphériques comme le démontre l'exemple algérois. Alger, saturée, densément peuplée, ne peut plus accueillir, faute de constructions ou de lotissements nouveaux suffisants, les néo-citadins rejetés à la périphérie. « Ce n'est pas la grande ville qui polarise l'immigration, mais l'ensemble de la région littorale » (G. Mutin, 1980); la proximité d'Alger, la densification du tissu industriel, la révolution agraire et la crise de la Mitidja, l'érection de Blida en *wilaya* et la création de nouveaux chefs-lieux de *daïra* (C. Rahmani, 1982), justifient les taux de croissance record des communes urbaines de Reghaïa (16,5 % en moyenne annuelle, 1966-1977); de Bordj-el-Kiffane (8,3 %), d'Aïn Taya (5,3 %), de l'Arba, de Boudouaou, de Staoueli (5,6 %), de Meftah (6,4 %)...

La forte croissance est aujourd'hui avant tout le fait des petites villes (Tableau XIX). L'existence d'un semis de petites villes est l'un des traits les plus frappants de l'urbanisation maghrébine, ce caractère étant mieux affirmé encore en Algérie et en Tunisie qu'au Maroc.

La croissance rapide des petites villes est significative de l'intervention accrue de la puissance publique dans l'aménagement du territoire, des efforts entrepris tant dans le domaine industriel que dans celui du tertiaire public. En Algérie et en Tunisie, le rôle du tertiaire public dans la promotion des centres a été particulièrement efficace surtout dans les zones intérieures sous-équipées.

L'étude du système urbain tunisien (J.-M. Miossec, P. Signoles, 1982), montre cependant que les conséquences de ces efforts d'équipement ne doivent pas faire illusion : sur les 29 villes dont le taux de croissance était supérieur à 4 %, 12 étaient des localités n'offrant que de faibles potentialités aux ruraux récemment installés (El Jem, Le Fahs, Tajerouine, Bou Hajla...). Dans de nombreux cas, la croissance urbaine est « synonyme d'accentuation du chômage et de sous-emploi », et la ville est le lieu d'épanouissement du secteur économique non structuré (S.N.S.).

Le cas marocain révèle quant à lui que le dynamisme ne concerne pas seulement les petites villes de moins de 50 000 hab. : huit villes dont la population oscille entre 50 000 et 250 000 hab. ont enregistré des taux supérieurs à 5 % l'an, contre trois en Algérie et aucune en Tunisie. La personnalité de ces centres (Agadir, Khouribga, Beni-Mellal, Khemisset, Nador, Sidi-Kacem), capitales provinciales aux activités diversifiées, est évocatrice du renforcement de l'encadrement territorial et de l'émergence de nouveaux pôles régionaux, mais retrouver dans la même classe Sidi-Slimane ou Oued-Zem... pose aussi le problème des facteurs de l'urbanisation et de leur signification : modernisation et intégration ou déstructuration et rejet des campagnes?

Parmi l'ensemble des villes, les centres à responsabilité administrative connaissent les croissances les plus vives : Kasserine, Médenine, Sidi Bou Zid, Siliana en Tunisie, El Oued, Djelfa, Batna en Algérie, Khemisset, Taounate, Al Hoceïma, Sidi Kacem, El Kelâa des Srarhna au Maroc. Leur dynamisme est impulsé par la création massive des emplois publics d'autant plus que celle-ci s'accompagne, en relation avec la naissance de nouveaux flux, de l'installation d'activités induites (transports, commerces, banques, services divers). Cette promotion est fondamentale dans la transformation de la ville : nouvelles fonctions et nouveaux paysages, acquisition d'une modernité/citadinité, passage en quelques années de modestes localités au rang de villes.

La mutation est d'autant plus remarquable qu'à l'arsenal des moyens d'intervention étatique s'ajoute l'investissement industriel. Cela concerne quelques villes tunisiennes (Kasserine, Gabès, Ksar Hellal...) ou marocaines (Sidi-Kacem) (A. Fejjal, 1982) mais touche plus systématiquement les agglomérations algériennes, non seulement chefs-lieux de *wilaya* (M'sila, Jijel), mais aussi chefs-lieux de *daïra*. L'irruption brutale du travail industriel dans le monde rural n'a pas été sans répercussions : les populations campagnardes voient désormais l'emploi industriel à portée de main et s'y engouffrent, délaissant le travail de la terre moins rémunérateur. En Algérie, l'usine marque le paysage tout comme l'industrialisation a modifié les rythmes de croissance urbaine.

Au Maroc, à l'exception de l'axe atlantique, l'industrie n'apparaît pas comme un facteur structurant de l'espace et reste un phénomène ponctuel sans grand effet de diffusion. Seule la région du Rharb est dotée d'un réseau de villes aux activités industrielles assez diversifiées : Sidi-Slimane, Sidi-Kacem, Sidi Yahia du Rharb et Mechra-bel-Ksiri, le pôle régional de Kenitra bénéficiant d'une position favorable par sa proximité de l'axe atlantique et du binôme Fès-Meknès et la présence de bases productives non négligeables. Les activités touristiques saisonnières n'étant pas plus à même, à l'exception des villes d'Al Hoceïma, Asilah, Ouarzazate ou Chefchaouen, de soutenir la croissance urbaine, celle-ci n'est souvent significative que de la crise du monde rural. La plupart des petites et moyennes villes très dynamiques, centres spécialisés en rapide gestation et aux « fonctions routières » (J.-F. TROIN, 1979) contribuent à l'urbanisation ambiguë des campagnes.

Tout converge, en effet, pour placer les familles rurales dans une position propice au déracinement. Car l'ouverture des sociétés régionales au vertige de l'urbanisation ne s'accompagne pas d'une nouvelle définition des rôles, de la mise en place de nouvelles structures d'organisation et de fonctionnement spatial. L'urbanisation des comportements débouche sur l'exode. Faute d'une telle orientation, les villes ne demeurent que des centres de fixation de ruraux en mal d'intégration et dépourvus d'emplois. La dissémination des centres, le dynamisme démographique qu'ils manifestent, ne sont pas ainsi exempts d'ambiguïtés.

Si l'essor de l'urbanisation maghrébine est lié à la diffusion du fait industriel, aux promotions administratives, au tourisme, à l'impact de l'émigration externe (G. SIMON, 1979), à l'intégration croissante des campagnes au marché, il est aussi révélateur de la crise du monde rural, de la marginalisation d'une masse accrue de déracinés et de déshérités. Ceux-ci, incapables de faire face à l'augmentation des coûts de la vie urbaine, nourrissent la croissance d'un secteur non structuré puissant (cf. l'exemple tunisien, Ve Partie). La situation, décrite pour la Tunisie, est plus difficile encore au Maroc, même si aucune enquête comparable à celles entreprises en Tunisie (J. CHARMES, 1980) n'a été menée pour confirmer une telle assertion.

### 2.3. Le modèle d'urbanisation maghrébin

La période post-coloniale constitue une coupure historique majeure dans la dynamique du système urbain, même si tous les éléments de continuité n'ont pas été effacés.

Confrontés à une croissance urbaine très rapide, les pays maghrébins connaissent, comme tant d'autres pays en voie de développement, l'intensité du problème de la distorsion entre la croissance démographique et l'évolution du secteur productif. D'un artisanat de production traditionnel à la dérive, d'une industrialisation à capital et à technologie intensifs, naît un décalage entre les possibilités d'intégration dans des structures productives modernes et la demande d'emploi. Mais c'est aussi en ce domaine que s'affirment les différences entre pays.

En raison de la politique d'industrialisation engagée, le mode de croissance urbaine de l'Algérie a été transformé; les villes, de centres « prédateurs », deviennent des centres producteurs et coordonnateurs de services fournis aux campagnes (A. PRENANT, 1980). Certes la création des emplois industriels, la multiplication des emplois induits (B.T.P.) n'ont pas modifié radicalement le niveau de l'emploi d'autant que le délestage des campagnes s'est amplifié, que demeurent de profondes distorsions entre la force de travail non spécialisée et en surnombre, et les réalisations effectives exigeantes en main-d'œuvre qualifiée. Mais si la proportion des non ou sous-employés reste élevée, la non-mobilisation de la force de travail résulte avant tout des difficultés d'articulation et d'optimisation des interrelations entre les divers composants de la nouvelle économie urbaine.

Au Maroc, l'urbanisation n'est pas liée à l'industrialisation, à l'intensification des fonctions productives des villes. Aussi les relations villes-campagnes demeurent caractérisées par les faits de domination citadine : propriété urbaine et capitalisme de rente, échange inégal... L'exode rural témoigne des déstructurations des formations sociales régionales et aboutit au transfert en milieu urbain du chômage rural.

En Tunisie, l'industrie est devenue une source d'emplois importante (20 % de la population active citadine); le foisonnement de petites unités industrielles, comme la diversité des promoteurs, participent à la banalisation de l'industrie en milieu urbain. Cependant les caractères d'extraversion et la médiocre intégration de l'industrie expliquent aussi les profonds déséquilibres régionaux, l'intérieur voué au « désert industriel » (P. SIGNOLES et BEN ROMDANE, 1983) tandis que l'attractivité des localisations littorales conduit à une intégration différentielle des villes au géosystème national.

Le renforcement des régions motrices et la littoralisation du fait urbain sont d'autres caractères pertinents de l'urbanisation. L'espace s'organise selon un jeu dialectique de facteurs de diffusion et de facteurs de concentration (M. SANTOS, 1975). La modernisation des conditions de circulation est favorable à la domination accrue des grandes villes car, dans le même mouvement dynamique, la politique spatiale de l'État agit comme facteur de concentration. Le désengagement étatique en matière industrielle comme l'aide prioritaire accordée au capital privé (Tunisie), les choix technologiques opérés (Algérie), les stratégies industrielles de valorisation des exportations, la structure extravertie des économies se conjuguent avec les choix faits en d'autres domaines (transports routiers, tourisme...) pour accentuer les clivages régionaux, pour renforcer le poids et le rôle des métropoles.

### 2.3.1. La hiérarchie urbaine : le poids des métropoles

Les systèmes urbains maghrébins sont des systèmes macrocéphales qui s'organisent et fonctionnent à partir des capitales métropolitaines : Casablanca, Alger, Tunis. Le fait n'est pas récent, mais les mutations économiques actuelles n'ont pas manqué de réagir sur le système urbain.

TABLEAU XX. — ÉVOLUTION COMPARÉE DE LA POPULATION DE CASABLANCA, D'ALGER ET DE TUNIS ET DE LA PART RELATIVE DANS LA POPULATION URBAINE
(P.U. = population urbaine totale)

| CASABLANCA | | | ALGER | | | TUNIS | | |
|---|---|---|---|---|---|---|---|---|
| Année | Population | P.U. (en %) | Année | Population | P.U. (en %) | Année | Population | P.U. (en %) |
| 1936 | 257 000 | 17,7 | | | | 1936 | 258 000 | 39,4 |
| 1952 | 683 000 | 25,8 | 1954 | 450 000 | 20,9 | 1956 | 561 000 | 44,8 |
| 1960 | 965 000 | 28,3 | | | | 1966 | 680 000 | 37,3 |
| 1971 | 1 536 000 | 28,4 | 1966 | 897 000 | 24,2 | 1975 | 900 000 | 33,7 |
| 1982 | 2 140 000 | 24,6 | 1977 | 1 523 000 | 22,2 | 1980 | 1 100 000 | 32,5 |

**Incontestablement, la prééminence de Tunis,** qui rassemble près du tiers des citadins, **est plus marquée que celle d'Alger ou de Casablanca.** La primauté est ancienne et s'enracine dans l'histoire et l'évolution du système urbain précolonial (P. SIGNOLES *et al.*, 1980). Tunis, grâce aux fonctions de direction politique et administrative, de gestion économique dont elle a su se doter, est le pivot du système spatial tunisien. La « sururbanisation » de la capitale demeure forte; néanmoins, l'évolution récente révèle deux faits significatifs propres à nuancer certaines affirmations :

— à la différence des autres pays maghrébins, où le poids de la première ville se renforce (Casablanca regroupait, en 1982, 10,5 % de la population contre 7 % en 1952;

Alger, plus de 9 % en 1980 contre 5 % en 1954), la primauté démographique de Tunis mieux affirmée est stabilisée : 16 % en 1956 de la population totale, 17 % en 1980;
— par rapport à la population citadine, la part relative de Tunis ne cesse de se réduire étant passée de 44,8 % en 1956 à 32 % en 1982. La croissance tunisoise ne nuit point au développement des autres centres, tandis que le poids relatif de la seconde ville ne s'est pas sensiblement modifié : la population de Sfax représentait 28 % de la population de Tunis en 1956 et 29,2 % en 1975.

**Les macrocéphalies d'Alger et de Casablanca se sont accusées;** même si elles n'atteignaient pas le degré de concentration tunisois, la progression est spectaculaire. La prééminence d'Alger n'est pas récente : 20,9 % des citadins en 1954. Mais l'agglomération algéroise rassemble une proportion croissante de citadins : en tenant compte des populations des communes suburbaines (15 communes pour 219 200 hab. en 1977), elle réunit 26 % des citadins. De fait l'écart entre la première et la seconde ville s'est creusé exagérément : la population d'Oran représentait 61 % de celle d'Alger en 1954, 36 % en 1966 et seulement 32 % en 1977.

Casablanca rassemble avec Mohammedia, aujourd'hui gros quartier industriel de la métropole, 26 % des citadins marocains. Comme pour Tunis, sa part relative se serait réduite sensiblement; cette évolution a-t-elle cependant la même signification? Le taux d'accroissement annuel de l'agglomération casablancaise est désormais inférieur à celui de l'ensemble de la population citadine, situation normale par simple effet de masse; le poids relatif de la seconde ville, Rabat-Salé, par rapport à Casablanca, est passé de 31,5 % en 1952 à 34,7 % en 1971 et à 37,8 % en 1982. Ces faits sont-ils autant de signes de la maturité du système urbain? La chute brutale du dynamisme casablancais (5,9 % par an entre 1960 et 1971; 3,45 % de 1971 à 1982), — la population de nationalité marocaine étant seule prise en compte —, semble davantage poser le problème des conditions d'enregistrement des populations lors des opérations de recensement que traduire une réduction massive de l'exode rural. En vérité, la croissance de Casablanca est sans doute plus proche de celle d'Alger (5,6 % en moyenne de 1954 à 1977), comme le suggère l'évolution des paysages urbains, que de la croissance modérée de Tunis (2,9 % entre 1966 et 1975).

Les tendances d'évolution sont plus difficiles à discerner pour les autres niveaux de l'armature urbaine.

#### 2.3.2. Le poids variable des autres villes dans l'armature urbaine

Au Maroc, la strate des villes à vocation régionale est bien représentée (douze villes entre 100 000 et 850 000 habitants), marquant à la fois le maintien de solides capitales régionales (Fès, Marrakech, Meknès...) et l'émergence d'autres pôles : Kenitra, Agadir, Khouribga... Par opposition, en Tunisie comme en Algérie, cette strate est peu présente : Sfax en Tunisie et sept villes algériennes : Oran, Constantine, Annaba, Blida, Sétif, Sidi-bel-Abbès et Batna. La proportion des citadins de cette classe dépasse 40 % au Maroc, contre 23 % en Algérie et seulement 10 % en Tunisie (mais ici, problème d'échelle spatiale). En Algérie, ces villes ont connu un croît annuel inférieur à la moyenne, à l'exception de Batna et leur poids relatif a fortement diminué passant de 30 % en 1954 à 22,8 % en 1977 : « Elles ont incontestablement pâti du renforcement d'Alger : leurs fonctions régionales ont été estompées » (J.-C. Brulé et G. Mutin, 1982) (Tableau XXI).

TABLEAU XXI. — POPULATION URBAINE ET STRATES SUPÉRIEURES DE L'ARMATURE

| Taille des villes (en milliers d'habitants) | MAROC | | | ALGÉRIE | | | TUNISIE | | |
|---|---|---|---|---|---|---|---|---|---|
| | 1952 | 1971 | 1982 | 1954 | 1966 | 1977 | 1956 | 1966 | 1975 |
| 1 000 et plus | — | 1 506 | 2 139 | — | — | 1 523 | — | — | — |
| 500 à 1 000 | 682 | 523 | 832 | — | 897 | — | 561 | 680 | 900 |
| 250 à 500 | — | 658 | 1 736 | 725 | 325 | 835 | — | — | 261 |
| 100 à 250 | 758 | 1 019 | 928 | 111 | 391 | 724 | 157 | 217 | — |
| Total | 1 440 | 3 706 | 5 635 | 836 | 1 613 | 3 082 | 718 | 897 | 1 161 |

La plupart des villes des strates supérieures appartiennent aux zones littorales et sub-littorales : les cinq premières villes tunisiennes (Tunis, Sfax, Sousse, Bizerte et Gabès), cinq des neuf villes de plus de 100 000 habitants en Algérie, huit des treize villes de la même classe au Maroc. L'extraversion spatiale des systèmes n'a donc pas été effacée, la concentration littorale s'est au contraire renforcée, même si elle témoigne d'une organisation spatiale sensiblement modifiée.

**En Algérie,** la spécificité du système urbain tient, à côté du renforcement de la prééminence algéroise, à la place exceptionnelle occupée par les moyennes et petites villes : celles-ci regroupent 55 % des citadins, contre moins de 35 % au Maroc. Une telle répartition est susceptible de favoriser la mise en place d'un nouvel équilibre régional.

**Au Maroc,** la présence de gros centres régionaux intérieurs n'a point limité le renforcement de la puissance de l'axe atlantique : entre Casablanca et Kenitra se pressent un cinquième de la population totale, et près de quatre citadins sur dix. L'originalité de la situation réside à la fois dans la dissociation spatiale entre le pouvoir étatique (Rabat-Salé) dont le dynamisme est conduit par la centralisation d'importants pouvoirs de décisions politiques et administratifs, et le pouvoir économique (Casablanca-Mohammedia) et dans la proximité des deux pôles urbains qui permet le fonctionnement d'un réseau dense de relations et crée les conditions de la métropolisation de la zone littorale centrale.

Une fois encore, **la Tunisie** présente une situation relativement originale, par le nombre considérable de ses petites villes : elles sont 75, dont la population s'étale de 5 000 à 20 000 habitants, et regroupent 26 % des citadins (31 % avec les unités urbaines de 2 000 à 5 000 habitants). Les centres un peu plus étoffés (entre 20 et 50 000 habitants) sont encore au nombre de 16 et accueillent 18 % des citadins. C'est dire, compte tenu du poids considérable de la capitale, que les niveaux supérieurs de l'armature urbaine sont, dans ce pays, presque totalement laminés (5 villes de plus de 50 000 habitants; 19 % de la population urbaine).

Depuis l'Indépendance, l'un des faits majeurs de la croissance urbaine est la montée massive des effectifs de quelques grandes villes — moins ressenti en Tunisie — qui pose avec de plus en plus d'acuité des problèmes d'organisation et de fonctionnement, et ceux des rapports entre la taille des villes et le développement économique, l'emploi et d'une manière générale, les conditions de vie.

Au cours des dernières années s'est produit un changement d'échelle des problèmes urbains induisant souvent l'inadéquation des modèles et l'exigence de nouvelles politiques urbaines. Cependant, à l'échelle du Maghreb, pour graves que puissent paraître ces carences, il est encore temps pour répondre de façon efficace à ce défi. La croissance démographique des zones métropolitaines a tendance à diminuer depuis quelques années; en outre, pour élevé que soit le nombre des citadins dans les plus grands centres, il reste sans commune mesure avec celui de différents pays de taille comparable : l'Égypte dont la population se rapproche de celle du Maghreb (46,5 millions d'habitants en 1984), doit affronter des problèmes autrement plus complexes et supporter des charges infiniment plus lourdes, dûs à l'accumulation d'environ 13 millions de personnes dans les deux métropoles du Grand Caire (10 millions environ) et d'Alexandrie. Le Maghreb est en mesure de faire face aux besoins des 5,7 millions de citadins répartis dans ses trois métropoles..., mais il doit le faire sans retard.

Chapitre 9

# MIGRATION ET URBANISATION

Les migrations de population expriment les changements affectant l'organisation et le fonctionnement de la société et de l'espace. Plus les transformations des conditions de la production non agricole deviennent impératives, plus les flux migratoires deviennent puissants, et ce d'autant plus que les effets des restructurations sont amplifiés par l'explosion démographique.

L'urbanisation accélérée, dans le temps et l'espace, l'élargissement du champ d'intervention étatique, la création de nouveaux pôles d'investissements, les transformations sociales, en un mot la complexité croissante des formes d'organisation spatiale, créent les conditions d'expression pour de nouvelles formes de mobilité des populations. La migration, dès lors, n'est plus à sens unique des campagnes vers les villes, même si l'exode rural demeure le principal flux de redistribution des populations dans l'espace.

## 1. EXODE RURAL ET URBANISATION

Le mouvement d'expulsion des ruraux vers les centres urbains s'est renforcé au cours des dernières décennies.

### 1.1. Les composantes de la croissance urbaine

La mesure de la contribution relative de l'exode rural (apparent) à la croissance urbaine et celle de la quantification des flux sont délicates en raison de sources statistiques incomplètes (pour une présentation des méthodes d'analyse : R. Escallier 1978, P. Signoles 1984) (Tableau XXII).

TABLEAU XXII. — SOLDE MIGRATOIRE ANNUEL (EXODE RURAL APPARENT) ET PART DE LA MIGRATION DANS LA CROISSANCE URBAINE (1900-1982)

| MAROC | | | ALGÉRIE | | | TUNISIE | | |
|---|---|---|---|---|---|---|---|---|
| Période | Volume exode rural | Croissance urbaine (en %) | Période | Volume exode rural | Croissance urbaine (en %) | Période | Volume exode rural | Croissance urbaine (en %) |
| 1900-1912 | 7 800 | 67 | | | | | | |
| 1912-1926 | 11 400 | 62 | | | | | | |
| 1926-1936 | 17 300 | 55,5 | 1926-1936 | 11 400 | 53 | 1926-1936 | 900 | 10 |
| 1936-1952 | 29 000 | 50 | 1936-1954 | 24 000 | 64 | 1936-1956 | 14 200 | 55 |
| 1952-1960 | 45 000 | 40 | | | | | | |
| | | | 1954-1966 | — | — | 1956-1966 | 16 850 | 30 |
| 1960-1971 | 86 500 | 41 | | | | | | |
| | | | 1966-1977 | 127 000 | 44,5 | 1966-1975 | 35 900 | 46 |
| 1971-1982 | 123 100 | 39 | | | | 1975-1980 | 40 000 | 29 |

Le déclenchement de l'exode rural apparaît plus précoce au Maroc et en Algérie qu'en Tunisie où celui-ci est daté des années 1934-1936 (C. Liauzu, 1976); cependant, jusqu'à la seconde guerre mondiale, l'ampleur des flux demeure modérée. Au-delà, les crises politiques ou démo-alimentaires vont amplifier irrémédiablement les mécanismes d'expulsion des ruraux vers les villes. Dès lors l'épanouissement des courants migratoires est remarquable dans les trois pays; si, en année moyenne, les villes ont dû supporter les charges de l'immigration de 70 000 ruraux au début des années 50, au milieu de la décennie 70, ce solde s'élève à 300 000 personnes. Le changement d'échelle est saisissant. Or les valeurs estimées ne sont que des moyennes qui cachent les oscillations brutales du phénomène, sa dramatisation conjoncturelle.

L'évolution du solde migratoire se révèle de façon plus spectaculaire encore lorsqu'est prise en compte sa part relative au sein des populations rurales (Tableau XXIII).

TABLEAU XXIII. — ÉVOLUTION DE L'EXODE RURAL, EN VALEUR RELATIVE (en ‰ de la population rurale moyenne au milieu de la période)

| MAROC | | ALGÉRIE | | TUNISIE | |
|---|---|---|---|---|---|
| Période | (en ‰) | Période | (en ‰) | Période | (en ‰) |
| 1900-1912 | 1,6 | | | | |
| 1912-1926 | 2,2 | 1906-1926 | 1,5 | | |
| 1926-1936 | 3 | 1926-1936 | 2,55 | 1926-1936 | 1 |
| 1936-1952 | 4,3 | 1936-1954 | 4,3 | 1936-1956 | 6,5 |
| 1952-1960 | 5,6 | 1954-1966 | — | 1956-1966 | 7,4 |
| 1960-1971 | 9,5 | 1966-1977 | 13,5 | 1966-1975 | 14,1 |
| 1971-1982 | 11,4 | | | 1975-1980 | 13,7 |

Dans les trois pays, la progression est remarquable, constante et convergente. Jusqu'aux années 40, deux à trois ruraux sur mille ont émigré, chaque année, vers la ville. Depuis, la part prélevée par l'exode rural a atteint des valeurs très hautes, jusqu'à 14 ruraux sur mille frappés par l'exode au cours des années 1966-1975.

Au Maroc, la migration rurale est ancienne et sa progression continue, en accord avec la crise profonde que traverse la société rurale. Celle-ci a atteint un tel niveau de contradictions que les freins que pouvaient encore exercer l'organisation sociale traditionnelle ne jouent plus ou trop faiblement. Le ralentissement relatif de la tendance, constaté au cours des années 70, ne peut faire illusion et n'implique pas l'amélioration des conditions de vie des campagnes. L'intervention de l'État marocain dans le domaine agricole, sous couvert de modernisation et de réforme agraire, n'a débouché que sur l'aggravation des inégalités sociales, l'éviction d'hommes et de femmes coupés des moyens de production. Ce ralentissement est plutôt dû à la sous-estimation des populations urbaines lors du recensement de 1982.

En Algérie, l'appréciation du volume de l'exode rural est rendue difficile en raison des perturbations provoquées par la guerre. De toute évidence la migration campagnarde au cours des années de guerre et d'après-guerre fut très puissante, estimée à 150 000-170 000 personnes annuellement (1962-1966-M.A.P.). Au cours de la phase 1966-1977, les fluctuations interannuelles sont incontestables; cependant l'existence d'une cassure nette avec la période antérieure, d'un effondrement de l'exode comme le retiennent différents auteurs (A. Benachenhou, 1979, C. Rahmani, 1982) à la suite d'A. Prenant (1976), même si la nature du fait migratoire en raison de la nouvelle politique industrielle et d'aménagement du territoire s'est transformée partiellement, paraît tout à fait contestable.

Au Maroc et en Algérie, la migration vers les villes s'est ainsi poursuivie à un rythme croissant; par contre en Tunisie, après la phase ascendante 1936-1975, l'exode rural semble s'être stabilisé. « La brutale inflexion de la tendance antérieure serait alors un événement capital de la décennie 70 » (P. Signoles, 1984).

L'exode rural représente le moteur de la distribution spatiale des populations, provoquant le transfert d'une masse importante de campagnards vers les centres urbains. Sa contribution à la croissance urbaine n'est pas constante, mais connaît de sensibles fluctuations (Tableau XXII), notamment en Tunisie. Très faible de 1926 à 1936, elle devient prépondérante avant et après la seconde guerre (environ 55 %) et retombe à un faible niveau (moins du tiers) dans les années qui succèdent à l'Indépendance. Il est vrai qu'à cette époque, le remplacement des Européens s'effectue au profit de Tunisiens déjà citadinisés et scolarisés, ce qui tend à intensifier les échanges interurbains et à réduire, en valeur relative, la part de l'exode rural (P. Signoles, 1984). En 1966 et 1975, l'exode rural participe à nouveau activement à la croissance urbaine — rôle de l'émigration internationale d'origine citadine — pour s'affaiblir durant la période 1975-1980 (29 %).

La situation algérienne se rapproche de celle du Maroc. L'exode rural joue un rôle prépondérant et ce n'est qu'au cours de la période 1966-1977 que le solde naturel dépasse le bilan migratoire (entre 55 et 60 %, selon diverses hypothèses). Au Maroc, la contribution de l'exode à la croissance urbaine a diminué en valeur relative, passant de 67 % au début du siècle à 40 % durant la période 1952-1960. Cependant l'élément majeur est la stabilisation, depuis trente ans, de sa contribution relative; ce palier est significatif de l'aggravation de la migration rurale en relation avec l'effondrement des structures sociales régionales.

L'évolution enregistrée est conforme au modèle classique. Dans la phase initiale du procès d'urbanisation, l'apport migratoire est prépondérant et concourt pour les 2/3 (dans les zones les moins urbanisées) ou plus de la moitié à la croissance des populations citadines. Avec l'épanouissement du phénomène urbain, la part de l'exode rural diminue en valeur relative. L'assainissement du milieu urbain, le rééquilibrage des sexes, l'inertie des structures démographiques jeunes favorisent la baisse de la mortalité et l'augmentation du croît naturel urbain. A ceci s'ajoute l'effet de masse, de plus en plus décisif. Ainsi les populations urbaines ont enregistré le passage d'un type d'accroissement à prépondérance migratoire, à un accroissement à prépondérance naturelle, et cela au moment même où les villes n'ont jamais tant accueilli du ruraux en volume et connaissent les « risques » de ruralisation ou de néo-citadinisation. « Ces nouvelles populations, aux attaches rurales souvent encore fraîches, investissent la ville qu'elles remodèlent » (J.M. MIOSSEC, 1983). L'évolution des paramètres de la croissance urbaine est une remise en question des arguments souvent admis, suivant lesquels tout effort de développement devrait être orienté en priorité vers les campagnes (renversement de la stratégie des politiques spatiales du gouvernement marocain en faveur d'un retour au « ruralisme » au début des années 80). Que l'aménagement du territoire soit devenu une exigence à laquelle aucun gouvernement ne peut plus se soustraire, c'est une évidence à la condition que cette action soit associée à celle de l'aménagement urbain. Mais l'amélioration des équipements urbains, la lutte contre le sous-habitat, la réduction du chômage urbain ne contribuent-ils pas à renforcer **« la séduction urbaine »** auprès des ruraux, à **accroître le champ d'intervention des villes et, en définitive, à entretenir leur croissance dynamique?**

## 1.2. Exode rural et espace géographique

L'intensité du processus migratoire, fonction de multiples facteurs de nature économique et sociale, enregistre des variations régionales majeures.

### 1.2.1. Les régions émettrices des flux d'exode rural

Partout les montagnes ont vu leur population diminuer en valeur relative, même si elles n'ont jamais été aussi densément peuplées. Ce vaste mouvement de redistribution des populations dans l'espace ne s'est pas effectué régulièrement mais par à-coups successifs. Ainsi, « c'est la guerre de Libération qui a entraîné le grand délestage des montagnes algériennes... La redistribution a été d'autant plus massive qu'elle avait été longtemps contenue » (M. COTE, 1983). En Tunisie, si les zones « marginales » du Nord-Ouest, notamment les montagnes littorales, ont été peu affectées par les départs, jusqu'en 1966 (P. SIGNOLES, 1972), après cette date l'accélération de l'exode est forte, dans les Mogods et en Kroumirie.

L'émigration ne concerne pas seulement les espaces « périphériques » montagnards et steppiques; elle se manifeste puissamment dans les plaines, zones de sédentarisation relativement récente où les communautés rurales sont moins profondément enracinées que dans les zones oasiennes ou les montagnes, où les structures sociales demeurent encore profondément inégalitaires, où une fraction élevée des populations est réduite à l'état de paysans sans terre et d'ouvriers agricoles saisonniers. La migration rurale sera alors d'autant plus forte que la proximité de grands centres urbains dynamiques exerce une vive attraction auprès des campagnards. Le cas marocain est à cet égard significatif. Les régions où l'émigration est la plus ample et la plus intense (considérée sur une période de quarante années) se situent au sud du Plateau Central; elles correspondent aux plaines atlantiques de l'Ouest, ainsi qu'aux plateaux intérieurs. A proximité de

Casablanca, les indices d'intensité migratoire sont les plus élevés. Par contre les régions d'où l'on émigre peu correspondent aux espaces pastoraux du Maroc central.

Les principales zones d'émigration coïncident avec les régions de forte densité de population rurale; mais c'est l'effet de masse qui joue, car il n'existe aucune relation simple entre la densité de population et l'indice d'intensité migratoire. L'intensité de l'émigration apparaît beaucoup plus liée à la proximité de la métropole économique, aux éléments de transformation qui lui sont attachés, et surtout à la réalité socio-économique des campagnes et aux rapports sociaux qui s'y développent. Les potentialités agronomiques des plaines atlantiques sont infiniment plus prometteuses que celles des plateaux ou des montagnes, mais ces plaines ont été brutalement modernisées et socialement déstructurées, alors que les zones périphériques ont été largement ignorées par les processus de modernisation.

La pression démographique n'explique pas l'exode rural, mais l'augmentation des densités dans les zones écologiquement fragiles crée des conditions propices au déracinement et au départ. La terre agricole se raréfie sous les effets conjugués de différents facteurs, comme la consommation d'espace par l'industrie et l'urbanisation (cf. IVe Partie). La situation des paysanneries devient ainsi insupportable, d'autant que l'urbanisation des campagnes, leur intégration accrue à l'économie urbaine, favorise la perception de l'existence d'un autre monde, d'autres conditions de vie et de travail. Dès lors par les effets de démonstration de la ville, par l'emprise accrue qu'elle exerce sur le monde paysan, l'exigence de la satisfaction de nouveaux besoins plus ou moins normalisés (transformation de la structure de consommation) implique la quête de nouvelles sources de revenus que seule l'émigration procure. De plus les investissements dans le secteur agricole, nécessaires à l'élévation de la productivité, sont notoirement insuffisants ou inadaptés, et n'ont jamais l'effet escompté de rétention des populations rurales — la modernisation serait même favorable au délestage des campagnes « traditionnelles » —. Quant à la création de nouveaux pôles d'activités, elle provoque une aggravation de la paupérisation relative du monde paysan : microfundiaires ou ouvriers agricoles et la recherche de revenus monétaires complémentaires. « Cette extension de la monétarisation dans les campagnes résulte aussi du fait de la forte proportion persistante des travailleurs temporaires engendrant un salariat partiel massif et une forte instabilité de l'emploi. Ceci associé à une faible croissance de l'investissement public dans le secteur agricole proprement dit a provoqué un exode agricole partiel important, voire même l'exode rural, car le dynamisme salarial dans le secteur non agricole a été tel qu'il a même contribué à faire partir les travailleurs agricoles jouissant d'un travail permanent comme ceux du secteur autogéré. *A fortiori,* cette attraction a-t-elle pu jouer pour les exploitants agricoles » (A. BENACHENHOU, 1979; à propos de l'Algérie).

#### 1.2.2. Les principaux pôles d'accueil de l'exode rural

Les inégalités de la croissance des villes démontrent que toutes les villes n'ont pas été concernées avec la même intensité par l'immigration campagnarde. Ainsi, au Maroc, les villes ayant appartenu à la trame urbaine précoloniale n'ont pas connu les rythmes d'expansion des villes « modernes », c'est-à-dire des centres moteurs ou relais du nouveau mode de production.

La migration campagnarde s'est principalement effectuée au profit des grands centres urbains détenteurs des pouvoirs de macro-organisation de l'espace et offrant des possibilités d'intégration de la force de travail.

En Algérie, au cours des quatre-vingts dernières années, les flux d'exode rural, émis pour les 4/5 par les régions telliennes, ont été aspirés pour 4 % par les bassins intérieurs, pour 10 % par les Hautes Plaines, mais pour 83 % par les plaines littorales.

Au Maroc, le rôle de la migration interne dans l'épanouissement de la région urbaine de l'axe atlantique est tout aussi spectaculaire. Les villes de l'axe urbain Casablanca-Rabat-Kenitra ont recueilli 53 % des flux migratoires (émis entre le début du siècle et 1971, exode rural et migrations interurbaines), Casablanca à elle seule plus de 37 %; les cinq villes de l'axe ont reçu plus d'immigrants que les cent quarante autres villes marocaines (fig. 25) (R. ESCALLIER, 1981).

**Les champs migratoires des métropoles maghrébines sont, de ce fait, considérablement étendus.** Celui de Casablanca couvre toute la partie méridionale du Maroc, avec une intensité particulière dans les bas pays atlantiques, les montagnes et les zones sahariennes (R. ESCALLIER, 1980). Tunis reçoit ses habitants du pays tout entier, mais plus particulièrement des plaines de grande culture (Nord-Ouest), des régions littorales densément peuplées (Sahel bizertin, cap Bon, Sahel de Sousse) et de tout le Sud. Alger reçoit des migrants de toutes les *wilaya,* les contingents les plus étoffés provenant de celles de Tizi Ouzou, Sétif, Médéa et Blida.

Les zones de recrutement des villes de second rang sont beaucoup plus centrées sur le milieu régional. Marrakech polarise les flux migratoires du Haouz et de la bordure nord du Haut Atlas. Au-delà, son influence s'affaisse et s'incline devant celle de Casablanca notamment dans les vallées du Dra et du Dadès. En Tunisie, « Sfax est indéniablement une ville d'attraction régionale... attirant presque toujours plus de 25 % de ceux qui quittent les délégations de son gouvernorat » (P. SIGNOLES, 1972). Quant à Constantine, elle n'est le premier pôle d'émigration que pour les *wilaya* de Skikda, Jijel et Oum-el-Bouaghi.

#### 1.2.3. De nouvelles tendances

Jusqu'à récemment, les flux migratoires ont convergé vers les principaux centres du réseau urbain hérité de la période coloniale, délaissant les vieilles villes « traditionnelles » (Fès et Marrakech, longtemps pôles d'émigration) et les petites et moyennes villes de l'intérieur dépourvues, du fait de leur relative marginalisation, de capacités mobilisatrices de la force de travail; ils ont entraîné dans les quartiers du sous-habitat des périphéries urbaines des hommes pauvres et peu qualifiés, prêts à tous les emplois précaires du secteur non structuré. Depuis quelques années cependant, quelques autres centres ont manifesté une capacité attractive. « Saturation des grands centres ou implantation de facteurs attractifs dans les petits? Les deux facteurs... paraissent jouer simultanément » (A. PRENANT, 1980).

Au Maroc, les villes moyennes de 20 000 à 50 000 habitants ont connu un rythme de croissance près de deux fois supérieur à celui des villes de 250 000 habitants et plus (période de 1971-1982).

En Tunisie, toutes les villes dont le taux d'accroissement est supérieur à 4 % appartiennent à la catégorie des villes de moins de 40 000 habitants. Malgré la création d'emplois administratifs et de services, plus rarement industriels, la croissance de ces petits centres marocains ou tunisiens s'accompagne du chômage et du sous-emploi.

Si l'Algérie n'échappe pas entièrement à ces mécanismes, il faut constater aussi que la généralisation de la croissance urbaine et la capture des flux migratoires par les villes intérieures, résultent de l'implantation d'activités nouvelles, avec une prééminence accordée aux fonctions de production. Est-on cependant parvenu « à un nouveau stade

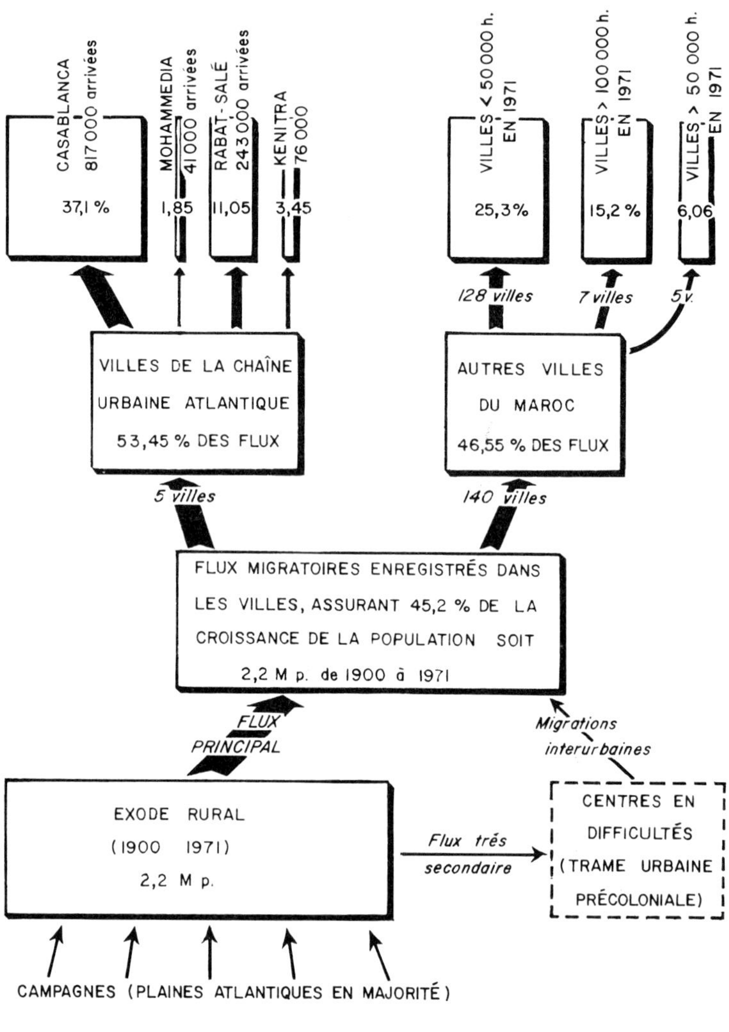


Fig. 25. — RÉPARTITION DES FLUX MIGRATOIRES (exode rural et migrations interurbaines) ENTRE LES VILLES DU MAROC, DE 1900 À 1971.

de la mutation, où la création d'activités paraît décidément plus déterminante que des déséquilibres ruraux cependant persistants? » (A. PRENANT, 1980).

## 2. LES NOUVELLES FORMES DE MOBILITÉ SPATIALE

On ne peut plus présenter aujourd'hui l'espace migratoire maghrébin comme fonctionnant à sens unique des campagnes vers les villes.

## 2.1. Diversification de l'espace migratoire

En 1971, six chefs de ménage sur dix qui résidaient en ville étaient, au Maroc, nés à la campagne — image classique de citadins chez qui l'on relève aisément une ascendance campagnarde — mais 13 % étaient originaires d'une autre ville que celle de leur résidence. La proportion des citadins ayant participé aux migrations volontaires interurbaines varie de 3 à 18 %, selon les agglomérations; elle est la plus élevée dans les centres de l'axe urbain atlantique : 18 % à Rabat-Salé, 17 % à Casablanca dont l'aire de recrutement est nationale (R. ESCALLIER, 1979). L'arrivée des citadins est d'autant plus intense qu'elle est récente, qu'elle se produit dans des villes aux fonctions de gestion et d'organisation de niveau supérieur. Ainsi l'exode rural n'apparaît plus comme la seule composante de la migration interne, il n'est qu'un élément de la mobilité générale des populations.

L'évolution est d'autant plus marquée que l'urbanisation des populations progresse rapidement, corrélativement à la modernisation et à la complexité croissante des systèmes spatiaux. La circulation accrue des produits et des idées, l'intégration des régions dans la sphère de l'économie marchande s'accompagnent d'une plus grande mobilité des hommes.

Si la quantification des faits migratoires à l'échelle du Maghreb demeure délicate, faute de données statistiques pertinentes, l'exemple tunisien, bien analysé grâce aux matériaux rassemblés par l'Institut National de la Statistique (M. PICOUET, 1970; C. TARIFA, 1978; P. SIGNOLES, 1984), révèle les modifications affectant le mouvement migratoire au cours de la période récente et ses grandes lignes de force :

— **la mobilité entre gouvernorats serait en légère baisse;** celle-ci résulte de la très sensible réduction du pouvoir attractif de l'agglomération tunisoise (J.M. MIOSSEC, 1981);

— **les migrations entre délégations ont nettement progressé;** les échanges au sein des gouvernorats sont puissants et suggèrent qu'ils le sont tout autant au sein de la même délégation entre cheikhats et/ou entre communes urbaines;

— **les migrations interurbaines se sont intensifiées** alors que l'exode rural enregistre une baisse sensible en valeur relative (Tableau XXIII). Estimées à 30 % du total, en 1968, elles dépassaient 50 % entre 1970-1975 (C. TARIFA, 1978) pour atteindre 63 % en 1975-1980. Même si ces données, du fait des hypothèses de calcul retenues, surestiment la migration interurbaine — l'exode rural ne représentant seulement que 13,4 % des migrations entre gouvernorats (Enquête population-emploi, 1980-I.N.S.) — il faut admettre qu'elle domine désormais très largement la migration interne.

## 2.2. Migrations ascendantes et migrations descendantes

Le départ des lieux d'enracinement, pour forcé et traumatisant qu'il puisse être, est volontiers assimilé à un acte volontaire d'ascension sociale : celui qui part est celui qui aspire à améliorer le sort du groupe familial, à trouver, ailleurs, de nouvelles sources de revenus et de promotion. Toutes les enquêtes sur les circonstances et les facteurs de l'acte migratoire révèlent la prédominance des motivations économiques. Plus de la moitié des campagnards installés dans la *medina* et les *douar* périphériques de la ville de Fès sont venus pour des raisons économiques (selon l'enquête INSEA, 1975); le facteur principal de la migration masculine vers les villes de la région d'Oran est la recherche d'un emploi. L'image ordinaire de la ville est celle d'un lieu de promotion et de réussite sociale; moins le vécu quotidien est accepté, plus le monde urbain est idéalisé comme le démontraient les réponses des jeunes ruraux marocains à l'enquête menée par P. PASCON et M. BENTAHAR (1970). Le monde rural est infériorisé par rapport à la ville, le petit centre local par rapport à la ville régionale. La migration ascendante, avec sa connotation économique, sociale et spatiale, demeure encore la plus pratiquée; les taux d'urbanisation progressent et la réussite est d'autant plus éclatante qu'elle s'acquiert à Casablanca, Alger ou Tunis.

L'étude des itinéraires migratoires conforte l'analyse. L'accent est mis sur la place de la migration directe devenue prédominante : au Maroc, 84 % des ruraux et 75 % des citadins sont venus s'installer dans la ville de résidence sans avoir utilisé de relais migratoire, 63 % des migrants installés à Tunis ont accompli un cheminement direct vers la capitale (ce taux est cependant moindre pour les seuls migrants volontaires, c'est-à-dire à l'exclusion des femmes qui ne sont pas chefs de ménage, des enfants, des fonctionnaires...).

La migration par étapes n'est guère pratiquée par les femmes, peu par les campagnards dont l'enquête marocaine a montré l'amenuisement de l'utilisation des relais avec le temps, beaucoup plus par les citadins dont les motivations et statuts sociaux sont autres. Pourtant la migration devient de plus en plus complexe en liaison notamment avec la migration internationale. Les migrations ascendantes s'accompagnent fréquemment du changement de statut social des individus ce que ne réalisent pas ordinairement les migrations descendantes dont la diversité des formes s'accroît. Le type le plus connu concerne la mobilité des fonctionnaires ou des représentants des firmes. Participent ainsi au mouvement les agents de l'État, des sociétés nationales ou des firmes privées, aux niveaux de qualification élevés. La migration temporaire de groupes appartenant en majorité aux classes moyennes est un agent de diffusion de nouveaux types de pratiques socio-spatiales, de nouveaux modes de consommation, dont l'effet de démonstration est remarquable tant auprès des ruraux que des citadins de souche.

D'autres types de migration descendante peuvent être évoqués même s'ils demeurent encore peu étudiés : la migration de retraite et la mobilité « d'échec ». Plusieurs auteurs (H. BENHALIMA, 1977) ont noté le phénomène de reflux de personnes âgées vers de petites ou moyennes villes « refuges », qui offrent un environnement social et culturel plus en rapport avec les disponibilités monétaires des ménages, avec l'aspiration à un cadre de vie, une civilisation urbaine, sinon plus authentiques, du moins plus traditionnels et conformes à certaines pratiques anciennes. Outre le retour à l'âge de la retraite vers la région d'origine, on note le reflux de certains *Fassi* vers les villes du *dir* (Sefrou), de Tunisois vers les villes du littoral (Sahel) ou celles du Sud (Médenine, Tataouine). A cela s'ajoute le retour des travailleurs émigrés à l'étranger.

La migration « d'échec » ou de repli est encore mal appréciée; elle n'est pourtant pas dépourvue de signification. Une fraction des migrants installés dans les grandes villes paraît incapable de supporter le traumatisme que représente le modèle d'urbanisation : promiscuité et densité de l'habitat, éclatement des réseaux de sociabilité traditionnels, échec économique et chômage... Il s'ensuit le reflux vers des villes de niveau régional ou local, où leur intégration s'avère plus aisée. **Les grandes villes**, dans ce cas **jouent un double jeu, celui de pôle de concentration des flux migratoires (campagnards) et de foyer de leur diffusion.**

## 3. MIGRATIONS ET SOCIÉTÉS CITADINES : IMPLICATIONS SOCIO-SPATIALES

### 3.1. Migration et démographie urbaine

Les caractéristiques démographiques et sociales de la migration campagnarde demeurent encore mal appréciées, même si plusieurs constantes émergent des enquêtes réalisées.

**La jeunesse des migrants** est un point incontestable. Au Maroc, l'âge moyen des populations rurales confrontées à la migration définitive et volontaire (chefs de ménage), fut estimé, en 1971, à 23,6 ans, l'âge médian à 22 ans; en Algérie, en 1977, l'âge moyen à la migration était sensiblement plus élevé pour les hommes (28,1 ans) que pour les femmes (26,04 ans), soit une différence conforme au schéma d'une forte proportion de migrants déjà mariés, d'une migration « conjugale ».

Si les femmes s'installent en ville plus jeunes que les hommes, elles sont surtout de plus en plus nombreuses. **La mobilité des groupes féminins paraît plus prononcée,** même si l'effet de surmortalité masculine ne peut être négligé. A Tunis, la proportion des femmes parmi les migrants s'élevait à 45 % avant 1966 et à 55 % après cette date. Le rapport de masculinité était voisin de 96 pour l'ensemble des populations d'extraction rurale dans les villes marocaines. Dans les quartiers d'habitat précaire et clandestin, refuges des populations nées pour la plupart en milieu rural, les rapports de masculinité sont d'autant plus faibles que ces espaces sont ouverts à l'immigration récente. Certes la migration internationale, à forte prépondérance masculine, peut expliquer certains écarts, mais force est de reconnaître le jeu d'autres facteurs relevant autant de certaines habitudes (placement de jeunes filles dans les familles citadines) que de l'apparition de nouvelles pratiques (tendance à la résidence urbaine des femmes et des enfants des travailleurs émigrés).

De ces mouvements résulte une optimisation du potentiel de reproduction des populations citadines par le rajeunissement, la pérennité de modèles de fécondité différents : les comportements plus traditionnels des migrants à l'égard du mariage et de la famille sont favorables au maintien d'une fécondité élevée.

### 3.2. Migration et emploi

La recherche d'un emploi demeure la cause principale de départ, même si des enquêtes récentes signalent l'importance croissante d'autres facteurs (éducation des enfants, amélioration des conditions de vie...). Outre les difficultés quotidiennes de survie d'une fraction importante des ruraux, la prolétarisation et le chômage rural poussent les petits paysans microfundiaires, les saisonniers agricoles sans travail ou sans terre à quitter leur milieu d'origine; mais il faut faire aussi intervenir d'autres éléments, comme la dévalorisation du travail de la terre, la séduction du travail salarié dans les usines ou les chantiers, l'espoir du statut de « salarié citadin » (ces facteurs sont déterminants en Algérie).

Cependant **la plupart des migrants d'origine campagnarde,** paysans sans terre ou exploitants ne disposant ni des possibilités d'épargne, ni de moyens financiers et techniques autorisant une mise en valeur optimale de leur patrimoine, débouchent en milieu urbain dépourvus d'atouts (qualification, ressources monétaires, connaissance des modes de fonctionnement de la ville, relations sociétales) propices à leur insertion dans les secteurs économiques modernes; ils **éprouvent de ce fait de graves difficultés**

**d'intégration sociale et spatiale.** Les enquêtes réalisées au Maroc montrent que le taux de chômage était deux fois plus élevé parmi les migrants ruraux que chez les citadins (R. ESCALLIER, 1981). Il en résulte, dés lors, leur participation massive aux travaux temporaires ou irréguliers, à ceux qui ne nécessitent qu'une faible qualification et n'offrent qu'une rémunération dérisoire. Ces métiers permettent cependant une grande faculté d'entrée, du fait de la faible mise de fonds initiale, et de l'utilisation de techniques simples (coefficient de capital peu élevé). En Tunisie, on estime à 40 % (en 1976) la part des emplois offerts par le secteur non structuré (S.N.S.) dans l'ensemble de la population active citadine (emplois agricoles exclus), dont près des deux tiers s'exerceraient à domicile ou de façon itinérante (J. CHARMES, 1983). Au Maroc, la proportion pourrait être plus élevée encore en milieu urbain.

### 3.3. Migration et espace urbain

Les rythmes d'accroissement des populations citadines, impulsés directement ou indirectement désormais par la migration intérieure, paraissent trop élevés par rapport aux possibilités de croissance économique, d'intégration sociale et d'expansion spatiale. L'investissement de la ville par une proportion élevée de néo-citadins n'a pas été sans effet sur l'évolution de la société urbaine, la fixation de modèles sociaux conservatoires ou conservateurs, l'exagération des mécanismes de ségrégation sociale et spatiale. **A une société dépossédée et segmentée a correspondu nécessairement un espace ségrégé et éclaté.** La croissance urbaine s'est accompagnée d'une transformation profonde des paysages urbains et des modes de fonctionnement des villes. Outre la dégradation et la paupérisation des centres historiques (médinas anciennes), la ville a mal supporté les déferlements périphériques d'un habitat précaire, illégal, des quartiers sous-équipés et mal reliés au centre des villes (cf. VI$^{e}$ Partie).

Si la migration n'est pas responsable de la ségrégation, l'inégale distribution des flux migratoires au sein de l'espace citadin, soulignant les cheminements intégrationnistes divers des groupes régionaux de migrants, participe pleinement au mécanisme de différenciation socio-spatiale des agglomérations urbaines.

**La croissance rapide des populations maghrébines a entraîné des changements profonds dans l'organisation et le fonctionnement des sociétés et des espaces nationaux. Les pays ont jusqu'ici su faire face à l'explosion démographique liée à un niveau de fécondité élevé, mais il n'est pas certain qu'ils le puissent dans l'avenir, tant la modernisation et la complexité croissante des systèmes ont accru les sources de conflit. Le développement économique, social et culturel, une meilleure répartition sociale et régionale des revenus, peuvent être les facteurs déterminants du changement de comportement démographique; les rythmes actuels de croissance risquent cependant de contrarier sérieusement la tendance. La détermination d'une politique démographique se pose avec de plus en plus d'acuité. Pour que celle-ci puisse satisfaire les exigences démontrées, elle ne peut pas se limiter à de simples mesures techniques, mais doit conduire à une réflexion globale sur le choix du type de société, en particulier sur la place qui sera faite à la femme au sein de la nouvelle société (éducation, emploi et rôle social). La baisse de la croissance démographique dépendra dans une large mesure des réponses apportées à la question de la condition féminine.**

QUATRIÈME PARTIE

# Les campagnes maghrébines : remodelage des structures, politiques agricoles et dépendance alimentaire*

par Jean-Claude Brulé et Georges Mutin

* Les chapitres 10 et 11 sont de Jean-Claude Brulé, les chapitres 12 et 13 de Georges Mutin.

Chapitre **10**

# COLONISATION, DÉCOLONISATION ET REMODELAGE

Les campagnes du Maghreb doivent actuellement faire face à des difficultés préoccupantes : il leur faut mener à son terme la reconversion des systèmes agricoles hérités de la colonisation, tout en accompagnant cette mutation en profondeur d'une réorganisation de l'appareil de production qui permettrait de réduire la dépendance alimentaire croissante.

Aussi est-il nécessaire d'étudier le remodelage de l'espace rural et d'analyser en même temps les politiques agricoles menées dans chacun des trois pays. Ce sont en effet les lignes directrices qui permettent de comprendre pourquoi une reconversion était nécessaire, et pourquoi elle s'effectue dans des conditions difficiles.

La colonisation s'est voulue dans les trois pays du Maghreb, agricole, villageoise et rurale; le remodelage de l'espace passait nécessairement par une profonde remise en cause, une décolonisation des structures rurales héritées.

Remodeler l'espace, c'est encore, trois décennies après les indépendances, tenter de gommer, à tout le moins d'amoindrir, les profonds déséquilibres sociaux accentués ou engendrés par le mode d'organisation de l'espace colonial; ici comme ailleurs, les structures rurales sont lentes à évoluer. De plus, les trois États, privilégiant leur construction institutionnelle, ont tous eu d'abord une position attentiste vis-à-vis du monde rural, avant d'ébaucher de véritables politiques d'aménagement.

## 1. COLONISATION ET ESPACE RURAL

Les actions à engager étaient d'une rare ampleur, les contraintes étant nombreuses, eu égard à l'extrême diversité physique et humaine. Rares sont les vastes régions homogènes : le Maghreb, c'est avant tout une « mosaïque » de petits pays, issue d'un fin compartimentage morphostructural et du degré variable de colonisation subi. Dix pour cent seulement des territoires ont fait l'objet d'une appropriation foncière directe. Pour d'immenses superficies, la colonisation n'a mis en place qu'un maillage administratif dérisoire (parfois moins de 10 fonctionnaires locaux pour 100 000 habitants) dans un espace de collecte qu'elle a maintenu dramatiquement sous-équipé. Elle a très peu urbanisé : en 1956, la Tunisie compte 59 % de ruraux, l'Algérie 69 % en 1966, le Maroc 71 % en 1960. Elle a surtout laissé deux espaces dont les modes d'organisation sont antinomiques : d'une part **des périmètres de colonisation,** en agrégats ou isolés, avec une trame plus ou moins dense d'infrastructures et d'équipements, une trame dense de villages, des spéculations agricoles de hauts rapports, un parcellaire géométrique; et d'autre part, **de vastes espaces de tribus et de** *douar* exploités selon le mode traditionnel de complémentarité des finages et présentant de ce fait une plus grande gamme d'organisations socio-spatiales, mais toutes plus ou moins atteintes dans leur fonctionnement par une déstructuration croissante.

Certes il faut nuancer : il y a peu de ressemblance entre une Mitidja très peuplée, colonisée à 90 %, et les îlots hétérogènes des Hautes Plaines, où la céréaliculture mécanisée a créé de véritables vides humains. Il y a bien des nuances entre les villages de colonisation dont bon nombre ont été investis par la population musulmane, du fait du reflux précoce des colons vers les villes, entre les périmètres littoraux encore entièrement possédés par les colons au moment des indépendances et les périmètres où se maintenaient une ou deux fermes dans les régions de l'intérieur, de colonisation tardive. Les différences sont encore plus accusées dans l'espace « traditionnel ». Souvent les régions très anciennement peuplées ont su préserver, voire adapter à l'économie dominante leur organisation : il s'agit souvent de sociétés villageoises à tradition commerçante, dans un environnement montagnard peu favorable à la culture coloniale, comme la Grande Kabylie, l'Anti-Atlas..., ou de régions paysannes très enclavées. Mais aux marges de ces espaces « conservatoires » et particulièrement sur les marges colonisées, la déstructuration est la règle.

Les interférences sont nombreuses : en 1962, en Algérie, les Européens détiennent moins des deux tiers des terres des périmètres du fait des rachats par une bourgeoisie algérienne souvent citadine. Inversement des colons « privés » ont racheté des terres dans les *douar,* à la faveur de lois foncières dont la majorité cherchait à provoquer la mobilité des terres des collectivités *Melk* ou *Arch.*

**L'espace hérité est bien un espace duel** et non un espace simplement déséquilibré. La répartition des terres coloniales jouera un rôle majeur dans les futures difficultés rencontrées par les tentatives de remodelage post-indépendance. L'instrument premier de la colonisation est le périmètre de quelques centaines ou de quelques milliers d'hectares (hormis le cas plus exceptionnel des grandes concessions). Mais rares sont les régions où la juxtaposition des périmètres a débouché sur de véritables régions coloniales : Mitidja, Oranie en Algérie, Basse Medjerda en Tunisie. La règle est l'imbrication, en îlot, d'un, deux, trois périmètres, dans le tissu des *douar* et des tribus, la proportion de terres coloniales diminuant rapidement vers l'intérieur. Ce mode de

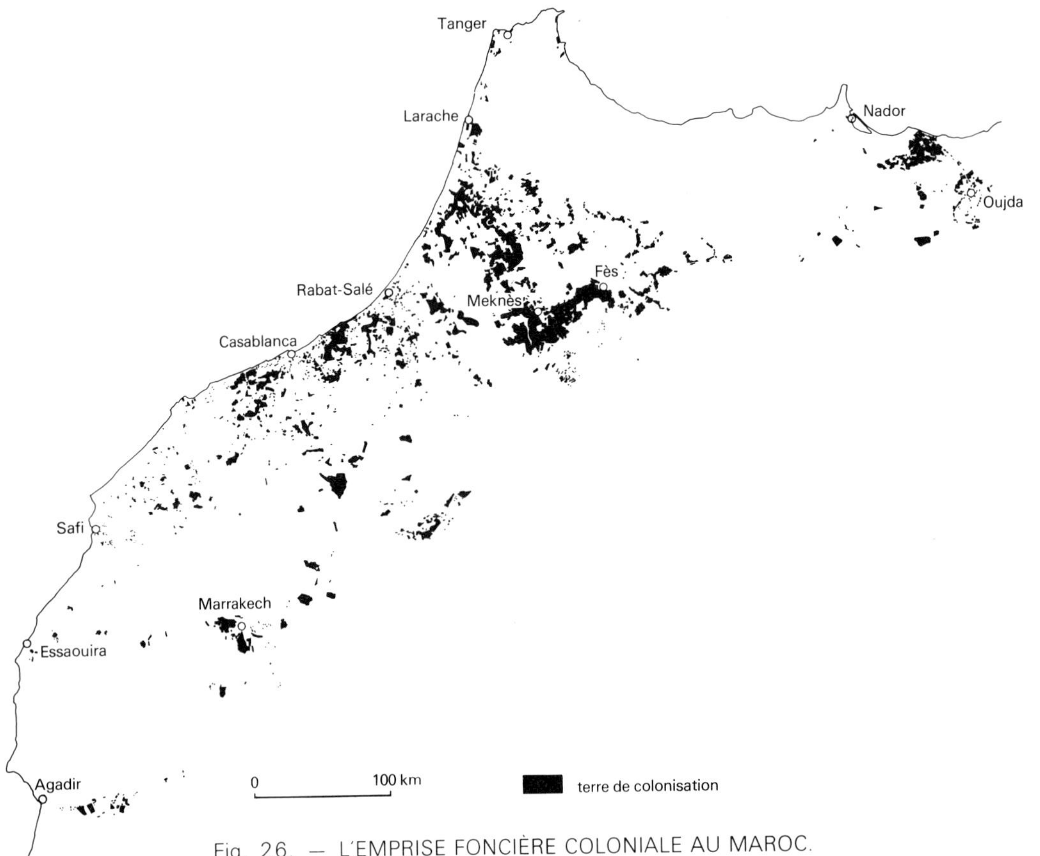


Fig. 26. — L'EMPRISE FONCIÈRE COLONIALE AU MAROC.
(Source : *Atlas du Maroc*, 1966)

répartition joue un rôle capital dans les problèmes du passé et du présent : le moindre périmètre eut un effet d'enclavement en captant l'eau et les terres les plus fertiles, brisant souvent le fragile équilibre de plusieurs tribus, provoquant une déstructuration sur des superficies sans commune mesure avec le nombre d'hectares prélevés. Au contraire, dans le présent, ce même périmètre a souvent servi de pivot central, de point d'appui pour les tentatives de remodelage.

Selon des modalités diverses, ce remodelage de l'espace rural est engagé dans les trois États; mais à partir d'un héritage sensiblement différent d'un État à l'autre.

Le type de colonisation varie : délibérément agraire en Algérie et en Tunisie où elle se voulait paysanne, villageoise et de peuplement, la colonisation est, au Maroc, plus capitaliste et encadrante, plus brève aussi, marquant moins les sociétés paysannes. Le degré de colonisation n'est pas le même : plus du quart des terres SAU en Algérie, mais 1/7 en Tunisie, 1/8 au Maroc, la colonisation officielle apparaissant comme le plus grand rassembleur en Algérie (63 %), la colonisation privée l'emportant de loin au

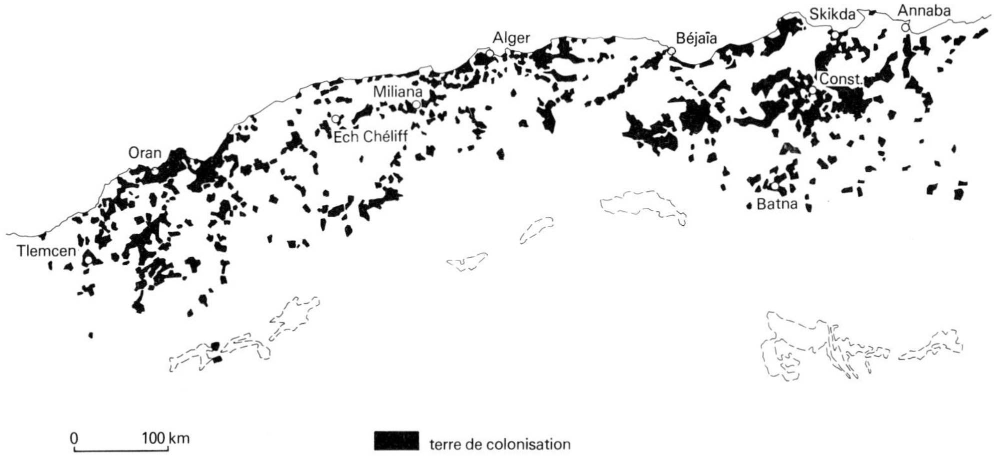


Fig. 27. — LA COLONISATION AGRAIRE OFFICIELLE EN ALGÉRIE.
(Source : J. FONTAINE)

Maroc (72 %), les deux formes s'équilibrant sensiblement en Tunisie (fig. 26, 27 et 28). La dimension des domaines coloniaux marocains (170 ha) traduit bien le caractère plus capitaliste de la colonisation marocaine (Tableau XXIV).

TABLEAU XXIV. — L'IMPLANTATION COLONIALE AU MAGHREB

| | Algérie | Tunisie | Maroc |
|---|---|---|---|
| Proportion de terres étrangères | | | 12 % |
| Ensemble des terres cultivées | 28 % | 15 % | |
| Proportion de terres de colonisation officielle | | | 28 % |
| Ensemble des domaines coloniaux | 63 % | 52 % | |
| Superficie moyenne des domaines coloniaux | 110 ha | 125 ha | 170 ha |

*Source* : J. LE COZ, *Les Réformes agraires*, 1974.

Au contraire celle des domaines algériens et tunisiens traduit la concentration progressive à partir de petits lots, aboutissant à un fréquent morcellement des exploitations.

Mais au-delà de ces différences, c'est le dualisme des trames rurales, commun aux trois États, qui prime. Les trames qui structurent les deux espaces, même si elles interfèrent çà et là, n'ont rien de commun; tout oppose les trames agraires, d'habitat, de services, d'équipement et d'infrastructure, d'échange, administratives.

Logiquement, le remodelage va d'abord s'intéresser à la décolonisation des terres étrangères. Mais ici les différentes options politiques des nouveaux États jouent un rôle décisif : les terres seront récupérées selon des rythmes très différents, les définitions de « politiques rurales » seront spécifiques et mises en place avec d'importants décalages chronologiques.

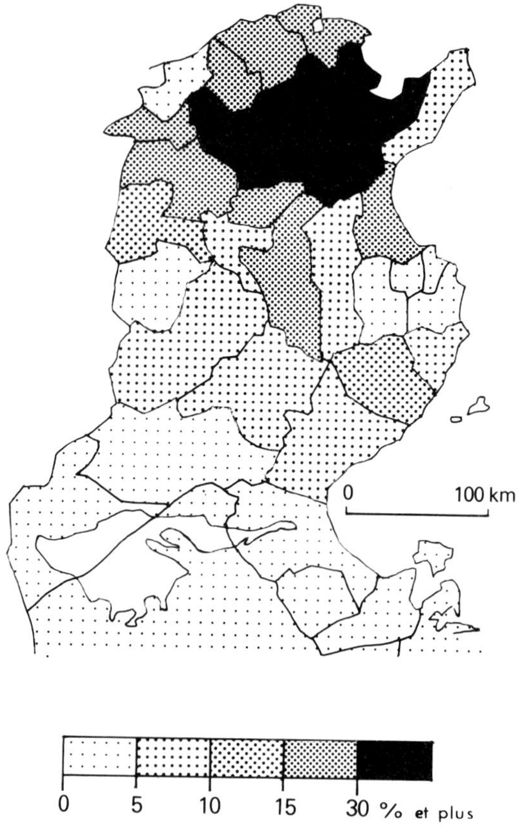


Fig. 28. — PART DES EXPLOITATIONS EUROPÉENNES DANS LES SUPERFICIES EXPLOITÉES EN TUNISIE, EN 1950.
(Source : P. SIGNOLES, 1984, d'après le recensement agraire par caïdat)

## 2. ORIENTATIONS POLITIQUES ET REMODELAGE

### 2.1. Le Maroc : attentisme et pragmatisme

Ici, le développement économique et l'aménagement du territoire s'inscrivent dans un cadre libéral; mais la responsabilité de l'État dans la définition de ce cadre est toujours déterminante.

Dès le début, le Maroc a fait preuve d'attentisme : l'on peut en donner pour preuve la lenteur même du rythme de récupération des terres coloniales : trois ans après l'Indépendance en 1959, 23 000 ha seulement sont récupérés; 226 000 le seront entre 1963 et 1966. La nationalisation totale n'intervient qu'en 1973-1974, dix-huit ans après l'Indépendance. Cinquante pour cent des terres européennes seront d'ailleurs passées entre temps entre les mains de grands propriétaires marocains. La plupart des domaines tardivement récupérés seront — mesure conservatoire s'il en est — transformés en

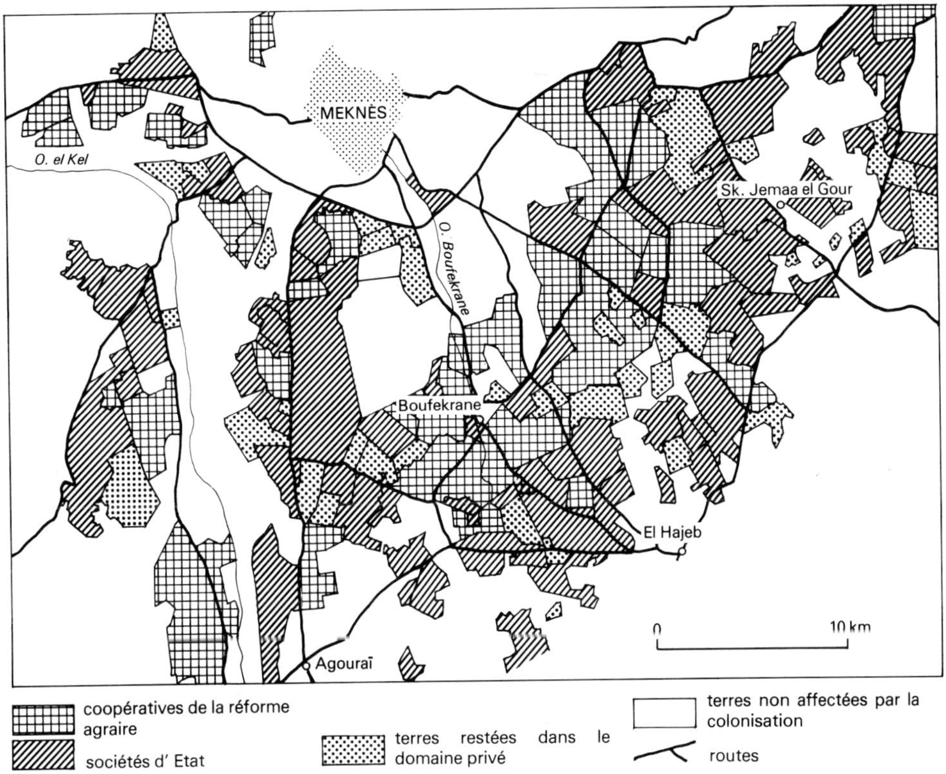


Fig. 29. — AFFECTATION DES TERRES DE COLONISATION DANS LE SAÏS DE MEKNÈS (1976).
(Source : M. YAZGHI MOUBACHIR, 1984)

fermes d'État, confiées à la lointaine et bureaucratique tutelle des gouverneurs de province (fig. 29). Entre temps aura eu lieu la dissolution de tous les organismes prônant comme nécessaire une transformation des structures sociales des campagnes comme préalable à tout développement durable. La dislocation de l'Office national des Irrigations, en dépit de la qualité de ses hommes et de ses réalisations, l'arrêt du projet Sebou, exemplaire, illustrent bien cet attentisme.

Quelques lignes directrices de la politique marocaine expliquent ce qui *a priori* pourrait apparaître comme des contradictions ou des hésitations.

L'État se pose d'entrée en défenseur de la propriété privée : à ce titre, il freine toute velléité socialisante, bloquant du même coup tout essor coopératif; mais il tente aussi de limiter le collectivisme traditionnel, ici très vivant. Cette position conservatrice le conduit vers **une politique rurale** qui, excluant la transformation des structures sociales, est **avant tout « techniciste »,** mettant constamment l'accent sur la mécanisation, le progrès agronomique, les infrastructures. Les actions dans le monde rural sont donc toujours ponctuelles. Inversement, elles sont diverses, nombreuses, accompagnées d'une grande gamme d'expériences.

Il existe donc bien, au Maroc, une continuité dans la manière de conduire l'aménagement rural. Mais elle aboutit à des opérations sectorielles et limitées. Officiellement et pratiquement la réforme agraire proclamée est une opération complexe de restructuration à long terme, guidée par la préoccupation de constituer des exploitations individuelles économiquement viables. Elle s'incarne essentiellement dans la « politique des lotissements ».

L'État intervient par le biais de ses ministères et de ses grands services. Le ministère de l'Intérieur joue un rôle actif du fait de sa bonne implantation sur l'ensemble du territoire, par le biais du Fonds de Développement des Collectivités Locales et de leurs Groupements (F.D.C.L.G.). Le Secrétariat au Plan intervient par le Fonds Spécial de Développement Régional (F.S.D.R.); la Caisse des Dépôts et Consignations par le Fonds d'Équipement Communal (F.E.C.). La coordination des investissements se fait dans le cadre des plans nationaux. L'aménagement plus strictement agricole est le fait des Offices Régionaux de Mise en Valeur Agricole (O.R.M.V.A.), dont l'implantation du réseau n'en est qu'à ses débuts.

En fait, l'espace rural marocain se voit traité selon deux modes : d'une manière intégrée, sur des espaces restreints (essentiellement les périmètres irrigués); par des interventions sectorielles, non coordonnées — ou faiblement — sur la plus grande partie du territoire national.

### 2.2. La Tunisie : libéralisme et velléités socialistes

**Libéralisme, socialisme, néo-libéralisme :** ainsi peuvent se résumer les orientations successives de la politique tunisienne. D'importantes réorientations de la politique économique ont eu lieu depuis l'Indépendance : mais les phases de libéralisme ne doivent cependant pas être perçues comme des périodes de dissolution du rôle de l'État qui reste toujours le promoteur des actions de remodelage.

Dans ce pays de faible superficie, l'État cherche à promouvoir une structure fondamentale transcendant les régions traditionnelles. De ce fait, la modernisation dans l'homogénéisation ne donne pas une place particulière à l'aménagement rural. Mais, petite nation, elle poursuit cet objectif dans un cadre éco-politique soumis à de puissantes pressions libérales externes, qu'elle ne médiatise qu'en partie du fait de ses faibles capacités d'investissements.

Le Néo-Destour a opté à l'Indépendance pour la libre entreprise. Devant l'absence de développement agricole, il laissera se développer une expérience socialisante de l'agriculture, de 1961 à 1969, date à laquelle il choisira un libéralisme encore plus accentué.

Indépendante en 1956, ce n'est qu'en 1964 que la Tunisie dénoncera le protocole progressif de récupération des terres, bien que la rupture soit amorcée dès 1957. Le libéralisme ambiant explique le partage des *Habous* en lots individuels, ainsi que la location des terres ex-coloniales à des grands propriétaires tunisiens : 450 000 petits propriétaires tunisiens restaient à l'écart de l'effort de modernisation. Ces mesures furent rapidement qualifiées d'antisociales. En 1961, est élaborée une doctrine collectiviste qui durera jusqu'en 1969 : c'est l'expérience des **Unions coopératives de production.** Leur échec dans un environnement resté libéral provoquera un nouvel appel aux mécanismes du marché. Après quelques années de pause, est mise en place une nouvelle

Une oasis de palmiers dattiers à forte production : Nefta (Tunisie) *(Atlas-Photo, Cl. Martin)*.

structure qui se veut spécifique du monde rural. Le Programme de Développement Rural (P.D.R.) a de très larges objectifs : consolider et créer l'emploi rural, améliorer les conditions de vie par l'implantation d'équipements socio-éducatifs de base. Mais rien n'est prévu pour relayer, aux échelons régionaux et locaux, des décisions de programmes prises à Tunis. L'on a donc un mode d'intervention où les investissements sectoriels priment, sans coordination spatiale. En dépit de l'unité apparente — un seul organisme — le monde rural tunisien ne fait pas l'objet de mesures spécifiques, mais reçoit seulement une partie des investissements globaux destinés à freiner le déséquilibre littoral intérieur par une diffusion plus ou moins égalitaire des équipements publics dans l'intérieur. D'où, comme au Maroc, des investissements ponctuels, avec le risque d'un saupoudrage sur l'ensemble de l'espace rural, eu égard à la nécessité de répondre à des aspirations sociétales manifestées avec vigueur (A. Belhedi, 1983).

### 2.3. L'Algérie : attentisme, puis volontarisme

Depuis 1971, date du lancement de la révolution agraire, l'Algérie s'est lancée, avec une exceptionnelle continuité, dans une transformation structurelle de son espace rural, transformation s'inscrivant elle-même dans un vaste réaménagement du territoire, soutenue par une industrialisation massive.

Mais cette approche globale du monde rural n'a mûri que très lentement. Le souci a d'abord été d'empêcher l'effondrement de la production agricole des ex-domaines coloniaux, occupés spontanément par leurs ex-salariés. En quelques mois, les domaines furent regroupés en 2 000 unités agricoles, non sans précipitation; furent également rapidement créées des structures d'environnement assez complexes (matérielles, financières, de commercialisation, etc.). Elles ne seront véritablement remaniées qu'en 1969.

Toutes les mesures prises pendant cette période procèdent d'une politique strictement agricole, productiviste : mise en place d'un système de comptabilité analytique informatisé, reconversion du vignoble, élaboration centralisée de plans de campagne, mécanisation, etc. Vis-à-vis du secteur privé, l'attentisme prévaut : l'on se borne à quelques actions de vulgarisation (dont la médiocrité sur le terrain constraste avec la qualité de l'élaboration), à la distribution parcimonieuse de prêts de campagne.

Il faut attendre dix ans pour que la révolution agraire soit proclamée, alors qu'on la trouve inscrite dans tous les programmes des grands congrès historiques. Entre temps, l'État aura mis en place ses principales institutions et surtout draine désormais l'essentiel des revenus des hydrocarbures; il peut donc envisager des investissements dont la rentabilité ne peut se concevoir qu'à très long terme, et promouvoir une gigantesque redistribution des revenus. Enfin, les industrialistes voient, dans l'amélioration du niveau de vie des ruraux, le complément nécessaire à l'ambitieux programme d'industrialisation dont les bases sont déjà en place.

Aussi **la révolution agraire algérienne,** décidée à l'échelon central, dans le but avoué de rallier au pouvoir de nouvelles couches sociales, **apparaît comme une « révolution par le haut ».** Elle se fera avec un souci constant de subordination à la consolidation du pouvoir économico-politique établi, selon un modèle de société qu'entérinera la Charte nationale de 1976, et butera souvent sur le problème de la mobilisation des intéressés malgré l'appoint du volontariat étudiant. Toutefois, en 1971, l'on ne peut pas encore parler d'une politique rurale, d'une conception globale du remodelage des campagnes. La priorité est d'abord donnée aux remaniements strictement agraires (nationalisation des terres). L'on s'apercevra très vite qu'il faut leur adjoindre une politique d'habitat (programme des 1 000 villages, lancé en 1973), puis une politique de refonte des organes encadrants (commercialisation, matériel, etc.) en 1974. En 1975, l'ensemble des circulaires d'application seront parues, permettant une meilleure coordination sur le terrain, sous la tutelle d'un organisme unique, la Commission nationale de la révolution agraire. Toute la décennie 1970-1980 est celle d'un remaniement intense. Après la « pause » de 1978-1980, d'où naissent les nécessaires corrections d'un modèle de développement très rigide, le plan 1980-1984 reprendra bon nombre des conceptions et réalisations antérieures.

**Trois orientations politiques différentes,** donc. En 1984, au Maroc, l'État n'a pas encore fixé une véritable politique pour le monde rural. La Tunisie en est au même point, mais après avoir tenté une réforme agraire de grande ampleur, qui n'a pas eu l'effet d'entraînement escompté. Ce sont les campagnes algériennes qui, de très loin, ont connu et connaissent le remodelage le plus avancé.

Chapitre 11

# TROIS ÉTATS, TROIS SITUATIONS SPÉCIFIQUES

Au Maghreb comme ailleurs, organisation et fonctionnement de l'espace rural sont déterminés par le degré de cohérence — ou de non-cohérence — des très nombreuses trames qui le structurent. Bien que la richesse de la vie relationnelle multiplie celles-ci à l'infini, quelques-unes, par leur rôle fondamental, doivent être analysées et comparées : trames agraires, de l'habitat, des services, trames des infrastructures, trames administratives et socio-culturelles, sans préjuger de la trame industrielle en voie d'élaboration.

Dans le mode précolonial d'organisation de l'espace, les diverses trames trouvent leur cohérence dans le jeu des complémentarités du finage, qui entraîne, en fonction de l'environnement géographique, un type d'exploitation agricole, une localisation fonctionnelle de l'habitat, une relation privilégiée avec un souk, un ordre socio-politique incarné par la tribu. Cette cohérence est indéniable, même si sa qualité n'est pas exempte de faiblesses : autarcie médiocre et incomplète, soumission à la conjoncture d'ensemble et donc mouvance dans le temps et dans l'espace, faibles capacités d'évolution, conservatisme social.

La colonisation, mais aussi les politiques des États indépendants provoquent nécessairement une non-cohérence de ces trames. Dans les deux cas, en effet, les nouveaux modes d'organisation de l'espace passent par la mise en place de trames imposées par en haut, exogènes, portant sur des espaces plus vastes, et non plus sur des trames endogènes locales, sécrétées par le corps social. L'État nouvellement indépendant se voit ainsi condamné, dans un premier temps à imposer des trames intégratrices, plus ou moins homogènes sur l'ensemble du territoire. De ce fait, il provoque une nouvelle phase de déstructuration, trames héritées et trames en cours de création ne pouvant être complémentaires mais nécessairement concurrentes.

Les trames mises en place se superposent ou se juxtaposent à des organisations spatiales héritées, d'une très grande variété selon leurs inachèvements, précoloniaux ou coloniaux. Déstructurantes dans un premier temps, elles se doivent d'aboutir rapidement à de nouvelles structures fondées sur les solidarités socio-économiques; faute de quoi, le remodelage irait à l'encontre de l'intégration du territoire. **Les campagnes sont bien au centre de l'enjeu fondamental de l'unité nationale,** même si leur rôle économique décroît régulièrement.

## 1. LE CAS ALGÉRIEN : DES ACTIONS SECTORIELLES A UNE TENTATIVE DE REMODELAGE GLOBAL

### 1.1. La trame rurale au lendemain de l'Indépendance

#### 1.1.1. La trame des exploitations agricoles algériennes

Celle-ci est très atomisée, très contrastée. En terme de population, les paysans sans terre, salariés permanents, petits exploitants microfundiaires représentent 75 % du total, les petits exploitants atteignant l'autosuffisance 13 %, la moyenne et grande bourgeoisie rurale (souvent citadine et absentéiste) 12 % (J. LE COZ, 1974) — proportion relativement faible dans le contexte maghrébin. Selon le recensement général de l'agriculture de 1973, l'Algérie comptait 850 000 exploitations.

Atomisée, la trame agraire est aussi contrastée : les 2 000 unités du secteur autogéré font figure de géantes : elles couvrent en moyenne plusieurs centaines d'hectares en plaines littorales, maraîchères et agrumicoles, plusieurs milliers d'hectares dans les régions céréalières de l'intérieur. Les « groupements agraires » (terres de l'État-terres privées), dans chaque commune, sont souvent contrastés : si l'on excepte les communes montagnardes non colonisées, la règle est un dualisme État-Privé, selon des proportions, il est vrai, variées.

#### 1.1.2. La trame de l'habitat

Elle a toujours présenté une très forte atomisation. Historiquement, la règle est l'écart, au mieux le hameau en ordre lâche; même les régions les plus villageoises, comme la Grande Kabylie, ont un tissu éclaté en quartiers diffus. La colonisation a créé 975 villages; quelques dizaines se sont hissés au rang de bourgs, voire de villes, mais plus de la moitié ont périclité, régressant au rang de cité résidentielle. La politique de regroupement et de resserrement des populations de la guerre de Libération n'a abouti à des villages viables que pour un tiers des créations, ce tiers comprenant d'ailleurs plus de cités-dortoirs que de vrais villages. En fait, seuls se sont maintenus ceux qui correspondaient à une bonne position par rapport aux échanges, tout en s'inscrivant dans l'ancien finage. La guerre de Libération a surtout déclenché un formidable brassage, qui s'est prolongé jusqu'en 1966, densifiant tel village, multipliant les habitats précaires et illégaux sur les terres de l'autogestion, aboutissant à la création de véritables hameaux très denses à proximité des grandes villes, vidant au contraire des régions entières, déclenchant toujours un vaste transfert vers les villes.

#### 1.1.3. La double trame des services

**La double trame des services** est clairsemée. L'Algérie comptait environ 550 souks, dont beaucoup de petite taille, mais formant une trame active, suppléant souvent à l'indigence des villages en équipements commerciaux. La quasi-totalité des services étaient en fait concentrés dans les villes, souvent au-delà d'un seuil de 10 000-15 000 habitants. Dans les deux cas, les ruraux étaient contraints à des déplacements pouvant atteindre plusieurs dizaines de kilomètres.

#### 1.1.4. La trame administrative

Faute de cadre, **la trame administrative,** mise en place en 1963 pour parer en urgence au véritable vide administratif colonial, découpe des communes immenses (souvent équivalentes en superficie à plusieurs dizaines de communes françaises) rassemblant couramment 10 000, 15 000, 20 000 habitants. Bien des chefs-lieux sont inaccessibles à partir de certains points du territoire communal. Les potentiels économiques diffèrent beaucoup d'une commune à l'autre selon leur origine : fraction de commune mixte sous-équipée, ancienne commune de plein exercice, ou association plus fréquente de quelques *douar* et d'un périmètre de colonisation. La carence coloniale est ici lourde de conséquence; les moyens des communes apparaissent souvent comme dérisoires.

Ces trames ne s'articulent pas entre elles sauf exception locale. Il n'est pas exceptionnel qu'une unité autogérée soit à cheval sur deux communes, que telle commune dispose de trois souks, telle autre d'aucun, qu'un chef-lieu ne compte que quelques dizaines d'habitants.

Face à cette non-cohérence de la trame rurale, l'État algérien a développé son action en deux temps.

### 1.2. Des actions sectorielles jusqu'en 1971

Aucune action sur les structures agraires n'a été engagée, sauf à titre expérimental, dans le secteur autogéré; dans le secteur privé, l'État a gelé le marché foncier. L'habitat a fait l'objet de quelques modestes opérations : en 1963-1964 des villages de reconstruction ont été édifiés en volontariat, sous l'égide des autorités locales. Les échecs ont été nombreux : sites défavorables, maisons trop petites, au point que de nombreux villages n'ont pas été habités. Quelques dizaines d'entre eux, greffés sur des noyaux préexistants, ont localement réussi, dans la vallée du Chelif et dans la vallée de la Soummam. Les opérations dites « d'habitat rural » — quelques lotissements de 10 à 100 logements — ont conforté un petit nombre de chefs-lieux. L'autoconstruction, fortement encouragée à partir de 1966, n'a pas abouti à la création de nouveaux agrégats, mais au contraire a conforté la dispersion (J-C. Brulé, 1976).

La trame des services a connu une double évolution.

— **L'État ne s'est pas intéressé aux souks** dont la fonction s'est progressivement modifiée. En rase campagne, ils ont évolué vers un rôle de redistribution des produits urbains, au détriment du troc purement rural, continuant cependant à concentrer la

quasi-totalité du commerce du bétail; évolution qu'il faut lier à la montée en puissance de l'urbanisation.
**— L'effort de diffusion des services** a été conséquent, mais **n'a profité que faiblement aux ruraux,** dans la mesure où il a été d'abord dirigé vers les chefs-lieux de *wilaya,* considérablement renforcés. Avant 1970, seuls quelques chefs-lieux de *daïra* ont été concernés. Seule la S.E.M.P.A.C., société nationale traitant et distribuant les céréales, disposait à cette date d'antennes communales. Cette diffusion des services, selon la hiérarchie administrative, faite dans l'intention délibérée de calquer leur répartition sur la trame administrative, sera poursuivie avec vigueur mais n'en était alors qu'aux prémices.

La trame administrative ne sera retouchée qu'en 1974 à l'exception de quelques communes particulièrement vastes.

Ces divers investissements dans le monde rural, non coordonnés ont vite montré leurs limites, en provoquant des flux de population intenses, mais anarchiques, d'autant plus que l'industrie naissante restait concentrée dans quelques pôles urbains.

### 1.3. Après 1971, une approche globale : la révolution agraire

La Commission nationale de la révolution agraire est installée en 1972. Parmi ces principaux objectifs, l'on doit retenir :
— un plafonnement de la propriété privée permettant, par nationalisation de terres, la création d'un Fonds national de la révolution agraire (F.N.R.A.), puis une intégration collectiviste, sous forme de coopératives, de nouvelles exploitations; la proposition aux fellahs de toute une gamme de formes coopératives plus ou moins intégrées, dans le but de provoquer une socialisation progressive de l'ensemble des terres;
— la construction de 1 000 villages;
— une refonte des circuits de commercialisation et des structures d'environnement de l'agriculture, au nombre d'une dizaine. L'instrument en est la Coopérative agricole polyvalente communale de services (C.A.P.C.S.). Elle regroupe des attributions multiples : approvisionnement, commercialisation, location de matériel agricole, animation et vulgarisation. Elle a vocation de coordonner territorialement les trois types d'unités agricoles de la commune (domaines autogérés, coopératives de la révolution agraire, exploitations privées). Elle représente donc l'amorce d'une planification locale et une rupture totale avec l'ancien système, déconcentré, mais hypercentralisé.

Quel a été l'impact de la révolution agraire sur l'organisation de l'espace rural? Des réponses sont possibles, grâce aux nombreux bilans dressés à partir de 1980.

**La révolution agraire a provoqué un vaste remaniement agraire,** à travers deux phases effectives sur les quatre initialement prévues.
**— Une première phase, en 1973, a concerné les terres des collectivités :** État, *wilaya,* communes, *habous* publics ou privés, soit un peu plus de 500 000 ha réputés à vocation agricole. Dans les faits, ce sont surtout les communaux, souvent déjà loués à des exploitants, qui furent versés au F.N.R.A. L'on y trouve beaucoup de terres à faibles potentialités agronomiques (bas versants, glacis, terrasses alluviales inondables, pentes) mais aussi des basses terres à nappes phréatiques jusqu'alors non défrichées (hautes plaines du sud constantinois).
**— La deuxième phase, en 1973 et 1974, s'est intéressée aux terres appartenant à des personnes privées :** nationalisation intégrale des propriétés en cas d'absentéisme, limitation lorsque les propriétés dépassaient le plafond fixé selon une norme de superficie

Un village de la révolution agraire en Algérie : Emir Abdelkader *(Cl. G. Mutin)*.

susceptible de fournir un revenu égal à celui d'un travailleur de l'autogestion, en fonction d'un système de production défini régionalement. Les terres ainsi rassemblées, très souvent situées dans les anciens périmètres de colonisation, sont en général plus riches, mais beaucoup plus dispersées et morcelées.

— **La troisième phase concernait les espaces pastoraux.**

Ces remaniements agraires ont enrichi le secteur étatisé de 1,1 million d'ha, la seconde phase dégageant moins de terres que prévu; par surestimation probable, mais surtout par l'utilisation de toute une panoplie d'artifices juridiques par les grands propriétaires et par les biais offerts par la déconcentration des opérations au niveau de la commune. La révolution agraire a dû, cependant, rassembler au moins les 3/4 des terres des grands propriétaires fonciers (avis de l'auteur).

Les terres des quelque 28 000 propriétaires touchés ont été organisées en quelque 6 000 collectifs, de dimensions « humainement viables » (trois à quatre fois inférieures à celles des domaines autogérés), distribuées à 95 000 attributaires (soit un peu moins de 50 % des candidats). Ces chiffres montrent une volonté de fixer le nombre des travailleurs par hectare à un niveau beaucoup plus élevé qu'en autogestion.

Cette démarche est cohérente avec le double souci d'intensification de la production et de fixation de la population rurale. Mais mettre la barre aussi haut supposait une intensification réussie en une durée très courte, ce qui ne s'est pas produit à grande échelle. De plus, les activités annexes (petit élevage par exemple) étant interdites, le passage au statut de coopérateur s'est souvent traduit par une baisse des revenus pour l'attributaire, facteur important des nombreux désistements.

Secondairement, la création des coopératives a entraîné un vaste remembrement. Les anciens communaux, fréquemment loués à de petits exploitants par petits lots, ont subi une spectaculaire transformation parcellaire, le tracteur de la coopérative traçant des grands blocs de culture d'un seul tenant. Les terres de seconde phase, d'origine plus hétéroclite, ont connu un remembrement de bien moindre ampleur.

La révolution agraire a donc accru l'assise foncière agricole (S.A.U.) de l'État de près de 50 %. Elle a concerné 1/7 de la S.A.U.; mais elle n'a pas dynamisé l'ensemble du secteur agricole privé, laissant donc intact le dualisme terres d'État-terres privées.

C'est là la véritable faiblesse de la révolution agraire dont le but explicite, par le biais de formules coopératives souples (mise en commun du travail, ou de la terre, ou du matériel, ou de la commercialisation selon les vœux des candidats) était d'intégrer progressivement l'ensemble de la paysannerie. Il y a à cela plusieurs causes : insuffisance de cadres, de moyens de réalisation — il n'y a pas de cadastre — par rapport à l'ampleur de la tâche; la mobilisation idéologique a été faible sur le terrain, hormis pendant les deux premières années du volontariat étudiant, particulièrement dynamique. Mais surtout le type de coopératives le plus systématiquement mis en place a été la C.A.P.R.A. (Coopérative agricole de production de la révolution agraire), forme collectiviste totalement intégrée. Comment l'expliquer?

Trois responsabilités ont convergé : celle des **autorités communales,** soucieuses de présenter à l'échelon central des réalisations rapides; celle des **techniciens de l'agriculture,** et particulièrement des Directions de l'Agriculture des *Wilaya,* qui, peu nombreux, voyaient dans la C.A.P.R.A. une formule plus facile à maîtriser techniquement et agronomiquement, plus aisée à expliquer aux fellahs que les coopératives partiellement collectives, d'ailleurs nettement moins bien décrites par les textes d'application; celle des **attributaires** pour qui le passage direct à la formule la plus intégrée est ressenti comme une promotion sociale (usage d'un tracteur, responsabilité, image moderne). Le choix de cette solution de « facilité » a considérablement limité l'action de la révolution agraire. Certes, dans le domaine agraire, la révolution agraire a largement brisé le capitalisme agraire montant, étendu le secteur d'État, remembré des parcellaires, simplifié les statuts juridiques des terres. Mais faute d'avoir réussi à séduire le secteur privé par ses formes coopératives légères, elle n'a pas amorcé le processus d'homogénéisation des structures agraires souhaité.

Le pouvoir en a tiré les conséquences; après 1980, il n'a pas cherché à relancer l'ensemble des opérations de la révolution agraire, mais sensible à l'attentisme paysan, seulement à homogénéiser le secteur d'État; une enquête nationale de délimitation des unités agricoles a été entreprise, dans le but de remembrer les parcellaires et de refondre les unités de l'autogestion, particulièrement pour en corriger les imbrications de parcellaires et diviser des domaines jugés trop vastes. L'on prévoyait 6 000 unités au lieu de 2 000, ce qui aurait aligné la taille des unités autogérées sur celle des coopératives de la révolution agraire. Puis, sous l'influence du manque de personnel, mais aussi de la séduction de la formule des agro-combinats sur le ministère de l'Agriculture, l'on a proposé 1 200 unités. Les deux propositions ont rencontré une assez large opposition de la part des coopérateurs. En 1984, l'on en est au *statu quo* quant à la taille. Mais cette phase n'a pas été inutile : les anomalies les plus criantes (parcelles imbriquées, inaccessibles, enclavées) ont été corrigées.

L'édification des 1 000 nouveaux villages, second visage de la révolution agraire poursuivait, elle aussi, des buts ambitieux : améliorer les conditions de vie des ruraux et les fixer, créer les petits pôles d'animation dont d'immenses parties du territoire étaient dépourvues, dynamiser l'espace local, compléter l'échelon aval de l'armature urbaine en plein remaniement par un dense réseau de centres ruraux (fig. 30).

Actuellement, environ un tiers du programme est réalisé : 350 à 400 villages. Comme pour les structures agraires, les premières réalisations ont souffert d'un excès de précipitation : mauvais matériaux, appel à des entrepreneurs privés aux moyens de réalisation insuffisants, mauvais choix des sites, réflexion insuffisante sur la position du village dans le réseau de centres préexistants (trop grand enclavement ou, au contraire, trop grande proximité d'un autre centre actif), expliquent une part importante d'échecs de 1973 à 1975. La leçon en a été rapidement tirée et la conception et la réalisation ont très vite évolué.

Initialement, le village de la révolution agraire — construit *ex nihilo* — compte de 100 à 300 logements, au moins une dizaine d'équipements, dont surtout une antenne de mairie, une école, un centre de santé. Ses concepteurs, architectes de l'échelon central, lui ont donné des traits d'urbanité affirmés : géométrie, voirie largement dimensionnée, « espaces verts », habitat parfois en hauteur. Il n'a été fait appel qu'exceptionnellement aux traditions et aux matériaux locaux. Délibérément, le village s'affirme comme une micro-ville : rien n'illustre mieux la volonté d'intégrer les campagnes selon un modèle où la vision citadine prime.

Un large bilan est possible : il mêle semi-échecs et réussites.

**Des réussites :** large adhésion des paysans assoiffés d'équipements et de services, édification réelle d'une amorce de réseau de centres dans les espaces ruraux steppiques, compléments heureux du maillage trop lâche des Hautes Plaines. Les villages ont probablement vu quintupler les services dont disposaient les ruraux, diminuant les déplacements et faisant progresser la scolarisation des enfants des ruraux. Les formidables investissements consentis ne sont critiqués par aucune frange de l'opinion.

Mais aussi **des semi-échecs :** le type d'habitat et l'organisation interne n'ont pas toujours complètement séduit, et se sont rarement révélés capables de susciter une vie associative dense. Surtout, aucune construction annexe n'a été prévue — volontairement — pour abriter le petit troupeau auquel le fellah des Hautes Plaines était très attaché. Aucun lopin de terre n'a été non plus prévu à l'intérieur du village, dans les zones littorales, et l'on a vu parfois fleurir sur les trottoirs des micro-parcelles (quelques $m^2$) de piments, tomates, orge en vert. Mais ces inconvénients, même intensément ressentis, n'entament pas un réel attachement au nouveau village.

La véritable difficulté est ailleurs : le village, malgré ses équipements, ne disposant pas toujours d'une C.A.P.C.S., de dimension somme toute restreinte, n'a pas toujours rempli son rôle de pôle d'animation, l'essentiel de celui-ci relevant de la tutelle du chef-lieu de commune. L'on peut souvent parler d'un enclavement relatif des villages.

D'où une évolution rapide de la conception des nouveaux villages, en plusieurs étapes. Le village créé *ex nihilo* est de plus en plus rare. Les bons sites et les bonnes positions se révélant rares, l'on a d'abord greffé de plus en plus le village sur des agrégats déjà existants et par définition près des terres de l'État (ancien village de colonisation atone ou, au contraire, hameau dynamique, voire zone d'habitat dispersé

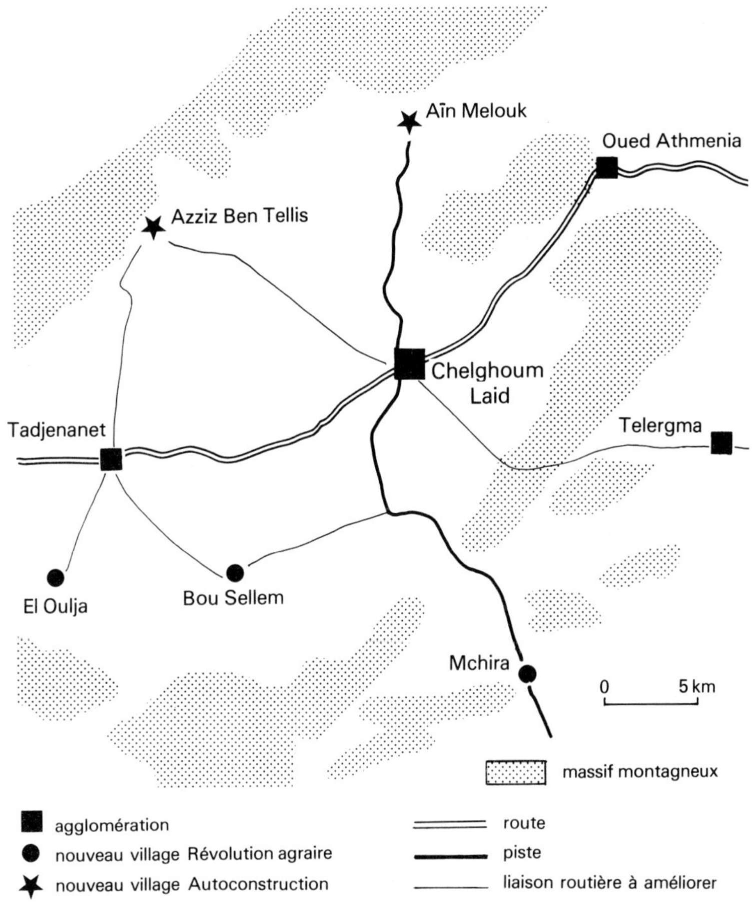


Fig. 30. — NOUVEAUX VILLAGES ET RENFORCEMENT D'UN RÉSEAU URBAIN PRÉEXISTANT (Est algérien).
(Source : M. Cote, 1976)

mais dense — aire de petite hydraulique — générée par les fellahs eux-mêmes, ex-cité de regroupement, groupes de maisons et de commerces actifs à un carrefour routier, noyau de services préexistants mais isolés), méthode efficace permettant d'additionner les potentiels respectifs.

La formule qui tend maintenant à se généraliser est celle de villages-centres importants, complétés par des groupements satellites là où le besoin s'en fait sentir : domaines autogérés, groupes de coopératives, mais aussi groupes actifs d'exploitations privées. D'où un changement dans le contenu humain du village. Alors que le village initial était strictement réservé aux attributaires, il est désormais ouvert à une gamme plus large d'agriculteurs, de fonctionnaires, etc.

Depuis 1982, une nouvelle étape est franchie. Les 1 000 villages n'auraient pu au mieux concerner que 6 % des ruraux : c'est là un des principaux griefs adressés à cette politique, privilégiant certains ruraux. D'où deux nouvelles orientations : réalisation de villages en autoconstruction, l'État fournissant les matériaux et l'aide technique; généralisation aux agglomérations secondaires (souvent au nombre de 2 à 5 par commune) de la politique de lotissements jusqu'ici réservée aux chefs-lieux; les parcelles à bâtir font partie de lotissements issus des réserves foncières créées à partir de 1976. Elles sont vendues à tout particulier solvable, quelle que soit son activité professionnelle; en fait ces lotissements touchent surtout une clientèle de fonctionnaires dont la fixation dans de petits centres n'est pas sans intérêt.

Cette évolution de la politique d'habitat rural illustre remarquablement, à notre sens, une caractéristique algérienne : **volontarisme, rigidité du projet initial, mais aussi pragmatisme** sans complexe pour réorienter les actions... vers les objectifs initiaux.

Un autre exemple est très significatif : les nouveaux villages n'ont jamais reçu l'autonomie municipale qui leur eût donné la véritable possibilité d'animer leur espace. Le ministère de l'Intérieur a toujours combattu les aspirations des intéressés et les désirs du ministère de l'Agriculture dans ce domaine; les élus de la nouvelle commune auraient représenté une catégorie spécifique, **« un pouvoir paysan ».**

Le brassage effectué explique au contraire la prise en compte comme chef-lieu de quelques villages de la révolution agraire dans le découpage administratif.

Enfin, il ne faut pas mésestimer **le rôle de la trame administrative,** trop souvent considérée comme annexe dans les études de remodelage d'espaces ruraux. D'autant plus que, dans le cas algérien, la trame administrative est directement associée à la trame des services, des infrastructures et des équipements de production.

Le découpage de 1974 a fait passer le nombre de *wilaya* de 15 à 31, et a multiplié le nombre de *daïra* par quatre; à quelques exceptions près, il n'a pas modifié les 700 communes de 1963. Bien qu'il ne se soit pas intéressé à l'échelon local, il a profondément influencé le remodelage de l'espace rural, et ce, à plusieurs titres :

— en multipliant les points d'ancrage urbains. La promotion administrative des chefs-lieux de *wilaya* puis de *daïra* s'est en effet accompagnée d'implantations industrielles et de services conséquents, et leur population a crû considérablement. Nombreuses sont les petites agglomérations de 1 000-2 000 habitants qui ont acquis la dimension de petites villes capables de jouer leur rôle d'animation, du fait du surdimensionnement des équipements. Le nouveau découpage a donc considérablement rapproché les ruraux des services;

— en découpant l'espace de manière à réorienter les flux de ruraux. Ainsi, par exemple, dans la Soummam, les nouvelles *daïra* recoupent transversalement l'alignement des communes mixtes (sur les versants du Djurdjura) et les communes de plein exercice du fond de vallée; chaque *daïra* nouvelle associe ainsi deux volets montagnards à un tronçon de vallée équipée, démarche très intégratrice, et permettant une meilleure diffusion des investissements dans l'espace (fig. 31);

— en canalisant progressivement, de haut en bas, décisions et investissements, des *wilaya* vers les *daïra* puis vers les communes, donc vers les ruraux. Chaque organisme, chaque société nationale, chaque ministère s'est vu tenu d'implanter ses agences ou antennes en fonction de la trame administrative. Tous les chefs-lieux de *wilaya* depuis 1975, un bon quart des chefs-lieux de *daïra* ont reçu une gamme très complète d'équipements. Le processus commence à atteindre les communes.

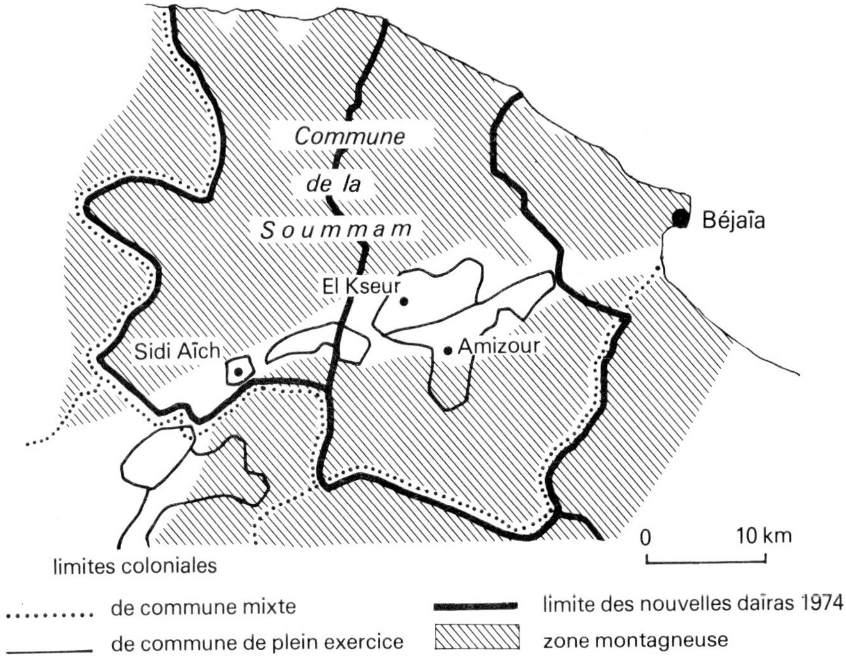


Fig. 31. — DÉCOUPAGE ADMINISTRATIF ET INTÉGRATION DES RURAUX : LE CAS DE LA VALLÉE DE LA SOUMMAM (Kabylie).

Ceci constitue une véritable révolution pour les ruraux, auparavant victimes d'une diffusion des équipements faible et surtout anarchique et inefficace. La grille d'équipements systématisée depuis 1969 est, approximativement, celle que présente le tableau XXV.

TABLEAU XXV. — GRILLE DES ÉQUIPEMENTS PUBLICS EN ALGÉRIE

| Types d'équipements | Niveau *wilaya* | Niveau *daïra* | Niveau commune |
|---|---|---|---|
| Enseignement | Centre universitaire | Lycée | Collège d'enseignement moyen |
| Santé | Hôpital polyvalent | Hôpital | Polyclinique |
| Sports | Complexe omnisport | Stade omnisport | Aire de jeux |
| P.T.T. | Central téléphonique 10 000 à 20 000 lignes | Central téléphonique 500 à 2 000 lignes | Raccordement au réseau |
| Culture | Maison de la Culture | Librairie S.N.E.D. | Bibliothèque |
| Pharmacie centrale | Direction | Agence | Antenne |
| Tourisme | Hôtel 150 à 300 lits | Hôtel 30-40 lits | |
| Entreprises de réalisation | Entreprises wilayales spécialisées | Syndicat intercommunal | Entreprise communale de travaux |

*Source :* M. COTE, *L'Espace algérien*, 1983.

Le renforcement des services du monde rural par ce processus, mais aussi par les compléments apportés par les nouveaux villages est considérable. D'où l'intérêt des ruraux pour le nouveau découpage, prévu pour 1982, et qui sera appliqué pour le prochain plan en 1984. Car obtenir que le village ou le hameau soit érigé en chef-lieu, c'est obtenir au moins un collège d'enseignement moyen, une polyclinique. Le nombre des communes passera de 700 à 1 000, les nouvelles communes étant créées dans les espaces ruraux notoirement sous-équipés. Mais les discussions sont âpres. A la volonté de l'État d'ériger les nouvelles communes en fonction des réseaux d'échanges et des structures de production modernes récemment développés, répond la tendance des ruraux à recréer les anciennes solidarités de *douar* (mais désormais équipés) ou de tribus au travers de la nouvelle commune; c'est-à-dire de ressusciter un espace « traditionnel », hérité, sociologiquement sécurisant.

**Le remodelage de l'espace rural algérien est donc profondément engagé,** avec une grande rigueur, sous l'égide de l'État, détenteur principal des moyens d'investissements. Mais les mises en place des différentes trames sont loin d'être simultanées et de se répartir d'une manière égale sur l'ensemble du territoire. Le programme d'industrialisation rurale, en particulier, accuse un fort retard, et les grands pôles industriels continuent à alimenter un fort exode rural et de très longs déplacements. Les captures de flux par les échelons supérieurs de l'armature urbaine abondent. Le développement du processus les corrigera petit à petit. Mais les limites de la politique rurale algérienne sont ailleurs : autant la restructuration de l'espace progresse, selon un schéma rigoureux à l'échelle nationale, autant les tensions se multiplient à l'échelle locale. C'est à ce niveau que se développent de multiples conflits pour l'eau, pour les terres et surtout pour les hommes qui viennent à manquer au moment où leurs campagnes s'animent. Il est prévu de renforcer effectivement — car cela est déjà dans les textes — le rôle des communes, de manière à mieux articuler macro- et micro-espaces, la commune apparaissant comme plus efficace pour assurer la transition des espaces hérités, divers, au nouveau modèle.

Mais cette **faiblesse des articulations locales** n'était-elle pas le prix nécessaire à payer, dès lors que l'Algérie choisissait une mutation « par le haut », réfutant tout processus ascendant?

## 2. LE CAS TUNISIEN : D'UNE TENTATIVE COLLECTIVISTE AU SAUPOUDRAGE DES INVESTISSEMENTS

La Tunisie n'offre pas, en 1984, des paysages aussi transformés que ceux de l'Algérie. Cette situation est due à l'attentisme des années 1956-1962, à la faible efficacité de sa « politique rurale » après 1969 (bien que revue en 1973) mais surtout à l'assez large échec de l'expérience socialisante des Unités Coopératives de Production de la décennie 1960. Cette expérience a pourtant bien failli remodeler l'ensemble des campagnes tunisiennes selon un processus à la fois différent et voisin de celui de la révolution agraire algérienne : différent par ses modes, voisin par la démarche intégratrice et progressive.

Les premiers remaniements de la trame agraire témoignent d'un conservatisme évident : location des 600 000 ha de terres coloniales aux grands exploitants tunisiens, eux-mêmes détenteurs de 400 000 ha, lotissement des *Habous* rentrés dans le droit commun à 300 000 paysans. Quatre cent mille petits propriétaires, détenant 3 500 000 ha, travaillant selon des méthodes traditionnelles, restaient à l'écart. Trame agraire éclatée donc, mais aussi géographiquement déséquilibrée : le littoral oriental, la Medjerda et la partie nord du Haut-Tell concentrent la quasi-totalité des grandes exploitations.

En 1962, sous la double influence de l'impopularité des locations de terres ex-coloniales aux grands propriétaires et de la gestion inefficace de l'Office des Terres Domaniales (O.T.D.), le Néo-Destour abandonne ses options libérales dans le domaine agricole et accepte le principe d'une organisation collectiviste de l'agriculture, « à même de concourir à la rénovation décisive et irréversible de l'agriculture en vue d'une symbiose complète avec les autres secteurs de l'économie nationale. Or la coopération dans le secteur agricole correspond le mieux à l'organisation collective souhaitée ».

Toute une gamme — classique — de coopératives fut donc créée (de production, de services, de transformation, etc.). Mais **l'originalité de l'expérience tunisienne vient surtout de la conception des unités coopératives de production (U.C.P.).**

L'U.C.P. est conçue dans le but de briser le dualisme hérité selon une formule très originale. Le cœur de la nouvelle coopérative est constitué de terres domaniales, en général un ancien domaine colonial, afin qu'elle bénéficie de son matériel et de ses infrastructures. Autour, en couronne, est tracé un périmètre dans lequel les propriétaires privés sont tenus, soit d'adhérer avec apport de leurs terres, soit de louer ou de vendre leurs terres à la coopérative. Pour ces nouveaux adhérents, il est tenu compte de la superficie apportée pour fixer la rétribution, conjointement à celle du travail. La formule est très intégratrice, puisqu'en cas de succès, elle eût permis d'étendre le modèle coopératif à l'ensemble des régions de petites propriétés, les grands et moyens propriétaires n'étant pas touchés par la réforme.

En 1968, les 348 U.C.P. couvraient 378 000 ha, soit environ 1 080 ha par unité. Elles rassemblaient 30 000 coopérateurs; la moitié de la superficie avait été apportée par les nouveaux coopérateurs. L'on prévoyait alors la mise en U.C.P. annuelle de 150 000 ha par an, pour aboutir à 1 000 000 d'ha en 1972.

C'est à ce moment même qu'elles furent remises en cause, les critiques portant sur l'insuffisance des résultats économiques et sur les structures elles-mêmes.

Le bilan économique était, de fait, médiocre : les rendements escomptés n'avaient pas été atteints; le revenu des coopérateurs atteignait le 1/3 de celui fixé par le Plan; 85 % des U.C.P. étaient déficitaires, l'endettement s'élevant à deux fois la valeur du produit brut par hectare. Ces maigres résultats ont découragé les coopérateurs et, plus encore, les candidats potentiels.

Pour expliquer cet échec l'on a invoqué classiquement, et à juste titre, des carences technologiques et administratives. Mais l'abandon de l'expérience des U.C.P. relève de causes plus décisives :

— **l'environnement libéral,** à l'échelle nationale, n'avait pas été remis en cause. Or les moyens et grands propriétaires du fait du nouveau cours, perdaient les intéressantes locations de terres auparavant consenties par les paysans microfundiaires;

— **la diversité des coopérateurs** qui présentaient des clivages nets (ex. : ouvriers des colons, journaliers, anciens fellahs) provoquait de vives tensions internes;

— pour les nouveaux adhérents, **l'abandon des activités annexes,** n'a pas été compensé par un nombre élevé de jours de travail par an, l'adhésion s'était en fait traduite par une baisse des revenus;

— enfin, **aucune campagne idéologique conséquente** n'avait accompagné la création des coopératives.

Aussi, lorsqu'en décembre 1969 le libre choix est rendu aux fellahs, ceux-ci reprennent la quasi-totalité de leurs terres (à l'exception de 23 000 ha). Il ne restera que 218 coopératives et 10 000 coopérateurs.

Dans la foulée, 80 000 ha de terres domaniales furent vendues, car jugées peu rentables, 60 000 ha organisés en lotissements familiaux, 63 000 organisés en agro-combinats. En 1970, le tissu agraire apparaissait donc plus éclaté qu'auparavant et le dualisme largement maintenu.

Les autres trames rurales évoluaient très différemment. Si aucune action d'envergure n'a été menée sur l'habitat, la nécessité de pallier la trop forte concentration des activités sur le littoral et l'effondrement des revenus des populations de l'intérieur a suscité, simultanément à l'expérience des U.C.P., un effort de redistribution des infrastructures, équipements et services.

En Tunisie, la trame des services et des commerces était caractérisée par une forte concentration dans un petit nombre de villes littorales, avec la forte dominance de Tunis. Dans l'intérieur, jusqu'au seuil de 10 000-15 000 habitants, les agglomérations apparaissent sous-équipées, bien que nombre d'entre elles soient jumelées à des souks ou les intègrent.

C'est par le biais de la trame administrative que l'espace rural a vu progresser quelque peu ses équipements, sans pour autant que le décalage avec le littoral soit comblé; d'une part par la création de nouvelles communes, surtout entre 1957 et 1966, d'autre part par l'installation de nouvelles délégations (équivalent — *mutatis mutandis* — de la *wilaya* algérienne et de la province marocaine). Toute création de chef-lieu étant accompagnée des équipements administratifs et socio-culturels correspondant à sa place hiérarchique, c'est par ce biais que les ruraux ont pu avoir accès à quelques nouveaux services.

Mais il ne s'agit que de quelques communes, de quelques délégations. De vastes espaces ruraux sont toujours démunis surtout dans le sud et le sud-ouest, où les créations n'ont qu'en partie comblé le vide antérieur, quasi absolu. A quelques exceptions près (Kasserine), les nouveaux chefs-lieux n'ont pas été dotés d'unités de production. En Tunisie, il n'y a pas correspondance entre la trame administrative et les trames des commerces et des souks. Dans ce petit État, la hiérarchisation des flux bute sur les captures entre centres ruraux, villes et capitale, captures favorisées par les faibles distances.

**En 1973, la Tunisie a mis en place un Programme de Développement Régional et d'Animation Rurale (P.D.R.A.R.),** dont les trois buts essentiels étaient de « promouvoir l'emploi rural, améliorer les conditions de vie, impliquer l'autorité régionale dans un processus de planification ». Les moyens financiers mis à sa disposition étaient importants; entre 1973 et 1980, ils représentaient 41 % de l'investissement agricole, ou encore 25 % de l'investissement manufacturier. En 1974, il fut complété par quelques projets intégrés ponctuels et par des programmes frontaliers (Jendouba-Kef-Kasserine-Gafsa-Medenine).

Le bilan du P.D.R.A.R., dont les ambitions étaient, il est vrai d'entrée de jeu, limitées aux aspects économiques et sociaux est, eu égard aux investissements consentis, bien léger : l'effectif de population concernée (tous les ménages sauf ceux habitant des agglomérations de plus de 2 000 habitants, soit un Tunisien sur deux), trop important, a abouti à un saupoudrage des sommes engagées. Seize mille ménages ont pu accéder au logement, 6 000 autres ont obtenu des subventions pour l'amélioration de l'habitat, 345 localités ont bénéficié de l'électrification, 209 ont été alimentées en eau potable; 147 salles de soins ont été construites... toutes ces réalisations se diffusant irrégulièrement sur l'ensemble du territoire. En fait, les crédits ont été surtout dirigés vers la création d'emplois; l'accroissement du taux de chômage a été cependant, pendant cette période, de 2,3 % par an pour les ruraux (contre 0,7 pour les citadins). Il faut ajouter que tous les investissements, canalisés par une Commission nationale dans le cadre du Plan, ont été programmés sectoriellement par les divers organismes et ministères concernés, ce qui logiquement ne pouvait aboutir qu'à un saupoudrage peu efficace.

**Il n'est guère possible de parler, en Tunisie, d'une véritable politique de remodelage rural.** Bien au contraire. En économie libérale, les nouvelles organisations spatiales modernes qui se mettent en place interfèrent ou entrent en complémentarité au gré de multiples initiatives, selon des combinaisons régionales très diverses, avec les structures antérieures ou encore les concurrencent. En Tunisie, si l'intégration du monde rural aux marchés croît régulièrement, l'espace local est de plus en plus désarticulé (J.M. Miossec, P. Signoles, 1977). Au niveau de cet espace local, plus que par les grands programmes de l'État, c'est par les réalisations des petits fellahs qu'évolue lentement le tissu rural. Si les campagnes tunisiennes n'apparaissent pas dévitalisées, mais au contraire en mouvement, c'est grâce à l'aptitude des fellahs à saisir l'occasion de tirer partie d'une nappe phréatique, à améliorer un système d'irrigation, à profiter de la proximité d'une grande ville pour développer le maraîchage, etc. Mais, dans une réelle politique rurale, ces campagnes qui se densifient, où le chômage croît, pourront-elles maintenir une mise en valeur encore assez bien soutenue?

## 3. LE CAS MAROCAIN : DES INTERVENTIONS PONCTUELLES, DIVERSES ET LIMITÉES

Autogestion et révolution agraire en Algérie, Unités coopératives de Production en Tunisie : le Maroc ne présente pas d'approche globale de même ampleur, fait apparemment paradoxal dans un État fondant une large part de son développement sur l'agriculture. L'État intervient en fonction d'objectifs beaucoup plus modestes : tenter de retrouver l'autosuffisance alimentaire et encadrer les populations rurales.

A l'Indépendance, le Maroc présente une trame rurale qui offre bien des ressemblances avec celle de l'Algérie, mais avec des nuances : l'habitat y est également atomisé soit en fermes (plaines atlantiques), soit en gros hameaux (Prérif, bordures atlasiques), et le petit village est une réalité très vivante du *bled* (J. Le Coz, 1964). Équipements et infrastructures sont encore plus concentrés, sur le littoral nord-ouest, autour de Fès, Meknès, de Marrakech et dans le Souss. Mais surtout, de vastes espaces du territoire national restent organisés selon les normes collectives traditionnelles *melk* ou *arch*, avec de grands souks très actifs (J.F. Troin, 1975). Hormis quelques grandes cités, il existait un véritable vide urbain intérieur, et surtout peu de petites villes actives.

La trame agraire est ici particulièrement contrastée. Moins de 1 % des propriétaires détiennent 25 % des terres : le Maroc est terre de latifundia; à l'inverse, un tiers des exploitants ne possède aucune terre. Encore faut-il ajouter un nanisme accusé des exploitations, une grande instabilité des faire-valoir en pays *melk,* une sclérose des finages dans les régions *arch,* où toute initiative individuelle (plantations, creusement de puits) est considérée comme une appropriation personnelle et donc une menace pour la vie collective, très intense dans les *douar.*

Les terres collectives, *melk* ou *arch,* n'ont pas fait l'objet d'un réaménagement foncier sous l'égide de l'État. L'enquête cadastrale y avance très lentement. La trame agraire apparaît, sur les terres coloniales récupérées, très éclatée. Si le lotissement est la règle, les formes coopératives, auxquelles l'attributaire doit obligatoirement adhérer sont très diverses. D'où, au moins en zone *melk,* une véritable mosaïque : micro-exploitations privées, lotissements pré-coopératifs, centres de mise en valeur pour les coopératives déjà constituées, intégrées ou spécialisées. L'impression est celle d'un rapiéçage. L'essentiel de l'action sur les structures agraires a consisté en un remembrement des 300 000 ha irrigués et en la constitution de 600 coopératives sur les terres récupérées.

La trame de l'habitat rural s'enrichit moins du fait de l'initiative de l'État que de celle de l'initiative privée : explosion en quelques années de carrefours routiers, investissements immobiliers importants dans quelques villages bien placés dans le réseau d'échanges, au débouché d'une vallée peuplée, en relais des gros villages commerçants de montagne (Anti-Atlas et Souss). L'on aurait pu s'attendre à ce que les investissements du Fonds d'Équipement Communal soient très utilisés du fait du relatif groupement des ruraux : ils sont en effet destinés à l'assainissement, aux adductions d'eau, à l'électrification et à la construction. De fait, les investissements ont été réalisés : 18 % pour l'électrification, 26 % pour la construction, 25 % pour l'assainissement et les adductions d'eau. Mais ce sont surtout les centres — dont les villes — des régions Centre et Nord-Ouest qui ont profité des crédits, à raison de 75 %; crédits d'ailleurs révisés en baisse du fait de la crise mondiale, de la chute du prix des phosphates et de l'effort militaire.

La trame des services est très irrégulière. Le souk joue au Maroc un rôle infiniment plus grand qu'en Tunisie et en Algérie. Il comporte souvent un très grand nombre d'artisans et de petits services (réparateurs en tous genres, coiffeurs, cordonniers, etc.). Les autorités l'ont d'ailleurs souvent favorisé par la construction d'un minimum d'équipements (mur d'enceinte, aire de stationnement, puits, etc.). Il conserve un rôle actif dans les échanges entre ruraux tout en voyant son rôle de redistribution des produits urbains croître régulièrement. Les ruraux marocains, du fait de la richesse de cette trame, apparaissent moins enclavés, y compris les néo-citadins des petites et moyennes villes, l'urbanisation explosant ici comme dans le reste du Maghreb (R. ESCALLIER, 1982). Le dynamisme des souks bute cependant de plus en plus sur la solidité de l'assise commerciale citadine, en pleine croissance. Sous la coupe de ces villes, « le souk participe de plus en plus à une urbanisation diffuse des campagnes au profit de la ville » (J.F. TROIN, 1975). La position des souks, initialement installés en rase campagne, favorise cette diffusion.

Les services, infrastructures et équipements restent très concentrés dans les grandes villes, même si l'initiative privée, au moins dans le domaine commercial, se porte de plus en plus volontiers vers les moyennes et petites agglomérations. Mais les écoles, les centres de santé dépendant de l'État restent largement absents du *bled.* Le Fond spécial de Développement régional, destiné à mettre en place des petits équipements ruraux n'a guère modifié les grands déséquilibres spatiaux. Le Souss, le Draa, le Tafilalet et les provinces sahariennes ont reçu 34 % des investissements, le Centre et le Nord-Ouest encore 25 %, le reste se diffusant — très irrégulièrement — sur le reste du territoire.

La trame administrative ne revêt pas ici l'importance qu'elle a, en Algérie, pour le remodelage de l'espace. La région (elles sont 7) est plus un cadre de planification spatiale et d'aménagement du territoire qu'une véritable unité administrative dans la mesure où son rôle essentiel est de préparer les propositions régionales pour le plan national. Les provinces (18 en 1959, 36 en 1978) constituent les échelons fondamentaux du fait des pouvoirs étendus des gouverneurs. C'est le véritable niveau de déconcentration des investissements de l'État, le lieu où se décide sa ventilation régionale et locale. Au-dessous, le cercle n'est qu'un simple relais.

Le découpage des 847 communes, en 1980, ne modifie pas sensiblement les conceptions qui ont présidé à celui de 1960. En fait, il reprend souvent le cadre tribal et ses subdivisions, bien que ce cadre ne constitue plus l'unité souhaitable pour l'organisation des nouvelles tâches économiques. Du fait de leur très faible capacité d'autofinancement (environ 10 %), les communes dépendent étroitement des investissements de l'État et des provinces. Or ceux-ci sont ventilés à partir du Plan national, par les différents services, ministères, organismes d'État. Cette redistribution sectorielle faiblement coordonnée, ne peut déboucher sur un remodelage.

Il n'y a donc pas, au Maroc, de recherche de cohérence globale des trames. Bien au contraire, **l'État a concentré ses actions sur des opérations localisées.** Nous en retiendrons quelques-unes, particulièrement caractéristiques de l'approche marocaine.

**L'opération Labour** fut lancée en 1957; elle devait, dans l'esprit de ses concepteurs, séduire le fellah par une mécanisation des cultures, à très grande échelle, en leur apportant une amélioration des rendements et surtout en supprimant les inconvénients coûteux d'un parcellaire atomisé. Trois campagnes suffirent à démontrer son inefficacité, bien que l'opération ait été prolongée au-delà : les tracteurs labourent 232 000 ha en 1958-1959... mais 80 000 seulement en 1964. Elle ne pouvait qu'échouer, dans la mesure où une telle technique transforme en fait les fellahs en quasi-chômeurs sur leurs propres terres : la céréaliculture mécanisée ne leur laissait que quelques jours de travail par an, là où les méthodes de travail traditionnelles les occupaient plusieurs dizaines de jours. S'il faut incriminer un certain nombre d'erreurs technologiques classiques et un coût élevé, c'est surtout à l'impact psychologique qu'il faut imputer l'échec de l'opération labour : elle ne correspondait pas aux cadres socio-économiques existants : « la Djemaa est restée à côté du tracteur » (J. Le Coz, 1964).

**L'Office National des Irrigations (O.N.I.)** a été fondé en 1960; on lui confiait la gestion des cinq grands périmètres (Basse Moulouya, Rharb, Abda-Doukkala, Haouz, Tadla) et des onze plus petits existants. Il ne vivra que cinq ans. Pourtant la qualité de ses administrateurs et de ses techniciens, sa maîtrise technologique, la haute valeur de ses programmes d'intervention et de recherche ne font aucun doute. Pour la première fois, l'ensemble des périmètres irrigués dépendait d'un organisme susceptible d'appliquer un véritable aménagement rural. L'O.N.I. développa les lotissements, lança avec succès — sur le plan agronomique — des cultures intégrées de coton et de betterave; l'habitat fut pris en compte. Et pourtant l'enthousiasme qui avait accompagné les premières réalisations retomba vite : auprès des autorités, la lourdeur de cette pesante machinerie ayant entraîné un très grand déficit financier, mais aussi auprès des paysans (P. Pascon, 1979). Cette tentative a bien montré comment ce mode d'intervention dégénérerait en « culture administrative », en dessaisissant le fellah de toute initiative au profit du technicien de l'État, un fellah qui doit par ailleurs souvent passer, en un très court laps de temps, de l'irrigation traditionnelle à l'irrigation moderne, deux mondes différents. Simple exécutant, le fellah se retrouve dans une position d'assisté peu motivante, source de désintérêt progressif, d'absentéisme, de mécontentement latent.

L'O.N.I. fut dissous en 1965 et remplacé par des **Offices Régionaux de Mise en Valeur (O.R.M.V.A.).** La nouvelle structure n'a guère abouti à une meilleure maîtrise. De l'œuvre de l'O.N.I. sont cependant demeurés deux types d'intervention durables : la pratique des cultures intégrées — coton et betterave à sucre surtout — sur des « polygones » précis, et surtout celle des lotissements.

Cette **politique des lotissements** est restée une constante marocaine. Elle est associée à la constitution de coopératives. Les résultats agronomiques sont loin d'être médiocres, en général, et surtout dans les terroirs aptes à l'arboriculture. Ils souffrent cependant de trois inconvénients :

— les options agronomiques retenues par les responsables locaux, fondées sur des rôles complexes, sont loin d'être respectées : souvent le coopérateur cède à la tentation de privilégier la spéculation financièrement la plus intéressante : on a pu parler « d'obsession » agrumicole, dans les lotissements de l'Oriental (J. LE COZ, 1964);

— du fait de l'environnement libéral, le coopérateur est souvent mal placé pour commercialiser ses produits;

— si le coopérateur reçoit un habitat en même temps que son lot, il souffre, pour l'accès aux services et aux équipements de base, dont une partie seulement est intégrée aux opérations de lotissement, d'une dispersion exagérée. La trame d'habitat des lotissements a souvent dégénéré, l'un habitant au village, l'autre préférant habiter sur son lot. Les lotissements du Tadla font exception, mais ils ont fait l'objet de soins tout particuliers.

Les lotissements, dont la dimension est en général de quelques centaines d'hectares, contribuent également à renforcer la complexité de la trame agraire. Dans les zones irrigables *melk* coexistent ainsi des lotissements coopératifs, des centres de mise en valeur gérant des cultures intégrées, des micro-exploitations.

**L'abandon du projet Sebou** est également très démonstratif. Quatre années d'études remarquables avaient permis, à partir de 1963, de concevoir sur 200 000 ha un réaménagement fondé sur le concept de « biens de villages ». En remaniant les structures foncières et les systèmes de culture, le projet démontrait les vastes possibilités de développement agricole du Bas-Sebou. Il s'agissait d'utiliser le dynamisme villageois, le village se voyant déléguer la pleine responsabilité des nouveaux blocs de cultures, sous la forme de sociétés de développement villageois, issues directement des anciennes *djemaa*.

Cela supposait une remise en cause des structures foncières sur une vaste échelle et l'abandon d'un strict encadrement. Le Maroc n'a pas sauté le pas.

En fait, de par la logique des choix strictement agro-économique de l'État, ces interventions ont toutes rapidement trouvé leurs limites dans leur inadaptation aux cadres socio-économiques. Elles ont en réalité accentué les disparités régionales et abouti à un « trialisme » agraire : terres de l'État, terres *melk*, terres *arch*.

Pourtant, beaucoup plus qu'en Tunisie, **l'espace rural marocain est le siège de mutations locales nombreuses et spectaculaires,** du fait des initiatives de la paysannerie privée : côté atlantique où se développent de véritables « périmètres » maraîchers et plus encore aires de petite hydraulique sur la moindre nappe phréatique, par motopompage. Ces espaces dynamiques génèrent à leur tour la création de services divers qui est, elle aussi, le fait de l'investissement privé, souvent citadin ou émigré. Mais cette vitalité multiforme a son revers : l'anarchie qui préside à une mise en valeur littéralement pionnière.

Au Maroc, **un remodelage concerté de l'espace rural est encore à concevoir.**

## 4. REMODELAGE NATIONAL ET DÉSARTICULATION LOCALE

**L'explication des mutations du monde rural n'est jamais contenue que dans l'espace rural.**

**Algérie, Maroc, Tunisie, en s'engageant dans la recherche d'un développement rapide où villes et industries — à des degrés cependant différents — jouaient les premiers rôles, ont certes intégré quelques espaces au marché; mais, du même coup, ils ont accentué les déséquilibres, les modèles macro-économiques nationaux n'intégrant pas suffisamment la nécessité d'un aménagement régional et local. Dans un second temps, ils se sont engagés avec plus ou moins de vigueur, et nous l'avons vu, avec plus ou moins de succès, dans une politique d'intervention dans le monde rural, nécessaire autant pour satisfaire un approvisionnement alimentaire devenu déficitaire que pour mener à bien une intégration nationale que le legs colonial freinait.**

**Mais toutes les interventions, peu coordonnées en Tunisie et au Maroc, systématiques en Algérie, partent de l'État (en fait des capitales) et sont canalisées, avec plus ou moins de rigueur par le réseau urbain. La mutation est, en fait, imposée aux paysans : ceux-ci y adhèrent relativement lorsque cette imposition correspond à l'implantation de services auxquels ils aspirent, restent attentistes et dans la sécurité des organisations sociales traditionnelles dès lors que cette aspiration à la consommation n'est pas satisfaite, cette insatisfaction se traduisant par la non-insertion dans les nouvelles structures de production modernes proposées.**

C'est donc en aval de la ville qu'est l'enjeu d'un remodelage des structures (et non seulement des structures spatiales).

Or, dans les trois États, le poids de l'État est tel que la commune, unité territoriale privilégiée pour l'aménagement local, faiblement dotée en ressources et ne disposant dans la plupart des cas que d'un potentiel limité, ne peut jouer le rôle de coordinateur permettant de relier l'individu, le ménage, en un mot la trame humaine de base, aux diverses trames rurales en direction de la ville.

C'est ce niveau intermédiaire qui manque dans les trois États, y compris en Algérie, malgré la cohérence de l'effort de remodelage. C'est par la commune (ou le groupe de communes?) que passe l'articulation entre macro-espaces remodelés et micro-espaces désarticulés à réorganiser, pour que toute tentative de remodelage d'envergure soit efficace.

Ce renforcement des unités territoriales de base est engagé, sauf en Tunisie. Depuis 1976, le Maroc a légèrement amélioré le potentiel d'intervention des communes, mais très timidement. L'Algérie est plus engagée dans le processus : attribution d'un organe de gestion aux nouveaux villages, pouvoirs communaux plus étendus.

**C'est pourtant sans doute par la réussite de cette articulation intermédiaire entre macro-espaces déjà plus ou moins intégrés à l'économie moderne et micro-espaces encore désarticulés, espaces de consommation mais aussi de production agricole, que passe une autre réussite vitale : celle de la réorganisation de l'appareil de production proprement dit, eu égard à la dépendance alimentaire croissante.**

Chapitre **12**

# STAGNATION ET DIFFICULTÉS DE LA PRODUCTION AGRICOLE

Les États maghrébins ont longtemps été présentés comme des pays ruraux, à « vocation agricole ». Dans l'Antiquité, Rome n'était-elle pas ravitaillée par les blés et huiles du Maghreb? Une querelle à propos du commerce des grains n'a-t-elle pas été le prétexte à l'intervention française en Algérie? Cette orientation a été confirmée avec éclat sous la colonisation : l'économie maghrébine était essentiellement agro-exportatrice, fondée sur la céréaliculture (blé dur), le vin et plus tard les agrumes. En très peu d'années, une dizaine au maximum, ce tableau se trouve profondément modifié. Le déficit des productions alimentaires ne fait que se creuser. D'exportateurs nets de produits agricoles, les trois pays maghrébins sont devenus importateurs nets.

Pour chacun d'entre eux — mais à des degrés divers — se pose désormais le problème de la dépendance alimentaire.

L'agriculture maghrébine doit faire face actuellement à une double série de difficultés : il lui faut répondre à la **croissance de la consommation** donc de la demande d'une part et, d'autre part, conduire la **reconversion d'un système agricole** hérité de la colonisation. Le système agro-exportateur n'est plus adapté : il faut en changer. La nécessaire reconversion s'effectue dans d'assez mauvaises conditions.

## 1. DES BESOINS CROISSANTS

La croissance démographique est évidemment le facteur essentiel. On en connaît l'ampleur : le croît se situe selon les pays entre 2,7 et 3,3 % l'an (cf. IIIe Partie). L'agriculture qui devait nourrir environ 28 millions d'habitants en 1962, doit faire face aux besoins de près de 50 millions de consommateurs en 1984! La production agricole peut-elle suivre de tels rythmes de croissance? Le problème est rendu d'autant plus complexe que le niveau de vie s'améliore parallèlement à l'accroissement des effectifs. Alors que le P.N.B./habitant se situait dans les trois pays autour de 200 à 300 dollars en 1962, il s'élève, en 1981, à 840 dollars au Maroc, 1 420 en Tunisie et 2 140 en Algérie. Les revenus de la population augmentent assez fortement bien que de façon très inégalitaire. La masse monétaire en circulation progresse. Dans ces conditions la demande de biens alimentaires croît à un rythme encore plus soutenu que la croissance démographique. La ration alimentaire encore relativement faible (elle était pour les trois pays de l'ordre de 2 300 à 2 400 calories en 1975) va en s'améliorant.

L'urbanisation accélérée que connaît le Maghreb ajoute une contrainte supplémentaire. Les citadins sont désormais plus de 23 millions. Le mouvement d'urbanisation implique une augmentation de la demande de biens alimentaires commercialisés et en même temps induit des changements dans la composition de la ration alimentaire. Les nouvelles populations urbaines délaissent progressivement les modèles de consommation traditionnels pour adopter les modèles occidentaux (le pain fabriqué au blé tendre supplante les produits à base de blé dur : couscous, galette; augmentation de la consommation de fruits et légumes, de viande, etc.).

On mesure donc l'ampleur des défis que doivent affronter les systèmes agricoles maghrébins : **la demande alimentaire croît en quantité et, dans le même temps, elle se modifie, se diversifie.** C'est ainsi qu'en Tunisie, entre 1966 et 1980, la consommation de céréales par tête d'habitants s'est accrue de 28 %, celle de la viande de 42 %, du sucre de 70 %, de l'huile de 19 %; celle des légumes de 46 % et, enfin, la consommation de fruits a augmenté au cours de la même période de 51 %!

## 2. LA PRÉOCCUPANTE QUESTION CÉRÉALIÈRE

Les blés sont partout sur les terres d'Afrique du Nord. Les Maghrébins restent de gros consommateurs de céréales qui entrent pour 65 à 70 % des calories de la ration alimentaire moyenne. Selon les statistiques officielles, les emblavures (blé dur, blé tendre, maïs, orge) couvrent, bon an mal an, quelque 9 à 10 millions d'ha (4,3 au Maroc, 3,3 en Algérie, 1,5 en Tunisie) soit 53 % de la S.A.U. (jachères comprises), ou 90 % des terres réellement cultivées chaque année. La céréaliculture maghrébine présente deux caractères majeurs :

— son **irrégularité :** le volume annuel de la production se situe en moyenne à quelque 70 millions de q : 40 au Maroc, 18 en Algérie, 12 en Tunisie. Mais, en fonction des aléas climatiques, la récolte peut varier du simple au double, voire dans les cas extrêmes du simple au quadruple. A titre d'exemple, la production marocaine s'est élevée à 20 millions de q en 1981 mais à 47 en 1982. En 1966, l'Algérie n'a produit que 7,6 millions de q de céréales et 26,7 en 1975;

— son **insuffisance :** elle est à la fois quantitative et qualitative. Les rendements sont d'une grande faiblesse : les valeurs moyennes sont estimées à 7,8 q/ha en Algérie et en Tunisie, 9 au Maroc. En fait, les rendements présentent d'assez fortes variations selon les régions et les types d'exploitations agricoles. La production céréalière stagne depuis de très nombreuses décennies. Ainsi, en Algérie, la production annuelle moyenne au cours de la décennie 1901-1910 a été la même qu'au cours de la décennie 1971-1980 : 19 millions de q. L'Algérie des années 1970, peuplée de 18 millions d'habitants, n'a pas produit davantage de grains que l'Algérie du début du siècle peuplée de 5 millions d'âmes! La production maghrébine qui pouvait alimenter un fort courant net d'exportation est, aujourd'hui, incapable d'assurer l'autosuffisance. Par ailleurs, la composition des variétés cultivées où domine encore le blé dur ne correspond plus aux besoins du marché : les habitudes de consommation ont changé et le blé tendre tient désormais une place beaucoup plus grande dans l'alimentation.

Cette stagnation de la production pose un réel problème agronomique. Tous les efforts entrepris (apports de fertilisants, introduction de variétés nouvelles et notamment des variétés à haut rendement) n'ont en général pas abouti. Partout on constate les mêmes défaillances dans la conduite de la céréaliculture : lutte inefficace contre les mauvaises herbes, emploi insuffisant des engrais, recours limité aux semences sélectionnées. Si diverses expérimentations ont pu donner localement des résultats satisfaisants, leur extension n'a jamais pu être réalisée convenablement. Par ailleurs, trop souvent la céréaliculture occupe des terres peu favorables : dans les montagnes aux pentes trop fortes et aux sols très érodés, dans la steppe où la pluviométrie est médiocre et où les blés s'étendent au détriment des pâturages. Dans ces zones marginales, les rendements obtenus sont insignifiants : 3 à 4 q/ha. Le plus inquiétant est le maintien de considérables superficies en jachère : sa résorption est un échec total. Les superficies qui lui sont consacrées n'ont pas diminué ces dernières années. Elles restent de peu inférieures aux superficies emblavées et selon les années elles représentent de 35 à 40 % de la S.A.U.

## 3. L'ÉVOLUTION DES CULTURES D'EXPORTATION

Jusqu'au début des années 1970, Maroc, Algérie et Tunisie ont accordé une large priorité au maintien, voire au renforcement, des cultures d'exportation. Il s'agit de produits traditionnellement acheminés vers l'Europe : vins, agrumes, légumes, huile d'olive. Les trois pays ont très largement partagé l'idée que le secteur d'exportation hérité de la période coloniale, les adaptations au marché effectuées pouvaient constituer une source importante d'accumulation pour financer le développement. Au cours de la décennie 1970, cette politique a été infléchie et actuellement on peut constater des évolutions très différenciées selon les produits et les pays.

### 3.1. Le vignoble

Le vignoble offre l'exemple d'une régression spectaculaire notamment en Algérie. Vers les années 1960, la vigne couvrait environ 480 000 ha (360 000 en Algérie, 70 000 au Maroc, 46 000 en Tunisie). Actuellement le vignoble couvre à peine 270 000 ha (174 000 en Algérie, 60 000 au Maroc, 36 000 en Tunisie). La production a connu une chute plus sévère encore. Le volume de 20 millions d'hl de production annuelle moyenne est tombé à environ 4 millions (2 à 2,5 pour l'Algérie, 1 pour le Maroc, 0,6 pour la Tunisie). En fait, le Maroc et la Tunisie ont réussi plus ou moins à maintenir leur production mais rencontrent des difficultés d'écoulement sur le marché français. Il n'en est pas de même pour l'Algérie, qui, au lendemain de l'Indépendance, avait adopté une politique de « reconversion-reconstitution » de son vignoble dont les grands principes ont été dégagés dès 1965. Il s'agissait de maintenir, pour d'évidentes raisons agronomiques, un vignoble dont la production puisse être écoulée sur le marché mondial grâce à une opération de reconstitution de l'encépagement. Le pays voulait se sortir de l'impasse des vins de coupage et produire des vins de qualité. L'objectif d'un volume de production de 6 à 8 millions d'hl avait été avancé sur une superficie de 200 000 ha. Les terres libérées par la vigne devaient être reconverties; on songeait à un certain nombre de cultures de substitution (raisin de table, cultures légumières, industrielles et fourragères irriguées, arboriculture), autorisant une utilisation aussi intensive du sol que le vignoble et donnant à l'agriculture une orientation plus conforme aux besoins nationaux. Pratiquement, il n'y eut ni reconversion ni reconstitution. On s'est, le plus souvent, contenté de laisser vieillir les vignes et d'arracher les ceps à bout de souffle, ce qui explique les rendements dérisoires obtenus ces dernières années (10 à 15 hl/ha). Le pays a, en quelque sorte, réglé le problème par le « bas ».

### 3.2. Le verger d'agrumes

L'évolution du verger d'agrumes est, elle aussi, fort contrastée. En Algérie, les superficies agrumicoles se sont maintenues et couvrent 50 000 ha; la production est de 400 000 t. Les rendements restent assez faibles en raison du vieillissement accentué des arbres et des défaillances enregistrées dans leur entretien. Le fait notable à souligner est la modification radicale constatée dans la commercialisation des agrumes. Le marché intérieur absorbe désormais la totalité de la production. La concurrence des autres producteurs méditerranéens, la mauvaise composition variétale du verger, une baisse certaine de la qualité et l'augmentation de la consommation nationale constituent les raisons essentielles de cette évolution. Il en est tout autrement de la politique marocaine. Le Maroc a, depuis l'Indépendance, étendu son verger qui compte 70 000 ha et produit un million de t dont 6 à 700 000 sont exportées. La politique d'exportation se heurte toutefois à des difficultés : la concurrence sur le marché international est rude et le maintien de la qualité des fruits pose problème, mais le pays a su entreprendre une réelle politique de diversification de ses débouchés. La Tunisie est un producteur de moindre envergure (14 000 ha pour une production de 150 à 200 000 t) mais son atout majeur réside dans sa spécialisation vers l'orange maltaise très appréciée sur le marché français. La consommation nationale a beaucoup augmenté et les exportations — très fluctuantes selon les années — se situent entre 20 et 30 000 t.

### 3.3. Les autres cultures d'exportation

Les autres cultures d'exportation sont constituées essentiellement par les légumes frais qui représentent un poste relativement important pour les exportations marocaines : 160 à 170 000 t, essentiellement des tomates et des pommes de terre. L'huile d'olive reste encore un produit d'exportation notable pour la Tunisie. Le verger compte plus de 30 millions d'arbres dont les deux tiers dans la région de Sousse et Sfax. Les exportations d'huile qui s'étaient fortement accrues dans les années 1960 (150 000 t) ont beaucoup baissé depuis (80 000 t environ) en raison de la concurrence exercée sur le marché français par les producteurs de l'Europe méditerranéenne.

Au total, le bilan des exportations maghrébines est bien médiocre. Seul le Maroc a pu maintenir le niveau de ses échanges et même l'améliorer : les quantités exportées ces quinze dernières années ont été multipliées par 1,1. La Tunisie a enregistré, depuis 1970, une baisse très sensible : la valeur de ses exportations agricoles est désormais de l'ordre de 100 millions de dinars (1 122 millions de FF en 1984). Quant à l'Algérie, depuis 1973, elle n'exporte pratiquement que du vin : la valeur de ses exportations agricoles se situe à un niveau de 500 millions de dinars (soit 795 millions de FF en 1984).

## 4. LES CULTURES DE RECONVERSION ET D'INTENSIFICATION

Depuis de nombreuses années, un des objectifs de la production agricole est de satisfaire les besoins nationaux, soit en introduisant de nouvelles cultures, soit en maîtrisant mieux des spéculations déjà pratiquées, soit en intensifiant la production grâce à l'irrigation. Le but recherché est d'augmenter ainsi le produit brut à l'hectare et d'améliorer le niveau de l'emploi. Les progrès réalisés dépendent avant tout des résultats enregistrés en matière hydraulique (cf. IIe Partie).

### 4.1. La production légumière et fruitière

La production légumière et fruitière, destinée non pas aux marchés extérieurs mais à la satisfaction de la demande urbaine, a partout enregistré une forte progression. Pour les légumes tout repose sur la production de quelques variétés qui constituent la base de la consommation nationale. En Tunisie, les cultures légumières sont passées de 13 000 ha en 1967 à 100 000 en 1980. En Algérie, on enregistre dans le même temps une progression voisine : les superficies de 65 000 ha ont été portées à 190 000 et la production de 5 500 000 q à 12 millions de q.

On peut également relever un succès identique pour l'arboriculture fruitière. Les vergers d'arbres à noyaux et à pépins se multiplient : ainsi en Algérie, les superficies en quelques années passent de 17 000 à 100 000 ha.

### 4.2. Les cultures industrielles

Les cultures industrielles ont fait l'objet de tentatives de développement nombreuses dans les trois pays avec des résultats bien inégaux. L'effort a été porté notamment sur l'extension de la betterave à sucre, soit en sec soit en irrigué. On cherchait essentiellement à limiter de coûteuses importations de sucre. Toutefois les efforts entrepris sont en grande partie infructueux en Algérie et dans une moindre mesure en Tunisie : la culture est mal dominée, les rendements obtenus dérisoires. Des sucreries et raffineries ont bien été construites (Béja en Tunisie; El Khemis et Guelma en Algérie) mais elles ne peuvent pas être ravitaillées de façon satisfaisante par la production nationale et l'on doit recourir à des importations de sucre roux, pour en assurer le fonctionnement. Au Maroc, la situation est plus satisfaisante même si les objectifs initiaux n'ont pas tous été atteints. La betterave à sucre cultivée dans les périmètres irrigués couvre 65 000 ha et permet d'assurer de 65 à 70 % de la consommation nationale. Le niveau de la récolte est — en année moyenne — de l'ordre de 2 200 000 t. Elle est complétée par des apports plus restreints de canne à sucre (4 000 ha et 75 à 500 000 t selon les années). Un ensemble de 12 sucreries et 2 raffineries fonctionne en 1984.

## 5. L'ÉVOLUTION DE L'ÉLEVAGE

### 5.1. Le Maghreb : pays du mouton

Le Maghreb est traditionnellement le « pays du mouton »; il le reste. Les ovins sont élevés soit au sein des exploitations céréalières, soit sous la forme du pastoralisme dans les terrains de parcours de la steppe. Le troupeau est important : 31 millions de têtes environ dont 15 pour le Maroc qui vient largement en tête, 11 pour l'Algérie et 5 pour la Tunisie. Cet élevage extensif doit faire face à de sérieux problèmes dont on perçoit mal la solution. Sa conduite reste très traditionnelle, sans grande rationalité. Les terrains de parcours se dégradent; mal utilisés par un troupeau trop nombreux, ils sont surpâturés. Les superficies laissées aux parcours ont tendance à diminuer devant la progression des cultures — céréalières notamment — et les arrachages pour les besoins domestiques. De plus en plus, les éleveurs ont recours, pour l'alimentation du bétail, à un complément céréalier, ce qui augmente d'autant les importations de grains. Longtemps la production de viande a été excédentaire : elle satisfait tout juste les besoins actuels et certaines années des importations sont devenues nécessaires.

### 5.2. L'élevage bovin traditionnel

L'élevage bovin traditionnel est peu intensif : il est pratiqué aussi bien à des fins laitières que de boucherie. Le troupeau, constitué par les innombrables « races locales », bien mal alimenté, ne donne que de très faibles rendements (4 à 5 l de lait quotidien par vache). On compte environ 5 millions de têtes, 900 000 pour la Tunisie, 3 400 000 pour le Maroc, 1 200 000 pour l'Algérie. Afin d'atténuer les importations de produits laitiers, les trois pays ont tenté d'implanter un élevage laitier intensif notamment dans des « bassins laitiers » autour des grandes villes. Des animaux de race ont été importés et devaient faire souche. Les résultats pour l'instant restent décevants. La conduite du troupeau — et notamment son alimentation — se révèle délicate à assurer et la production laitière obtenue est très en retrait par rapport aux résultats escomptés.

### 5.3. L'introduction de l'élevage industriel

L'introduction de l'élevage industriel des poulets de chair est encore plus récente et s'effectue sur une grande échelle dans les trois pays. La production de poulets répond à un double but. Elle tend à freiner des importations de viande rouge qui commencent à devenir nécessaires et qui dans l'avenir iront inéluctablement en augmentant. On cherche aussi à fournir aux populations citadines une viande « bon marché ». Toutefois, pour l'instant, cette « filière volailles » reste très intégrée en amont aux multinationales de l'aliment du bétail et nécessite l'importation massive de maïs, orge, tourteaux de soja que l'agriculture locale est bien incapable de fournir. L'exemple algérien en ce domaine est particulièrement révélateur. La production commercialisée de poulets est en fait massive : 78 000 t en 1979, 140 000 t quatre ans plus tard, en 1983, contre 150 000 t de viande ovine et bovine!

Ainsi, ce rapide tableau montre à quel point le niveau de production agricole est préoccupant. Les indicateurs économiques les plus couramment retenus illustrent bien cette situation.

— Dans ces pays où les actifs agricoles occupent une fraction non négligeable de la population active (25 % en Algérie, 35 en Tunisie, 52 au Maroc), l'agriculture occupe une place de plus en plus restreinte dans l'activité économique. La production agricole représente, en 1981, à peine 6 % du P.I.B. algérien, 16 % en Tunisie, 15 % au Maroc.

— L'évolution indiciaire de la production agricole au cours des dernières années est particulièrement significative. Par rapport à une base 100 pour les années 1969-1971, elle est passée dix ans plus tard (1979-1981) à 111 au Maroc, 114 en Algérie et 158 en Tunisie. La quasi-stagnation marocaine et algérienne ne permet pas de suivre le rythme d'augmentation démographique. La population est passée dans le même temps de 100 à 135.

— Enfin, les calculs effectués par la Banque mondiale, portant non plus sur la production agricole mais sur la production alimentaire par habitant, montrent un recul très net en Algérie et au Maroc. Au cours de la même décennie l'indice 100 est passé à 81 en Algérie et au Maroc. La situation ne s'est améliorée qu'en Tunisie : indice 124.

On constate donc une incapacité du système agricole à s'adapter à la demande. **Le Maghreb est entré dans ce que l'on appelle la « dépendance alimentaire ».** Devant l'ampleur de la crise, on peut même se demander s'il ne s'agit pas d'une réelle vulnérabilité de son économie.

Chapitre **13**

# LA DÉPENDANCE ALIMENTAIRE ET SES IMPLICATIONS

## 1. LES FAITS : LA MESURE DE LA DÉPENDANCE ALIMENTAIRE

### 1.1. Les coûteuses importations

Depuis le début des années 1970, les pays maghrébins sont contraints de procéder à de **coûteuses importations** de produits alimentaires. Les produits importés constituent la ration de base pour le plus grand nombre des habitants. Ce sont, en quelque sorte, des importations vitales, qu'il est impossible de réduire ou de supprimer en cas de nécessité.

#### 1.1.1. Les céréales

Les céréales (blé, orge, maïs) constituent pour les trois pays le poste le plus important. En 1974, les achats maghrébins ont porté sur 3 millions de t. En 1979, il a été nécessaire d'importer 5 millions de t alors que la production nationale s'est élevée à 6,6 millions de t seulement. En mauvaise année, comme en 1981, les importations peuvent atteindre 7 à 8 millions de t. C'est l'Algérie qui est, de loin, le plus gros importateur :

Fig. 32. — ÉVOLUTION DES PRINCIPALES PRODUCTIONS AGRICOLES EN ALGÉRIE.

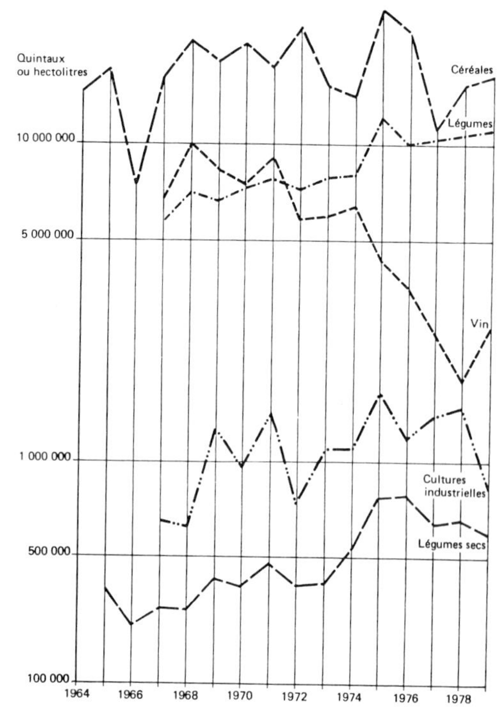


elle dépend des grains étrangers pour plus de 61 % de sa consommation (moyenne 1975-1979). Tunisie et Maroc ne sont devenus importateurs réguliers que depuis 1973-1974 et leur taux de dépendance est moindre : respectivement 31 et 28 %. Ces achats couvrent avant tout les besoins des populations citadines. Mais on observe aussi qu'une partie non négligeable de paysans ne produit plus assez de céréales et doit recourir à des achats de grains importés. Enfin, plus récemment, les céréales entrent dans l'alimentation animale, ce qui accentue encore le déficit.

### **1**.1.2. Les boissons tropicales

Les boissons tropicales (café, thé) et le **sucre** sont des produits traditionnels d'importation. Les importations de sucre sont massives pour l'Algérie et la Tunisie (plus de 90 % de la consommation) et les prévisions pour les années à venir n'autorisent pas à nourrir l'espoir d'une amélioration de la situation. Le Maroc a réalisé de gros efforts pour développer la culture de la betterave mais ce pays doit encore importer la moitié de son sucre. Enfin les achats extérieurs sont déterminants dans le secteur des **huiles et matières grasses** importées à 80 et 92 % par l'Algérie et le Maroc. La Tunisie, grande productrice d'huile d'olive préfère vendre une partie de sa production d'huile d'olive, pour acheter moins cher une huile de soja, de qualité moindre, destinée à la consommation nationale.

Fig. 33. — ÉVOLUTION DES IMPORTATIONS ALGÉRIENNES DE QUELQUES PRODUITS ALIMENTAIRES (1963-1978).

### 1.1.3. Le lait et les produits laitiers

Le lait et les produits laitiers sont désormais importés de façon massive. Les achats progressent très rapidement en liaison avec l'urbanisation et les changements de consommation alimentaire qu'elle provoque.

### 1.1.4. La viande

Enfin, depuis peu, la viande devient un produit qui compte dans les importations. Le Maroc n'achète que des quantités relativement limitées, mais pour très peu de temps encore. Bien que le cheptel marocain soit le plus important du Maghreb, il ne peut suffire à la demande nationale. La Tunisie est également « structurellement » importatrice. C'est toutefois en Algérie que la situation est la plus préoccupante : malgré l'essor remarquable de la production de poulets de chair, les importations de viande rouge sont indispensables pour couvrir plus du cinquième de la demande.

## 1.2. La progression des importations alimentaires

**La progression très rapide** ces dernières années **des importations alimentaires** est un trait qui retient l'attention et qui inquiète à juste titre. L'exemple de l'Algérie, le pays le plus engagé dans la dépendance alimentaire, est à cet égard significatif. Comme le suggère, pour la période 1963-1978, la comparaison des figures 32 et 33. On y constate littéralement un véritable envol des importations alimentaires. Tunisie et Maroc semblent, à quelques années de distance, suivre la même évolution. On estime qu'au cours de la période 1975-1979 la progression des importations alimentaires pour le Maghreb a été de 8 % l'an! Le rythme est très certainement resté soutenu depuis. Dans le proche avenir, la situation n'ira pas en s'améliorant; tout ou plus peut-on, pour certains produits, s'efforcer de stabiliser l'ampleur du déficit (Tableau XXVI).

TABLEAU XXVI. — TAUX DE DÉPENDANCE : PART DES IMPORTATIONS DANS LA CONSOMMATION (en %)

| | TUNISIE | | ALGÉRIE | | MAROC | |
|---|---|---|---|---|---|---|
| | 1975-1979 | Prévision 1990 | 1975-1979 | Prévision 1990 | 1975-1979 | Prévision 1990 |
| Céréales | 31 | 28 | 61 | 70 | 28 | 12 |
| Huiles et matières grasses | 33 | | 90 | 91 | 82 | 47 |
| Lait et produits laitiers | 10 | 38 | 50 | 59 | 40 | |
| Viandes | 4,7 | 32 | 20 | 17 | 4 | 28 |
| Sucre | 80 | 96 | 95 | 90 | 46 | 10 |

Il en résulte une forte détérioration des balances agricoles du commerce extérieur. En 1980, la balance agricole tunisienne est déficitaire de 106 millions de dinars et le taux de couverture des importations par les exportations n'est que de 53 %. Au Maroc — un pays qui a pourtant maintenu le niveau de ses exportations — les données sont respectivement de 426 millions de dirhams et 69 %. C'est évidemment en Algérie que le déséquilibre est le plus marqué avec un déficit de 7,5 milliards de dinars (8 milliards aux importations, 0,5 aux exportations) et un taux de couverture de 6 %!

Enfin, on peut aussi retenir un dernier critère : la part des produits agricoles dans les exportations et les importations. Aux exportations, la situation des trois pays est relativement contrastée (Tableau XXVII) : l'originalité marocaine est nette dans la mesure où les exportations agricoles représentent un pourcentage non négligeable dans le commerce extérieur : 31 % contre 8 pour la Tunisie et 1 % pour l'Algérie. Ce recul relatif des exportations agricoles, constaté dans les trois pays, rend compte à la fois des difficultés agricoles rencontrées et de la part plus grande prise, entre 1960 et 1980, par les produits miniers (phosphates, hydrocarbures) aux exportations. Aux importations, on peut avancer une double constatation : le pourcentage des importations alimentaires a baissé par rapport à 1960 et par ailleurs la situation des trois pays paraît plus homogène. En fait, il faudrait considérer les données chiffrées. La valeur des importations a considérablement augmenté et, dans ce contexte, c'est le maintien de la valeur relative des produits alimentaires qui pose problème et préoccupe. Dans le même ordre d'idées, le volume du commerce extérieur n'est en rien comparable entre les pays : il est 7 fois plus important en Algérie qu'au Maroc. Les mêmes valeurs relatives pour les importations alimentaires cachent en fait des situations fort différentes.

TABLEAU XXVII. — PART DES PRODUITS ALIMENTAIRES DANS LE COMMERCE EXTÉRIEUR DU MAROC, DE LA TUNISIE ET DE L'ALGÉRIE

| | Produits alimentaires *Importations* (%) | | Produits alimentaires *Exportations* (%) | |
|---|---|---|---|---|
| | 1960 | 1980 | 1960 | 1980 |
| MAROC | 27 | 20 | 54 | 31 |
| TUNISIE | 20 | 14 | 66 | 8 |
| ALGÉRIE | 26 | 21 | 81 | 1 |

*Source :* Banque mondiale.

### 1.3. La dépendance politique

Ces remarques permettent de nuancer le degré de dépendance alimentaire ou de vulnérabilité des économies maghrébines. Les importations sont inévitables, car elles portent sur des produits de base. Le danger serait dès lors que la dépendance alimentaire s'accompagne d'une **dépendance politique.** C'est, sans aucun doute, une perspective qui préoccupe visiblement les autorités, notamment en Algérie. Toutefois, la dépendance alimentaire n'entraîne une dépendance politique que dans la mesure où l'on ne dispose pas de ressources financières pour traiter aux conditions du marché. La sécurité alimentaire est fonction des recettes extérieures (pétrole et gaz pour l'Algérie; phosphates et tourisme pour le Maroc; pétrole, phosphates et tourisme pour la Tunisie) et du niveau des prix des denrées agricoles sur le marché mondial. La situation est très fluctuante et pose des problèmes financiers d'ampleur très différente dans les trois pays. Remarquons simplement que le plus gros importateur — l'Algérie — est aussi le pays dont les disponibilités financières sont les moins mauvaises. Par contre, même supportable, la dépendance alimentaire des pays maghrébins témoigne essentiellement d'un échec agricole et met en cause les politiques menées depuis l'Indépendance.

## 2. LA MISE EN CAUSE DES POLITIQUES AGRICOLES

Rechercher les causes profondes de ce déclin agricole dépasserait de loin notre propos. Cependant l'analyse de l'évolution récente des perspectives dans le domaine agricole autorise à relever quelques observations pour interpréter la situation.

### 2.1. Les problèmes institutionnels

Il est évident que les **problèmes institutionnels** (évolution de la propriété après la décolonisation, conditions et organisations de la production, etc.) jouent un rôle déterminant. On peut imputer à des politiques agraires inadaptées les échecs constatés. Le phénomène est général, qu'il y ait ou non de profondes réformes agraires, qu'il y ait socialisation ou maintien de la grande propriété et du recours au marché. La comparaison entre les difficultés marocaines et celles de l'Algérie montrent que les institutions n'expliquent pas tout et que des politiques — largement opposées — peuvent également échouer.

En fait, les orientations agricoles des trois pays n'ont pas fondamentalement rompu avec les orientations de la période coloniale, du moins dans les premières années de l'Indépendance. Une incontestable priorité a été accordée aux cultures d'exportation qui devaient financer dans une certaine mesure le développement. C'est sans doute dans cette caractéristique qu'il faut rechercher le principe du contrôle de l'État sur les terres de colonisation qui s'est exercé selon des modalités diverses dans les trois pays. Ce choix explique aussi que l'ancien secteur colonial ait été très largement favorisé par le financement. Cette stratégie a été un échec et a empêché une orientation prioritaire des investissements vers le secteur des cultures vivrières de base. On n'a pas opté immédiatement pour une politique de reconversion qui s'imposait face à l'accroissement démographique et aux mutations enregistrées dans le marché interne avec les progrès de l'urbanisation. Actuellement, cette politique de reconversion est plus ou moins engagée, elle est stimulée par la baisse de la rentabilité des exportations et la récente revalorisation des produits agricoles vivriers. Le retard est toutefois difficile à rattraper et il serait erroné d'en attendre la solution unique à la crise vivrière qui s'approfondit. Il est évident que les cultures d'exportation n'occupent que des superficies limitées, insuffisantes pour produire les quantités nécessaires pour combler le déficit.

### 2.2. Le système des prix

Le système des prix a longtemps conduit à une aggravation de la crise et de la dépendance alimentaire. Jusqu'au milieu de la décennie 1970, l'évolution des prix à la production a joué, le plus souvent, au détriment des producteurs et a découragé les initiatives et la productivité. Il ne s'agit pas seulement du prélèvement que peuvent opérer les transporteurs et les intermédiaires, mais de l'inadéquation entre le système des prix et les conditions de production. La politique suivie en ce domaine présente de grandes analogies à travers tout le Maghreb. Le blocage des prix des principales denrées alimentaires et notamment des céréales a été une constante. Il permettait de fournir aux populations urbaines un pain bon marché et de contenir ainsi les revendications salariales. C'était une forme de transfert du surplus agricole vers les villes. Ce blocage a été favorisé par l'absence d'organisation des agriculteurs et la possibilité d'importer à bon marché des produits alimentaires qui, de la sorte, concurrençaient la production locale. Ainsi, en Tunisie, le prix à la production des céréales est passé de l'indice 100 en 1962 à 66 en 1970 et 55 en 1979. Le même blocage ne s'applique pas aux « intrants agricoles », ce qui entraîne une détérioration des termes de l'échange agro-industriel. De très nombreuses études ont montré que les prix bloqués à la production ne couvrent pas, ou à peine, les coûts de production. Cette dépréciation des prix agricoles a, on s'en doute, des effets fâcheux pour les exploitations agricoles et ne favorise pas les investissements et l'indispensable intensification. Les effets de la stagnation de la production se font lourdement sentir et les quantités importées augmentent considérablement dès les années 1970. La crise de la céréaliculture s'accentue tandis que les exploitants ont tendance à s'orienter vers les fruits et légumes et les produits de l'élevage mieux rémunérés.

Depuis 1974-1975, les données de la situation ont été modifiées. Les prix internationaux des denrées alimentaires ont considérablement augmenté. Les achats à l'extérieur posent entre autres un double problème. Importer signifie de fortes sorties de devises et ne permet plus — comme auparavant — de proposer les denrées alimentaires de base à très bas prix. Toutefois pour éviter une augmentation des prix à la consommation qui conduisent inévitablement à des troubles sociaux, les Pouvoirs publics ont été amenés à mettre en place tout **un système de soutien des prix** pour les principaux produits de base (céréales, sucre, oléagineux) dont les effets pervers sont nombreux.

Outre les dépenses en devises, ce système de soutien des prix entraîne, pour les États, de très importantes dépenses budgétaires qui, dans une tendance constante à la hausse, fluctuent en fonction des cours internationaux. En Algérie, cette politique de soutien des prix a nécessité 2 300 millions de dinars en 1974, 2 188 en 1976 et 3 800 en 1982 soit pour cette dernière année 12 % du budget de fonctionnement. La Tunisie, entre 1971 et 1980, a consacré 472 millions de dinars à sa politique de soutien des prix soit l'équivalent de 15,5 % des dépenses de fonctionnement. Les sommes déboursées augmentent d'année en année depuis : 77 millions de dinars en 1980, 146 en 1981, 168 en 1982, 183 en 1983 soit une augmentation nominale de 137 % en 4 ans! La même tendance s'observe au Maroc. Les subventions à la consommation financées par le budget se sont élevées à 5 milliards de dirhams pour la période 1973-1978 et ont considérablement augmenté depuis. Par le biais de cette politique, l'État a transféré à chaque ménage une subvention qui représente de 4 à 6 % de son budget alimentaire!

Un tel dispositif favorise, en fin de compte, les importations alimentaires qui bénéficient également du soutien financier des pays exportateurs. A ses débuts, le système a été géré sans trop de difficultés par les différents groupes sociaux au pouvoir. Le contrôle de ces importations massives de céréales, produits laitiers et huiles végétales a permis aux autorités de suivre la diversification des modèles de consommation et de mieux contrôler le marché intérieur. Actuellement, l'augmentation incessante des subventions fait prendre conscience des impasses où conduisent de telles pratiques. Pour tenter d'enrayer la crise, les prix à la production, depuis 1975-1976, ont été fortement relevés en monnaie nominale, parfois même doublés : en Algérie, l'indice 100 en 1970 du prix des céréales passe à 250 en 1981. Cet indispensable ajustement ne peut toutefois modifier rapidement la situation et se concrétiser par une amélioration rapide du niveau de production. Par ailleurs, les récentes émeutes marocaines et tunisiennes montrent à l'évidence qu'il est bien difficile d'abandonner brutalement la politique de soutien des prix. Le début de la décennie 1980 marque donc un tournant important dans l'appréciation de la situation. Les Pouvoirs publics se trouvent à la fois contraints de relever les prix à la production des principaux produits vivriers et de maintenir les subventions indispensables pour les produits de base.

Le poids d'une telle situation pèsera de plus en plus lourd sur le budget de l'État.

**Comment sortir de l'impasse où se trouvent engagées les agricultures maghrébines? Une seule voie apparaît possible : l'intensification. Les potentialités naturelles sont restreintes. La prétendue « vocation agricole » du Maghreb est un mythe colonial..., il ne se justifiait que pour les spéculations qui ont fait la fortune de la colonisation. La terre et l'eau sont des facteurs essentiels pour l'agriculture mais leurs dotations sont limitées. Inutile de compter sur l'extension des terres cultivables : le relief, les sols, la pluviométrie insuffisante sont des contraintes difficiles à surmonter. Bien plus, chaque année, avec la croissance démographique, la portion de surface agricole utile dont dispose chaque habitant du Maghreb se restreint. Ainsi, en 1966, un Algérien pouvait compter sur 0,59 ha de terre cultivable, mais 0,48 ha en 1973 et seulement 0,37 en 1980! Il est indispensable**

**d'intensifier la production, de faire rendre plus à chaque hectare cultivé. L'irrigation apparaît encore pour beaucoup comme l'outil privilégié. L'expérience récente montre quelles en sont les limites (cf. II^e^ Partie). Il est indispensable que l'intensification gagne aussi et peut-être prioritairement les terres cultivées en sec que sont les terres céréalières. Les moyens à mettre en œuvre apparaissent colossaux : l'amélioration doit être technique mais elle dépend aussi d'une meilleure organisation de la production, de la commercialisation et du financement de l'agriculture. Mais au-delà de la technique et de la gestion, une condition fondamentale doit être remplie : la réhabilitation du fellah, l'amélioration de ses conditions de vie, la réorganisation de son espace, la promotion de son statut social. Comme dans les autres pays arabes et beaucoup de pays du Tiers Monde, la dévalorisation du rural dont témoigne l'ampleur de l'exode est encore accentuée par la montée des économies urbaines mal enracinées, trop souvent tournées vers l'extérieur. Par de nombreux aspects, la crise agricole est le reflet d'une crise de la société maghrébine traversée par de profondes et brutales mutations.**

CINQUIÈME PARTIE

# L'industrialisation : un phénomène général aux effets diversifiés

par Georges Mutin

Chapitre **14**

# LES POLITIQUES D'INDUSTRIALISATION

Depuis une vingtaine d'années, les États du Maghreb se sont tous lancés dans des politiques d'industrialisation, composantes essentielles du développement. Le point de départ est le même pour les trois pays : une faible industrialisation, marquée du sceau colonial. Et pourtant, vingt-cinq ans après les indépendances que de changements! Les politiques engagées, les moyens dégagés, les options suivies sont très divers. L'industrialisation et ses effets spatiaux constituent certainement un des éléments de différenciation fondamental dans les économies et la société maghrébines.

Contrairement à ce que l'on pourrait estimer au premier abord, les finalités recherchées, les rythmes et l'ampleur du mouvement d'industrialisation ont beaucoup varié selon les pays et les époques. Les stratégies adoptées sont nombreuses : industries de substitution, valorisation des exportations, industrialisation en profondeur. Dans les trois pays, selon les époques, les évolutions, voire les changements de cap, ont été spectaculaires. Une seule constante toutefois : d'une façon ou d'une autre **le mouvement d'industrialisation a toujours été très largement ouvert au marché international.**

## 1. LES FLUCTUATIONS TUNISIENNES

On peut distinguer de façon assez nette trois phases dans le mouvement d'industrialisation correspondant à trois périodes politiques.

### 1.1. De 1956 à 1961

Le décollage de l'industrie nationale se déroule lentement. L'économie tunisienne se heurte aux problèmes rencontrés par les pays nouvellement indépendants : l'appareil industriel en place, de faible capacité, se trouve handicapé dans son fonctionnement par le départ des cadres et techniciens étrangers. Peu d'efforts sont entrepris si ce n'est quelques actions isolées dans le secteur des industries de substitution.

### 1.2. Après 1962

Après cette date se met en place une stratégie de développement planifié (Plan triennal 1962-1964, Plan quadriennal 1965-1968) dans lequel l'industrie doit jouer un grand rôle. Elle est présentée comme le véritable moteur du développement économique et d'une future régionalisation. L'État participe à la mise sur pied de nombreux projets industriels pour satisfaire les besoins nationaux, valoriser les productions nationales, créer les premiers éléments d'une industrie de base et obtenir une certaine indépendance économique. On assiste à l'amorce d'un processus d'industrialisation à partir du traitement des matières premières ou de produits semi-finis. Le Plan quadriennal prévoit l'édification de pôles de développement industriel dans un souci d'équilibre national et pour assurer une industrialisation autonome. Des réalisations voient le jour. La raffinerie de Bizerte complète la gamme des industries antérieures dans cette ville (matériaux de construction, industries des métaux, textiles). A Menzel-Bourguiba, la reconversion des industries militaires s'articule autour de la pièce maîtresse que constitue la sidérurgie d'El Fouladh : le démarrage date de 1966. El Fouladh a pour objectif principal de valoriser le minerai de Tamera et de Jerissa (capacité de 100 000 à 150 000 t). Le tableau industriel de Menzel-Bourguiba comprend aussi la construction mécanique et les réparations navales. Les actions les plus significatives sont constituées par les projets qui visent à lutter contre le déséquilibre régional affectant l'intérieur du pays par rapport au littoral. C'est dans cette optique que voit le jour, en 1962, le complexe papetier de Kasserine, tandis que dans le nord du pays la raffinerie de sucre de Béja devait permettre d'intégrer l'agriculture dans le mouvement d'industrialisation. Le secteur des industries de transformation traditionnelles, celles héritées de la colonisation complète ce tableau industriel (industries agricoles et alimentaires notamment). Un effort particulier est accompli en faveur des matériaux de construction et surtout des industries textiles et de l'habillement. Tout au long de cette période, l'État est le principal investisseur et jette les bases d'une industrie nationale.

### 1.3. De 1969 à nos jours

L'impulsion donnée en faveur des industries de base fut de courte durée : elle coïncida avec l'expérience « Ben Salah ». Le plan dit de **consolidation et d'accélération de la croissance »** (1969-1972) couvre une époque marquée par un changement d'orientation et l'appel à l'investissement privé national et étranger afin de tirer rapidement parti d'un effort public jugé jusque-là peu rentable et de résoudre au plus vite le problème de l'emploi qui ne cesse de s'aggraver. A partir de 1973, les autorités jouent la carte de la croissance accélérée avec l'intégration du pays dans les échanges internationaux. L'industrie doit prioritairement créer des emplois et accroître les exportations pour améliorer les balances du commerce extérieur et des paiements. Les industries « exportatrices » se multiplient avec l'entrée en force de la sous-traitance.

Les industriels européens et américains localisent, en Tunisie, des usines fortes consommatrices de main-d'œuvre pour lesquelles l'exploitation des travailleurs locaux assure des profits beaucoup plus élevés que ceux réalisés dans les pays d'origine. L'État cherche manifestement à élargir une classe d'entrepreneurs dont il escompte le soutien. Ce sont désormais les industries les moins capitalistes, celles qui se branchent directement sur le marché étranger qui sont privilégiées. De nombreux établissements se créent sur le littoral à la recherche des sources de main-d'œuvre les plus rentables. Les nouveaux investisseurs dont les débouchés sont essentiellement constitués par les exportations sont relativement indépendants du marché de consommation tunisois et exploitent les réserves de main-d'œuvre régionales notamment sur le littoral (Tunis et les environs de la capitale, Bizerte, Mateur, Nabeul; le Sahel de Sousse; Sfax, etc.). Les options de la période précédente sont plus ou moins mises en veilleuse : toutefois, bien qu'atténué, l'effort d'investissement de l'État se maintient. La réalisation la plus spectaculaire est constituée par les industries phosphatières et la mise en place du pôle de Gabès (1969 : aménagement du port; 1970-1971 : démarrage du pôle industriel; 1972 : mise en route des premières usines chimiques; 1977 : entrée en fonctionnement de la cimenterie; 1979 : démarrage de la production d'acide phosphorique). On assiste également à un certain développement des industries de montage mécanique et des industries électriques et de la construction. Pendant toute cette période, la géographie industrielle prend un nouveau visage. Au cours de la décennie 1970, plus de 800 entreprises nouvelles de toutes tailles sont créées représentant une centaine de milliers d'emplois. Ces orientations sont nettement confirmées avec le VI$^{e}$ Plan 1982-1986. Il se prononce pour un approfondissement de l'ouverture sur l'extérieur afin d'assurer la poursuite de l'industrialisation à un « rythme accéléré ». **Le modèle exportateur est donc consacré.**

## 2. L'INDUSTRIALISATION ACCÉLÉRÉE DE L'ALGÉRIE

L'effort d'industrialisation prend une tout autre ampleur.

### 2.1. La stratégie industrielle

#### 2.1.1. Le modèle de développement

Élaboré il y a une quinzaine d'années, il est fondé sur l'installation d'un appareil productif à forte capacité d'intégration entre des secteurs économiques progressivement diversifiés. Le pays entend créer une « structure industrielle » à partir des deux « piliers » que constituent la sidérurgie et le traitement des hydrocarbures. Ce sont là des « industries industrialisantes » permettant à la fois, à l'amont de valoriser les ressources en minerai de fer et en énergie et, en aval, d'entraîner des effets de façon à créer un véritable tissu industriel.

#### 2.1.2. La politique industrielle

Elle contribue à « intravertir » l'économie algérienne. L'industrie doit tout à la fois contribuer à moderniser ce qui demeurera encore longtemps la source principale d'activité économique, l'agriculture, et trouver dans ce secteur qui rassemble une partie importante de la population les débouchés principaux ou d'appoint pour ses fabrications. A cette articulation fondamentale entre l'agriculture et l'industrie s'ajoute une procédure d'intégration au sein du secteur industriel lui-même : la valorisation des produits miniers et des hydrocarbures. Leur transformation appelle la mise en place d'une industrie sidérurgique, métallique, mécanique, d'une pétrochimie afin de donner assise à un tissu national débouchant sur la production de biens de consommation. Ainsi l'Algérie a opté pour la construction d'une base industrielle dynamique susceptible d'entraîner, de polariser, d'industrialiser.

#### 2.1.3. Les hydrocarbures

Ce type d'industrialisation nécessite des investissements au départ très coûteux mais rendus possibles, en grande partie, par l'existence des revenus tirés des hydrocarbures. **« Les hydrocarbures financent le développement ».** La lourdeur des investissements est encore renforcée par le choix systématique effectué par les planificateurs en faveur des techniques les plus modernes : les grandes échelles et les technologies de pointe. Ce choix implique la construction d'unités de grande taille — voire géantes — et accroît le risque de dépendance technologique à l'égard de l'engineering international.

#### 2.1.4. L'industrialisation planifiée

Elle est entièrement aux mains de l'État, seul maître des investissements et seul opérateur industriel par l'intermédiaire des sociétés nationales.

### 2.2. L'industrialisation s'accompagne d'un projet de politique spatiale

Elle doit contribuer à redresser les disparités régionales léguées par la colonisation. L'industrialisation est conçue comme un facteur privilégié de la politique d'aménagement du territoire. La volonté de « rééquilibrer » l'intérieur du pays par rapport aux zones littorales est nettement exprimée. L'usine devrait permettre de fixer les populations sur place et de limiter la surcharge démographique des zones côtières. Ce souci d'équité entre les régions, cette volonté de lutter contre les disparités régionales constituent un élément déterminant dans les choix de localisations industrielles qui ne correspondent pas toujours aux critères habituellement retenus en économie libérale.

Aux étapes techniques et économiques, aux différentes phases de planification correspondent des étapes d'implantation géographique des usines qui — très schématiquement — peuvent être présentées en trois ensembles (Tableau XXVIII).

#### 2.2.1. Période 1967-1973/74

Les pôles littoraux de croissance reçoivent un équipement. Arzew voit sa capacité d'exportation de pétrole portée à 22 millions de t, tandis que l'usine d'engrais azotés entre en fonctionnement dès 1970, et la raffinerie (2,5 millions de t) en 1972. Le haut fourneau d'El Hadjar est mis à feu dès 1969, l'usine voisine d'engrais phosphatés d'Annaba fonctionne en 1972. Enfin le pôle de Skikda connaît un début d'aménagement.

TABLEAU XXVIII. — PRINCIPALES IMPLANTATIONS INDUSTRIELLES ALGÉRIENNES DE L'INTÉRIEUR DU PAYS EN 1980

| LOCALISATION | Date d'entrée en production | ACTIVITÉS | Nombre d'emplois prévus |
|---|---|---|---|
| *Est : région d'Annaba Constantinois Kabylie* | | | |
| Constantine | 1973 | Moteurs, tracteurs | 4 000 |
| | 1976 | Machines-outils | 700 |
| Aïn Smara | 1980 | Pelles, grues | 2 700 |
| Sétif | 1974 | Piles et accumulateurs | 500 |
| Aïn Kebira | 1978 | Boulonnerie, visserie | 1 100 |
| Aïn Mlila | 1982 | Aciers spéciaux | 2 000 |
| | | Complexes préfabriqués légers | 1 514 |
| El Eulma | 1979 (?) | Transformation de produits | 1 000 |
| Guelma | 1974 | Cycles et motocycles | 1 500 |
| | 1973 | Céramique, faïence | 880 |
| Hadjar Soud | 1974 | Cimenterie | 578 |
| Souk Ahras | 1973 | Complexe papetier | 450 |
| Tizi Ouzou | 1977 | Électro-ménager | 675 |
| *Oranie* | | | |
| Sidi Bel Abbès | 1979 | Sonelec | 1 645 |
| | 1978 | Machines agricoles | 1 500 |
| Oued Rhiou | 1978 | Boulonnerie, visserie | 1 200 |
| Tlemcen | 1978 | Téléphone | 2 205 |
| Tiaret | 1976 | Complexe lainier | 1 500 |
| | | Carrosserie industrielle | 1 322 |
| Zahana | 1976 | Cimenterie | 515 |
| Saïda | 1979 | Cimenterie | 400 |
| | 1976 | Cartonnerie | 993 |
| Mostaganen | 1974 | Pâte à papier | 774 |
| | 1976 | Raffinerie sucre | 560 |
| *Algérois* | | | |
| Berrouaghia | 1975 | Vannes et fonderie | 2 000 |
| | 1980 | Pompes | 1 249 |
| Cheraga | 1977 | Boulonnerie, visserie | 300 |
| Meftah | 1975 | Cimenterie | 670 |
| Sidi Moussa | 1975 | Ensemble Sidi Moussa | 7 000 |

— En même temps, le pays achève la mise en place des industries de substitution pour lesquelles la participation du secteur privé est notable. L'effort de l'État y est également sensible dans le domaine textile, avec l'entrée en production des cinq complexes de Draa Ben Khedda, Oued Tlélat, El Kerma, Batna et Constantine.
— Enfin l'industrialisation de la région algéroise se renforce avec le développement spectaculaire de la zone industrielle de Rouiba (elle passe de 600 à 7 000 emplois) et la mise en chantier du complexe de Sidi Moussa près d'Alger (industries métalliques, du bois et du bâtiment, entretien de matériel...) tandis que la construction du complexe de moteurs-tracteurs de Constantine est entamée.

### 2.2.2. Période 1974-1979

— Les pôles littoraux sont renforcés dans des proportions considérables. Arzew voit sa capacité d'exportation de gaz naturel liquéfié passer de 2 à 12 milliards de m³ avec l'inauguration de GNL1 en 1979; l'usine de méthanol ouvre en 1975. En outre d'importants travaux sont en cours : création du nouveau port méthanier de Béthioua, lancement des chantiers des groupes GNL2 et GNL3. Skikda devient opérationnel en 1976 pour l'exportation du gaz liquéfié : 4,5 milliards de m³; ses capacités sont en cours d'augmentation. Le complexe polymère fonctionne tandis que s'édifie la raffinerie de 16 millions de t. A El Hadjar, les grands travaux entrepris porteront la capacité de production de 400 000 à 2 millions de t d'acier.

— L'industrie se diffuse à l'intérieur. Un très grand nombre de villes, au moins une trentaine, est concerné par des projets d'envergure; leur répartition traduit la politique, sinon de décentralisation, du moins de déconcentration industrielle. L'ensemble du Tell est touché et l'industrie apparaît même dans les localités des Hautes Plaines. Des pôles régionaux sont en train de se constituer. La volonté de rééquilibrage se traduit également par une certaine priorité donnée à l'Est et à l'Oranie par rapport à l'Algérois.

Enfin, cette industrialisation n'en est qu'à ses débuts. Elle est amorcée en 1974 mais ne s'accélère qu'à partir de 1976-1977 : il faut tenir compte des inévitables retards par rapport aux objectifs fixés. La plupart des usines entrées en production ont été programmées pendant le premier Plan quadriennal et nombre de celles terminées en 1980-1981, ou mises en chantier, l'ont été au second Plan quadriennal 1974-1977. Elles visent à assurer une production spécialisée pour l'ensemble du territoire (matériel agricole et électronique grand public à Sidi-Bel-Abbès, cycles à Guelma, piles et accumulateurs à Sétif) où à desservir en produits finis ou semi-finis un ensemble régional (voir par exemple la répartition des cimenteries dans le pays; les bases SONATRACH avec Sétif à l'est, El Asnam à l'ouest et Blida, base logistique, au centre; la SONACOME, qui a implanté trois boulonneries-visseries : Ain Kébira dans l'est, Cheraga au centre, Oued Rhiou en Oranie).

### 2.2.3. Période 1980-1984

— Elle est marquée par une pause et, sous certains aspects, par une rupture avec la politique suivie jusqu'alors. Avec le Plan quinquennal (1980-1984), on met essentiellement l'accent sur la maîtrise de la gestion et de la production des installations en place. Certains grands projets sont abandonnés (troisième plate-forme de liquéfaction de Bethioua) ou reportés à long terme (sidérurgie de l'Ouest, électrolyse de l'aluminium de Msila). De gros projets concentrés sont éclatés en plusieurs localisations.

— L'effort porte également sur la réalisation du projet des P.M.I. (petites et moyennes industries) fin 1981; 240 unités fonctionnent à travers le pays, 440 sont en construction ou programmées. A l'origine ces P.M.I. étaient essentiellement des entreprises de matériaux de construction; elles sont plus diversifiées et devraient s'orienter vers la sous-traitance, en liaison avec les unités des sociétés nationales.

— Enfin, le Plan quinquennal vise à multiplier les industries rurales. Ce sont de petites unités nécessitant des effectifs et des investissements réduits. Elles doivent répondre à des besoins locaux. Elles sont créées par les collectivités locales et gérées par elles.

## 3. LE RELATIF RETARD DU MAROC

### 3.1. La période 1957-1964

La politique industrielle ne présente ni l'ampleur ni la continuité de celle des deux autres pays maghrébins. L'option d'un développement fondé sur l'industrialisation fut bien exprimée dans le **plan triennal** élaboré au lendemain de l'Indépendance (1957-1959). On y prévoyait la mise en place d'industries de base — financées par l'État — avec notamment la création de deux complexes, l'un sidérurgique à Nador, l'autre phosphatier à Safi. En même temps on renforçait le secteur industriel de substitution aux importations (industries textiles, matériaux de construction et divers produits de consommation). De fait, de 1960 à 1964, il y a développement d'une industrie nationale (raffinerie SAMIR à Mohammedia, montage automobile SOMACA à Casablanca) et mise en place d'organismes officiels d'investissements et de gestion (Bureau d'Études et de Participations Industrielles : BEPI, Banque Nationale pour le Développement Économique : BNDE).

### 3.2. La période 1964-1972

Cette période est marquée par une option plus libérale. Cependant la « libéralisation » de l'économie marocaine ne se traduit pas par des options industrielles très affirmées et vraiment très cohérentes. Le secteur s'ouvre aux capitaux privés nationaux et étangers. La croissance industrielle ne concerne que le secteur de substitution avec le développement privilégié de quelques branches : alimentaires, textiles, pour l'essentiel localisées sur le littoral.

### 3.3. A partir de 1972

A partir de cette date, une évolution nette peut être enregistrée. Tout en maintenant les priorités traditionnelles (agriculture, tourisme) l'accent est mis sur le développement des industries de valorisation des exportations, essentiellement des phosphates avec le concours privilégié de l'État. Il est bien évident que l'augmentation des cours des phosphates n'est pas étrangère à cette nouvelle orientation. On vise à une amélioration des capacités portuaires de Casablanca, Safi et à la création d'un nouveau port phosphatier : Jorf Lasfar. On cherche surtout à mettre sur pied une importante industrie chimique. Dans un premier temps, Safi est la pièce maîtresse du dispositif. Le complexe fonctionne depuis 1965 (acide phosphorique et superphosphates) mais le projet Maroc-Chimie prévoit le triplement des capacités à l'avenir. Le projet Maroc-Phosphore va faire de l'ancien port sardinier un véritable pôle de développement. Le nouveau port de Jorf Lasfar, en cours d'aménagement, abritera un immense complexe pétro-chimique. Le complexe sidérurgique de Nador, longtemps retardé, connaît un début de réalisation avec l'implantation d'un laminoir à fil et ronds, d'une capacité de 480 000 t par an, travaillant des billettes importées jusqu'à la mise en place future de l'ensemble du complexe.

**Ainsi, plus tard venu, le Maroc suit en la matière la voie choisie par la Tunisie.**

Dans un autre domaine, le Maroc privilégie assez nettement la mise en place d'une importante industrie agro-alimentaire : douze sucreries sont en fonctionnement à travers le territoire et elles sont les principales responsables d'une diffusion de l'industrie à l'intérieur du pays; des usines laitières, de traitement des fruits, en liaison avec l'extension des cultures irriguées et l'implantation des grands barrages, renforcent ce secteur.

Enfin, parmi les objectifs de la planification, figurent le développement de la politique régionale, le rééquilibrage, voire la restructuration de la trame industrielle très largement dominée par l'axe Casablanca-Mohammedia-Kenitra.

En dépit des blocages et retards enregistrés, **l'effort industriel ne doit être sous-estimé pour aucun des trois pays.** On peut en juger à la fois la portée et les limites en examinant les critères habituellement retenus (Tableau XXIX).

Tableau XXIX. — QUELQUES CRITÈRES D'INDUSTRIALISATION

| | P.I.B. | | | | Secteur manufacturier | |
|---|---|---|---|---|---|---|
| | Total en millions $ en 1981 | Croissance annuelle moyenne 1970-1980 (%) | % du secteur industriel dans P.I.B. | % du secteur manufacturier dans P.I.B. | Croissance de la production 1970-1980 en % annuel moyen | Valeur ajoutée en millions $ en 1975 |
| ALGÉRIE | 41 830 | 6,9 | 56 | 11 | 11,6 | 3 030 |
| TUNISIE | 7 100 | 7,3 | 37 | 14 | 11,7 | 727 |
| MAROC | 14 780 | 5,2 | 34 | 18 | 5,4 | 1 960 |

*Source* : Banque mondiale, 1981.

Sur le **plan économique,** la production industrielle représente désormais une part importante du produit intérieur brut. Certes la part revenant aux industries extractives reste forte, mais le secteur manufacturier proprement dit représente 18 % du P.I.B. au Maroc, 14 % en Tunisie, 11 % en Algérie. Il est intéressant par ailleurs de relever qu'en Algérie et en Tunisie et, à un moindre degré au Maroc, au cours des dix années 1970-1980, la progression annuelle moyenne du secteur manufacturier a été bien plus importante que celle du P.I.B. Enfin, les performances relativement faibles de l'Algérie méritent une explication (11 % du P.I.B.). Il faut tout d'abord observer que le volume du P.I.B. algérien est sans commune mesure avec celui des deux autres pays (six fois celui de la Tunisie, trois fois celui du Maroc : c'est la traduction du poids représenté par les hydrocarbures). En fait la valeur ajoutée par le secteur manufacturier algérien dépasse du tiers celui du Maroc et de quatre fois celui de la Tunisie. Il n'en demeure pas moins que les faibles résultats algériens rendent compte des difficultés de toute nature qu'ont rencontrées les entreprises dès leur entrée en production. Les usines fonctionnent toutes actuellement bien en deçà de leurs capacités de production. La production industrielle progresse : elle a presque triplé en sept ans (indice 100 en 1974, 261 en 1981). Cette progression peut toutefois paraître bien faible en regard des investissements consentis. Entre 1967 et 1978, pour augmenter la valeur ajoutée du secteur manufacturier de 1 dinar, l'investissement consenti a été de 11,2 dinars!

Sur le **plan social,** la proportion des travailleurs occupés dans le secteur industriel (y compris les activités extractives et l'artisanat) n'a cessé de progresser.

Entre 1960 et 1980, elle est passée de 14 à 21 % au Maroc, de 18 à 32 % en Tunisie et de 12 à 25 % en Algérie. Les trois États maghrébins comptent vraisemblablement plus de 800 000 travailleurs dans l'industrie (430 000 en Algérie, 150 000 en Tunisie, 220 000 au Maroc).

Chapitre 15

# LES NOUVEAUX ESPACES INDUSTRIALISÉS

Au Maghreb, le fait industriel est, bien souvent, postérieur à l'urbanisation : l'usine est « apposée » à la ville. Les rapports entre l'industrialisation et l'urbanisation sont donc complexes : les deux phénomènes se développent selon leurs rythmes propres. Quels sont les rapports entre la ville et la nouvelle usine? Comment co-existent, s'intègrent ou se juxtaposent espaces industriels et espaces urbains? En la matière, l'implantation des industries joue un rôle déterminant et les situations sont fort différentes selon que l'usine s'installe au cœur du tissu urbain, à sa périphérie ou franchement en dehors du tissu urbain aggloméré.

## 1. LES IMPLANTATIONS INDUSTRIELLES ET L'ESPACE URBANISÉ

### 1.1. Les implantations dans le milieu urbain

Elles caractérisent essentiellement les industries héritées du passé, **celles de la période coloniale.** Les industries maghrébines à la veille des indépendances étaient faiblement développées : ainsi en Algérie, 86 % des entreprises ont moins de 100 salariés et 53 % moins de 20! Les industries sont, par ailleurs, très fortement concentrées dans les ports et villes du littoral (industries alimentaires, de la construction, textiles, chimiques et quelques établissements métallurgiques). Casablanca abrite 50 % des industries dites modernes du Maroc et les ports de la côte atlantique 85 %. On relève une aussi forte concentration en Tunisie. Alger compte, en 1962, 64 % de la population active industrielle et la région algéroise (avec Blida) 85 %. En dehors de la région-capitale, seules les villes de Bône (Annaba) et d'Oran comptent quelques établissements industriels. L'intégration des usines dans le tissu urbain ne présente pas de caractères particuliers : elle reproduit le modèle européen de la fin du XIXe siècle et de la première moitié du XXe. L'industrie se localise dans les quartiers autrefois périphériques et maintenant englobés par la croissance urbaine où s'imbriquent très étroitement bâtiments industriels, locaux artisanaux et immeubles d'habitation. Le quartier d'Hussein-Dey à Alger est, à cet égard, tout à fait représentatif : en 1982, on y dénombre 10 000 emplois industriels, 50 % des travailleurs résident dans le quartier et 40 % dans les autres quartiers de la ville d'Alger (fig. 34). Malgré les nombreux problèmes que leur présence occasionne (manque d'eau, encombrement, pollution), les usines jouent un rôle moteur pour la commune et la vie de quartier. On envisage cependant la mise en œuvre d'une politique de désindustrialisation dans les années à venir. Même présence de l'industrie dans les quartiers centraux de Tunis. La médina et l'ancienne ville européenne regroupent 56 % (391) des établissements tunisois et plus du tiers de la main-d'œuvre (17 000 travailleurs). Ce sont essentiellement des industries textiles, de l'imprimerie, du bois. De sérieux problèmes de fonctionnement du centre-ville (nuisances diverses, encombrement, stérilisation d'espaces) se posent et certains établissements ont récemment recherché en banlieue des sites mieux adaptés, sans toutefois provoquer une désindustrialisation accélérée.

Très peu de nouveaux établissements industriels ont opté pour des implantations dans un tissu urbain déjà très densément occupé. Les industries privées algériennes constituent une exception. Elles ont profité des avantages offerts par le *Code des Investissements* promulgué en 1966. Plus de 700 projets ont été agréés; pour les deux tiers les investissements (600 millions de dinars) ont été réalisés avant 1971. Ils ont porté sur de petites unités, à activité parfois plus commerciale que véritablement industrielle, orientée vers les biens de consommation (textiles, produits alimentaires, cuir, etc.). Ces créations nouvelles se sont implantées en grande majorité dans les villes et surtout dans les villes littorales détentrices de capitaux et offrant un vaste marché de consommation, les seules à avoir connu un début d'industrialisation coloniale. Alger et ses villes satellites concentrent 70 % des réalisations, Oran compte pour 15 à 20 %, Annaba arrive loin derrière. Les usines privées sont beaucoup plus rares dans les villes de l'intérieur; on en relève quelques-unes à Constantine, Tlemcen. Ghardaïa fait exception : les capitaux mozabites ont permis la naissance d'une petite zone industrielle en plein Sahara. Les travaux de D. BENCHEHIDA (1980) pour Oran et de A. GAIDON (1976) pour le quartier de Bab el Oued à Alger nous permettent de connaître les conditions d'installation et de fonctionnement de ces petites unités industrielles. Elles sont peu regardantes sur les conditions de leur implantation. Ces unités de production, qui emploient le plus souvent entre 5 et 20 travailleurs, sont éparpillées, émiettées dans le tissu urbain. Elles occupent parfois des locaux spécialisés, accolés ou intégrés à des immeubles d'habitation. Ce sont des ateliers installés aux moindres frais dans d'anciens locaux commerciaux reconvertis, dans des logements en rez-de-chaussée ou même dans des caves d'immeubles en infraction constante avec les règles d'hygiène et de sécurité; de telles implantations entraînent de graves nuisances pour la population, mais les industriels préfèrent cette solution à une installation en zone industrielle éloignée du

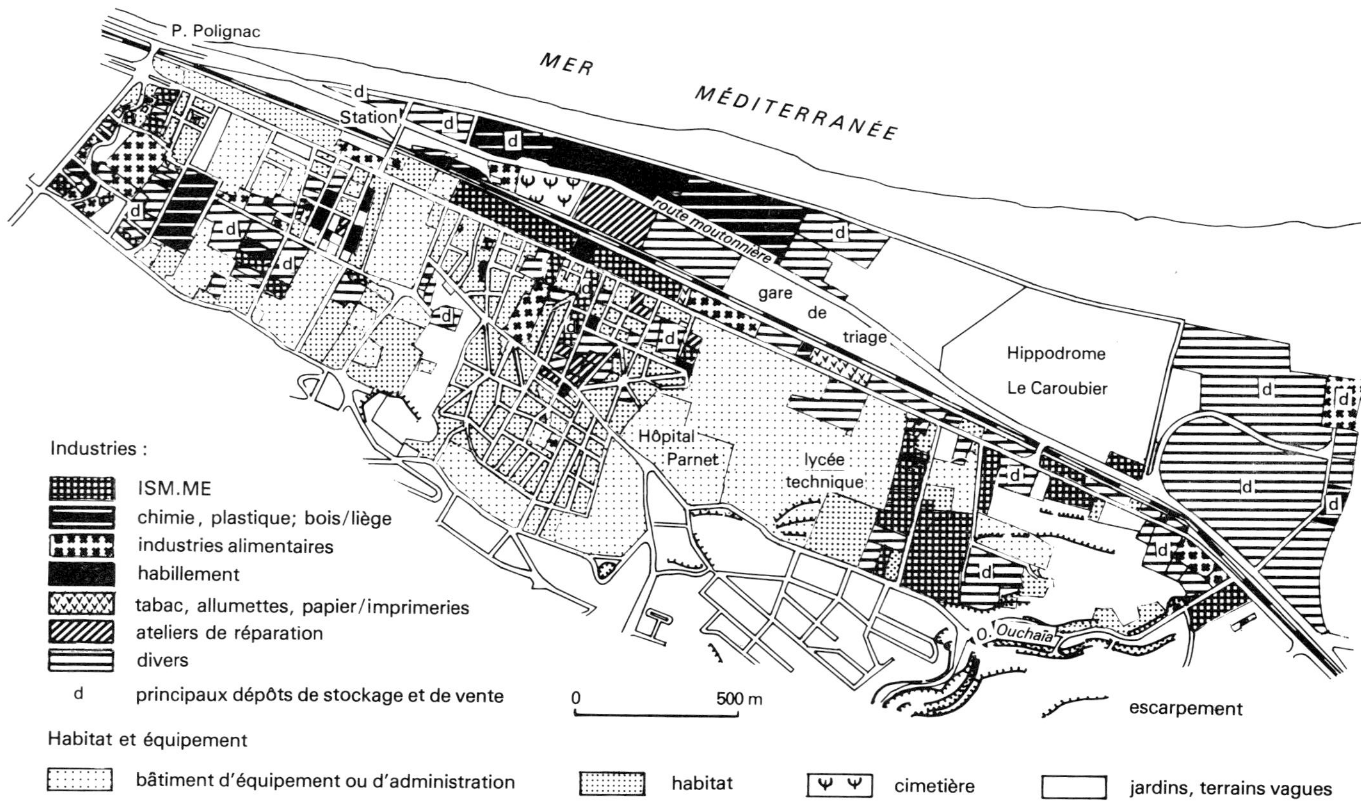


Fig. 34. — LE QUARTIER D'HUSSEIN DEY À ALGER.
(D'après N. Yacef, 1982)

bassin de main-d'œuvre. A Oran, les autorités ont proposé sans grand succès des terrains sur une zone industrielle aménagée dans la *daïa* Morsly à quelques kilomètres de la ville : seuls 26 investisseurs ont répondu positivement.

Toutefois, le quartier n'est qu'un « espace-support » : les activités industrielles y sont très faiblement intégrées. Cela s'explique parfaitement car la pénurie de locaux rend tout choix impossible à l'intérieur de la ville. A Bab el Oued, les habitants du quartier n'occupent que 41 % des emplois industriels offerts et bien souvent les moins qualifiés, les plus mal rémunérés, les plus précaires. Les industriels privés recrutent en fait dans l'ensemble de l'agglomération algéroise.

A partir de 1974, l'implantation de certaines industries d'exportation tunisiennes s'effectua dans des conditions analogues. Les nouvelles unités — le plus souvent textiles — s'installent dans des locaux mis à leur disposition par l'État ou les municipalités. Elles recherchent toutes — en raison de leur vocation exportatrice — des sites privilégiant les facilités d'accès.

On relève des situations comparables au Maroc. Ainsi pour les deux tiers, les établissements industriels de Rabat sont disséminés dans le tissu urbain (quartier de l'Océan et centre-ville). Ce sont des industries de petite taille (7 000 emplois pour 103 établissements), souvent isolées au milieu des habitations sans aucune répartition spécifique. On y rencontre des menuiseries, des ateliers du cuir, de petites entreprises mécaniques, textiles ou des imprimeries. Les besoins diversifiés du marché urbain et les disponibilités de la main-d'œuvre citadine sont les éléments d'explication de cette localisation.

## 1.2. Les installations nouvelles

**La quasi-totalité des installations nouvelles s'effectue en dehors du tissu urbain** : soit en périphérie, soit en milieu rural. Les solutions adoptées sont très variables. Tout dépend de la taille des établissements, des types d'industries, de la mise en œuvre ou non de politiques de localisation industrielle.

### 1.2.1. En Tunisie

Pendant longtemps, il n'existe pas de réelle politique d'aménagement urbain pour les besoins spécifiques des implantations industrielles. Elles s'effectuent dans une certaine anarchie sous la forme de concentrations industrielles en un site donné regroupant des entreprises de taille et de nature très différentes. La création, en 1973, de l'Agence Foncière Industrielle (A.F.I.) permet toutefois de jeter les bases d'une politique d'aménagement des zones industrielles. L'agence a la charge d'acquérir les terrains à l'amiable, par expropriation ou préemption, de les viabiliser et de les équiper puis de les revendre sous forme de lots aux industriels. Aussi ne faut-il pas s'étonner de la très grande variété des implantations dont Tunis fournit un bel exemple. Les espaces industriels (fig. 35) y occupaient, ces dernières années, quelque 770 ha; la programmation de l'A.F.I. envisageait d'y ajouter quelque 510 ha à l'horizon 1984. Pour l'essentiel, les implantations actuelles sont situées en position périphérique. La pièce principale est constituée par le « triangle sud » (Jebel Jelloud, Sidi Fathallah, Ben Arous, Bir Kassâa, Megrine) où se regroupent les plus grands établissements avec une primauté affirmée des industries métalliques, métallurgiques et des matériaux de construction. Les implantations industrielles occupent ici plus de 400 ha — non continus. C'est le seul ensemble de la capitale à présenter un paysage véritablement industriel sans constituer au sens

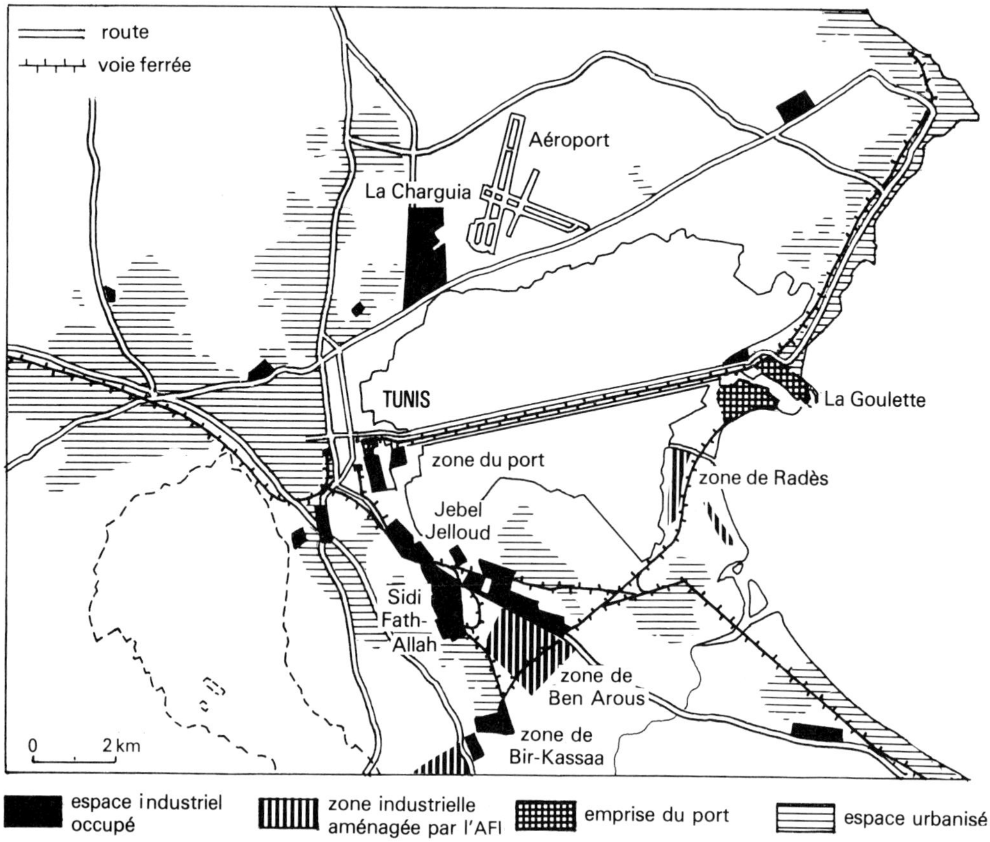


Fig. 35. — LOCALISATION DES PRINCIPALES ZONES INDUSTRIELLES DE L'AGGLOMÉRATION TUNISOISE.
(Source : ERA 706, fasc. 6, Tours, 1980)

propre du terme une zone industrielle. Au nord de l'agglomération se juxtaposent des quartiers mixtes à la fois résidentiels et industriels et une véritable zone industrielle, celle de La Charguia. Ce type d'implantation périphérique caractérise la plupart des villes tunisiennes (Sfax, Sousse, Béja, Mahdia, Kasserine, etc.). Par contre, des implantations plus nettement « exurbanisées », coupées de la ville, se rencontrent à Bizerte et surtout à Menzel-Bourguiba où les installations léguées par la Marine française expliquent l'organisation interne de l'espace industriel (sidérurgie d'El Fouladh notamment).

Enfin, l'aménagement tout récent de la zone industrialo-portuaire de Gabès est d'une tout autre ampleur (fig. 36). La zone industrielle franchement séparée de la ville dont elle est distante de 5 km est connectée avec le port industriel spécialement creusé au nord de la ville. Les 650 ha aménagés au cœur de l'oasis abritent une série d'usines chimiques pour le traitement des phosphates, trois centrales électriques, des usines de

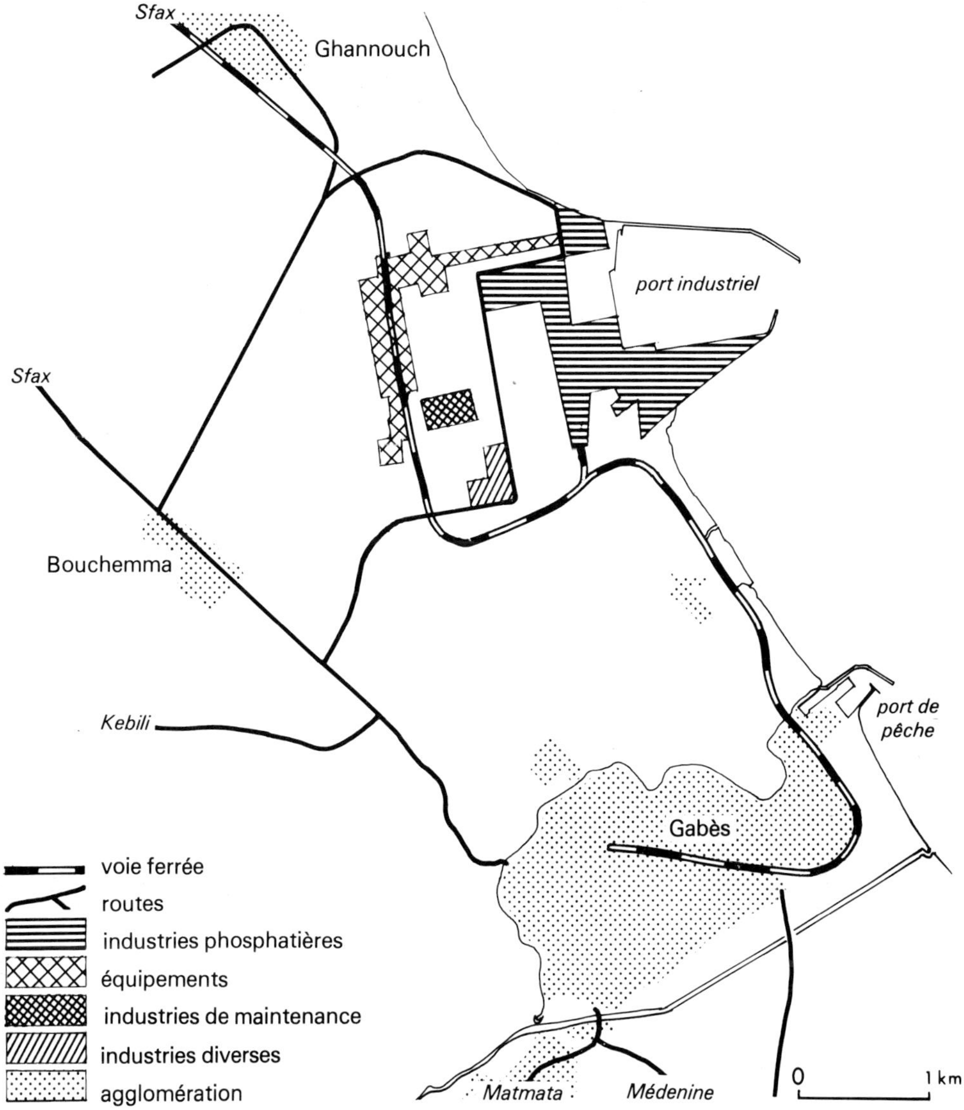


Fig. 36. — LA ZONE INDUSTRIALO-PORTUAIRE DE GABÈS.
(D'après A. HAYDER)

matériaux de construction (dont une cimenterie) et enfin une série d'unités d'encadrement (unités de services et équipements d'infrastructures).

### 1.2.2. Au Maroc

On n'y rencontre pas une aussi grande diversité de types d'implantations. La présence industrielle est d'ailleurs très discrète dans le paysage urbain. Il n'existe encore que peu de zones industrielles équipées par les Pouvoirs publics. La plupart des établissements sont regroupés dans de simples quartiers industriels dont certains sont antérieurs à l'Indépendance : ils sont très souvent reliés à un port. Actuellement liaisons routières et ferrées sont des facteurs essentiels de localisation. L'axe atlantique Casablanca-Rabat qui rassemble le plus grand nombre des établissements industriels est jalonné par un certain nombre de concentrations industrielles greffées sur la route et la voie ferrée, localisées sans plan pré-établi. A. Kaioua, dans son travail consacré à l'industrie entre Mohammedia et Kenitra, a recensé 32 000 emplois industriels : 53 % sont localisés dans les quartiers industriels, 30 % dans le tissu urbain, 13 % dans des zones périphériques ou des sites isolés.

Le Maroc se dirige cependant vers une politique plus dirigiste de zones industrielles. Trente-trois villes doivent en recevoir, neuf zones seulement sont opérationnelles en 1983 et trois d'entre elles avaient reçu des implantations d'usines en 1983 à Tétouan, Taza et Khemisset. Des zones d'aides sont délimitées avec de gros avantages pour les régions périphériques et de larges facilités aux investisseurs étrangers. Cela suffira-t-il pour faire éclore des espaces industriels nouveaux en dehors de la bande côtière atlantique?

### 1.2.3. En Algérie

Les implantations nouvelles, dans l'immense majorité des cas, s'effectuent dans des zones industrielles. L'impulsion a été donnée par le plan de Constantine au cours des dernières années de domination coloniale. La zone industrielle de Rouiba-Reghaïa (1 000 ha à 25 km à l'est d'Alger) a été créée la première, en 1957. Elle abrite des établissements industriels dès 1959-1960. A la même époque, la zone du Tlélat est aménagée à 25 km à l'est d'Oran. A El Hadjar, dans l'est du pays, 116 ha dans un premier temps sont destinés à recevoir le centre sidérurgique. Des terrains sont également prévus à Constantine et dans d'autres villes. La politique d'industrialisation, entreprise depuis 1967, ne remet pas en cause cette pratique. L'implantation des zones dans les régions littorales a été parachevée, certaines ont été notablement agrandies et actuellement partout de nouvelles créations voient le jour. La Caisse algérienne d'aménagement du territoire (C.A.D.A.T.) constitue l'outil de cette politique, les critères d'implantation étant précisés par une circulaire du ministère des Travaux Publics du 30 avril 1975. La nécessité de créer des zones industrielles se justifie par l'importance du programme d'industrialisation. Le principe d'une localisation dans le tissu urbain n'est pas exclu, les zones industrielles devant « abriter les activités de par leur nature incompatibles avec l'habitat ». Mais en fait, toutes les créations importantes s'effectuent en zone industrielle.

Quelque 75 zones occupant, fin 1981, 11 000 ha ont été lancées, 53 sont encore en cours d'aménagement. On se rend compte de l'ampleur du phénomène. La plupart des organismes urbains d'une certaine ampleur ont été dotés d'une zone industrielle (à titre indicatif, on compte 62 villes de plus de 20 000 habitants). Chaque ville est touchée de façon particulière. Il existe de très fortes différences entre les aménagements. A Skikda,

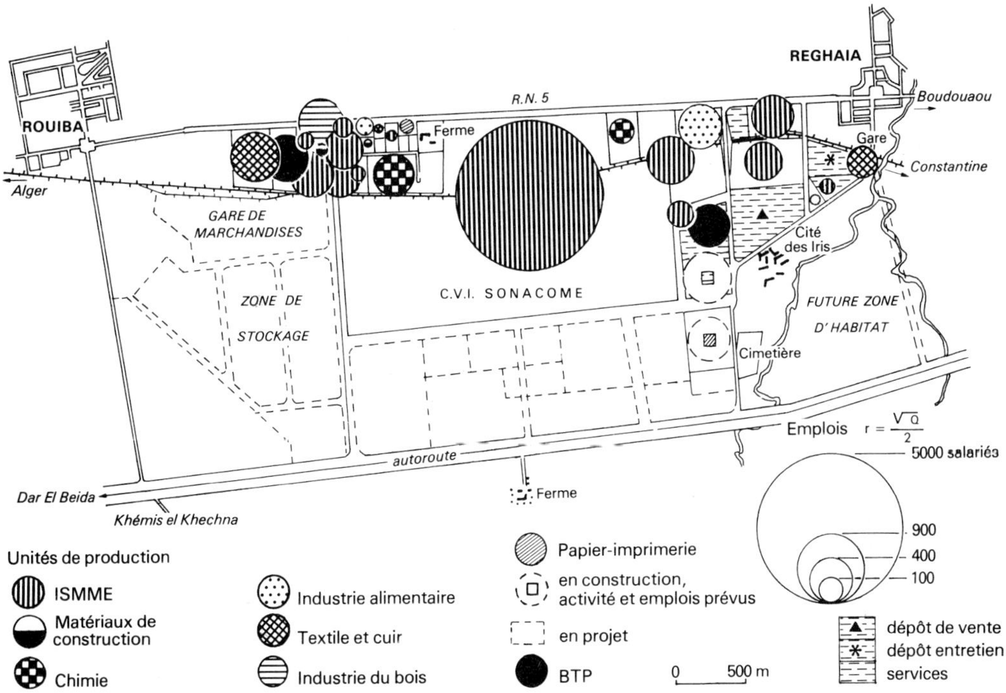


Fig. 37. — LA ZONE INDUSTRIELLE DE ROUIBA-REGHAIA.
(Source : A. GAIDON)

pôle de développement, s'édifie la plus vaste zone industrielle du pays sur 2 000 ha. A Rouiba-Reghaïa, près d'Alger, les usines occupent progressivement les 1 000 ha qui leur ont été attribués (fig. 37). A l'intérieur, il est vrai, les superficies réservées à l'industrie sont beaucoup moins impressionnantes : elles restent bien souvent comprises entre 100 et 500 ha.

Les implantations industrielles en situation périphérique ou franchement urbanisées ont induit ou conforté des types de croissance spatiale des villes bien particuliers. L'extension des villes s'effectue sans réelle maîtrise des processus d'aménagement urbain — et notamment des problèmes fonciers —, sans planification. Elle se traduit par une excroissance démesurée du tissu urbain qui en arrive littéralement à se diluer dans l'espace rural voisin. Entre la zone industrielle exurbanisée et la ville proche s'étend un espace — parfois sur des centaines d'hectares — où s'éparpillent unités d'habitation, équipements de toutes sortes, où se multiplient entrepôts et bâtiments divers. Le front d'urbanisation n'apparaît jamais nettement tranché, parfois il est pratiquement inexistant. C'est tout un espace péri-urbain qui est en voie de transformation : il n'est pas urbain pour autant. Enfin, dans ces conditions, la pratique du zonage systématique entraîne, en les amplifiant, les inconvénients bien connus : distorsions dans le fonctionnement urbain, désorganisation des relations habitat-travail et travail-équipements, engorgement de la circulation...

## 2. ASPECTS DU FONCTIONNEMENT DES ESPACES NOUVELLEMENT INDUSTRIALISÉS

### 2.1. Les migrations de travail

La mise en place de **migrations de travail** de grande ampleur accompagne de façon systématique les processus d'industrialisation. L'industrialisation s'effectue dans un contexte de crise du logement qu'elle contribue à aggraver dans la mesure où les établissements industriels sont trop souvent construits sans structures d'accompagnement. Il y a constamment dissociation entre les lieux de travail et d'habitat. Les réponses des travailleurs à cette situation sont très diverses. Certains d'entre eux ont pu trouver un logement dans la ville mais, pour la plupart, la seule solution consiste à trouver un logement — même sommaire — dans l'espace rural ou dans les petites agglomérations qui entourent la zone industrielle. L'étude des bassins de main-d'œuvre et des zones de recrutement a été privilégiée par l'ensemble des chercheurs et nous pouvons en avoir une idée assez exacte. Si partout la main-d'œuvre (souvent plus de 40 %) est astreinte à d'importants déplacements quotidiens, le phénomène varie considérablement en ampleur et en intensité selon le type, la taille, l'ancienneté des établissements industriels. Ce sont les grandes entreprises d'implantation récente en position périphérique ou exurbanisée qui donnent naissance aux plus vastes bassins de main-d'œuvre. Dans son étude des industries du littoral marocain, A. Kaioua estime que 24 % de la main-d'œuvre est soumise à des migrations pendulaires. Cette évaluation moyenne cache toutefois bien des différences entre les établissements de Rabat-Salé, en site urbain où seulement 6 % des travailleurs sont astreints à ces déplacements quotidiens alors que pour les usines récentes de Bouznika, Skhirat ou Bouknadel la proportion atteint 50 ou 60 %. C'est en Algérie que de tels mouvements atteignent leur plus grande ampleur. Les migrations alternantes s'effectuent sur des distances parfois impressionnantes. On peut distinguer entre plusieurs types de déplacements selon la complexité de leur organisation.

Le cas le plus simple est celui de **l'usine isolée,** implantée au milieu des champs ou presque. Son aire de recrutement est souvent très large. Le complexe textile de Dra Ben Khedda nous fournit un bon exemple. Une étude faite en 1970 montre l'existence de très importants mouvements pendulaires. Parmi les 2 200 travailleurs, seuls 19 % résident dans la commune, 33 % sont recrutés dans un rayon de 15 km, 30 % dans un rayon de 30 km et 16 % dans un rayon de 50 km ou plus. Un chantier de 950 logements a été ouvert en 1971, mais en 1977, 580 logements seulement étaient livrés alors qu'entre temps l'effectif de salariés passait à 3 100 et les prévisions à 5 500... Une organisation de même ordre se met en place dans les villes de l'intérieur qui s'industrialisent. L'aire de recrutement en milieu rural existe toujours mais se juxtapose à un axe majeur constitué par des déplacements entre la ville et l'usine ou la zone industrielle.

La situation est beaucoup plus complexe dans **les régions d'industrialisation littorale.** Les déplacements sont beaucoup plus massifs. En 1974, les industries d'Annaba entraînaient le déplacement quotidien de 7 200 travailleurs. L'usine de la S.N.S. polarise l'essentiel de ces déplacements (6 400 déplacements). La ville d'Annaba, située à 12 km, est la plus grande pourvoyeuse de métallurgistes : elle envoie chaque matin 5 000 travailleurs. Pour les autres migrants pendulaires, un ramassage est organisé dans la plaine d'Annaba, notamment dans sa partie centrale, dans un rayon n'excédant pas 30 à 40 km.

La zone industrielle d'Arzew-Béthioua compte vraisemblablement quelque 17 000 travailleurs, dont 8 000 à 9 000 occupés sur les chantiers. Une petite moitié de la main-d'œuvre réside dans un rayon inférieur à 20 km, 11 % dans un rayon de 20 à 30 km, 31 % de 30 à 50 km et 10 % à plus de

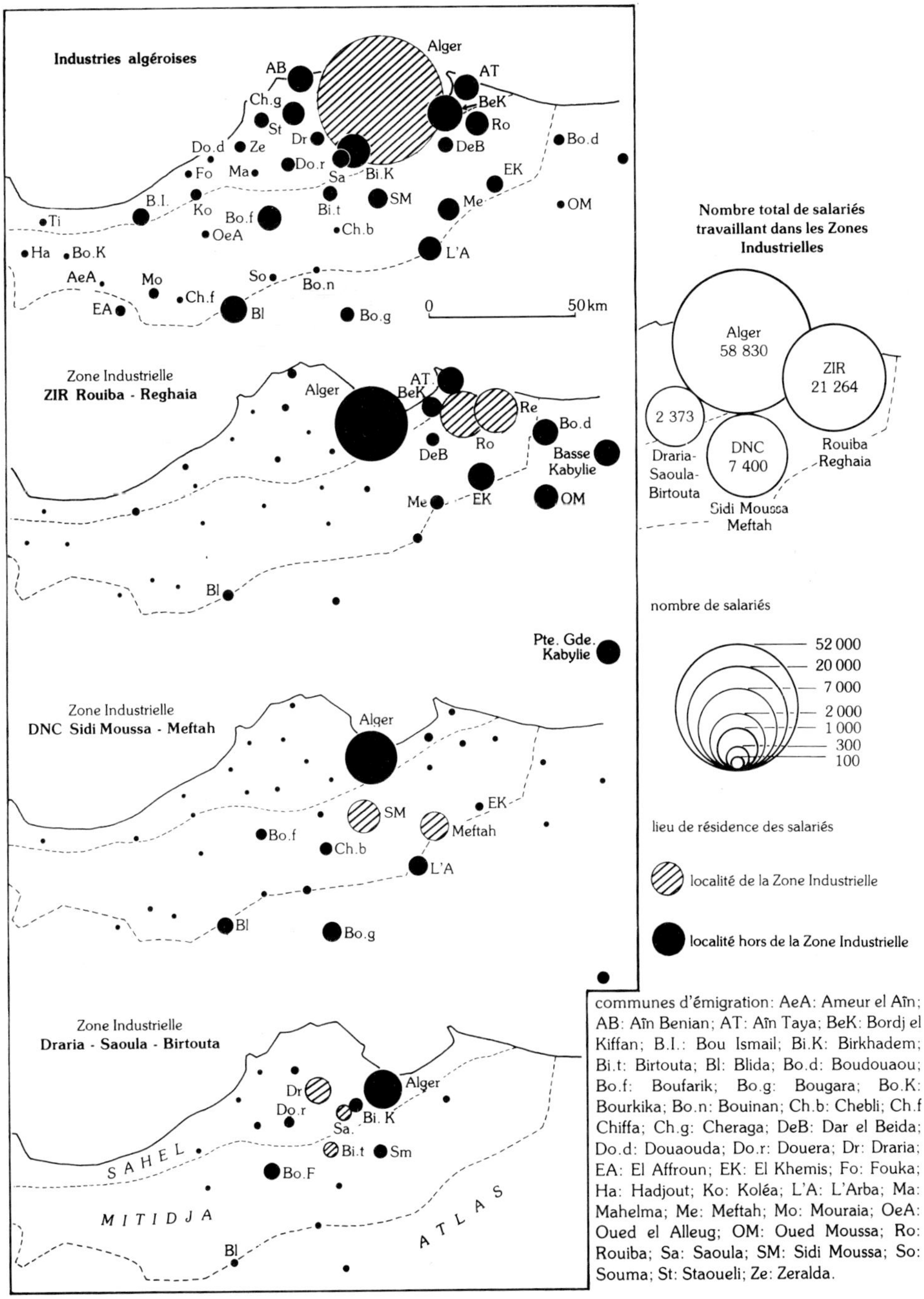


Fig. 38. — RÉSIDENCE DES TRAVAILLEURS INDUSTRIELS D'ALGER ET DE LA MITIDJA ORIENTALE.

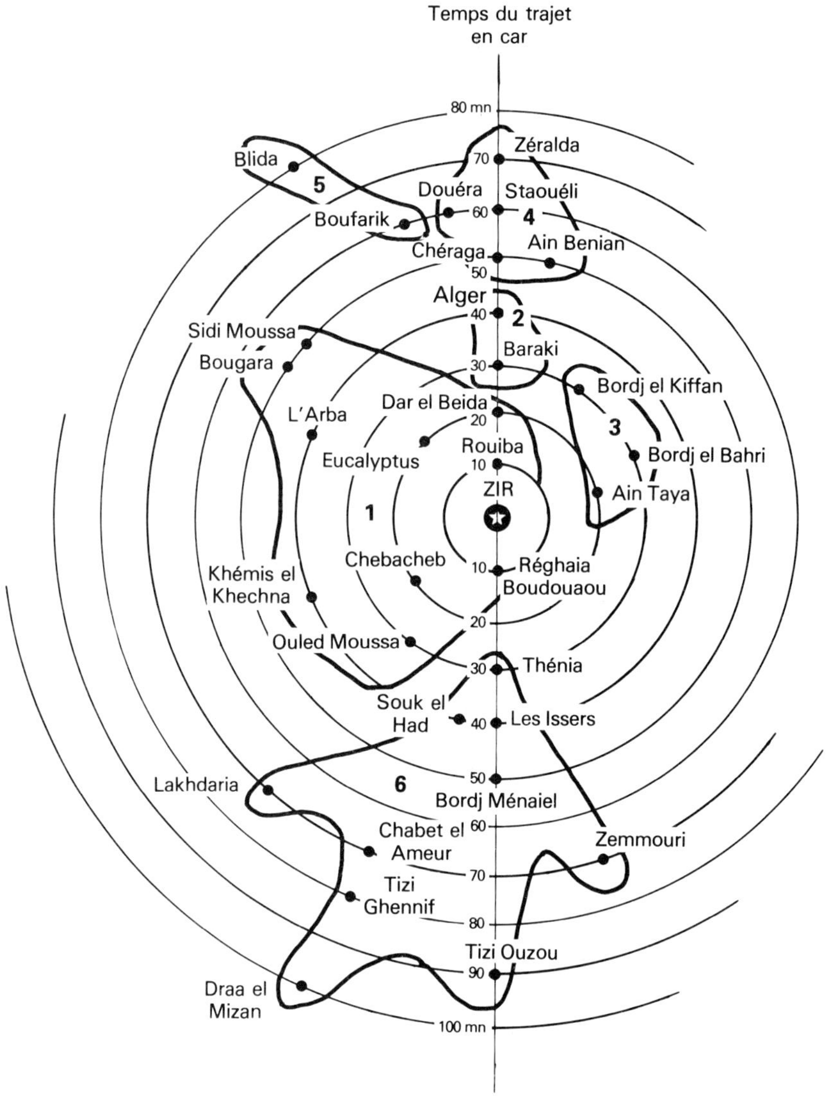


Aires de recrutement

| | | | |
|---|---|---|---|
| **1** | Mitidja orientale | **4** | Sahel occidental |
| **2** | Agglomération d'Alger | **5** | Mitidja centrale |
| **3** | Sahel oriental | **6** | Kabylie |

Fig. 39. — DISTANCE-TEMPS ENTRE LA ZONE INDUSTRIELLE DE ROUIBA-REGHAIA ET LES LOCALITÉS DESSERVIES PAR LE TRANSPORT DU PERSONNEL.
(Source : A. GAIDON)

50 km; certains même à 80 km! La lecture d'une carte montrerait que l'axe Arzew-Oran est le plus important, mais les chantiers font venir leur main-d'œuvre de la région du Sig, de Mohammedia et l'attraction peut même atteindre Sidi Bel Abbès, Mascara ou Relizane.

Avec **la région algéroise,** le phénomène prend encore une tout autre dimension (fig. 38 et 39).

Plusieurs facteurs de différenciation interviennent; il faut compter à la fois avec l'antériorité de l'industrialisation et le très grand nombre d'emplois industriels. Alger, durant la période coloniale, était un foyer industriel non négligeable : en 1980, on dénombre 70 000 emplois. Aux anciennes localisations s'ajoutent depuis l'Indépendance les emplois offerts dans les communes voisines. De plus, la région algéroise ne connaît pas, comme les autres régions, une seule zone industrielle : les implantations sont disséminées. On comprend dès lors que les mouvements pendulaires soient à la fois plus étoffés et plus complexes.

Deux réseaux de mouvements pendulaires s'entrecroisent. Le réseau ancien est constitué par les déplacements vers la capitale depuis les campagnes voisines. Pour l'essentiel, ils se déroulent dans un rayon de 30 à 40 km. L'analyse porte sur 58 000 emplois industriels localisés à l'intérieur de l'agglomération : les migrations alternantes concernent 6 300 salariés, soit 10,5 %. Un autre réseau récent se structure autour des récentes implantations exurbanisées, soit pour la plupart en Mitidja orientale, soit dans les communes du Sahel. Ce réseau présente des caractères très différents du précédent. Sur les 15 673 salariés pris en compte, seuls 4 300 (27,5 %) habitent dans la commune où ils exercent leur activité professionnelle. Ils résident dans les agglomérations ou, comme nous l'avons noté, dans les exploitations agricoles. Les migrations sont le lot de 72,5 % des travailleurs. Les mouvements sont de deux types. Les uns sont des déplacements en quelque sorte inverses : ils s'effectuent depuis la capitale vers les zones industrielles (6 124 travailleurs, 39 % du total). Les autres s'organisent depuis les campagnes et agglomérations voisines (4 319 travailleurs, 27,5 %). Enfin, le bassin de main-d'œuvre s'est considérablement élargi : 894 travailleurs (5,7 %) effectuent des déplacements quotidiens depuis la Basse et la Grande Kabylie. Les migrations alternantes s'inscrivent désormais dans un rayon qui atteint et parfois dépasse la centaine de kilomètres.

Les migrations alternantes exigent des moyens considérables (fig. 40).

La Société nationale des transports de voyageurs (S.N.T.V.) a, en principe, le monopole du transport routier des personnes à l'intérieur du pays. Les travailleurs utilisent les lignes régulières ou empruntent les circuits de ramassage créés à leur intention. En 1975, la S.N.T.V. a mobilisé un parc de 500 véhicules pour cette activité, ce qui représentait 30 % du parc en circulation. La société essaie d'effectuer le transport du personnel sur les services de ligne; elle ne peut y parvenir que pour 290 contrats (17 % du parc en circulation) et, pour 232 contrats (15 %), les cars ne sont affectés qu'au service du personnel. L'étude des contrats de location révèle que cette activité est très concentrée, avec une part algéroise prépondérante (60 % des contrats); Arzew compte pour 25 %. Cette organisation entraîne de grosses difficultés : 30 % du parc est indisponible pour le service de ligne pendant de longues heures chaque jour. Ces migrations de travail contribuent à la saturation du réseau routier qui ne s'est pas étoffé au rythme des créations industrielles. L'engorgement est déjà important entre Oran et Arzew. La situation est particulièrement inquiétante dans la périphérie de la capitale où la saturation est atteinte depuis de nombreuses années (N. Widman, 1978).

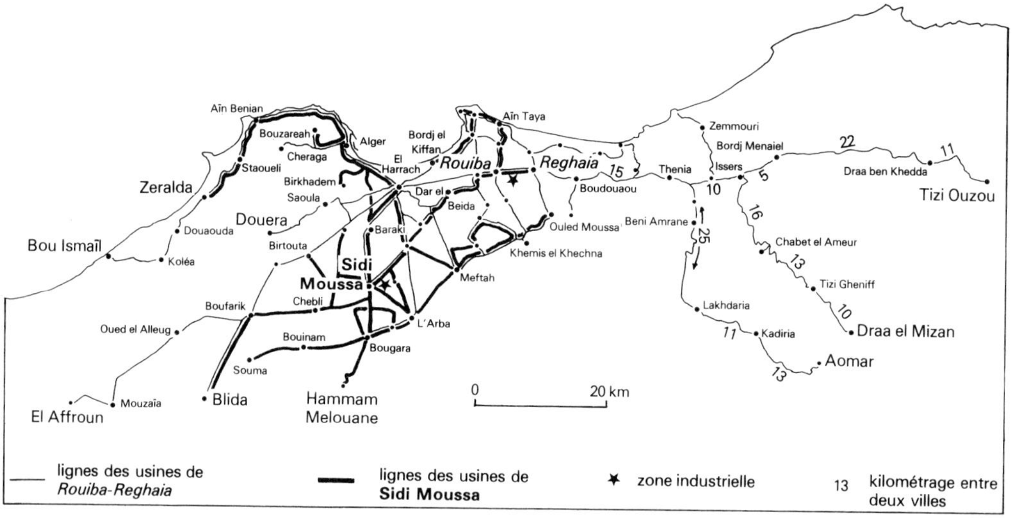


Fig. 40. — LIGNES DE TRANSPORT DU PERSONNEL DES ÉTABLISSEMENTS INDUSTRIELS DE LA MITIDJA.
(Source : A. GAIDON)

## 2.2. La déstabilisation des ensembles régionaux

**Les effets de blocage** ou de déstructuration provoqués par l'industrialisation ont été soulignés par un très grand nombre de chercheurs. On enregistre partout une incontestable déstabilisation des ensembles régionaux d'accueil. Ces mutations apparaissent inévitables, notamment quand les implantations retenues sont péri-urbaines ou franchement exurbanisées. En raison des stratégies industrielles adoptées, les grands complexes sur le littoral sont toujours situés dans les rares régions d'agriculture intensive.

### 2.2.1. La restriction des terroirs agricoles

Celle-ci est alors inévitable. Le complexe de Gabès s'étend aux dépens de la palmeraie. **En Algérie, le phénomène a pris une très grande ampleur.** Le bilan global des amputations de terres agricoles a fait l'objet d'évaluations contradictoires. Les estimations des milieux agricoles ne sont évidemment pas les mêmes que celles qui émanent des milieux industrialistes! Il est bien difficile, en outre, de distinguer entre les hectares consommés par l'industrie et ceux relevant de l'extension urbaine. Au niveau national, on estime que 80 000 ha dont 10 000 irrigués ont été perdus au bénéfice des villes et de l'industrie. Du seul fait des consommations industrielles, la plaine de la Mitidja orientale a vu se restreindre ses terroirs cultivés de 10 à 12 % en 12 ans. En 5 ans, de 1969 à 1974, les domaines autogérés de la périphérie oranaise ont été contraints de céder 1 840 ha, à peu près l'équivalent de l'emprise foncière de la ville d'Oran en 1974! Les immenses zones industrielles d'Arzew (3 500 ha), Skikda (2 000 ha), Annaba (2 000 ha), Rouiba-Reghaïa (1 000 ha) ont toutes été édifiées sur de très riches terroirs agricoles. Le bilan apparaît véritablement très lourd. La cession de terres agricoles est inévitable mais il semble que les pertes auraient pu être limitées. Si les localisations industrielles algériennes obéissent

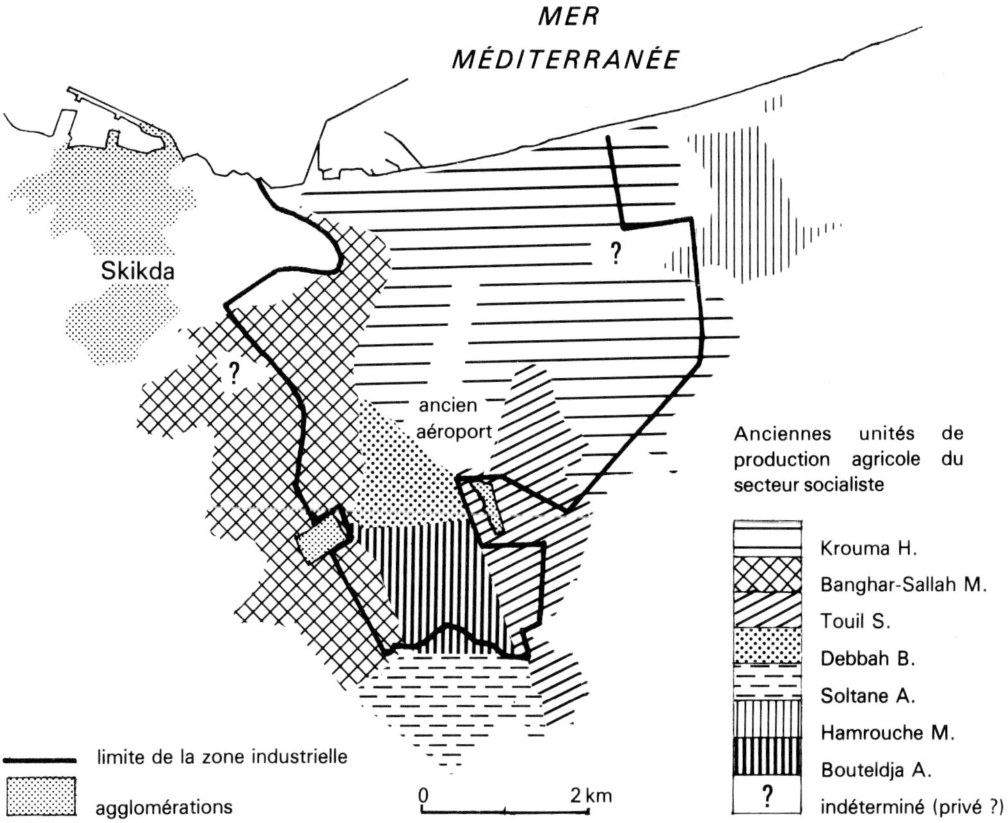


Fig. 41. — EMPRISES SUR LES TERRES AGRICOLES AUTOUR DE SKIKDA.
(D'après la carte des structures foncières de la vallée du Safsat, *wilaya* de Skikda)

bien — au niveau national — à des orientations précises et à un plan, au niveau local — celui du site — il n'y a aucun affinement. Les opérateurs industriels choisissent systématiquement les sites présentant le moins de contraintes : des terrains plats à la fois riches en eau et bien drainés. En outre, autour des grands ensembles industriels, se développe, en plein milieu rural, un véritable semis de localisations industrielles ou pseudo-industrielles (entrepôts, ateliers). Il faut donc compter avec une consommation parasite de l'espace tout aussi dommageable que l'emprise industrielle proprement dite.

Quels sont les éléments qui peuvent rendre compte de tels comportements? Les milieux industrialistes évoquent souvent la nécessité où ils sont d'agir vite. Il n'existe pas en Algérie de cartes foncières systématiquement mises à jour, encore moins des cartes d'utilisation du sol. En fait, il n'y a pas de politique foncière. Les sociétés nationales jouissent aussi d'une très grande autonomie et, sourcilleuses sur leurs prérogatives, elles ne se prêtent pas à la concertation. Ces installations industrielles nouvelles se font toujours au détriment de terres relevant de l'État et plus précisément des domaines autogérés qui se trouvent dans l'incapacité de réagir (fig. 41).

Il n'y a aucune réglementation en la matière; or, seule une législation peut organiser ces cessions de terres. Le ministère de l'Agriculture ne se prive pas de relever la contradiction : d'excellentes terres lui sont retirées et sont perdues à tout jamais pour l'agriculture alors que dans le cadre de la révolution agraire on investit des sommes énormes pour mettre en valeur de nouvelles terres qui jamais ne connaîtront la fertilité des terroirs perdus. Et, dans bien des cas, les deux opérations se déroulent dans des aires géographiques fort proches. Ce n'est que très récemment que les premières mesures ont été prises. Une circulaire présidentielle de janvier 1975 interdit toute implantation d'une unité de quelque nature que ce soit, sur des terres à vocation agricole, en dehors des réserves foncières, dans le périmètre urbain. C'est une mesure conservatoire difficilement applicable dans la mesure où réserves foncières et périmètre d'urbanisation sont loin d'être délimités. D'autre part aucun texte réglementaire ne régit de façon précise les indispensables tranferts : ou aboutit souvent à des situations de blocage total entre agriculture et industrie.

#### 2.2.2. Les problèmes d'environnement

Par ailleurs, l'industrialisation s'effectue sans porter grande attention aux problèmes d'environnement. Elle entraîne fréquemment une forte pollution. Tel est le cas du littoral oranais entre Mostaganem et Arzew. Les rejets en mer d'effluents ne sont pas contrôlés; or certains sont très toxiques (papeterie de Mostaganem). Le complexe phosphatier de Gabès a été à l'origine d'une rapide dégradation de l'environnement (rejets de chaleur dans la mer et dans l'atmosphère, rejets de produits chimiques en milieu marin). La pollution de l'atmosphère a déjà créé quelques dégâts à l'agriculture, celle de la mer provoque une dégradation rapide de la flore et de la faune et même l'apparition d'une zone a-zoïque.

De la même manière, partout où progresse l'industrialisation, apparaissent de **graves tensions pour l'utilisation de l'eau.** Entre l'utilisation urbaine et industrielle et l'utilisation agricole, l'arbitrage est toujours donné en faveur de la ville et de l'usine (cf. II$^e$ Partie). Les exemples sont très nombreux. En Algérie, l'eau destinée aux périmètres irrigués de la vallée de Chelif alimente désormais la zone industrielle d'Arzew. A Gabès, les besoins en eau des industries chimiques sont importants et représentent le quart du potentiel de la nappe locale. Ils sont prélevés, écrit A. HAYDER, « par pompage dans une nappe qui, bien avant le démarrage du complexe était déjà surexploitée et incapable d'assurer tous les besoins de l'agriculture ». L'oasis qui disposait, en 1968, de 560 l/s, ne peut compter, en 1980, que sur un débit de 450 l/s alors que les superficies à irriguer sont plus importantes. Le tour d'eau qui était de 15 jours est arrivé à 50 et parfois 60 jours. Dans les oasis environnantes, la répartition par tour d'eau a remplacé la répartition antérieure par le système du volume horaire.

Pourtant, la cession des terres agricoles, les atteintes à l'environnement, les prélèvements d'eau ne sont pas les conséquences les plus ruineuses pour l'agriculture. **Toute implantation nouvelle d'usines** est suivie d'effets plus pernicieux : elle **enclenche un exode agricole généralisé.**

### 2.3. Emplois industriels et mobilité socio-professionnelle

L'industrialisation récente — toutes les études le prouvent — a entraîné un très important transfert de la force de travail vers l'usine. De tels transferts n'ont en soi rien d'exceptionnel; ils sont même inévitables. Toutefois leur ampleur, leur caractère massif surprennent et s'expliquent essentiellement par le maintien de fortes inégalités intersectorielles de l'économie. Partout, le secteur industriel est privilégié. Le salariat apporte une garantie, une sécurité. La rémunération du travail est plus élevée et bien souvent les travailleurs de l'industrie bénéficient d'avantages sociaux spécifiques. En Algérie, on estime que l'écart de revenus (salaires et avantages sociaux) entre travailleurs industriels et agricoles est de l'ordre de 1 à 3 au cours de la période 1970-1980. Aussi le mouvement d'industrialisation s'est-il moins traduit par une création nette d'emplois que par d'incessants mouvements de reports inter et intra-sectoriels. Trente pour cent seulement des travailleurs du pôle d'Annaba n'avaient exercé aucune activité antérieure avant leur embauche. Parmi les 12 500 travailleurs industriels enquêtés en Mitidja orientale, 5 400 (44 %) ont déclaré avoir eu un emploi antérieur.

#### **2**.3.1. L'exode agricole

Il fournit une partie des nouveaux effectifs : le fait est général. A Gabès, il a été difficile de remplacer la main-d'œuvre défaillante de l'oasis où, de 1974 à 1980, le salaire journalier est passé de 1,100 dinars à 2,700. Le processus a été maintes fois étudié en Algérie. Le passage s'effectue souvent par le relais des B.T.P. et notamment des chantiers de construction de la future usine. Ce sont bien souvent les ouvriers qualifiés et les plus jeunes qui quittent les exploitations agricoles. Le personnel administratif des domaines autogérés est le premier touché : on le retrouve dans les services administratifs des nouvelles usines. Les ouvriers qui possèdent une qualification technique sont intégrés dans les ateliers de production : les mécaniciens deviennent O.P., les tractoristes et les chauffeurs conservent leur qualification en devenant conducteurs d'engins. La grande masse des ouvriers non qualifiés est embauchée comme O.S. Si l'exode agricole ne fournit que des effectifs réduits à l'industrie (guère plus de 10 à 15 % des effectifs), par contre, il est fort dommageable pour l'économie agricole : ce sont les éléments les plus dynamiques qui partent. Les conséquences s'ajoutent aux pertes de terroirs. Dans des zones potentiellement riches, c'est le recul de la production, l'introduction de systèmes de cultures extensifs, exigeant moins de main-d'œuvre, l'abandon de certaines façons culturales, l'apparition de formes nouvelles de jachère. Cette évolution est précisément l'inverse de ce qui est souhaité pour satisfaire les besoins alimentaires d'une population qui ne cesse de croître et de s'urbaniser. Ceci est surtout valable pour l'Algérie.

#### **2**.3.2. La ponction sur les activités tertiaires

Moins étudiée, la **ponction exercée sur les activités tertiaires** est tout aussi néfaste. Elle porte sur des effectifs, semble-t-il, encore plus nombreux. Les mutations professionnelles concernent essentiellement les employés de l'administration, des services sociaux, du commerce, des transports, de l'enseignement qui trouvent de meilleures conditions de rémunération dans le secteur industriel. La majeure partie des salariés venus du secteur tertiaire occupe des postes administratifs; le secteur des transports fournit des chauffeurs, les employés des cafés et restaurants travaillent dans les cantines des usines.

#### **2**.3.3. Les transferts dans le secteur industriel

Enfin, dernier élément de la mobilité professionnelle : les **transferts à l'intérieur du secteur industriel.** A. GAYDON, dans son étude portant sur la Mitidja orientale, relève très fortement cette évolution. Il y a transfert de main-d'œuvre entre les différentes usines mais surtout, semble-t-il, du secteur privé vers le secteur d'État. La petite et moyenne industrie privée — surtout les ateliers de construction métallique et mécanique, ainsi que l'industrie du bois — enregistre un départ de main-d'œuvre qualifiée au bénéfice des sociétés nationales. Celles-ci offrent des avantages sociaux qui compensent l'éloignement que représente le nouveau poste de travail : salaires plus élevés, déclaration à la Sécurité sociale, accès à certains équipements comme les coopératives de consommation et les centres de santé.

Au total, les transferts inter et intra-sectoriels sont — du moins en Algérie — beaucoup plus considérables que la création d'emplois nouveaux (deux reports pour une seule création). Il y a « débauchage » massif des forces de travail déjà pourvues d'un emploi.

**Les créations industrielles contribuent donc à une nouvelle structuration du marché du travail régional;** elles sont également responsables dans une large mesure de la vigueur des mouvements migratoires internes au Maghreb : la superposition des régions les plus industrialisées et de très forte concentration de population est générale.

Chapitre **16**

# LES INÉGALITÉS RÉGIONALES DE L'INDUSTRIALISATION

Un des objectifs explicites de l'industrialisation consiste à corriger les déséquilibres régionaux hérités de la colonisation. La politique « volontariste » des localisations industrielles algériennes est — à cet égard — significative. La Tunisie a également nettement affirmé sa détermination au cours de la période 1960-1970. Une préoccupation identique — même si elle n'apparaît pas prioritaire — n'est pas absente de la politique marocaine. Pourtant, après une vingtaine d'années d'efforts, les résultats obtenus sont bien mitigés. La diffusion de l'industrie reste inégale; trop souvent même, elle a accentué les disparités régionales (fig. 42).

## 1. AU MAROC

### 1.1. L'axe Casablanca-Kenitra et le « désert marocain »

Le pays le moins industrialisé du Maghreb, où les structures industrielles sont les plus déséquilibrées (68 % de la valeur ajoutée revient aux biens de consommation), est celui où la concentration est la plus forte.

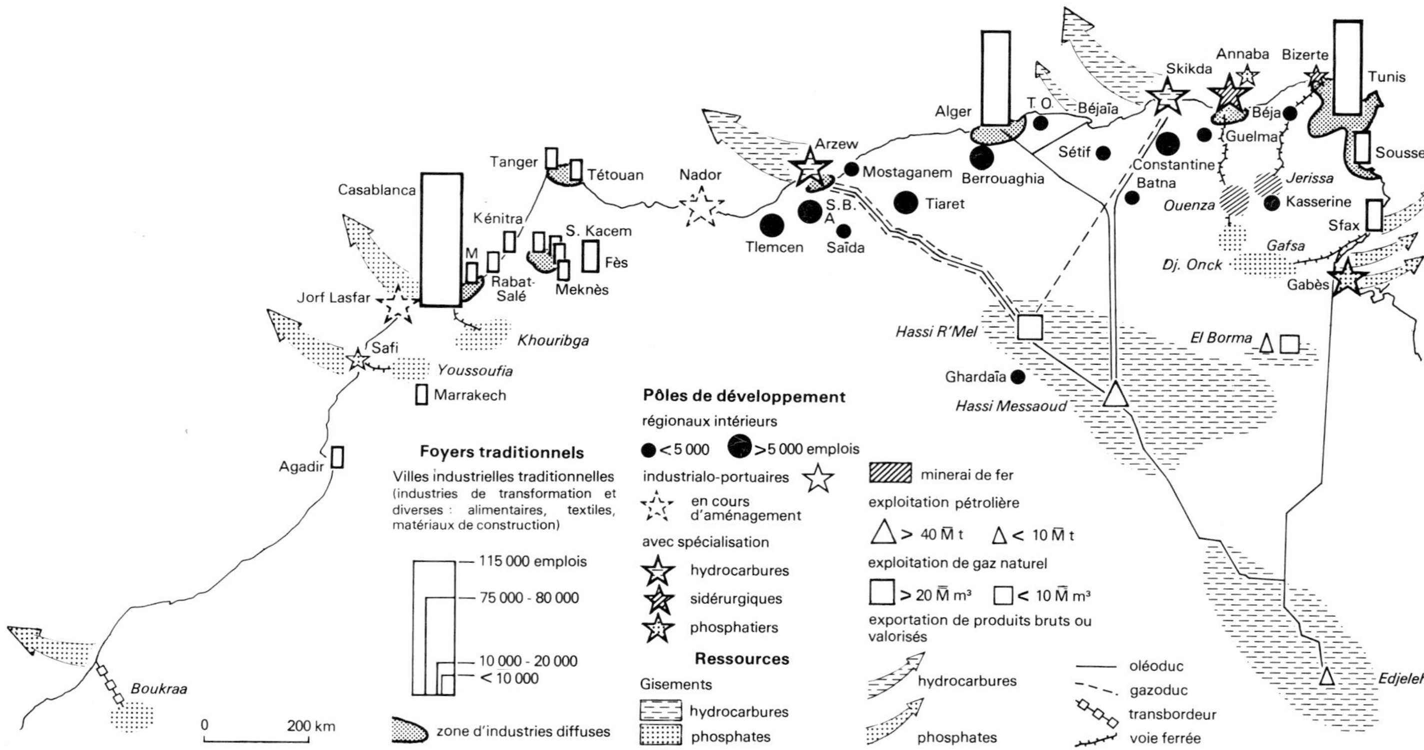


Fig. 42. — LOCALISATIONS INDUSTRIELLES MAGHRÉBINES.

### 1.1.1. L'axe urbain Casablanca-Kenitra

Celui-ci concentre, en 1981, 70 % des emplois industriels du pays, et produit 87 % de la valeur ajoutée nationale. Cette prééminence est loin de s'atténuer puisque, entre 1967 et 1979, l'axe a accueilli 72 % des établissements créés dans le pays. Dans cet ensemble, le poids de Casablanca est déterminant. La métropole économique procure — à elle seule — 55 % des emplois nationaux. La localisation industrielle est la conséquence d'une évolution sans rupture avec la période coloniale. L'industrie, très fortement liée au port, doit avant tout fournir le marché urbain. C'est aussi la conséquence de l'absence de politique industrielle dans le développement marocain. La gamme casablancaise est toutefois diversifiée. Les industries de consommation — avant tout d'import-substitution — dominent : elles se répartissent en quatre grandes branches : alimentaire, textiles, mécanique, chimie (Tableau XXX).

TABLEAU XXX. — LES EMPLOIS INDUSTRIELS À CASABLANCA EN 1982

| Branches industrielles | Emplois | % | % cumulé | % par rapport à l'ensemble marocain |
|---|---|---|---|---|
| Alimentaire | 19 768 | 16,5 | — | 46 |
| Textiles | 35 314 | 29,5 | 46 | 51 |
| Mécanique | 27 531 | 23 | 69 | 71 |
| Chimie | 14 975 | 12,5 | 81,5 | 69 |
| Autres | 22 126 | 18,5 | 100 | 60 |
| Total | 119 754 | | | 55 |

Casablanca est une des rares villes marocaines où l'usine marque réellement le paysage urbain du moins dans la partie orientale de l'agglomération reliée au port par voie ferrée : elle se concentre aux Roches Noires, dans le quartier industriel nord et à Aïn Sebaa avec notamment la sucrerie et la cimenterie. L'industrialisation progresse, très classiquement le long des voies de communication vers Mohammedia en utilisant les terrains disponibles de la périphérie. C'est à Sidi Bernoussi que se sont installées récemment les plus grosses unités : pneumatiques, montage de voitures, etc.

De Casablanca à Kenitra (130 km), l'espace industriel se présente comme une solution de continuité constituée par de petits pôles distincts mais proches les uns des autres. Mohammedia (6 100 emplois) se distingue par sa spécialisation dans les secteurs de la mécanique, de la métallurgie et de la chimie (raffinerie). La proximité de Casablanca a favorisé ici l'implantation d'usines d'importance nationale. Kenitra (5 600 emplois) concentre l'essentiel de ses activités industrielles dans l'agro-alimentaire, les textiles et le secteur des matériaux de construction. C'est également les industries textiles qui sont prépondérantes à Rabat-Salé (près de la moitié des 11 000 emplois) auxquelles s'ajoutent les matériaux de construction et des industries diverses (bois, imprimerie).

### 1.1.2. La diffusion de l'industrie

Dans le reste du pays, on remarque une certaine diffusion de l'industrie depuis quelques années. Toutefois aucun centre n'émerge, capable d'exercer sur le milieu local ou régional une forte emprise et des effets de stimulation.

Dans la péninsule tingitane (Tanger, Tetouan) se structure une zone d'industrialisation diffuse (17 000 emplois) où domine de très loin le textile (11 000 emplois).

Les petites villes du Rharb (Sidi, Slimane, Sidi Kacem, Sidi Yahia) connaissent un début d'industrialisation fondée sur l'agro-alimentaire et notamment les sucreries (33 000 emplois au total). Un processus du même ordre est engagé dans certains périmètres irrigués : le Tadla avec Beni-Mellal (2 000 emplois) et dans une moindre mesure dans le Souss en arrière d'Agadir.

Les industries des grandes villes régionales restent bien souvent marquées par la tradition et ne présentent pas un dynamisme exceptionnel. A Fès (12 400 emplois), à Meknès (6 000 emplois) tout comme à Marrakech (5 200 emplois), la gamme des industries est profondément marquée par la présence des marchés de consommation urbains. Partout prédominent les industries alimentaires et textiles.

#### 1.1.3. La valorisation des phosphates

Enfin le Maroc, depuis quelques années, entreprend une politique de **valorisation de ses phosphates.** Gros producteur (19 millions de t en 1980), il est resté longtemps un simple exportateur. La production de Khouribga-Oued Zem (14 millions de t), après un premier traitement, est exportée par Casablanca; celle du gisement de Youssoufia (5 millions de t) l'est par le port de Safi. Le Maroc souhaite ouvrir de nouveaux gisements (Benguérir et Sidi Hajjaj), développer ses capacités productives et surtout valoriser sa production et créer une industrie chimique. Ainsi, Safi, où les traditionnelles sardineries sont en déclin, est devenu un port industriel : 2 millions de t y sont valorisées (superphosphates, acide phosphorique). A l'avenir la pièce essentielle du dispositif sera constituée par le port de Jorf Lasfar en cours d'équipement, qui deviendra un grand centre de production chimique.

Au total, à l'exception de l'axe atlantique, **l'industrie n'apparaît pas comme un élément structurant de l'espace.** Elle reste un phénomène ponctuel sans effet de diffusion. Les choix retenus — assez souvent mal adaptés au contexte socio-économique — induisent des enclaves plutôt que des pôles de développement.

## 2. EN TUNISIE

### 2.1. L'industrialisation littorale et le rôle de la capitale

La rapidité de la croissance industrielle tunisienne (20 000 emplois en 1956, 150 000 en 1980) s'est accompagnée d'une réelle diffusion des établissements. La situation héritée à l'Indépendance où Tunis concentrait 82 % des emplois, a, certes, bien changé, mais les déséquilibres, s'ils ne présentent plus la même nature, restent très accentués. **L'opposition réside désormais, entre l'ensemble du littoral et l'intérieur du pays.** Entre 1970 et 1980, toute la croissance industrielle s'est concentrée sur la côte où se structure un système linéaire, un axe industrialisé juxtaposant des régions très différentes. En 1980, l'espace industriel tunisien se compose des éléments suivants :

#### 2.1.1. Les grands foyers urbains

Les grands foyers urbains d'origine coloniale mobilisent toujours une grande masse de capitaux et rassemblent plus de 60 % de la main-d'œuvre.

Un pôle de développement intérieur :
l'usine de pâte à papier de Kasserine (Tunisie) *(A.A.A. Photo, Cl. Naud)*.

**Tunis** reste, malgré la perte de son poids relatif, le premier foyer industriel du pays rassemblant, en 1975, 53 % des emplois, assurant 59 % du chiffre d'affaires et 57 % de la valeur ajoutée. La gamme industrielle y est très diversifiée (industries des métaux, agricoles et alimentaires, papier-carton, imprimeries, textiles), mais les industries de transformation, liées au marché de consommation, prédominent. Par ailleurs, face à l'élargissement de l'espace industriel du pays, la fonction de commandement de la capitale reste tout aussi forte. Les sociétés tunisoises contrôlent 57 % des emplois industriels du reste du pays. Le rôle de Tunis dans la formation du capital et l'affectation des investissements industriels est déterminant. La capitale joue un rôle décisif dans le fonctionnement du système industriel. Tunis demeure la pièce maîtresse de l'espace industriel.

**Sfax** (environ 14 000 emplois industriels), traditionnelle « ville des phosphates » ne joue plus, en ce domaine, qu'un rôle secondaire depuis la récente promotion de Gabès.

Un pôle de développement littoral : la zone industrialo-portuaire de Gabès (Tunisie), basée sur l'industrie chimique *(Cl. J.M. Miossec).*

Elle compte des usines d'engrais et son port demeure un grand exportateur de minerai non transformé. La ville présente aussi une large gamme d'industries (alimentaires, et notamment des huileries, textiles, bois et ameublement, métallurgie, mécanique).

Le poids de **Sousse** (10 000 emplois environ) s'est considérablement renforcé : la ville a accueilli de nombreuses industries exportatrices et présente une large gamme d'industries de transformation.

### 2.1.2. Les pôles de développement

Les « pôles de développement » constituent un second type d'espace industriel. La plupart datent de la période d'économie planifiée. A **Bizerte,** se localise la seule raffinerie du pays (1 500 000 t), insuffisante pour couvrir la consommation nationale (5 500 000 t). A **Menzel-Bourguiba,** l'unité sidérurgique d'El Fouladh est reliée au gisement de Jerissa. Sa production de 180 000 t d'acier ne satisfait que partiellement le marché national. A l'intérieur, se situent les deux pôles installés au cours de la période d'économie planifiée : **Béja** dont la sucrerie est liée à une production locale de betterave à sucre et **Kasserine** dont l'usine de cellulose doit traiter l'alfa local. L'un et l'autre sont de taille restreinte et n'ont pas induit les effets d'entraînement escomptés.

Le fait nouveau est constitué par l'entrée en production, au cours de la décennie 1970, du pôle de **Gabès.** Relié par une nouvelle voie ferrée au gisement de Gafsa, le pôle (4 500 emplois au total) valorise la production locale de phosphates et a développé une puissante « filière » chimique (engrais phosphatés et surtout acide phosphorique). Désormais la Tunisie transforme sur son sol plus de phosphates qu'elle n'en exporte bruts. En 1981, la production nationale a atteint 4,9 millions de t : un quart seulement est exporté, le reste est traité à Tunis (50 000 t), à Sfax (1 million de t), et surtout à Gabès (2,3 millions de t). La mise en route prochaine d'une nouvelle unité de traitement de phosphates, devrait induire une consommation supplémentaire de 2 millions de t. A cette filière chimique s'ajoute celle des matériaux de construction (notamment une cimenterie entrée en production en 1977).

#### 2.1.3. Les zones d'industrialisation diffuse

Enfin l'espace industriel se complète par des zones d'industrialisation diffuse pour la plupart d'origine récente. En 1967, 25 villes au maximum comptaient au moins un établissement industriel, elles étaient 45 en 1973 : elles sont plus de 80 en 1981 ! Ces zones d'industrialisation diffuse sont étroitement liées aux industries exportatrices. Tout autour de Tunis et dans le cap Bon, on peut relever l'implantation d'assez grosses unités résultant du desserrement des activités tunisoises, auxquelles s'ajoutent de très nombreuses petites affaires initiées par des capitalistes tunisois qui profitent des terrains bon marché et d'une main-d'œuvre abondante, peu exigeante et faiblement organisée. Dans le Sahel, les entreprises de petite taille, très nombreuses, voisinent avec des foyers plus anciens (Moknine, Ksar Hellal), l'ensemble est plus ou moins organisé par la ville de Sousse qui connaît un regain de dynamisme.

## 3. EN ALGÉRIE

### 3.1. Les espaces industriels algériens

Avec l'Algérie, l'effort d'industrialisation change d'échelle. La construction rapide d'une industrie puissante a constitué, pendant la décennie 1970, l'objectif central prioritaire de toute la politique de développement. Le nombre d'usines construites au cours des dernières années est impressionnant : 600 intéressant 205 communes sur 704 ! Cet immense effort touche bien l'ensemble du territoire national mais de façon inégale. Les déséquilibres littoral-intérieur restent sensibles mais ils ne sont pas de même nature que dans les deux autres pays maghrébins.

#### 3.1.1. Les pôles industriels littoraux

Ils sont au nombre de trois : Annaba, Skikda et Arzew, et jouent un rôle essentiel dans la stratégie algérienne. Ils abritent les « industries motrices » qui, à partir de la valorisation et de la transformation des matières premières nationales (minerai de fer, hydrocarbures), doivent entraîner en aval l'industrialisation de l'espace national.

**Annaba** est à la fois un pôle sidérurgique et un centre phosphatier. Le port est relié par une voie ferrée électrifiée aux mines de fer de l'Ouenza (2 à 3 millions de t) et au gisement phosphatier du Djebel Onck (1 million de t). Une usine d'engrais phosphatés traite une partie de la production minière. Mais l'essentiel est constitué par le haut fourneau d'El Hadjar fonctionnant avec du coke importé. Sa capacité — longtemps de l'ordre de 400 000 t d'acier — vient d'être portée à 2 millions. L'usine sidérurgique emploie 16 000 travailleurs. Enfin, le pôle *annabi* abrite une quarantaine de petites unités (textiles, alimentaires, mécaniques) bien souvent héritées de la période coloniale.

**Arzew et Skikda** fondent toute leur activité sur les hydrocarbures. Ce sont à la fois des ports exportateurs de produits assez largement valorisés sur place — et de véritables ports industriels. Tous deux sont reliés par gazoducs et oléoducs aux gisements sahariens. Le pétrole (45 millions de t en 1982) est exploité dans les deux champs d'Hassi Messaoud et d'Edjeleh dont les réserves sont limitées à un milliard de t. Le gaz naturel est extrait à Hassi R'Mel à 600 km au sud d'Alger (production 1983 : 24 milliards de $m^3$ dont 17 exportés, 3 000 milliards de $m^3$ de réserves).

Arzew, près d'Oran, est le plus ancien pôle industrialo-portuaire du pays. Exportateur de pétrole et de gaz naturel liquéfié, il abrite une importante zone industrielle qui vient d'être portée à 3 500 ha avec une raffinerie de pétrole (2,5 millions de t), une usine d'engrais azotés, une usine de méthanol et les plates-formes de liquéfaction du gaz. L'industrialisation se poursuit vers l'ouest, le long de la baie : Mostaganem compte une sucrerie et une usine de pâte à papier.

Skikda, de promotion plus récente, deviendra la plus importante base pétrochimique du pays. Port exportateur de gaz naturel liquéfié, sa zone industrielle est en fin d'aménagement avec, outre les usines de liquéfaction du gaz, une raffinerie de 15 millions de t, point de départ de toute une chaîne pétrochimique, Skikda doit également accueillir une quarantaine d'entreprises, liées à ces usines motrices.

### 3.1.2. Le foyer industriel algérois

Celui-ci présente une incontestable originalité. Alger et ses campagnes proches concentrent 40 % de l'emploi industriel du pays. La métropole — avec ses périphéries orientales : El Harrach — Oued Smar — était sous la colonisation le principal centre industriel du pays. Elle compte actuellement plus de 80 000 emplois avec la gamme traditionnelle des industries urbaines (alimentaires, textiles, mécaniques). Ces dernières années, les usines ont essaimé en zone rurale avec — en particulier — la création de la zone industrielle de Rouiba-Reghaïa (1 000 ha) où sont implantées, entre autres, une usine de camions, une tuberie et des industries chimiques. La zone industrielle offre quelque 14 000 emplois. Enfin dispersées dans la campagne de nombreuses implantations industrielles : briqueteries, cimenterie, préfabrication pour le bâtiment, boulonnerie, etc. La jonction est pratiquement réalisée avec Blida où se localisent un certain nombre d'activités (alimentation, textiles, mécaniques). Ainsi Alger et ses campagnes environnantes constituent une vaste zone d'industrialisation diffuse (fig. 43).

### 3.1.3. L'émergence du fait industriel

A l'intérieur, l'émergence du fait industriel est récent. Les premiers effets se font sentir depuis 1974. De nombreuses villes ont connu une promotion industrielle avec pour chacune d'entre elles une spécialisation symbolisée par une ou deux entreprises « pilotes » de dimension nationale. Dans le Constantinois, on peut retenir les exemples suivants : Constantine avec son usine de tracteurs et un complexe de machines-outils, Guelma (fabrique de cycles et motocycles et une sucrerie), Sétif (industries chimiques, plastiques, piles électriques, visserie), Batna (textiles, cuir, matériaux de construction). Les montagnes de Kabylie se sont aussi industrialisées avec le complexe textile de Draa Ben Khedda et l'entrée en fonctionnement de la zone industrielle de Tizi-Ouzou (électro-ménager). Les usines pénètrent aussi dans les Hautes Plaines avec le complexe vannes-fonderie de Berrouaghia. En Oranie, la pénétration de l'industrie permet la promotion de pôles régionaux : Sidi Bel Abbès (électronique, matériel agricole), Tlemcen (téléphone, textile), Tiaret (complexe lainier), Saïda (complexe papetier). L'industrie a même pénétré l'espace saharien. Touggourt compte des industries de services pour l'exploitation des hydrocarbures et Ghardaïa a une zone industrielle où l'argent mozabite s'est investi massivement. La S.N.S. a même construit sur le rebord du plateau calcaire de la Chebka une tuberie pour ravitailler les bases d'hydrocarbures.

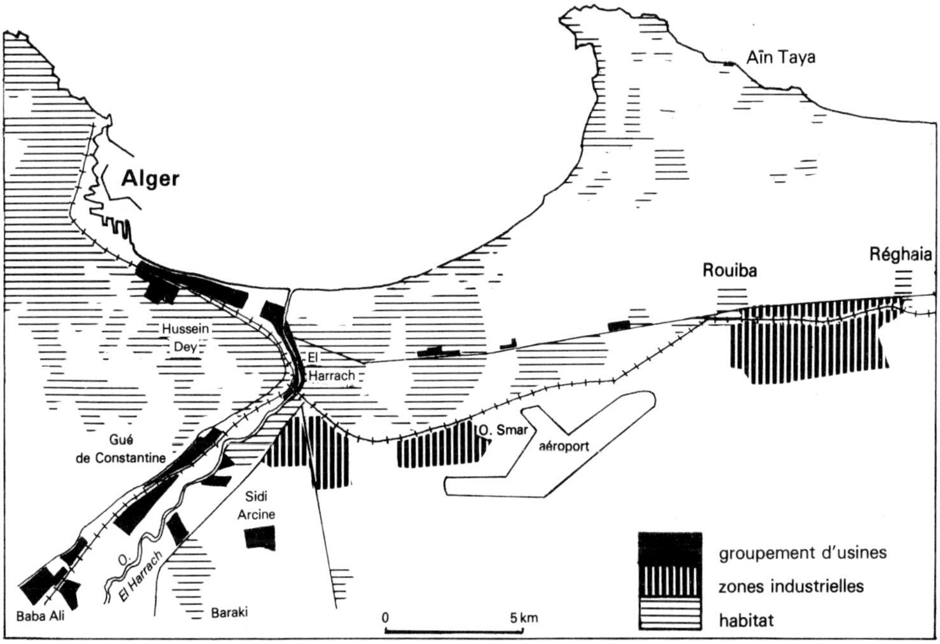


Fig. 43. — SITES INDUSTRIELS DANS ALGER ET SA PÉRIPHÉRIE.
(Source : A. GAIDON)

Au total, l'effort industriel algérien retient incontestablement l'attention. Le pays est un immense chantier mais les efforts sont trop récents pour en mesurer les conséquences spatiales. Il n'existe pas encore de véritable tissu industriel dans le pays. Pourtant une certaine restructuration de l'espace est en train de s'opérer. **L'industrialisation porte en germe une nouvelle organisation régionale.**

**Les résultats de l'industrialisation maghrébine — dans la mesure où le mouvement est loin d'être arrivé à son terme — sont ambigus et délicats à analyser. La diversité des politiques et des processus engagés en font, à bien des égards, un « raccourci » de l'industrialisation des pays arabes, voire du Tiers Monde. Les difficultés rencontrées dans tous les domaines ont conduit à une certaine pause ces dernières années. Le mythe industrialiste qui avait soulevé tant d'espoirs, notamment en Algérie, est aujourd'hui bien dégonflé. En dépit de ces déceptions, le mouvement d'industrialisation a profondément modifié l'organisation spatiale en Tunisie et en Algérie. Sans avoir été à l'origine de grandes concentrations ouvrières, l'usine, dans les régions où elle s'est établie, a induit des mutations sociales qui restent à étudier.**

SIXIÈME PARTIE

# Villes et citadins

par Jean-Marie Miossec

Chapitre 17

# CITADINS, NÉOCITADINS ET ORGANISATION SPATIALE

Le paysage et l'ambiance des villes maghrébines se sont radicalement transformés en un quart de siècle. Ces transformations, ressenties dans le vécu quotidien, témoignent de l'apparition de nouveaux obstacles à l'aménagement urbain.

Cette crise de l'espace urbain et ces villes en crise sont le miroir des intenses mutations de sociétés, violemment secouées par l'irruption de la modernité. Ce changement d'échelle n'est pas propre aux villes de l'Occident arabe. Pour l'ensemble de cette aire géoculturelle, de Bagdad à Nouakchott, les perturbations sont identiques. Et, au-delà, les villes des pays en développement présentent toutes à des degrés divers, les mêmes signes de fermentation et d'explosion[1]. **La croissance de la population urbaine et l'extension des villes dans l'espace aboutissent à de vives tensions :** problème du logement, difficultés de transports, quête de l'emploi, angoisse en face d'organismes urbains insuffisamment soudés dont la logique de fonctionnement et l'identité sont de plus en plus incompréhensibles.

1. Sur les villes du monde arabe : 1978, *L'Espace social de la ville arabe*, Maisonneuve; 1982, *La Ville arabe dans l'Islam*, C.E.R.E.S.-C.N.R.S.; 1984, *Les Politiques urbaines dans le monde arabe*, I.R.M.A.C.; 1984, *Recherches sur la ville arabo-musulmane*, Colloque franco-anglais, Londres, 1984. Sur les villes du Tiers Monde : Milton Santos, 1971; *Les Villes du Tiers Monde*, M. Th. Genin, 428 p.; 1975, Milton Santos, *L'Espace partagé*, M. Th. Genin, 405 p.; 1983, *L'Explosion urbaine du Tiers Monde*, Projet n° 163, 217 p.; 1982, *Les Villes africaines*, B.S.L.G. n° 1-2, 237 p.

La structure familiale traditionnelle s'est disloquée avec la volonté de décohabitation des jeunes ménages. Les solidarités de quartier se sont estompées tandis que les vieilles familles de citadins se sentaient envahies par les néocitadins et les ruraux et menacées dans leurs pouvoirs et leurs traditions par les nouveaux groupes sociaux : fonctionnaires, y compris les officiers, moyenne et petite bourgeoisie. Cette inquiétude est accentuée par les frustations d'individus et de groupes bloqués dans leur promotion sociale, heurtés dans leur vécu quotidien par la confrontation entre les manifestations extérieures de la richesse — ne serait-ce que par le luxe tapageur des quartiers de parvenus (villas, piscines, BMW, etc.) — et la présence envahissante de la pauvreté urbaine.

L'ampleur de l'urbanisation a fait déferler, sur des espaces encore agricoles il y a peu, infrastructures, équipements et lotissements. La diversification fonctionnelle et l'élargissement spatial ont accompagné et stimulé l'éclatement social : de la **médina,** donc de la ville, unitaire, cohérente et centrée, aux agglomérations et agrégats à entités socio-spatiales disjonctives et fractionnées, le chemin est jalonné d'une perte progressive du sens de la ville. Aux médinas musulmanes se sont juxtaposées les villes basses coloniales, puis les bidonvilles et enfin diverses formes de lotissements et d'habitats dits spontanés tandis que des villes-champignons, donc sans noyau historique, minières, commerciales, routières, touristiques, administratives se créaient, tissant un réseau de plus en plus dense sur l'ensemble des territoires de chacun des trois pays.

Jusqu'à la fin de la seconde guerre mondiale, les villes maghrébines étaient souvent duales et deux formes de citadinité, l'autochtone et l'européenne, étaient juxtaposées, du moins lorsque la puissance coloniale n'avait pas perturbé de fond en comble la ville arabe. Les prémices de l'évolution sont en fait antérieures au second conflit mondial et apparaissent déjà avec force lors du faux apogée colonial des années 30 : la rupture de l'économie agricole, la naissance des bidonvilles périurbains, les premières installations, hors médina, des citadins autochtones, annonçaient alors les changements futurs. L'urbanisation rapide de 1950 à nos jours, la motorisation croissante, le départ de la quasi-totalité des étrangers et la récupération des « villes européennes » par les Maghrébins, l'apparition de nouvelles élites nées des luttes d'indépendance, la montée des classes moyennes ont créé une nouvelle ville maghrébine peuplée de nouveaux citadins.

## 1. ORGANISATION ET RÉORGANISATION SPATIALE

### 1.1. Les transformations des médinas et de leur contenu social

Étymologiquement la *Médina* c'est la ville, la ville dans sa totalité; au Maghreb, à la différence du Machrek, le terme a pris un sens restrictif et correspond à la vieille ville *intra-muros* [2].

L'organisation de la ville arabe traditionnelle est désormais bien connue : associant dans un ordre ternaire artisanat, négoce et études, la médina est un « lieu d'échange et

2. Il est même pris parfois dans une acception très limitée, erronée voire péjorative comme dans le *Grand Larousse de la langue française* 1975, p. 3291, « dans les pays arabes, et surtout au Maroc (sic), quartier (sic) arabe d'une ville, par opposition (sic) à la ville neuve » ou dans le *Petit Robert*, 1970, « partie musulmane d'une ville (opposée à ville européenne), en Afrique du Nord, spécialement au Maroc » (!)

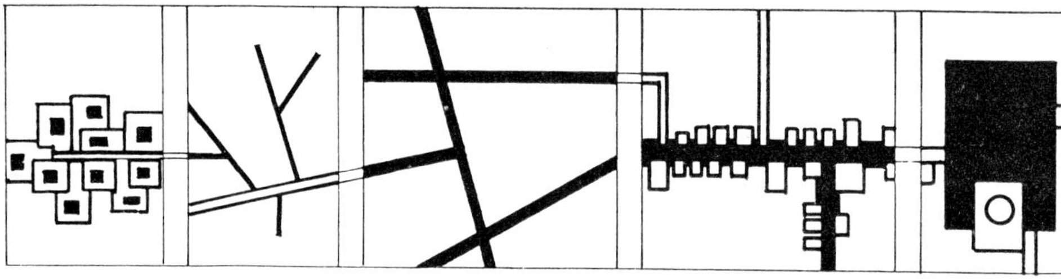


Fig. 44. — LES NIVEAUX DE REGROUPEMENT TRADITIONNELS EN MÉDINA.
(Source : M. TOUAA)

de témoignage » (J. BERQUE); de structure généralement radio-concentrique, elle est centrée sur la grande mosquée (Jema Zitouna à Tunis, Jema El Qarawiyyine à Fès) et sur les souks. La dissociation habitat-travail permet d'y distinguer plusieurs niveaux de regroupement (fig. 44).

— La maison, espace privé (A) est un assemblage de plusieurs cellules simples édifiées autour d'une cour; elle communique avec l'extérieur par une entrée à chicane *(skifa)* et un vestibule *(driba)*.

— L'espace convivial de base, semi-privé (B) est structuré autour de l'impasse *(derb, zanqa)* associant la mise en série de plusieurs habitations initialement de la même famille, les maisons de fond d'impasse étant plus « nobles » que les maisons bordières. Un sanctuaire et une fontaine en constituent les seuls équipements.

— Le quartier, *(la hûma)* [3], desservi par un ou plusieurs cheminements majeurs, espace semi-public (C), est la zone de transition entre les niveaux privés précédents qu'il rassemble, les axes transactionnels des souks, les zones de productions artisanale et industrielle et la grande mosquée. La *hûma* est dotée de toutes les fonctions et de tous les symboles de la citadinité : fonctions résidentielle, relationnelle assurées par les rues reliant les *zanqa*, de négoce (four banal, épiceries, moulin, boucherie, *fondouk*, caravansérails), de services — école coranique *(kuttab)* — librairie-papeterie, école primaire, infirmerie, *oukala* (hôtel), rôle de commutateur social (sanctuaire, lieux de prière *(masjid)*, mosquée à prône, bain maure *(hammam)*, barbier, cellule du parti, café). La *hûma* constitue ainsi par son ambiance un territoire vécu et perçu, à échelle humaine, à fortes transparence et capillarité sociales, et possède une très forte identité géographique, sociale et économique.

— En position centrale, les souks (D), rues spécialisées de commerces et d'artisanat, couverts ou à l'air libre, représentent par leur concentration d'activités — mais paradoxalement puisqu'il s'agit d'un espace profane — l'élément le plus spécifique de la ville arabo-islamique (E. WIRTH), tandis qu'entrepôts, *fondouk* et activités polluantes et dégradantes sont rejetés en périphérie près des portes ou hors les murs.

3. Les quartiers juifs étaient dénommés *hara* en Tunisie et en Algérie et *mellah* au Maroc.

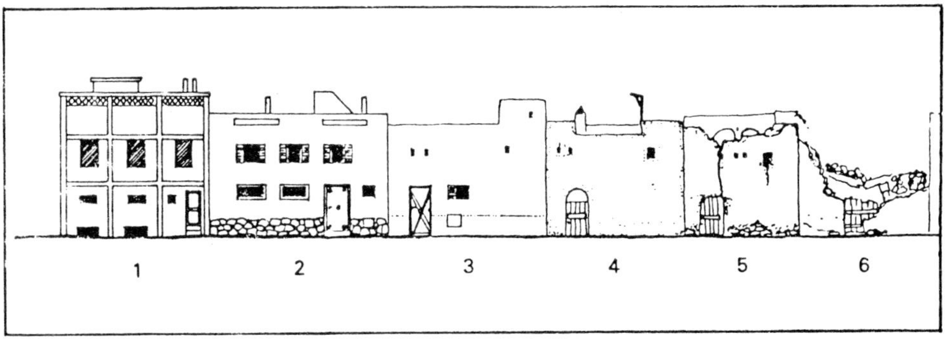


Fig. 45. — LES TRANSFORMATIONS DES CENTRES ANCIENS.
(Source : C. BOUSQUET)

— La grande mosquée, espace sacré (E), espace clos idéal, souvent enserrée par le quartier des souks, est l'élément structurant essentiel à partir duquel tout s'ordonne, le temps, l'espace, la société, et qui renvoie, au-delà des rites de passage d'un enclos à l'autre, au ciment unificateur de l'Islam.

La ville maghrébine traditionnelle, comme les autres médinas du monde arabe, est donc une construction originale où « une organisation cloisonnante qui divise l'espace, contribuerait à l'énoncé final d'une totalité, d'une unité élaborée par la mise en relation de ses éléments. **L'urbanité s'est construite dans une structure.** La collection des parcelles est transcendée par une instance qui a créé la ville » (C. BOUSQUET, 1983).

Cette structure, à forte cohésion interne, a perdu sa fonctionnalité et son attrait depuis plusieurs décennies.

C'est à partir des années 30 que commence **la crise des médinas :** au modèle de ville arabe s'oppose alors le modèle de ville européenne, au *dar* la villa largement ouverte sur l'extérieur. Avant la seconde guerre mondiale déjà, quelques riches familles quittent leur demeure en médina pour les cités-jardins qui se créent alors. Les embarras de la médina où les voitures circulent difficilement, la trop forte contrainte sociale, la volonté de décohabitation, le désir des jeunes de se comporter à l'européenne (abandon du voile, port du costume européen) difficile à concilier avec l'atmosphère traditionnelle qui règne en vieille ville, favorisent cette sortie qui se généralise à partir de 1950 et est accentuée par la possibilité d'occuper, après les indépendances, des logements évacués par les étrangers.

Par ailleurs, la promotion des quartiers « européens » comme pôle économique des villes, porte un coup dur aux activités commerciales et artisanales des vieux noyaux. C'est la difficulté d'accessibilité, alors que la motorisation devient nécessaire avec l'extension démesurée des villes, qui a certainement le plus contribué à la marginalisation des médinas par abandon de celles-ci par les familles bourgeoises aisées qui y garantissaient ordre et entretien. Ces mutations se lisent directement dans le paysage et permettent d'évaluer l'intensité du dépérissement des centres anciens. Six situations peuvent être retenues (fig. 45) : le renouvellement par substitution complète qui affecte les zones les mieux desservies, souvent périphériques, le remaniement total, la modification d'aspect avec usage de matériaux modernes, mais sans transformation du volume, l'entretien et la réparation avec des matériaux traditionnels, la vétusté avec maisons non entretenues et en cours de dégradation, la ruine.

Favorisées par le mouvement de sortie et l'accentuant, des populations pauvres originaires des campagnes « envahissent » les médinas. Abritées d'abord dans les rares logements en location et dans les *fondouk* et *oukala* désaffectés, ces populations investissent les vieilles demeures dont les patios, les arcades, les grandes pièces sont cloisonnées et subdivisées. Ce **processus de taudification, « d'oukalisation »** pour reprendre le terme proposé par l'Association de Sauvegarde de la Médina de Tunis s'est généralisé à l'ensemble des médinas maghrébines. Si l'on estime qu'un logement « peut être considéré comme oukalisé à partir du moment où il abrite quatre ménages et plus, n'ayant entre eux aucun lien de parenté et occupant chacun une ou deux pièces dans une maison conçue initialement pour un groupe domestique de type patriarcal », ce sont des pans entiers de médina qui sont concernés par ce processus : plus de la moitié des logements de la médina d'Azemmour au Maroc, le quart des logements mais 56 % des ménages en médina de Tunis, avec des « pointes » allant jusqu'à 80 ménages par logement dans le quartier de Bab Ftouh à Fès! A Tanger, plus de la moitié des ménages de la médina habite dans des logements de moins de 20 m² chacun (Tableau XXXI).

TABLEAU XXXI. — QUELQUES DONNÉES SUR L'HABITAT EN MÉDINA DE TANGER EN 1982

| | Habitant/ hectare | Revenus médians des ménages en D.H. | % des ménages disposant d'une seule pièce | Superficie des logements (m²) | | | | % de ménages raccordés : | |
|---|---|---|---|---|---|---|---|---|---|
| | | | | <20 | 20-40 | 40-80 | >80 | eau courante | électricité |
| Kasbah | 850 | 920 | 12,5 | 52,8 | 8,3 | 22,2 | 16,7 | 25 | 87,5 |
| Djnane Kabtan | 1 250 | 740 | 15,5 | 39,0 | 28,0 | 23,0 | 10,0 | 39,6 | 87,9 |
| Dar Baroud | 1 050 | 840 | 36,8 | 42,8 | 20,3 | 24,6 | 12,3 | 66,7 | 98,2 |
| O. Ahardane | 1 250 | 550 | 41,9 | 72,0 | 4,2 | 22,1 | 1,7 | 41,9 | 58,1 |
| Beni Ider | 920 | 820 | 36,8 | 51,8 | 26,3 | 20,7 | 1,2 | 78,9 | 93,0 |
| Medina | 1 070 | 800 | 30,8 | 50,9 | 19,3 | 22,7 | 7,1 | 57,3 | 88,2 |
| Ville | 320 | 960 | 14,7 | — | — | — | — | 59,0 | 65,0 |

DH = dirham marocain

*Source* : Groupe Huit.

Dans la Casbah d'Alger, l'habitat officiellement « en état de surpeuplement accentué » représente 23 % des constructions et se répartit pour 73 % dans l'habitat de type traditionnel, pour 17 % dans les types « mixtes » et pour 10 % dans les constructions de type européen. A Rabat et à Salé, le centre des médinas est dans un état accentué de dégradation (fig. 46) et rares sont les îlots « bourgeois » bien entretenus; à Salé, comme dans bien d'autres villes, aux zones « oukalisées » s'ajoute une transformation complète des *fondouk* dont aujourd'hui trois seulement sur 30 ont une fonction autre que l'habitat; « conçus à l'origine pour accueillir caravaniers et voyageurs, ils servent aujourd'hui de refuge pour une population de déracinés vivant dans une promiscuité sans égal. Les *fondouk*-bidonvilles sont ceux qui présentent l'état de déchéance le plus insupportable, car des hommes y aménagent des abris on ne peut plus sommaires parmi l'amoncellement des débris de construction et des détritus divers ». (M. BELFQUIH et A. FADLOULLAH, 1982).

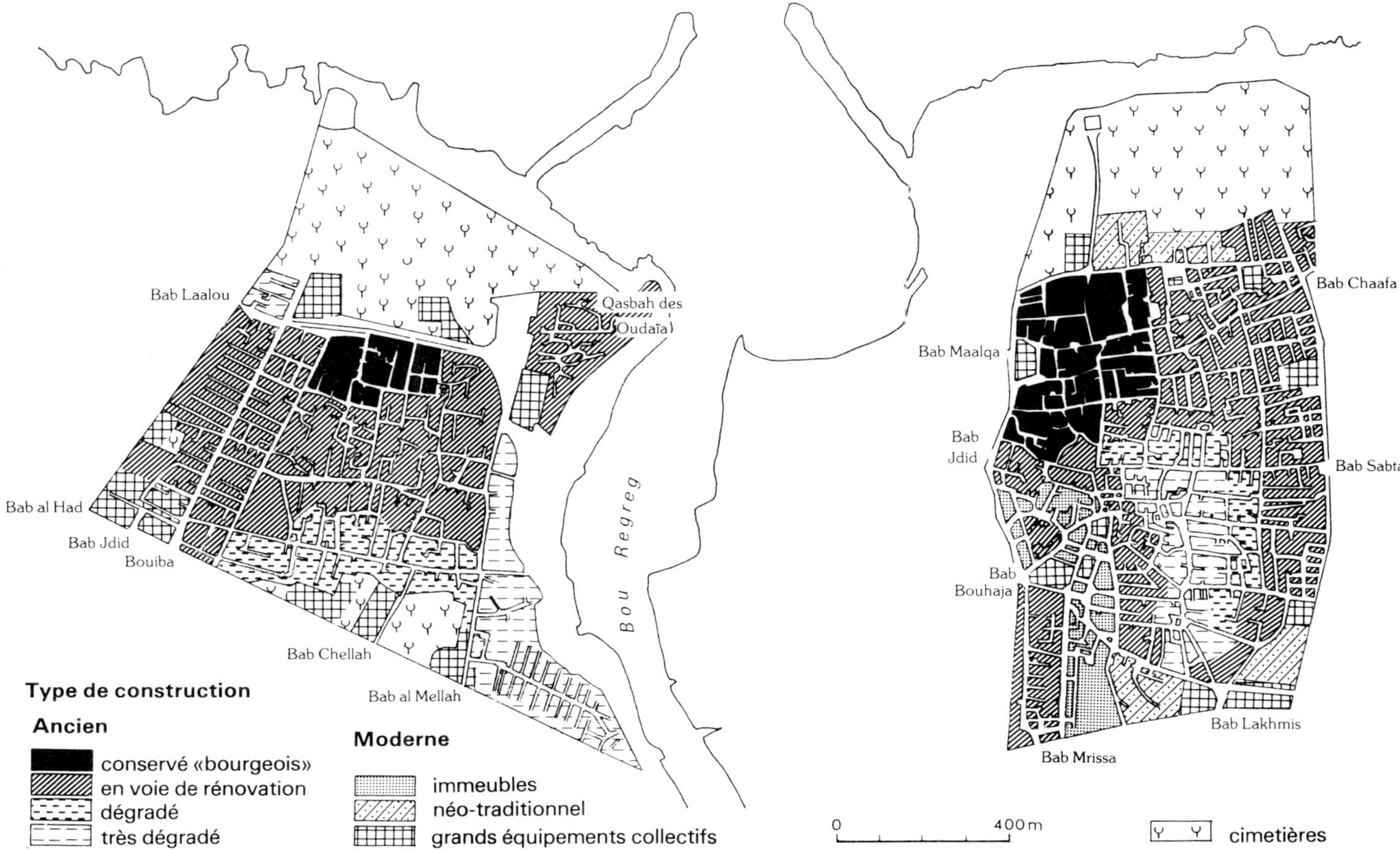


Fig. 46. — ÉTAT DU BÂTI DANS LES MÉDINAS DÉ RABAT ET SALÉ.
(Source : M. Belfquih et A. Fadloullah, 1982)

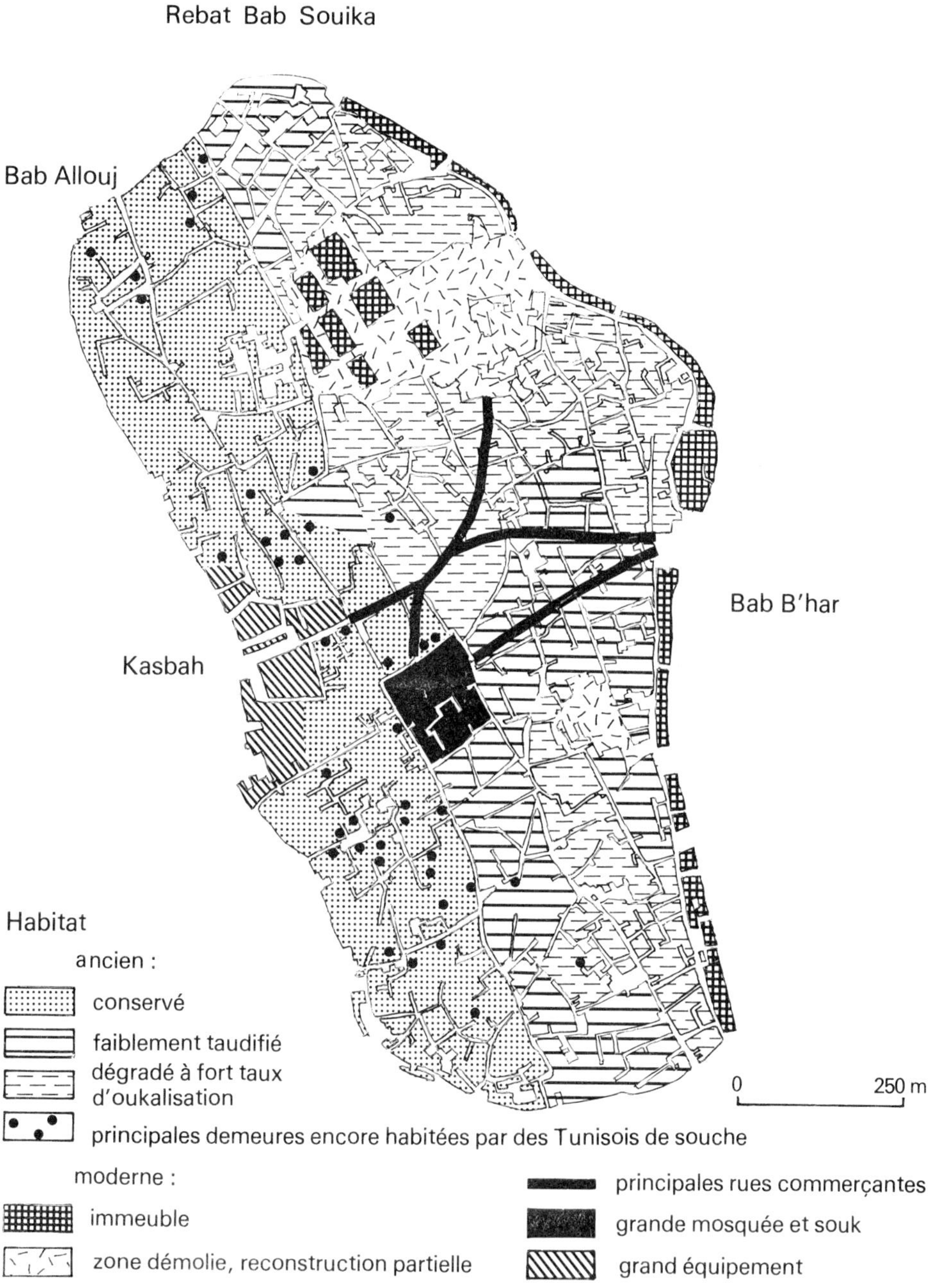


Fig. 47. — LA MÉDINA DE TUNIS.
(Établi par S. et J.M. MIOSSEC; Sources : A.S.M. et enquête personnelle)

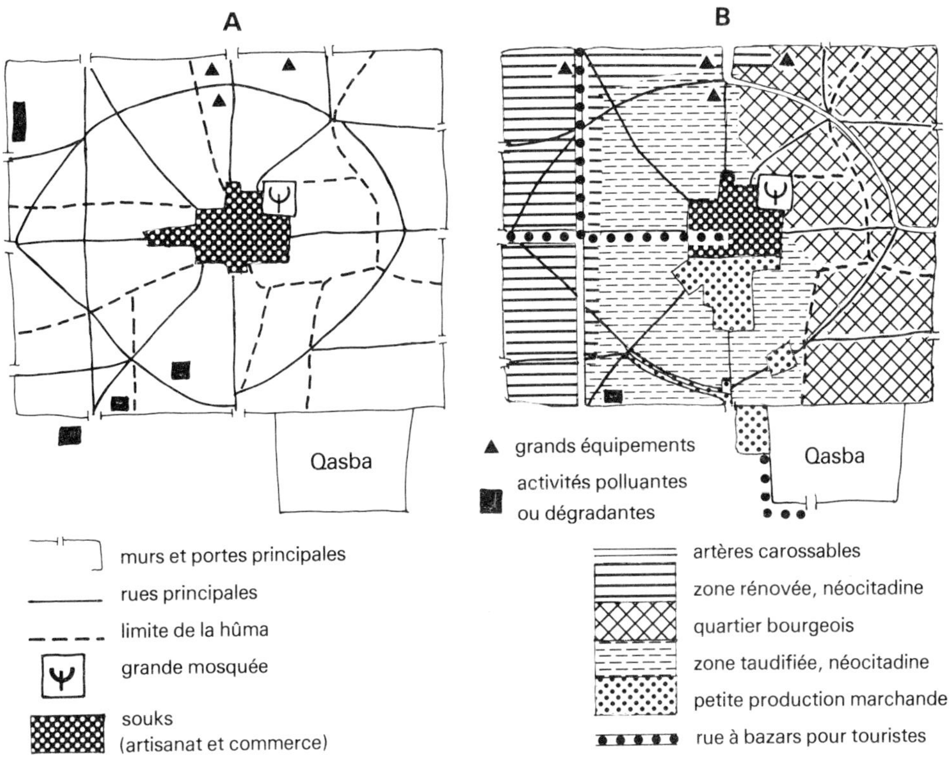


Fig. 48. — ÉVOLUTION DE LA MÉDINA MAGHRÉBINE — A : HIER; B : AUJOURD'HUI.

**Les médinas maghrébines présentent donc aujourd'hui des visages contrastés** juxtaposant, comme c'est le cas à Tunis, par exemple (fig. 47), des quartiers traditionnels, bien conservés, souvent parcourus par des rues carrossables, avec maintien d'activités nobles (administration) souvent implantées dans de vieux palais rénovés, des zones profondément « oukalisées » où des opérations de réhabilitation de grande ampleur sont nécessaires, des espaces de transition où se mêlent demeures anciennes, taudis et démolitions-rénovations, citadins de vieille souche et néocitadins, artisanat et négoces traditionnels et petits métiers.

L'organisation des médinas est ainsi aujourd'hui radicalement différente du schéma initial (fig. 48). La structure radio-concentrique ou radio-orthogonale où le cœur était privilégié mais à forte homogénéité fait place à un schéma zonal ou annulaire : les pourtours bien désenclavés sont soit « métamorphosés » par les formes, les activités et les comportements modernes soit se maintiennent en s'adaptant. Un espace péricentral dégradé apparaît; quant aux souks, certaines activités traditionnelles dépérissent laissant la place à des excroissances transformées en bazars pour touristes tandis qu'apparaissent de nouveaux espaces économiques de petite production marchande. Ce schéma général est modulé selon les villes. Dans les grandes villes, les différents types coexistent (Tunis, Fès); dans quelques rares cas (Tétouan, Kairouan) la structure initiale résiste en s'adaptant à la nouvelle donne et reproduit même parfois extra-muros l'organisation « classique » comme à Ghardaïa et à Béni Isguen au M'Zab (C. Bousquet) — mais il s'agit ici de petites villes, de cas limites — ou bien elle manifeste son dynamisme par la réactivation de son activité économique (Marrakech, Rabat, Oujda, Sfax, Nabeul). Ailleurs, la modernisation par destruction-rénovation occupe l'essentiel de l'ancien noyau urbain (Monastir, Casablanca) ou se manifeste par une vive tertiarisation touristique (Hammamet). Dans de nombreux cas, les espaces « oukalisés » de néo-citadins et petite production marchande aboutissent à des conditions de vie déplorables (Casbah d'Alger, Annaba, Bizerte, Azemmour).

### 1.2. La tertiarisation des villes basses

Les quartiers à plan géométrique édifiés peu avant et pendant la colonisation — villes européennes, villes neuves, villes basses —, conçus sur un modèle importé, ont toujours mêlé activités et habitat. La croissance des besoins des villes et des pays font de ces quartiers assez accessibles des zones d'affaires où boutiques et bureaux se multiplient.

Depuis une dizaine d'années — et cette mutation survient au même moment dans les trois pays —, les activités de transaction, de commandement et de détente implantées dans ces quartiers centraux commencent à y être à l'étroit. Un processus d'affinage, de rénovation, de desserrement, de déconcentration s'y engage : de modernes immeubles en béton et en verre, abritant les sièges de nouvelles sociétés nationales, publiques ou privées, crèvent une skyline restée jusque-là mesurée (exception faite à Casablanca très tôt américanisée). De grands hôtels fréquentés par une clientèle internationale d'hommes d'affaires et de touristes s'y implantent, d'importants travaux y sont lancés : multiplication des lignes téléphoniques et des télex, autostrades et échangeurs, projets de métros ou de lignes en site propre, voies piétonnes, recalibrage des égouts, etc. tandis que les aéroports internationaux, qu'il faudra déplacer bientôt, écoulent un trafic intense. Ces modifications se font au détriment de l'ancien bâti : vieux immeubles et villas rasés pour faire place à des buildings, ou transformés en bureaux, rejet en périphérie des entrepôts et ateliers ainsi que de certains équipements gros mangeurs d'espace (universités, marchés de gros, cimetières, etc.).

Malgré ces extensions, **les hypercentres des villes maghrébines demeurent étriqués** (fig. 49) **et la tendance généralisée est à la création de nouveaux noyaux administratifs et commerciaux :** c'est en milliers d'hectares de réserve foncière et dizaines de milliers d'emplois que se chiffrent les besoins du futur immédiat.

La structure des quartiers centraux varie d'une ville à l'autre, selon les contraintes de site et les choix pris dans le passé. Un examen des CBD (Central Business District)

---

Ci-contre :
Fig. 49. — DEUX C.B.D. DE VILLES MAGHRÉBINES : RABAT
(D'après S. Hensens)
ET TUNIS.
(Source : T. Houidi, 1977)

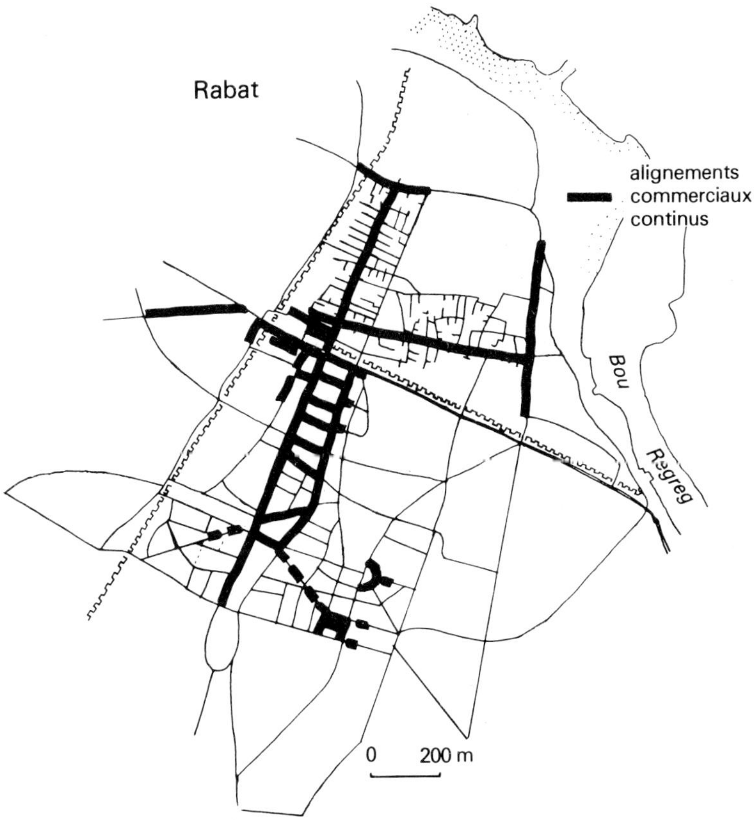


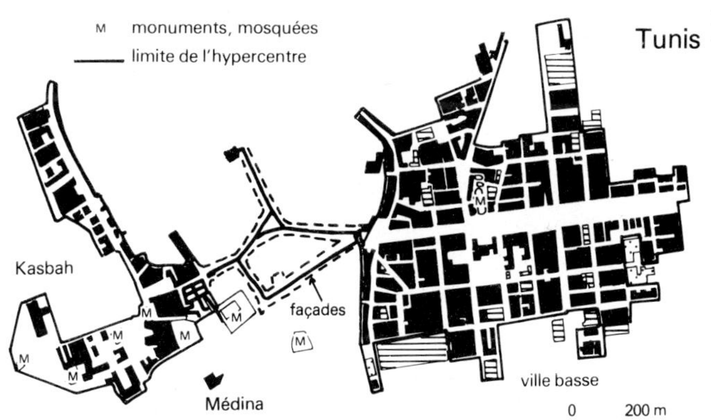


A/B > 1, A/C > 50% — A = superficie en planchers occupée par les activités tertiaires

A/B > 1, A/C < 50% — B = emprise au sol

A/B < 1, A/C > 50% — C = superficie en planchers de l'ensemble de l'ilôt

Héritage urbain colonial en Algérie :
la rue Didouche Mourad à Alger *(Cl. G. Mutin)*.

Le centre des affaires (C.B.D.) de Casablanca *(Cl. J.F. Troin).*

des quatre plus grandes villes permet cependant de dégager quelques constantes. Une zone de contact médina-ville basse, de dynamisme variable, persiste [4]; elle concentre certaines activités anomales comme par exemple le commerce de gros du textile, certains commerces de luxe traditionnel (rue Bab Azzoun à Alger). Le tertiaire de haut niveau, en ville basse, occupe quelques dizaines d'îlots de forme souvent quadrangulaire, à l'exception d'Alger où la configuration linéaire de l'ensemble de la ville est contraignante. Dans ce territoire qui dépasse rarement la centaine d'hectares se distinguent quelques sous-ensembles : l'espace de la finance (avenue Mohamed V à Casablanca, place de la Monnaie et « haut » de l'avenue Bourguiba à Tunis) celui des grands magasins et des commerces anomaux (avenues Larbi Ben M'Hidi et Didouche Mourad à Alger), celui du commerce de gros, en liaison avec le port à Tunis, Alger et Casablanca, du tourisme et des loisirs (carrefour central de Tunis, à la croisée des avenues Bourguiba, de Carthage et de Paris, avenue des F.A.R. à Casablanca), de l'administration [quartier des ministères à Tunis (Kasbah) et Rabat]. Des concentrations de professions libérales, de services aux entreprises, de sièges sociaux de sociétés industrielles dissociées de leurs établissements de production s'y ajoutent pour donner

4. Au Maroc, cette zone n'est présente qu'exceptionnellement à Casablanca et à Rabat, l'urbanisme de Prost ayant soigneusement suivi les préceptes de Lyautey relatifs à la séparation stricte médina-ville-neuve.

TABLEAU XXXII. — CLASSIFICATION SOCIO-ÉCONOMIQUE,
TRADUCTION SOCIALE DU MODE DE FONCTIONNEMENT DES DEUX CIRCUITS DE L'ÉCONOMIE URBAINE

| | Activités économiques et professionnelles (analyse verticale) | | | | | Classes et groupes sociaux (analyse horizontale) |
|---|---|---|---|---|---|---|
| | Industrie - Artisanat | Commerce | Transports | Administration publique | Services privés | |
| Circuit économique moderne ou supérieur | Chefs d'entreprise Dirigeants Cadres supérieurs de l'industrie | Propriétaires de commerces de gros Directeurs et cadres commerciaux Commerces rares | Chefs d'entreprises modernes Directeurs de firmes Cadres supérieurs | Cadres supérieurs Hauts fonctionnaires (3e de commandement) | Cadres dirigeants Directeurs Professions libérales (Santé, Justice...) | Secteur moderne supérieur (classes possédantes) |
| | Contremaîtres Ouvriers qualifiés de l'industrie | Commerçants du quotidien de la ville moderne (des classes aisées) | Cadres moyens Employés qualifiés des transports modernes (rail, air) | Cadres moyens Personnel administratif qualifié Enseignants | Employés de bureau des services privés | Secteur moderne, évolué (classes moyennes) |
| Circuit inférieur ou secteur non-structuré | Ouvriers et manœuvres spécialisés de l'industrie<br>Artisanat de service Entretien semi-moderne | Commerçants « Clientèle mixte » | Conducteurs des engins de transport Petits transporteurs (semi-moderne) | Agents administratifs subalternes (auxiliaires) | | Secteur transitionnel |
| | Artisanat traditionnel (ou primitif dégradé) | | | | Petits services traditionnels (de type fquih, qablats) | Secteur traditionnel |
| | Salariés des ateliers artisanaux. Petits « artisans-services » | Commerce élémentaire de quartier (micro-détail) Vendeurs (salariés) | Transports à traction animale (enregistrés) manœuvres salariés | | Services domestiques Petits employés Services personnels (jardinage, nettoyage) | Secteur inférieur |
| | Artisanat de survie : rue ou « à domicile » | Commerce de survie ambulant à la sauvette | Portefaix, hommes à tout faire, manœuvre au jour et à la tâche | | Petits services de survie : services ambulants, rue | Secteur marginal |

*Source* : R. ESCALLIER, 1981.

aux quartiers centraux une atmosphère diurne particulière, grouillante ici, à proximité des marchés centraux et des grandes artères de commerce et de loisirs, plus feutrée au voisinage des administrations et des établissements financiers. Le soir, dès la sortie des bureaux et la fermeture des boutiques, ces quartiers deviennent silencieux et se vident même dans les zones de l'administration et de la finance où commence à apparaître le phénomène de *city*. L'animation nocturne dans la zone récréative demeure maigre pour des agglomérations de plus d'un million d'habitants où seul le mois de Ramadan incite les commerces à fonctionner la nuit. Les besoins croissants en espace se traduisent par des extensions en tache d'huile à Rabat et à Casablanca, par une accentuation de la linéarité et un saupoudrage à Alger, par une polynucléarisation à Tunis tandis que de nouveaux centres s'ébauchent, loin en périphérie.

## 1.3. Du bidonville à la cité populaire

Les villes maghrébines sont des villes du Tiers Monde, des villes de contrastes : à Rabat, les orgueilleuses villas du quartier de l'Aviation et du Souissi voisinent avec les bidonvilles de Douar Doum et de Takadoum. L'hôtel Hilton, la polyclinique Taoufik et le chantier du futur immeuble de la Ligue Arabe surplombent à Tunis, Jebel Lahmar, un des quartiers « sous-intégrés » de la ceinture « rouge ». C'est que les bidonvilles, aujourd'hui souvent « durcifiés », sont très proches du centre car ils sont apparus très tôt : la paternité du terme revient au Dr Materi qui décrit « Bidonville » dans un journal tunisois daté du 6 novembre 1931. La littérature sur les zones d'habitats « spontanés », « sous-intégrés » est foisonnante et l'accent a été mis avec juste raison sur les formes médiocres du bâti (habitat en matériaux de toutes sortes dont de récupération) sur les conditions de vie lamentables (sous-équipement en services et en adduction et évacuation d'eau, hygiène détestable, voirie inexistante, chômage) en un mot sur la précarité. Cette misère urbaine dont le taux de mortalité infantile est sans doute le meilleur indicateur (S. Miossec-Kchir) est incontestablement un des aspects anormaux qui permet d'identifier ces types de quartiers.

Cependant ces quartiers « précaires » durent, pour certains, depuis plus d'un demi-siècle et des niveaux très différents existent d'un bout à l'autre du Maghreb, d'une ville à l'autre, au sein même d'une ville et à l'intérieur de chacune des zones d'habitat spontané. Des formes variées de « traitement » du problème ont été tentées, de la « politique du bulldozer » encore appliquée récemment en Algérie où des centaines de milliers de bidonvillois ont été expulsés, à la réhabilitation et au recasement. Surtout, **ces espaces populaires représentent aujourd'hui une très large part de la population,** parfois la majorité. Il n'est pas étonnant, alors, d'y voir apparaître de réels contrastes. Au terme d'une analyse systématique du fait urbain marocain, R. Escallier (1981) a pu évaluer le poids relatif des catégories sociales « démunies » (Tableau XXXII) pour l'ensemble des villes marocaines.

Pour ce pays, les classes supérieures et moyennes représentent environ un cinquième de la population urbaine totale, les groupes « transitionnels » quelque 15 % tandis que les groupes les plus démunis dépassent les 65 %, ces deux tiers comprenant des niveaux très divers de sous et de non-intégration.

Une très large part de ces populations « démunies » vivent dans des quartiers d'habitat sommaire avec de grandes différences selon la position de ces groupes sur l'échelle du développement.

Des ordres de grandeur globalement comparables sont obtenus pour les milieux urbains tunisien et algérien avec, respectivement, 17,3 et 17 % pour le secteur « moderne » (classes aisées et moyennes) et 23,6 et 20,3 % pour le secteur marginal. Par contre, les différences sont très sensibles en ce qui concerne les niveaux intermédiaires et en particulier, **le secteur transitionnel, véritable pivot des sociétés citadines du Maghreb** qui peut représenter, en Tunisie, jusqu'à près du tiers des actifs, la part du tertiaire « structuré » et des salariés de l'industrie étant, dans la Tunisie urbaine comme dans les villes d'Algérie, largement supérieure à celle du Maroc urbain (Tableau XXXIII).

TABLEAU XXXIII. — ASPECTS DE LA STRATIFICATION SOCIALE DES CITADINS DU MAGHREB

| CATÉGORIES SOCIALES | ESTIMATIONS | | |
|---|---|---|---|
| | MAROC[1] (%) | ALGÉRIE[2] (%) | TUNISIE[3] (%) |
| Classes « supérieures » | 3 | 5,7 | 7,1 |
| Classes « moyennes » | 14,8 | 11,3 | 10,2 |
| Classes « démunies » | 82,2 | 83 | 82,7 |
| dont : | | | |
| — groupes transitionnels | 13,8 | } 62,7 | 32,5 |
| — groupes traditionnels | } 43,2 | | 16 |
| — groupes inférieurs | | | 10,6 |
| — groupes marginaux | 25,2 | 20,3 | 23,6 |

1. Établi par R. ESCALLIER (1981) à partir du recensement de 1971.
2. Établi à partir des résultats du recensement de 1977.
3. Établi à partir des résultats du recencement de 1975.

Pour la ville marocaine de Taza, T. AGOUMY (1979) a dressé un inventaire nuancé des situations de sous-développement. En tenant compte de multiples critères (état du bâti, densité par logement, catégories sociales, emploi et chômage, pourcentage de ruraux, dépenses alimentaires, équipement du quartier), on peut distinguer, dans une ville très « éclatée » spatialement, au moins six niveaux allant des *douar* les plus misérables, comme « Douar Mica », où les maisons en pisé sont recouvertes de toiles en plastique de récupération, et Douar Bouhjar, où 90 % des actifs sont des portefaix, des colporteurs et des domestiques et où la majorité de la population vit dans des grottes, aux quartiers de villas modernes au portail décoré en *zélij* (carreaux de faïence) comme rue Kassou ou Meddah et à la Sablière.

Entre ces extrêmes, le bâti n'est pas souvent le meilleur indicateur pour révéler des situations d'intégration progressive (fig. 50).

La précarité du bâti ou de l'environnement, qui demeure une constante, masque en effet des niveaux de développement très différents. Ainsi à Annaba, le quartier de Bou Hamra, limité au nord par la voie ferrée, est incontestablement un bidonville : 80 % des 100 ha sont occupés illicitement; sur 21 000 habitants, 15 000 vivent dans des baraques, 5 000 sont entassés dans les 700 logements d'une cité de recasement taudifiée, 1 700 habitent dans deux lotissements; seule la

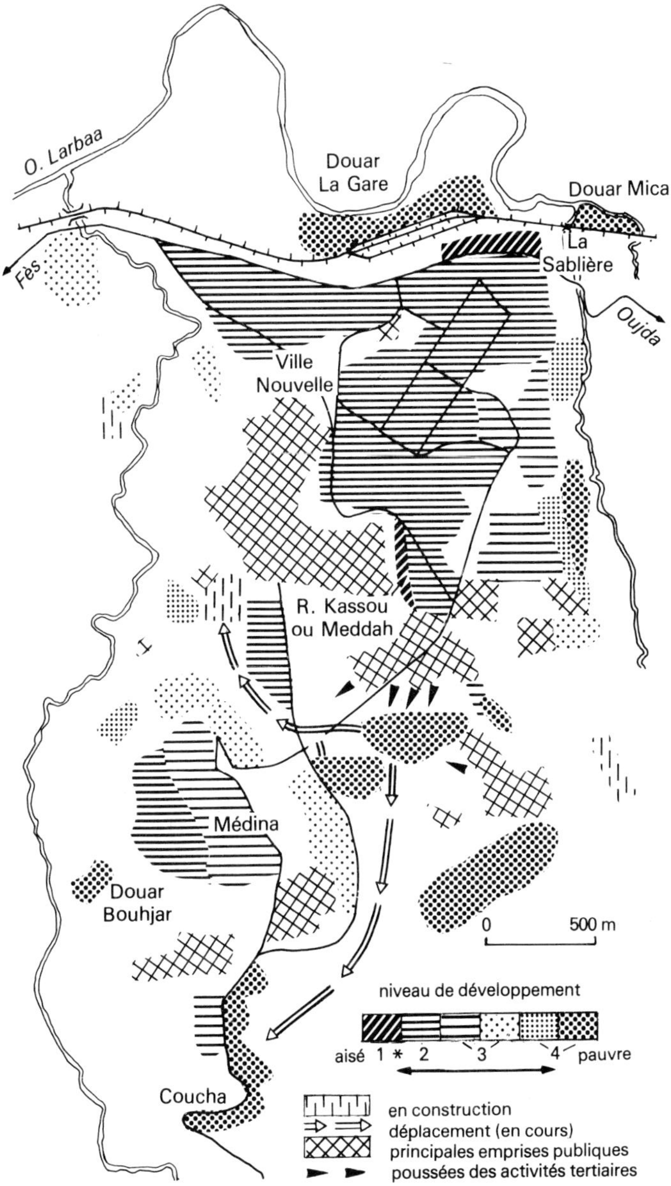


* 1 : classes citadines riches; 2 : classes citadines aisées;
3 : classes moyennes et en voie d'acquérir la citadinité;
4 : classes pauvres et très pauvres

Fig. 50. — NIVEAUX SOCIO-ÉCONOMIQUES DES QUARTIERS DE TAZA (Maroc).
(D'après T. AGOUMY)

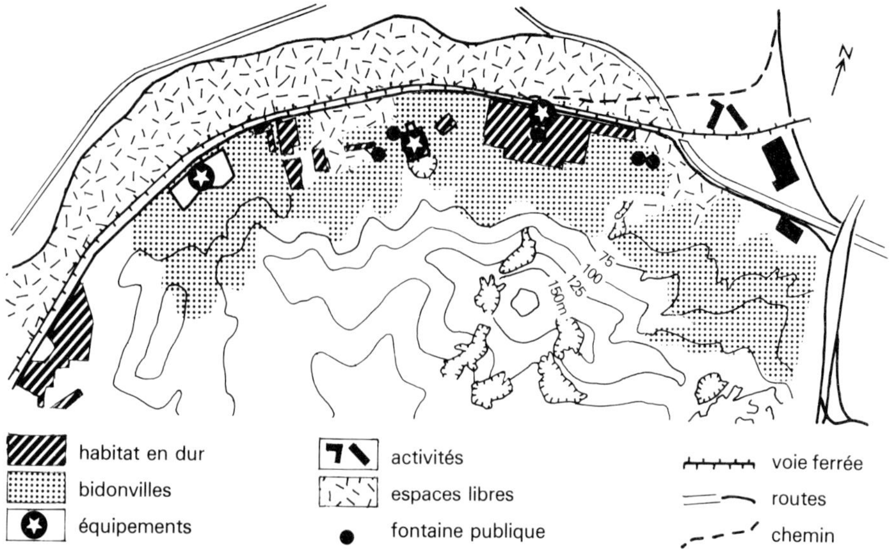


Fig. 51. — LE QUARTIER DE BOU HAMRA À ANNABA (Algérie).
(Source : GROUPE HUIT)

cité de recasement est éclairée et le quartier ne dispose que de quatre fontaines publiques (fig. 51). Mais Bou Hamra, à mi-chemin entre les équipements du centre-ville et les implantations industrielles, est un quartier dont les habitants sont intégrés aux processus économiques : 90 % des actifs sont salariés dont les deux tiers dans les grandes entreprises nationales. L'étude du GROUPE HUIT montre que la population a des revenus assez homogènes et relativement élevés, le revenu médian étant de 1 500 dinars algériens en 1980.

A Tunis, les études menées sur les gourbivilles durcifiés, Mellassine, Saïda-Manoubia et Jebel Lahmar, sur la zone d'habitat spontané de Douar Hicher - Ettadhamen et sur les cités populaires convergent pour montrer l'extrême diversité de ces milieux où le taux d'activité féminine, pour prendre un indicateur hautement significatif [5], oscille de 4 à 25 %. Pour les six principales cités populaires de la capitale de la Tunisie, l'analyse factorielle en composantes principales menée par Hassen TAYACHI éclaire les processus de différenciation spatiale. Pour ne s'en tenir qu'à la première composante, « qui oppose les quartiers où les migrants du Nord-Ouest, les CSP (catégories socio-professionnelles) les plus basses ainsi que les revenus bas sont fortement représentés, aux quartiers qui ont accueilli des migrants de la Tunisie littorale et de la Médina, et dont le revenu est relativement élevé, les cités Khadra, Tahrir et Zouhour se détachent du reste des cités par un score positif. Ce sont des cités qui ont surtout profité aux fonctionnaires et salariés permanents, originaires de la Tunisie orientale mais aussi aux Tunisois qui étaient mal logés dans

5. Le premier facteur des « analyses factorielles » menées sur les quartiers des villes du Monde arabe inclut presque toujours la variable « taux d'activité féminine » : c'était le cas pour le Caire ausculté en 1966 par Janet Abu Lughod (*Cairo,* 1971, Princeton University Press, p. 186); c'est le cas pour les cités populaires de Tunis (Tayachi, 1982, p. 336) et pour l'ensemble de l'agglomération tunisoise (Belhedi, 1983, p. 40). Taux d'activité féminine et taux de mortalité infantile sont certainement parmi les facteurs les plus discriminants de la ville du Tiers Monde.

la médina ou même dans les gourbivilles (...) Ils se distinguent aussi par un revenu relativement élevé, compris entre 120 et 140 dinars tunisiens par mois, et par une faible proportion de manœuvres. A l'opposé les cités Hrairia, Ouerdia II, III et IV ainsi que la majorité des secteurs d'Ibn Khaldoun ont des scores négatifs indiquant une forte proportion de migrants du Nord-Ouest et de ménages transférés des gourbivilles. Les revenus de ces quartiers dépassent rarement les 110 D.T. par mois alors que la proportion de manœuvres y est élevée. Les cités Ouerdia semblent les moins défavorisées, alors que trois secteurs d'Ibn Khaldoun, où les logements de type C destinés aux ménages les plus pauvres sont les plus nombreux, apparaissent particulièrement moins bien lotis que tous les autres » (H. TAYACHI, 1982).

L'extension démesurée des quartiers d'habitat précaire plus ou moins améliorés et équipés ne permet plus aujourd'hui de les opposer, en bloc, à ce qui serait la « norme » qu'il s'agisse de la médina ou de la ville basse. **Ces quartiers populaires** offrent un éventail très large de paysages et de contenus social et économique, et **contribuent, à leur façon, avec leur ambiance néocitadine et leur économie de petite production marchande, à modeler la ville maghrébine d'aujourd'hui et de demain.**

### 1.4. Les lotissements

Les lotissements n'hébergent pas une population aussi nombreuse que les types d'habitat précédemment cités. Ils jouent par contre un rôle sans commune mesure avec leur poids démographique. D'une part, en raison de la marque qu'ils impriment depuis peu au paysage urbain, en contraste avec l'étalement de l'habitat des quartiers populaires, où les surélévations n'atteignent qu'exceptionnellement trois niveaux. Ce n'est que depuis deux décennies que les constructions en hauteur se sont multipliées, et seulement depuis dix ans qu'elles se sont généralisées, quelle que soit la taille de la ville. Ces lotissements de villas ont précédé l'apparition des immeubles collectifs et offrent, pour certains, un aspect cossu et soigné (villas, jardins, rues calmes) tout à fait exceptionnel. A la périphérie des villes, s'étalent désormais de vastes ensembles résidentiels, plus ou moins denses selon le type d'habitat, bien desservis par des artères souvent revêtues. D'autre part, l'accession à l'appartement ou, mieux, à la villa est le témoignage d'une réussite sociale, d'une intégration aux sphères stratégiques de la société urbaine moderne. C'est une aspiration généralisée, réalisée chez les classes moyennes et riches mais qui commence à être satisfaite pour la catégorie intermédiaire, transitionnelle.

L'accès au logement officiel des grands lotissements périurbains, ou aux lotissements clandestins nécessite, pour l'allocataire, la mobilisation de sommes élevées et l'obtention préalable d'un statut formel : revenus réguliers, solvabilité, épargne, disponibilité de liquidités pour régler de la main à la main les reprises, les pas de porte et les travaux de tâcherons et artisans. Ces ressources élevées, relativement faciles à rassembler pour les catégories aisées et pour une large partie de la classe moyenne, sont atteintes, chez des ménages plus modestes des classes moyenne et transitionnelle, par la généralisation des cumuls des salaires (pluri-activité du chef de ménage, emploi féminin, mandats des émigrés, sous-location). La généralisation de ces pratiques se répercute sur les taux d'occupation des logements avec, dans certaines cités, une moyenne supérieure à deux personnes par pièce. Malgré cette densification, qui se traduit par des carences en matière d'entretien des immeubles (cages d'escalier, ascenseurs, ramassage des ordures, espaces « verts » et de jeu, etc.) et par un cadre de vie monotone, concentrationnaire, sans âme, à l'image des quartiers de grands ensem-

Deux strates de logements sociaux à Oran : les immeubles-barres de la fin de la colonisation et les nouveaux ensembles bâtis *(Cl. J.F. Troin).*

bles d'immeubles collectifs réalisés après la seconde guerre mondiale en Europe, l'immeuble-barre et le lotissement de villas drainent une population à revenus élevés.

A Blida, étudiée avec minutie par J. DELUZ-LA BRUYÈRE (1983), dans la Z.H.U.N. (Zone d'Habitat Urbain Nouvelle) d'Ouled Yaïch, qui comptera 76 000 habitants sur 390 ha, la Cité du 1er Mai, première tranche réalisée (1 140 logements), a été attribuée principalement à des salariés du tertiaire et de l'industrie. Leur salaire moyen est de 2 400 dinars (D.A.) soit plus de deux fois le salaire national minimum garanti (S.N.M.G.). Les cumuls de salaires sont nombreux pour les tranches inférieures à 2 000 D.A., le salaire médian se situant entre 1 500 et 1 999 D.A., tandis que le revenu médian s'inscrit entre 2 000 et 2 499 D.A. Plus de 10 % des revenus des attributaires dépassent 3 500 D.A. par mois, ce qui se comprend puisque près de la moitié des actifs résidants de la cité sont des cadres moyens ou supérieurs; le contraste avec la moyenne de l'Algérie des villes, avec l'agglomération blidéenne tout entière et surtout avec les quartiers spontanés de Bou Arfa et la zone d'Ouled Yaïch, intégrés à l'activité urbaine, que la Z.H.U.N va « effacer », sont saisissants (Tableau XXXIV).

Les loyers et les versements mensuels imposés par les formules de location-vente qui se sont multipliées au Maghreb sont élevés; ils se situent, selon les pays et le standing du lotissement, entre 50 et 150 % du SMIC : sont dès lors exclus de ces nouvelles périphéries les familles à faibles revenus (les organismes de prêts fixent en général le maximum de taux d'effort à 1/3 du revenu). Après deux décennies de forte poussée des lotissements en périphérie des villes maghrébines, et malgré une amélioration incontestable des conditions de vie des citadins, il est permis d'affirmer avec J. DELUZ-LA BRUYÈRE que **« l'espace périurbain,** en exprimant les inégalités socio-économiques, **risque de reproduire à terme une structure spatiale ségrégative,** du même type que celle héritée de la colonisation ».

TABLEAU XXXIV. — CONTRASTES DANS LA STRUCTURE SOCIO-PROFESSIONNELLE DE LA PÉRIPHÉRIE DE BLIDA : LOTISSEMENTS ET ZONES D'HABITAT SPONTANÉ

| CATÉGORIES SOCIO-PROFESSIONNELLES | ATTRIBUTAIRES DE LA CITÉ DU 1er MAI | POPULATION ACTIVE DES QUARTIERS SPONTANÉS | | AGGLOMÉRATION DE BLIDA | ALGÉRIE « URBAINE » |
|---|---|---|---|---|---|
| | | OULED YAICH | BOU ARFA | | |
| Patrons, employeurs | 0 | 0,3 | 0,4 | 1,05 | 0,67 |
| Agriculteurs indépendants | 0,5 | 1,5 | 0,5 | 0,75 | 1,18 |
| Indépendants non agriculteurs | 7,1 | 9,2 | 9,3 | 13,81 | 12,87 |
| Cadres (supérieurs et moyens) | 44,9 | 4,7 | 4,7 | 11,59 | 15,80 |
| Employés | 32,3 | 14,5 | 14,8 | 27,90 | 27,87 |
| Ouvriers non agricoles | 16,7 | 34,8 | 31,5 | 27,15 | 24,60 |
| Manœuvres non agricoles | 2,5 | 19,8 | 22,4 | 8,77 | 8,79 |
| Ouvriers agricoles | 0 | 5,2 | 3,2 | 2,23 | 4,10 |
| Apprentis, aides familiaux | 0 | 3,3 | 1,6 | 2,89 | 1,68 |
| Non déterminés | 9,6 | 6,7 | 11,6 | 3,86 | 2,54 |

*Sources* : Recensement de 1977, sondage au 1/4, enquête de J. DELUZ-LA BRUYÈRE.

## 2. ÉTALEMENT SPATIAL ET NOUVELLE STRUCTURE URBAINE

« L'explosion urbaine » (*Maghreb-Machrek*, n° 96) souvent décrite se traduit par une poussée spatiale qui détruit les équilibres antérieurs. De véritables villes-champignons apparaissent. Nées il y a plusieurs décennies, initialement campement minier, souk, agglomération routière, village colonial, village de « regroupement », ville de garnison, village de pêcheur, centre administratif, etc., nombre de ces bourgades diffusent très largement dans l'espace environnant par promotion administrative, implantation d'unités de production ou de services et par l'afflux de migrants. Qu'il s'agisse d'Oum El Bouaghi ou de l'Arbaa Naith Iraten en Algérie, de Bouznika ou d'Imi-n-tanoute au Maroc, de Sidi Bou Zid ou de Siliana en Tunisie, par exemple, le processus est engagé sur l'ensemble du Maghreb avec des rythmes et des modalités variables. Quoique la promotion administrative soit loin d'être le facteur dominant explicatif de ces bourgeonnements spectaculaires, elle provoque souvent, par l'ampleur des implantations qui y sont liées, des changements d'échelle radicaux.

Siliana, dans le Haut Tell tunisien, est un cas typique de ces petits marchés coloniaux, profondément liés à leur bassin céréalier, brutalement tirés de leur torpeur par une décision politique d'en faire un chef-lieu de circonscription, de gouvernorat en l'occurrence ici (en 1974). De moins de 20 ha en 1962, Siliana est passée aujourd'hui à plus de 120! De part et d'autre de la route de Gaafour, seule artère éclairée en plus du centre, se sont implantés sur 3 km, du nouvel hôpital à la zone industrielle en chantier, près d'une vingtaine de bâtiments administratifs et socio-culturels; la route de Makthar en a attiré quelques autres, des immeubles ont fait leur apparition, dès 1975, tandis que le noyau central se modernise.

Au nord-ouest et à l'est, des cités populaires de plusieurs centaines de logements ont été construites après résorption d'un gros bidonville, tandis que des lotissements privés de villas s'édifient au sud (fig. 52). Le bouleversement du paysage traduit une récente urbanité, au moins dans la morphologie et les fonctions. La croissance a cependant été trop rapide pour que les

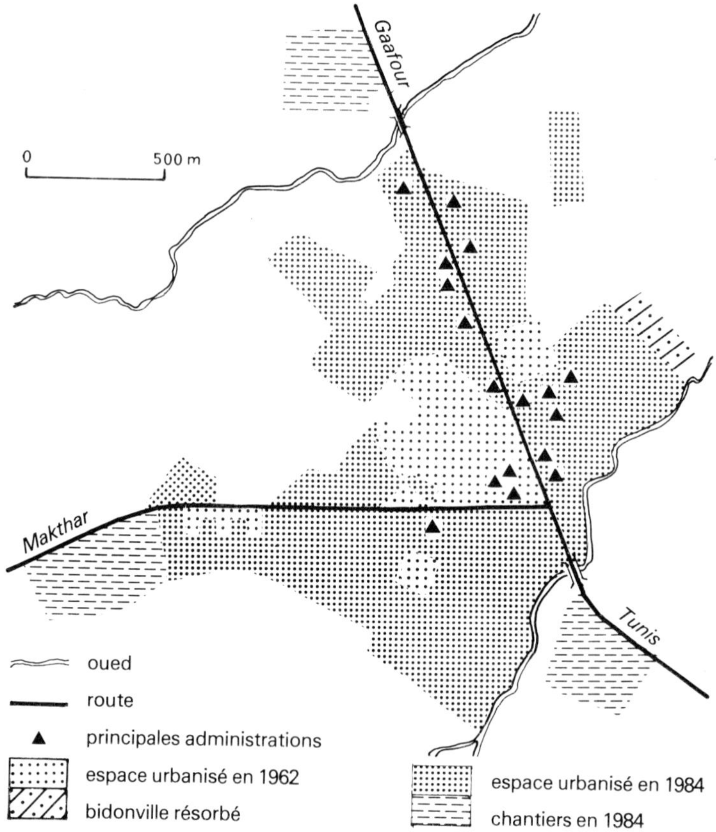


Fig. 52. — SILIANA (Tunisie) : L'EXPANSION SPATIALE D'UN CHEF-LIEU DE CIRCONSCRIPTION ADMINISTRATIVE (1962-1984).
(Établi par J.M. Miossec d'après photos aériennes)

équipements, les infrastructures et les services suivent le rythme : les rues, non revêtues pour la plupart, sont difficilement praticables après les pluies qui affectent fréquemment le Haut Tell; l'assainissement n'est qu'ébauché... Quant à la société, elle est une juxtaposition de segments sans grand liant : anciens Silianais, ruraux récemment arrivés, fonctionnaires en provenance de la capitale et des villes du littoral oriental, mal intégrés dans un milieu à dominante néo-citadine.

L'extension des localités anciennement urbanisées est, elle aussi, spectaculaire. Elle est d'autant plus consommatrice d'espaces qu'au lieu de progresser en tache d'huile elle s'effectue par multiplications de lotissements et de sites industriels ou tertiaires en solution de continuité, laissant apparaître, dans les intervalles, des champs encore cultivés et, de plus en plus, des friches, rapidement remplacées par de nouvelles implantations. Cette évolution saccadée accentue **l'allure inorganique de ces nouvelles périphéries** qui s'étendent par à-coups, au gré de l'insertion, dans les limites commu-

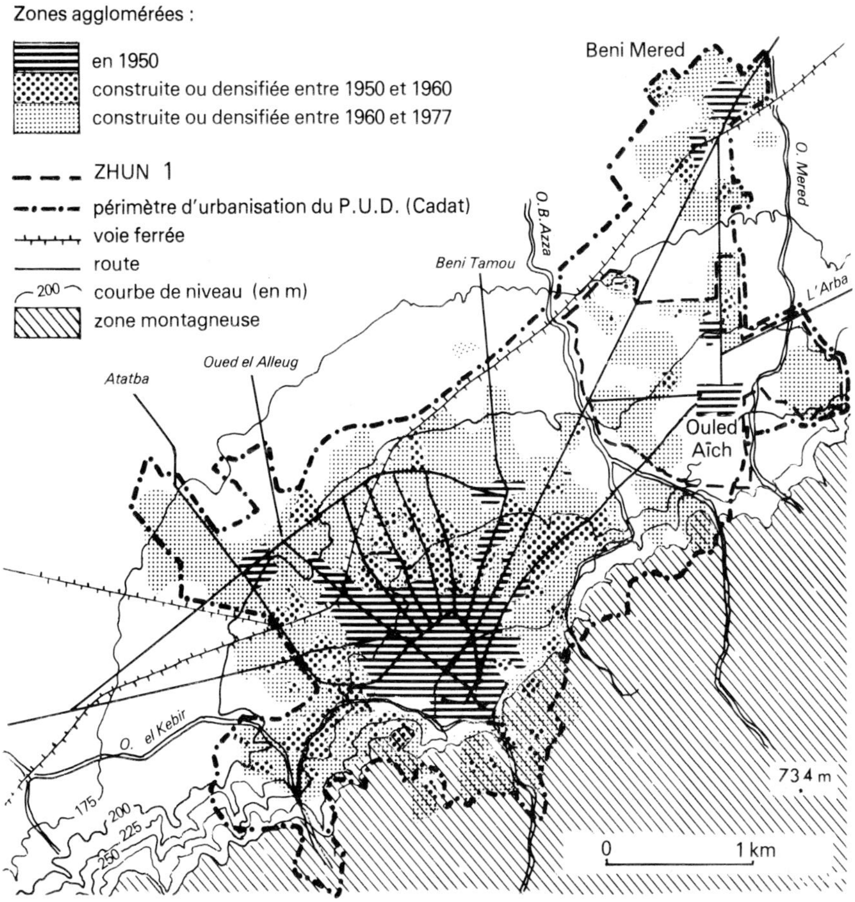


Fig. 53. — EXTENSION DE L'ESPACE BÂTI À BLIDA (Algérie).
(Source : J. DELUZ-LA BRUYÈRE)

nales, de vastes saillies déjà occupées. Le désir de « voir grand », en raison de la pression de la demande, amène les acteurs, et en premier lieu l'État, à occuper, en périphérie, des terrains très vastes (lotissements, zones d'activités et leurs réserves), entraînant, le long des axes qui desservent ces implantations, une urbanisation sauvage. Ce gâchis spatial est accentué par les normes « modernes » d'urbanisation (très forte emprise de la voirie) et par la vogue des lotissements pavillonnaires, à très faibles densités, particulièrement accentuée au Maroc et en Tunisie.

Blida illustre bien ce processus (fig. 53) : la structure ancienne, en éventail, plaquée sur le cône de déjection de l'Oued el Kebir, fait place à un organisme en grappe, échelonné de part et d'autre de la route d'Alger, jusqu'à Beni Mered. Bloquée à l'ouest et au nord (route d'Oued el Alleug) par des camps militaires, la ville double sa superficie vers le nord-est; la réalisation de la Z.H.U.N. d'Ouled Yaïch (ex Dalmatie), l'intégration des lotissements pavillonnaires clandestins comme celui de Diar el Bahri (25 ha) dans le périmètre urbain, l'implantation des zones industrielles en plaine, dont la base logistique de la SONATRACH (130 ha), les extensions prévues par la C.A.D.A.T. (Caisse algérienne d'aménagement du territoire) au-delà de l'Oued Mered (zone universitaire, habitat) confirment cette réorientation spatiale de la croissance urbaine qui laisse de larges « blancs » interstitiels entre les nouvelles implantations.

**La ville maghrébine traverse aujourd'hui une crise d'identité.** L'instauration d'un dualisme urbain pendant la période coloniale a provoqué une rupture qui, loin de s'estomper, s'est accentuée davantage après les indépendances avec la multiplication de nouvelles zones d'habitat et d'activités sans grand liant entre elles. Changement de l'espace urbain, changement dans la société urbaine qui, de citadine, devient néocitadine, la ville maghrébine a-t-elle encore un sens? Au-delà de ces préoccupations fondamentales, mais qui expliquent bien des pathologies sociales, ces villes fonctionnent et c'est autant dans le cadre de leur fonctionnement que dans celui de leur contexte géographique et sociologique que l'on peut apprécier l'ampleur des mutations en cours.

Chapitre **18**

# LE FONCTIONNEMENT DES VILLES

## 1. LES CONTRASTES DES ACTIVITÉS

La construction nationale et la croissance économique réalisées dans les dernières décennies se sont traduites, en ville, par l'implantation d'activités. La multiplication des circonscriptions administratives, avant tout, a donné un coup de fouet à nombre de petites et moyennes villes alanguies : en un quart de siècle le nombre de chefs-lieux de haut rang (province, *wilaya,* gouvernorat) a triplé et l'on compte aujourd'hui une centaine de localités de ce niveau. Les équipements en services publics marquent désormais le paysage de ces villes où affluent les fonctionnaires et leurs familles et où commerces et services publics et privés, induits par la promotion administrative s'implantent. Ces centres deviennent des pôles vers lesquels convergent réseaux et flux.

Cette prolifération du tertiaire, qui peut dépasser les trois quarts des emplois, constitue bien souvent la base économique des localités et la forme récente de citadinité comme c'est le cas, par exemple, à El Kelaa des Srarhna, « espace urbain en formation » où l'on perçoit une « relative mobilité sociale dans certains des natifs des Srarhna qui « ont réussi ». Les modes des consommation sont en train de changer. Mais c'est le fait d'une minorité active composée de fonctionnaires nouvellement arrivés ou des premiers bénéficiaires de l'aménagement hydro-agricole de la Tessaout amont » (PÉGURIER, 1981).

**Cette multiplication des centres promus resserre les mailles de l'encadrement** et améliore les dessertes. Les politiques de départementalisation ont abouti, dans plusieurs cas, à préférer une localité jugée plus centrale ou plus stratégique au détriment de villes déjà affirmées, engendrant ainsi des doublets urbains relativement fréquents désormais comme Sidi Slimane-Sidi Kacem, Oum el Bouaghi-Aïn Beïda, Kasserine-Sbeitla, etc. Pour la nouvelle *wilaya* d'Oum el Bouaghi, en Algérie, le retard du chef-lieu éponyme est sensible, non seulement vis-à-vis d'Aïn Beïda, mais également d'autres chefs-lieux de *daira* : dans le domaine des services de santé, Oum el Bouaghi, avec un personnel médical et para-médical réduit, en 1983, à 46 personnes (1 médecin pour 7 381 habitants de la *daira*) arrive loin derrière Khenchla, 129 agents médicaux et paramédicaux, Aïn Beïda, 116 agents, et Aïn M'lilla, 82 agents, avec des taux de desserte médicale respectifs de 1/4 971, 1/3 779 mais 1/19 092. Le renforcement des niveaux de base atténue progressivement les disparités en assurant les services élémentaires aux populations : le taux de mortalité infantile de la *wilaya* d'Oum el Bouaghi est passé de 240 à 120 ‰ de 1970 à 1979, avec amélioration sensible à partir de 1974, date de création des centres de soins et de protection maternelle et infantile et de l'amélioration des conditions de vie avec l'arrivée des fonctionnaires. La promotion administrative assure un meilleur encadrement et fournit, à un niveau de qualification, certes modeste, une offre d'emplois non négligeable.

A l'inverse, au sommet de la hiérarchie urbaine et administrative, les besoins de la gestion moderne des systèmes de plus en plus complexes imposent l'émergence d'activités spécialisées de haut niveau au service des entreprises et des particuliers : conseils juridiques, services comptables et financiers, d'information et de publicité, bureaux d'études, maintenance industrielle, informatique, location de matériel, bureautique. A côté des emplois créés en grand nombre par les fonctions centrales (administration, finance, commerce de gros, sièges sociaux des entreprises industrielles dissociés des établissements de production) (Tableau XXXV) s'ajoute tout un cortège d'actifs liés aux fonctions d'accueil (hôtellerie, restauration), de loisirs, de transport et communication. Le développement de l'industrie, la généralisation de l'économie de marché à l'ensemble de chacun des trois pays imposent à leurs capitales respectives le renforcement accéléré de multiples supports en équipements et infrastructures et le recours aux techniques les plus modernes de l'information et du traitement des données (télex, informatique). Depuis une quinzaine d'années, ces activités ont favorisé la formation et le recrutement de dizaines de milliers d'employés. Le Maroc, l'Algérie et la Tunisie ont atteint, aujourd'hui, un niveau de développement qui permet aux grandes villes, Casablanca, Rabat, Alger, Tunis, d'internaliser des services jusqu'alors assurés depuis l'étranger. Le centralisme et, en partie, le souci de rentabilité financière, n'autorisent pas encore le desserrement de ces types d'acitivités, à fort emploi de « cols blancs », dans les villes de rang 2 (Fès, Oran, Constantine, Sfax).

On a vu précédemment (V$^{e}$ Partie) la concentration des emplois industriels dans quelques rares villes où le secteur secondaire est vraiment étoffé : **pour la majorité des villes maghébines, l'emploi industriel « moderne » demeure rare.** L'emploi dans les villes minières est, lui aussi, très étroitement circonscrit. Il en est de même des emplois liés au tourisme de masse, insignifiants en Algérie, très fortement localisés dans quelques stations tunisiennes et marocaines à fort taux de fonction touristique. La part de ces emplois dans les emplois totaux est élevée, en valeur relative dans certaines oasis, où ils assurent l'essentiel des activités non agricoles, mais en valeur absolue, les oasis marocaines et tunisiennes ne totalisent guère plus de 3 000 emplois dans le tourisme

TABLEAU XXXV. — EMPLOIS DE LA FONCTION DE COMMANDEMENT DE TUNIS EN 1976

| FONCTIONS | | EMPLOIS |
|---|---|---|
| Fonction politique | Ministère | 7 381 |
| | Directions et offices | 12 204 |
| | Administrations extraterritoriales | 1 015 |
| | Associations politiques | 700 |
| Fonction commerciale | Commerce de gros | 5 447 |
| | Finance et assurance | 7 143 |
| Fonction de gestion économique | Sièges sociaux des entreprises industrielles | 5 223 |
| | Service aux entreprises | 1 123 |
| Total | | 40 236 |

*Source :* District de Tunis, GROUPE HUIT.

(Ouarzazate, Zagora, Tafraout, Nefta, Tozeur, Douz). Le tourisme est plus apparent dans des quartiers de moyennes et grandes villes (Bizerte, Tunis, Nabeul, Sousse, Monastir, Tanger, Fès, Marrakech), mais il ne confère en fait le titre de villes à fonction touristique qu'à Agadir, Houmt Souk (Jerba) et Hammamet. Pour cette ville, qui assure à elle seule 10 % des nuitées du tourisme international au Maghreb, plus de la moitié des emplois sont directement ou indirectement liés aux activités de récréation. Aux touristes étrangers s'ajoutent, depuis quelques années, fruits d'une société de plus en plus citadine, des flux grandissants de touristes nationaux, dynamisant les activités de localités proches des grandes villes (Imouzer, Ifrane, Azrou, Jedeida, villes de la façade sud-est du cap Bon, Sousse Nord, Tipasa) et réactivant celles des espaces du tourisme international en stagnation depuis quelques années. D'ici à la fin du millénaire, il faudra tabler sur un taux de départ en vacances des nationaux de l'ordre d'un quart; ces touristes passeront, pour les deux tiers d'entre eux, leur temps libre dans les zones de récréation, à créer, dans leur pays : ce sont donc quelque dix millions de touristes maghrébins qu'il faut envisager à l'horizon 2000, avec toutes les activités induites qu'engendre un tel flux, quintuple des arrivées internationales actuelles.

Les activités du secteur « structuré », puissantes et diversifiées, ne réussissent cependant pas à masquer le poids de l'informel. En face de l'accroissement d'une population de néocitadins à revenus modestes, l'économie s'est adaptée en générant une prolifération de petits métiers. La force de la petite production marchande, généralisée aujourd'hui dans le Tiers Monde (M. SANTOS, 1975), tient dans sa souplesse et son ubiquité : il suffit pour s'en convaincre de voir la floraison de porteurs d'eau, d'épiciers, bouchers, infirmiers, menuisiers, maçons, plombiers, électriciens, réparateurs et loueurs de cycles, batteries, T.V., garagistes, tailleurs... qui suivent le front d'urbanisation à la périphérie des villes. Les analyses détaillées de la structure et du fonctionnement de ces activités de quartiers se sont multipliées depuis quelques années. On dispose en outre d'une documentation solide à l'échelle d'une des trois nations : en Tunisie, l'Institut national de la statistique a procédé à un recensement de ces activités, en se limitant, dans un premier temps, aux activités localisées (les activités flottantes de rues, à domicile, itinérantes sont encore mal cernées); si l'on ne considère que les activités non agricoles, les actifs du circuit inférieur assurent 40 % des emplois totaux des villes tunisiennes, dont plus de 70 % dans les sous-branches réparations, commerce de détail,

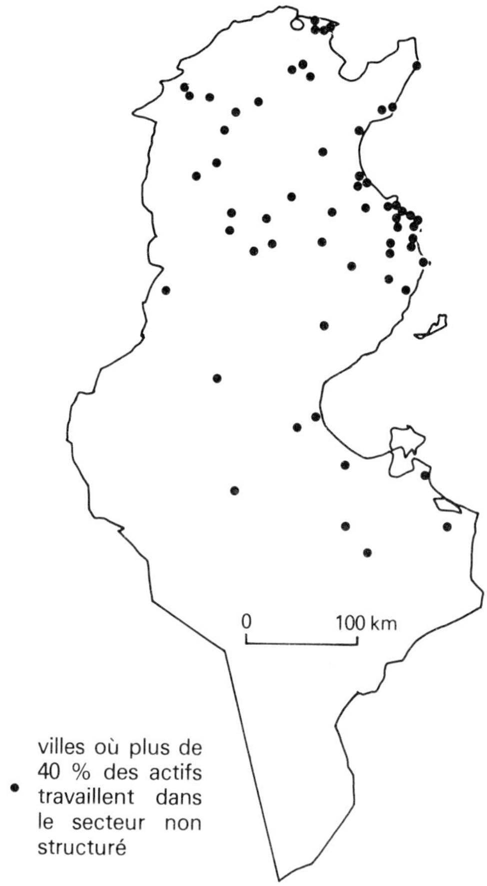


Fig. 54. — VILLES TUNISIENNES À ÉCONOMIE INFORMELLE DOMINANTE.
(Sources : INS et OTTEEPF; établi par J.M. MIOSSEC)

mécanique-garages, textile-confection, ameublement (J. CHARMES, 1982). Dans 60 villes, sur 140 retenues, la part du secteur non structuré urbain dépasse 40 % des emplois non agricoles localisés (fig. 54). C'est dire que dans ces villes, l'emploi total dans le circuit inférieur atteint, selon toute vraisemblance, plus de la moitié du nombre total d'actifs. Il s'agit essentiellement de villes de petite taille; trois d'entre elles seulement dépassent 20 000 habitants (Kairouan, Zarzis, Msaken) où le secteur non structuré prend le relais du circuit supérieur, le niveau de vie des consommateurs potentiels de ces localités et de leur environnement rural ne permettant pas d'atteindre les seuils requis pour l'installation d'activités structurées.

## 2. LES CONDITIONS DE VIE ET LEUR AMÉLIORATION

### 2.1. La crise du logement

Elle est généralisée depuis une dizaine d'années et ne peut que s'amplifier dans l'avenir avec l'augmentation de la demande. Celle-ci s'accroît à un rythme supérieur à celui de la croissance de la population urbaine en raison du désir de décohabitation des jeunes ménages, des changements de domicile, du renouvellement du parc et de la transformation de logements en locaux commerciaux ou en bureaux. Le bilan dressé, en 1977, pour les trois pays est avant tout celui des déficits en logements urbains : 552 000 en Algérie (RAHMANI, 1982), 400 000 au Maroc d'après le ministère de l'Aménagement du Territoire, de l'Habitat et de l'Environnement, 80 000 en Tunisie (ministère du Plan); en chiffres généraux, car le mode de calcul et la fiabilité des évaluations ne rendent pas toujours la comparaison assurée, il nous paraît réaliste d'estimer, pour 1984, à 3,5 millions le nombre de logements (toutes catégories confondues) existant dans les villes du Maghreb et à plus d'un million, soit plus du tiers, le déficit actuel. Cette crise a eu pour conséquence, en raison de la persistance de la croissance de la population, l'augmentation du degré d'encombrement des logements, la prolifération de l'habitat clandestin, la spéculation sur les loyers et les terrains, la sous-location. En Algérie, entre les deux recensements de 1966 et 1977, la proportion des ménages de taille supérieure à 7 personnes a augmenté de 47 % en secteur urbain contre 30 % en milieu rural; le taux moyen d'occupation atteint 8 personnes pour un habitat ayant en moyenne deux pièces.

Des différences interviennent entre les pays : la Tunisie a lancé plus précocement de grands programmes de logements et doit soutenir une croissance urbaine moins vive, ce qui explique qu'entre les recensements de 1975 et 1984, le degré d'occupation ait diminué dans le district de Tunis où il est passé de 6,27 personnes par logement à 5,29. Le Maroc est en situation « moyenne » alors que le retard dans le démarrage de programmes d'envergure (essentiellement depuis 1975) pénalise l'Algérie. Les trois pays sont confrontés aux mêmes difficultés de production du bâti; le constat des carences est d'ailleurs fait par la presse nationale qui stigmatise régulièrement les lenteurs dans les délais de livraison, l'inachèvement des travaux, les malfaçons... Le problème structurel de fond, qui est loin d'être résolu, est celui de l'incapacité de satisfaire la demande en logements populaires et du dérapage des programmes d'habitat. En effet, à l'inadéquation quantitative précédemment évoquée, s'ajoute un déséquilibre qualitatif : les programmes de logement social demeurent insuffisants alors que l'offre en logements « de standing » dépasse parfois les besoins! Qu'il s'agisse des Établissements Régionaux d'Aménagement et de Construction (E.R.A.C.) et des filiales de la Caisse de Dépôts et de Gestion, au Maroc, des Offices de Promotion et de Gestion Immobilière (O.P.G.I.) et de l'Office National du Logement Familial (O.N.L.F.), en Algérie, de la Société Nationale Immobilière de Tunisie (S.N.I.T.) et de l'Agence Foncière de l'Habitat (A.F.H.) en Tunisie, et des entreprises privées pour les trois pays, tous proposent des formules accessibles à des ménages dont les ressources sont supérieures à la médiane des revenus. Au Maroc, le glissement des projets au détriment des catégories défavorisées et au profit des groupes intermédiaires est sensible : pour 1973-1977, les premiers, qui devaient bénéficier de la moitié des constructions officielles prévues, n'ont, en fait, récolté que 17 % des réalisations totales qui ont d'ailleurs été nettement inférieures aux prévisions (275 000 logements urbains réalisés contre 387 000 inscrits au Plan); la situation a continué à se détériorer, malgré de gros efforts de réhabilitation et la mise en chantier de programmes de parcelles neuves, puisque pour 1977-1980 les catégories intermédiaires qui représentent moins de la moitié des ménages ont eu accès à près des quatre cinquième des logements réalisés (Tableau XXXVI).

TABLEAU XXXVI. — LE DÉRAPAGE DES PROGRAMMES DE LOGEMENT URBAIN AU MAROC (1977-1980)

| Tranches de revenus des ménages en Dirhams | 0-600 | 600-1 500 | 1 500-3 000 | 3 000 |
|---|---|---|---|---|
| % de population | 40 | 30 | 18 | 12 |
| % de logements réalisés | 7,3 | 79 | | 13,7 |

*Source* : M.A.T.H.E.

Le cas algérien est encore plus exemplaire, car, compte tenu des coûts élevés de construction (le logement moyen de 65 m² revient à plus de 200 000 D.A.), l'habitat conventionnel, réalisé par entreprise, est pratiquement inaccessible, même aux classes les plus solvables, à tel point que les loyers qui avaient été fixés pour assurer l'équilibre de la gestion des O.P.G.I. et le remboursement des emprunts ont dû être réduits d'un tiers, en 1980, pour pouvoir être supportables aux nouveaux locataires; malgré cela, dans les grands ensembles de barres récemment édifiés, à Blida (J. DELUZ-LA BRUYÈRE, 1983), à Annaba (GROUPE HUIT, 1980), le taux d'effort dépasse le tiers du revenu total des ménages et peut même atteindre 50 % pour les moins aisés, ce qui constitue une charge écrasante. L'insuffisance de l'offre et le coût excessif des logements font qu'à Annaba, dans les dix dernières années, les logements neufs n'ont pu accueillir que 48 % de l'excédent de population, les exclus du système officiel de production du bâti grossissant les rangs des mal logés (36 % dans les bidonvilles, 16 % par densification du parc existant). L'inflation sur les prix du m² bâti, qui sont passés en Algérie de 750 D.A., en 1969, à plus de 5 000 D.A. aujourd'hui, fait que l'on peut s'interroger avec Djilali BENAMRANE sur un futur qui s'annonce sombre : « à un taux annuel d'inflation des coûts de l'ordre de 25 %/an (...) rapporté aux centaines de millions de mètres carrés à construire annuellement, le revenu national du pays suffira-t-il? Sauf à espérer que l'Algérie continue à exporter de plus en plus de pétrole et de gaz à des prix qui galoperaient au même rythme » (BENAMRANE, 1980). La situation actuelle, déjà fort médiocre, préfigure un blocage à terme; « il est certain que l'impasse financière de la politique algérienne en matière d'habitat n'apparaît pas de façon évidente, car elle ne concerne pour l'instant qu'une frange marginale de la population urbaine, composée de fonctionnaires et de cadres, les livraisons ayant été jusqu'à maintenant limitées. Lorsque celles-ci atteindront le rythme annuel de 35 à 40 000 (soit la moitié des besoins des villes), correspondant à la capacité de production des entreprises, le montant de la subvention de l'État pour que le logement soit accessible à ces 50 % de la population urbaine, pourtant la plus solvable, devrait être de 4,5 milliards de D.A. chaque année; la participation de l'État suivra un rythme de croissance géométrique au fur et à mesure que le logement atteindra les populations moins solvables » (CACHE-GROUPE HUIT, 1982).

Dans l'ensemble des villes maghrébines, les hausses des prix des terrains, des matériaux de construction et des coûts de gestion et de main-d'œuvre, les impératifs de

VRD et d'assainissement auxquels s'astreignent les organismes promoteurs écartent de la production officielle une part de plus en plus élevée de candidats à bas revenus. Cette impasse rejaillit sur les organismes de prêt qui déclarent l'incompatibilité des contacts les plus bas avec le système des logements officiels, telle la C.N.E.L. (Caisse Nationale d'Épargne Logement) de Tunisie qui a supprimé, dès février 1977, les trois premières catégories de souscripteurs, écartant de ce fait 50 % des « cnélistes » aux revenus inférieurs à la médiane des revenus des ménages des grandes villes tunisiennes à cette époque (Tableau XXXVII).

TABLEAU XXXVII. — ÉVOLUTION DES TYPES DE CATÉGORIES DE SOUSCRIPTION À LA C.N.E.L.
(Caisse Nationale d'Épargne Logement, Tunisie)

| Catégorie | Investissement total (en D.T.) | Épargne exigée | Épargne mensuelle | Revenu mensuel minimum | Remarques |
|---|---|---|---|---|---|
| A | 1 000 | 336 | 7 | 23 | supprimé en 1977 |
| B | 2 000 | 672 | 14 | 47 | supprimé en 1977 |
| B' | 3 000 | 1 008 | 21 | 70 | supprimé en 1977 |
| C | 4 000 | 1 344 | 28 | 93 | |
| D | 6 000 | 1 728 | 36 | 120 | |
| E | 8 000 | 2 280 | 47,5 | 158 | |
| F | 10 000 | 2 880 | 60 | 200 | |
| F1 | 11 000 | 3 360 | 70 | 233 | créé en 1977 |
| F2 | 12 000 | 3 600 | 75 | 250 | créé en 1977 |
| G | 13 000 | 3 888 | 81 | 270 | créé en 1977 |

D.T. = dinars tunisiens.

*Source* : C.N.E.L.

L'opacité du marché immobilier, accentué par l'extension des villes, accroît le rôle des intermédiaires *(samsar)* qui se sont multipliés. PÉGURIER situe l'apparition du *samsar* dans les villes de 5 000 habitants; en deçà de ce seuil, la transparence foncière et immobilière est suffisamment forte pour qu'on puisse se passer d'un courtier pour trouver un logement. Dans les quartiers populaires des grandes villes, comme à Tunis par exemple, le *samsar* peut demander à des ménages de catégories intermédiaires jusqu'à 50 D.T. pour une unique offre de logement. Les conditions de vie, en particulier pour les jeunes ménages en quête d'un toit, sont donc particulièrement dures.

Pour les catégories les moins fortunées, au Maroc et en Tunisie, l'État a été initiateur d'importantes opérations de réhabilitation et de réalisations de parcelles neuves. La réhabilitation progressive des quartiers d'habitat précaire consiste à régulariser la situation foncière des occupants, à doter le quartier des infrastructures (égouts, voirie, eau, électricité, éclairage public), services publics (ramassage des ordures...) et équipements communautaires (écoles, services de santé, marchés...) nécessaires, compte tenu d'un niveau de service à définir. Ces actions doivent être menées avec le souci de préserver au maximum les logements existants et de favoriser leur amélioration progressive par les habitants eux-mêmes : à Jebel Lahmar (Tunis), la réhabilitation, engagée en 1978, n'a provoqué la destruction totale ou partielle que de 160 logements seulement sur 4 660.

L'aménagement de nouveaux quartiers pour les populations les plus démunies, qui peut être moins coûteux que la réhabilitation de quartiers anciens, pose cependant des problèmes plus complexes. Qu'il s'agisse de trames assainies, de trames d'accueil ou de parcelles neuves (la terminologie n'est pas encore fixée, que ce soit au Maghreb ou dans d'autres pays en développement), la difficulté fondamentale réside dans la fixation des normes minimales : « les pouvoirs publics semblent plus hésitants à accepter des normes aussi modestes pour l'aménagement de nouveaux sites que pour la rénovation de quartiers existants » (BANQUE MONDIALE). En conséquence, la pression en faveur des normes supérieures élimine les catégories sociales les plus desheritées. C'est ce refus d'appliquer des normes élémentaires qui est à l'origine de l'échec du projet urbain d'Annaba en Algérie. En Tunisie et au Maroc, les parcelles neuves réalisées, en cours ou en projet dans de nombreuses villes assurent un cadre d'accueil de base : terrain (en lots de 60 à 200 m$^2$), réseaux et branchements. La construction du logement est de moins en moins prévue car, compte tenu des bonnes techniques d'autoconstruction généralement observées, il est préférable de ne fournir que terrain et viabilisation, ce qui diminue les coûts. Plusieurs expériences de trames assainies, dotées d'une cellule-logement de base (une pièce plus une salle d'eau avec murs porteurs pour extensions et surélévations ultérieures) ont cependant été lancées, comme les programmes de constructions individuelles de maisons évolutives rationalisées (C.I.M.E.R.) avec ligne de crédit « aide à l'autoconstruction ». A Meknès, ville choisie avec Kenitra pour le second projet urbain du Maroc (en cours en 1985), sur les 3 760 lots des trames assainies de Sidi Baba et Aïn Chebik, 1 440, en bas de gamme (catégorie A1) sont constitués, chacun, d'une parcelle de 60 m$^2$, vendue à 7 740 D.H.; chaque lot est branché aux réseaux d'eau potable et d'eaux usées, le branchement individuel à l'électricité est en option, l'accès se fait par voie piétonne non revêtue; aucun aménagement n'est proposé; un prêt de l'ordre de 3 638 D.H. permet la construction d'un module de base avec une pièce de 12 m$^2$ et une salle d'eau de 1,6 m$^2$. Cinq autres catégories de lots, moins sommairement équipés sont proposés, les rapports des coûts entre un lot de catégorie « supérieure » et un lot de base étant de 4/1, ratio observé également, en général, en Tunisie.

La procédure des parcelles neuves, engagée selon les objectifs et les critères précédemment indiqués dans les deux pays depuis une dizaine d'années, requiert une très grande rigueur dans la gestion des projets, pour éviter tout dérapage, et la formation d'un personnel rompu à ces nouvelles techniques : les carences des personnels municipaux, en général, ont conduit les ministères responsables du pilotage de ces opérations à créer en leur sein des agences spécialisées. Malgré ces efforts remarquables, les projets urbains effectivement réalisés ne portent, par rapport aux besoins, que sur un nombre réduit de quartiers à réhabiliter et de trames d'accueil.

Avec la dépendance alimentaire, **la crise du logement constitue, au Maghreb, l'un des plus grands obstacles au développement.** Des formules nouvelles de promotion, s'écartant des normes importées et s'appuyant délibérément sur la responsabilisation des ménages, sont seules à même d'autoriser un maintien, voire, il faut l'espérer, une amélioration du niveau actuel. Le retard dans le lancement de projets urbains novateurs ne peut qu'aboutir à une impasse et à une situation explosive.

## 2.2. Les embarras de la circulation

La médiocrité du cadre de vie urbain actuellement offert à la majorité des citadins ne se limite pas au logement. Le sous-équipement demeure important dans de nombreux domaines. Comme les autres villes du monde, les villes maghrébines sont confrontées aux difficultés des transports : à la congestion d'artères étriquées et à l'insuffisance en emplacements pour le stationnement dans le centre-ville, s'ajoutent les carences des transports collectifs. Plus de 80 % des citadins sont « prisonniers » de la marche à pied et des transports collectifs, les usagers de véhicules de tourisme et de cycles étant privilégiés. **L'extension spatiale des villes allonge considérablement les distances.** Dans les petites et moyennes villes, le parti pris d'urbanisation linéaire, imposé par l'implantation de grands établissements industriels et tertiaires loin du « centre » fait passer les parcours moyens de quelques centaines de mètres à plusieurs kilomètres, sans que les moyens de transport ne soient mis en place, dans un premier temps, pour soulager cet effort et atténuer cette perte de temps; les municipalités de ces localités sont elles-mêmes en face d'une difficulté supplémentaire : il leur faut prélever dans leurs maigres ressources les moyens pour acquérir un parc de deux roues, de fourgonnettes et de camionnettes destiné à leurs agents dans l'exercice de leurs fonctions. Dans les grandes villes, la longueur moyenne des lignes d'autobus dépasse 10 km. De nombreuses lignes ont désormais plus de 15 km, comme la ligne 24 de la Régie autonome des transports de Casablanca (R.A.T.C.), où 5 bus transportent annuellement 4 millions de passagers sur une ligne de 16 km de long, ce qui met les habitants de Sidi Bernoussi à plus d'une heure du centre-ville, dans le meilleur des cas. Les lignes suburbaines, assurées par des bus urbains, véritables lignes régionales de fait, comptent, elles, plusieurs dizaines de kilomètres : 51 km pour la 44 A de la S.N.T. tunisoise qui relie la station Belhaouane à Kalaat el Andalous.

Le rabattement au centre de la plupart des lignes accentue les difficultés de circulation dans les quartiers centraux déjà très encombrés (fig. 55).

Les réseaux de transport par bus sont en effet presque exclusivement radiaux; les lignes transversales, circulaires et spéciales sont exceptionnelles, d'où une perte de temps sur plusieurs lignes et les attentes, longues, aux correspondances. L'insuffisance en véhicules (1 bus pour 4 000 habitants en moyenne pour Alger, Casablanca et Tunis), la surcharge de véhicules bondés et la longueur des trajets aboutissent, avec des parcours annuels moyens de près de 50 000 km par bus en service, à une usure prématurée du parc... et à une fatigue du personnel et des usagers. Pour ces derniers, qui souffrent de l'inconfort, de l'irrégularité, du manque d'abris aux stations, etc. comme pour les entreprises confrontées aux aléas du trafic, à la détérioration du matériel, aux difficultés de formation d'un personnel aux dures conditions de travail, aux déséquilibres financiers (R.A.T.C. de Casablanca, R.S.T.A. d'Alger et S.N.T. de Tunis sont en déficit) etc., les transports publics apparaissent comme un véritable cauchemar. Les taxis, en nombre insuffisant (1 pour 1 500 personnes pour Alger, Tunis et Casablanca, en moyenne), relativement coûteux, en particulier les radio-taxis récemment apparus, ne sont pas une alternative, d'autant plus, qu'à la différence du Machrek, ils font l'objet d'une location indivisible. Les solutions sont peut-être à attendre dans les projets de sites propres, métro à Alger, métros légers à Tunis et Casablanca, en cours. En attendant leur mise en exploitation, le transport clandestin en 404 bâchée, le ramassage du personnel par les autocars des entreprises elles-mêmes (fréquent à Alger où 3 000 véhicules sont affectés à ce type de transport) compensent partiellement les lacunes du système de transport urbain et interurbain.

Il serait possible de multiplier les analyses et d'évoquer les inégalités spatiales en infrastructures (eau, assainissement, etc.), en équipements de commerces et de services et les insuffisantes réalisations en matière d'infrastructures de loisirs et de sports, en particulier pour une population jeune qui aspire à un enrichissement et à un épanouis-

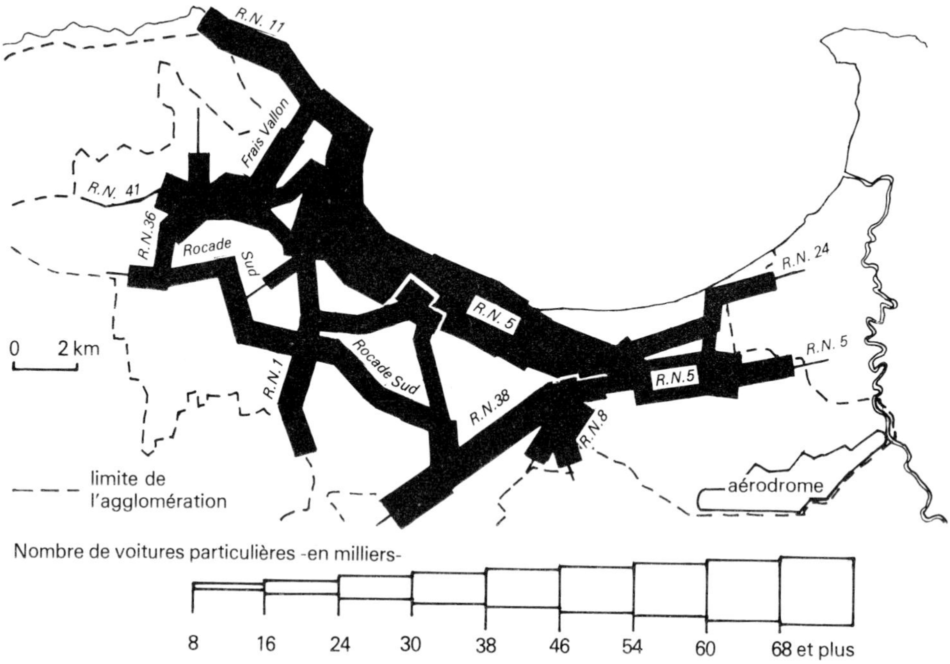


Fig. 55. — LA CONVERGENCE DU TRAFIC VERS L'HYPERCENTRE D'ALGER.
(Source : CNERU, 1983)

sement par la culture et le sport. Qu'il suffise d'évoquer non seulement le sous-équipement des grandes villes, et, parmi, elles, de certains quartiers, mais surtout le « désert culturel » de bien des chefs-lieux de circonscriptions administratives de l'intérieur. En plus de conditions matérielles difficiles, les populations de ces villes aux activités souvent peu dynamiques, souffrent, malgré des progrès éclatants, en particulier dans le domaine scolaire, d'un isolement que compensent médiocrement les rares rencontres sportives et les moyens audio-visuels de diffusion de l'information et de la culture.

Le tableau d'une situation délicate qui vient d'être brossé ne doit pas masquer **les impressionnantes réalisations pour accueillir des millions de nouveaux citadins.** Avec un des taux de croissance urbaine parmi les plus fortes du monde, sur une longue période, le Maghreb affronte un problème colossal. Les actions entreprises ont réussi à tempérer la péjoration des conditions de vie en ville. Elles ne sont pas suffisantes pour les améliorer de façon significative pour le plus grand nombre.

### 2.3. La difficile maîtrise de la gestion des villes

Confrontés à ces problèmes, édiles et responsables de l'administration ont une tâche ingrate. Ils sont partagés entre la nécessité de parer aux urgences de l'instant [assainissement de quartiers, réparation de fontaines publiques, chaulage de murs, aide aux indigents, grandes opérations de relogement après une calamité naturelle, séisme

(Agadir, El Asnam-Chlef) ou inondation (Sfax), etc.] et celle d'engager des actions à long terme. Le choix pour des organismes urbains, souvent endettés et sans grande marge de manœuvre technique et financière, n'est pas aisé et prête facilement le flanc à la critique de la part du citadin qui vit ces difficultés et de l'observateur insuffisamment impliqué dans les réalités concrètes du fonctionnement des villes maghrébines. La gestion et l'aménagement posent donc problème. L'urbanisme réglementaire s'est cependant particulièrement développé au Maghreb depuis plus d'une décennie et les trois pays disposent d'un large éventail de textes et d'organismes régissant la planification urbaine. Des grilles d'équipements, assez voisines pour le Maroc, l'Algérie et la Tunisie, existent désormais et sont assez systématiquement appliquées. On trouvera dans les actes du colloque sur les politiques urbaines dans le monde arabe, publiés par l'I.R.M.A.C. en 1984, les textes des communications relatives aux pays du Maghreb, ce qui dispense d'engager, ici, de longs développements sur ce thème. Précisons seulement que la maîtrise du foncier demeure incomplète, malgré le début de politiques de réserves foncières (Agences foncières touristique, de l'habitat, de l'industrie (A.F.T., A.F.H., A.F.I.) en Tunisie, Fonds National d'Achat et d'Équipement des terrains (F.N.A.E.T.) au Maroc, constitution de réserves foncières par les communes en Algérie). Si des solutions à l'amiable peuvent plus facilement être trouvées en périphérie de petites et moyennes villes, il n'en va pas de même dans les zones péri-urbaines des grandes métropoles où les besoins sont démultipliés et où le mitage des riches plaines agricoles atteint désormais une ampleur préjudiciable (cf. IVe Partie) et où le contournement des règlements par les acteurs en ville est fréquent.

Les partis pris de planification urbaine engagent l'avenir. Pour beaucoup de centres de taille réduite, les implantations d'établissements industriels et tertiaires, réalisés sans grande concertation avec les organismes d'aménagement du territoire ont abouti à l'étirement en longueur des villes avec toutes les contraintes que la linéarité implique. Pour les grandes villes se pose aujourd'hui avec acuité la question de l'endiguement ou du tout urbain : la croissance concentrique, en tache d'huile, à la casablancaise, ou en doigts de gants, à la sfaxienne, est-elle préférable à une structure polynucléaire et à la création de villes satellites voire de villes nouvelles? Les administrations des quatre plus grandes agglomérations du Maghreb, Tunis, Alger, Rabat-Salé et Casablanca sont aujourd'hui confrontées au même problème que celles de Damas face à sa Ghouta et du Caire devant le déferlement des Cairotes dans le delta. D'autres villes maghrébines seront sous peu devant une alternative comparable. Quoique plusieurs schémas directeurs aient été publiés, les options, d'un pays à l'autre et à l'intérieur d'un même pays, ne sont pas toujours semblables. Surtout, les questions qui restent entières, lorsqu'une volonté d'endiguer l'urbain s'est manifestée, sont celle des moyens pour faire respecter cette décision et celle des incitations susceptibles d'encourager les futurs citadins à s'implanter dans des villes satellites et à y installer des activités peuplantes.

**Il existe aujourd'hui un problème urbain au Maghreb. La société maghrébine est de plus en plus urbaine; elle sera majoritairement citadine dans peu de temps. Ce basculement radical, avec tout ce qu'il implique comme changement dans les paysages, dans les mœurs, dans les activités, s'est effectué rapidement, non sans perturbations. Le combat pour le développement doit s'effectuer, au sein de ce Maghreb des villes, sur le double front de la satisfaction des besoins matériels, et avant tout du logement, pour le plus grand nombre, et de l'émergence d'une nouvelle « cité », d'un nouveau sens de la ville maghrébine, moins éclatée et plus solidaire.**

SEPTIÈME PARTIE

# Nations et régions : vers une nouvelle structuration de l'espace au Maghreb

par Jean Bisson et Pierre Signoles

Tout au long des précédents chapitres, on a pu mesurer l'ampleur des bouleversements qui, au cours des récentes décennies, ont affecté chacun des trois pays du Maghreb, selon des modalités sans doute inégales, mais en définitive largement convergentes.

Or, dans le cadre de la logique unificatrice et de la volonté de développement qui ont suivi l'accession à l'Indépendance, ce sont les villes qui ont focalisé les investissements, concentré les minorités sociales les plus agissantes, les plus riches, les plus fortement consommatrices, ce sont elles qui sont le siège des pouvoirs de l'État et le principal agent de transformation et de réorganisation des espaces régionaux — voire nationaux pour les métropoles. Par ailleurs, avec l'amélioration des infrastructures routières et le prodigieux accroissement du parc automobile, la mise en place d'un maillage administratif serré, la création d'emplois industriels, le développement de complexes touristiques, la généralisation de l'économie monétaire et, en un mot, le recours généralisé aux services que la ville dispense, tout concourt à diversifier les critères sur lesquels il est possible d'étayer une analyse régionale tenant compte du fait que les campagnes sont de plus en plus solidaires des villes et, par leur intermédiaire, de plus en plus intégrées au marché national, voire international. Il est évident que, dans ce bouleversement général, l'organisation traditionnelle a volé en éclats...

Peut-on, pour autant, regrouper ce faisceau de données nouvelles autour d'une réflexion dont l'aboutissement serait une redéfinition des régions au Maghreb? L'entreprise est difficile, voire prématurée, encore que la multiplicité des recherches consacrées aux trois pays permette au moins de s'interroger sur la portée des critères habituellement pris pour référence dans l'analyse régionale, et sur le concept même de région.

Par exemple, il est incontestable que le milieu naturel — ou encore l'« espace-support » (M. Cote, 1983) — certes ici comme ailleurs largement interprété par l'homme, ne peut pas être considéré comme le facteur déterminant de l'individualité régionale, quand bien même ce serait une erreur que de minimiser le poids des contraintes physiques, et la première partie l'a clairement démontré. Quant aux sociétés rurales (paysanneries de vieille souche, groupes éleveurs, nouveaux sédentarisés, etc.) qui, dans les travaux de J. Despois, étaient l'assise même d'un découpage régional construit à partir de la combinaison des contraintes naturelles et des « genres de vie », elles n'en sont plus aujourd'hui qu'un élément secondaire, au point que P. Pascon (1977) n'hésite pas à écrire à propos du Maroc, pays dont la paysannerie demeure pourtant le fondement de la nation, que « la société rurale [y] est périphérique, dominée, tenue en marge, bref mineure ». Que dire alors de la place de la paysannerie algérienne dans la construction régionale lorsque l'on constate combien la période coloniale, la guerre de Libération, les bouleversements qui ont suivi l'Indépendance, ont déstructuré la société rurale et partiellement détruit les éléments d'unité régionale constituée autour d'elle?

Cependant, sous un aspect en apparence unificateur, les rapports induits par l'urbanisation et les liens tissés avec le milieu rural révèlent, par leur complexité, l'extraordinaire variété des situations régionales et des réponses fournies aux entreprises de modernisation, de restructuration et de développement. A ce titre, ils méritent une analyse sous des rubriques que l'on peut regrouper en un dyptique qui, d'un côté, traiterait des **rapports ville/campagne** du type traditionnel (encore que l'observation révèle un étonnant dynamisme) : recrutement de la population urbaine, appropriation foncière des citadins, collecte et distribution des productions par la ville; et d'un autre côté, aborderait les aspects induits par le **caractère volontariste de la régionalisation,** quel que soit le régime politique dans lequel celle-ci s'opère : tels le remodelage administratif (lequel n'est jamais neutre), la formation de bassins d'emploi en rapport avec l'industrialisation ou le tourisme...

L'éclatement des cadres anciens est aujourd'hui chose faite, même si leurs marques dans l'espace demeurent en maints endroits parfaitement visibles. Partout, en Tunisie, en Algérie et au Maroc, du Tell au Sahara, des foyers littoraux aux zones intérieures, **les États nationaux impriment une logique unificatrice, qui ne signifie cependant nullement atténuation des disparités régionales** — bien au contraire. Les multiples agents qui contribuent actuellement à l'organisation de l'espace sont-ils, dans ces conditions, susceptibles de favoriser l'émergence ou la structuration de nouveaux ensembles régionaux?

Chapitre 19

# LA RÉGION : DE LA TRADITION A L'ÉCLATEMENT

## 1. L'AIRE DE RECRUTEMENT DE LA POPULATION URBAINE ET SA SIGNIFICATION

Certaines des bases sur lesquelles repose, depuis une époque déjà fort ancienne, le rayonnement des villes et sur lesquelles peut s'appuyer toute tentative de définition des régions au Maghreb, sont bien connues. A. PRENANT (1968) a, par exemple, montré comment se combinent dans l'espace les aires de recrutement de la population citadine, les rayons fonciers liés à la résidence en ville de nombreux propriétaires terriens, les zones de collecte et de distribution des produits agricoles ou manufacturés. Les formes et la signification de ces rapports villes-campagnes de type traditionnel se sont toutefois profondément modifiées avec le temps au point qu'il est nécessaire de redéfinir l'impact qu'ils peuvent avoir aujourd'hui dans la construction régionale.

Que la population des villes marocaines et algériennes soit **en majorité d'origine rurale,** voilà qui ne saurait surprendre : au Maroc, par exemple, sur dix chefs de famille installés en ville, six sont d'origine rurale, et dans les Hautes Plaines de l'Est algérien, région sans tradition urbaine, la population est fraîchement citadine pour 70 % de ses effectifs. La Tunisie semble constituer une remarquable exception : depuis ces dernières années, probablement moins d'un cinquième des chefs de famille citadins sont nés en milieu rural (J.M. Miossec, 1983).

Les migrations sont désormais, et de plus en plus, le fait de citadins; aussi bien étudier cet exode tant rural qu'interurbain, c'est repérer les régions qui contribuent au peuplement des villes, en d'autres termes, c'est préciser les zones géographiques où s'exercent cette forme d'attraction de la ville et en souligner la signification, c'est enfin et surtout déterminer de nouveaux clivages spatiaux, bref redéfinir de nouveaux espaces régionaux.

Situation habituelle dans les pays en voie de développement, l'aire de recrutement se définit par une ampleur et une intensité qui sont fonction tout autant des capacités attractives de la ville que de la situation socio-économique des régions de départ. Ce n'est donc pas la seule proximité géographique qui est le facteur clef : bien au contraire les processus de déstructuration de la société (à tous les niveaux : famille, tribu) sont facteur d'accélération de la migration, si bien que les notions de surpeuplement ou de pauvreté sont rarement déterminantes. Par ailleurs les aires migratoires qui alimentent la croissance urbaine se délimitent aussi en fonction des concurrences entre métropoles et villes de niveau hiérarchique inférieur; enfin il ne faudrait pas sous-estimer l'importance de l'émigration vers l'étranger, élément perturbateur qui vient interférer avec le système migratoire interne et le compliquer. Il résulte, au total, de la conjonction de ces différents facteurs, une très grande variété dans **la signification des aires migratoires urbaines.** Voici, par exemple au **Maroc,** le cas de Marrakech (R. Escallier, 1981), une métropole régionale dont l'espace migratoire est aujourd'hui modelé par la concurrence casablancaise. Cet espace révèle une dissymétrie très prononcée, puisque ce sont le Haouz et les régions montagnardes proches (le Haut Atlas) qui participent à la formation de la population urbaine tandis que, vers le nord et le nord-ouest, la puissance d'attraction s'atténue très rapidement, ce qui dénote l'ampleur de l'influence casablancaise. Et si l'émigration, massive des gens du Sud (Souss, Anti-Atlas, oasis sahariennes) se porte de préférence vers les grands ports atlantiques, c'est que le déclassement de la ville se confirme et que son rôle s'amoindrit sur le plan régional. Marrakech capitale du Sud? Sans doute, mais une capitale déchue qui a des difficultés à affirmer sa prééminence même dans les régions soumises traditionnellement à son emprise commerciale (fig. 56).

Autre exemple, cette fois choisi parmi ces « espaces ouverts » dont le Rharb représente le type parfait : cette plaine bien circonscrite, n'est-ce pas la « région naturelle » par excellence? Or l'organisation de l'espace, perçue à travers l'examen des flux migratoires, ne reproduit absolument pas ce cadre. En effet plusieurs villes se partagent le Rharb : de petits centres situés au cœur même du Rharb (Sidi Kacem, Sidi Slimane) se trouvent en concurrence avec des agglomérations situées à la périphérie (Souk el Arbaa, Kenitra); du fait que ces aires d'attraction s'interpénètrent, on a pu qualifier (J.F. Troin, 1975) cette plaine de « région qui se cherche ». Cependant c'est Kenitra — dernier maillon de la chaîne urbaine atlantique — qui apparaît comme la vraie capitale régionale : la polarisation par Kenitra des flux d'exode rural dans la partie occidentale du Rharb et l'absence d'un schéma identique dans le secteur oriental traduisent une dissymétrie dans l'organisation spatiale (R. Escallier) que, par ailleurs, confirme l'agencement des réseaux commerciaux. Que reste-t-il finalement de la belle unité naturelle? (III$^{e}$ Partie, **1**).

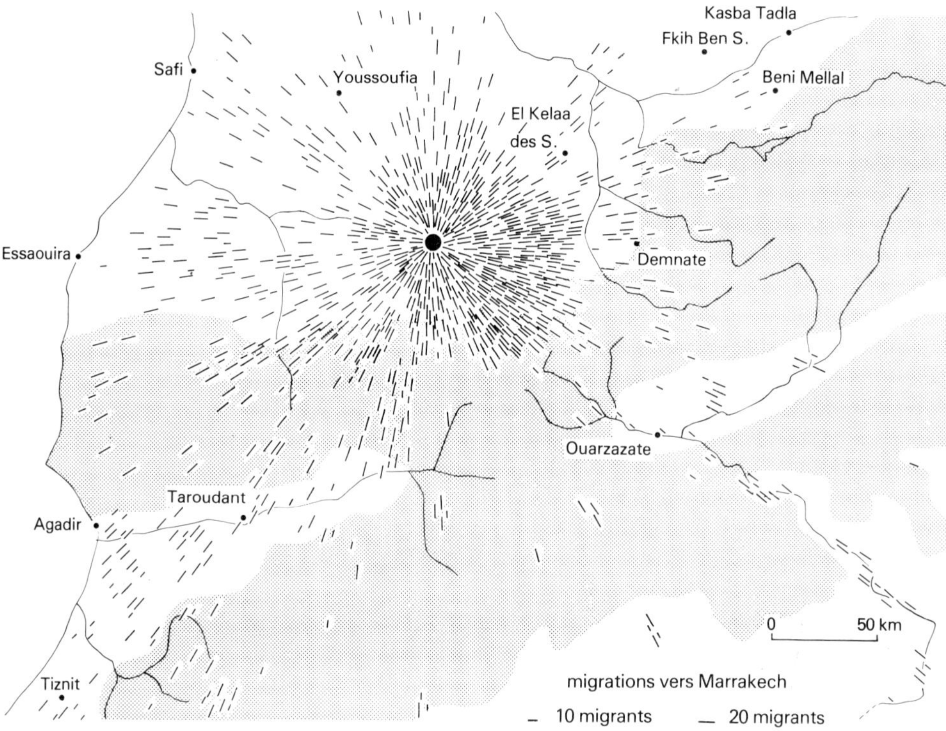


Fig. 56. — MIGRATION DÉFINITIVE VERS LA VILLE DE MARRAKECH
(D'après R. ESCALLIER)

On ne dispose pas pour **l'Algérie** d'une étude comparable à celle de R. ESCALLIER; cependant, dans son ouvrage sur l'Algérie, M. COTE (1983) résume la situation : sur un fond de drainage des populations vers les grandes agglomérations littorales, avec une place écrasante pour Alger, se dessinent des aires d'attraction bien marquées et spatialement limitées. C'est ainsi qu'Oran exerce une influence sur l'Oranie, tandis qu'Annaba et Constantine se partagent l'Est algérien; à un échelon plus modeste, chaque ville moyenne se taille une aire d'attraction quasi exclusive, mais limitée dans l'espace (M. COTE, 1979). Toutefois on peut s'interroger sur la signification de ces aires d'attraction démographique : des villes moyennes comme Sétif ou Sidi-Bel-Abbès pouvaient avoir, durant l'ère coloniale, un recrutement « régional », mais elles servaient alors exclusivement de réceptacle aux ruraux; aujourd'hui ces aires ne se sont pas nécessairement élargies — exception faite du personnel d'encadrement supérieur (B. SEMMOUD, A. PRENANT) —, pourtant ces villes offrent, à une proportion non négligeable de migrants, un nombre important d'emplois secondaires et tertiaires, ce qui autorise l'amorce d'une intégration au marché du travail et à la société citadine.

Les liens entre l'intensité du mouvement migratoire et le degré d'industrialisation sont évidents, directs, voire impressionnants quand il y a distorsion importante entre la taille de l'industrie et celle de la ville : au cours de la période intercensitaire 1966-1977,

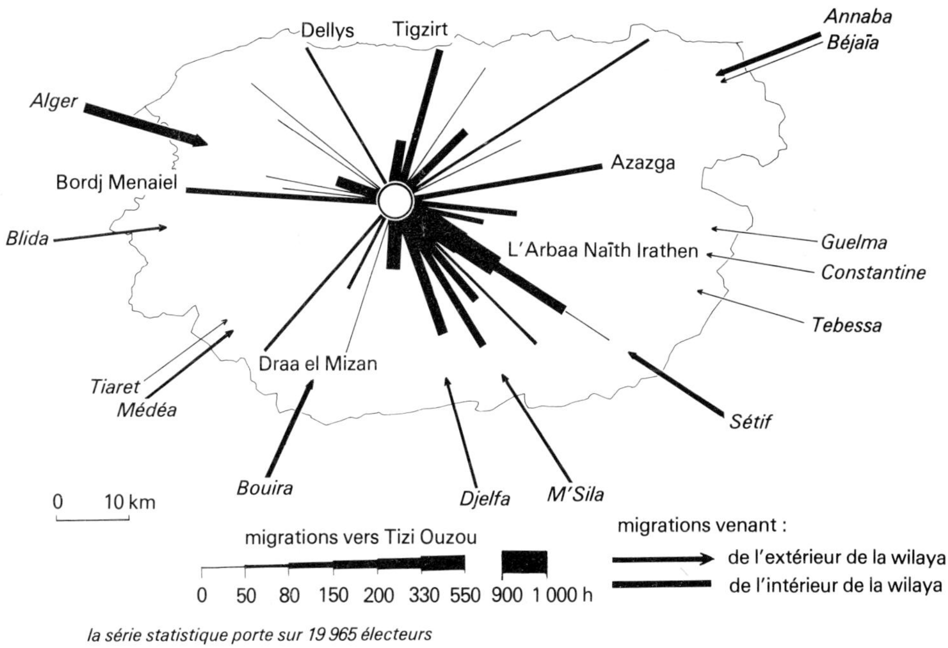


ET VERS LA VILLE DE TIZI OUZOU.
(D'après F.Z. MAHROUR)

les records de croissance urbaine ont été établis par des centres accueillant sur leur territoire de vastes ensembles industriels.

Le cas d'Annaba est, à cet égard, exemplaire (D. ROYOUX, 1984). Cette ville, dont la croissance a été stimulée de manière exceptionnelle par la construction du complexe sidérurgique d'El Hadjar, dépasse 250 000 habitants (1977). Mais cet essor s'est accompagné d'un foisonnement de bidonvilles peuplés, dans une proportion élevée, d'ouvriers d'usine aux salaires réguliers. La création, dans un temps très bref, d'un nombre d'emplois considérable a engendré un très fort appel de migrants (40 % en 1977). On observe cependant que le champ migratoire dessiné par la ville d'Annaba ne recoupe pas, loin s'en faut, celui induit par les bidonvilles de l'agglomération (fig. 57). Le premier s'étend largement sur les *wilaya* d'Annaba (centre et ouest), de Guelma (ouest plutôt), de Tebessa, sur le nord de la *wilaya* de Constantine et l'est de celle de Jijel ainsi que, de manière plus diffuse, sur la *wilaya* d'Oum el Bouaghi; il est à noter qu'une proportion élevée des migrants provient des centres urbains situés dans cet espace (et c'est même la caractéristique essentielle du recrutement d'Annaba-commune) : Guelma, Souk Ahras, Tebessa, Constantine, Jijel et Collo; bon nombre d'autres proviennent d'agglomérations plus éloignées, Sétif, Batna, Béjaïa, Tizi-Ouzou, Ghardaïa et, surtout, Alger. L'aire d'attraction des bidonvilles est par contre sensiblement plus réduite : sans doute concerne-t-elle principalement, elle aussi, les *wilaya* d'Annaba, de Guelma, de Tebessa, mais la très grande majorité des migrants proviennent des zones rurales les plus marginales, les plus enclavées, c'est-à-dire de la bande frontalière algéro-tunisienne; les

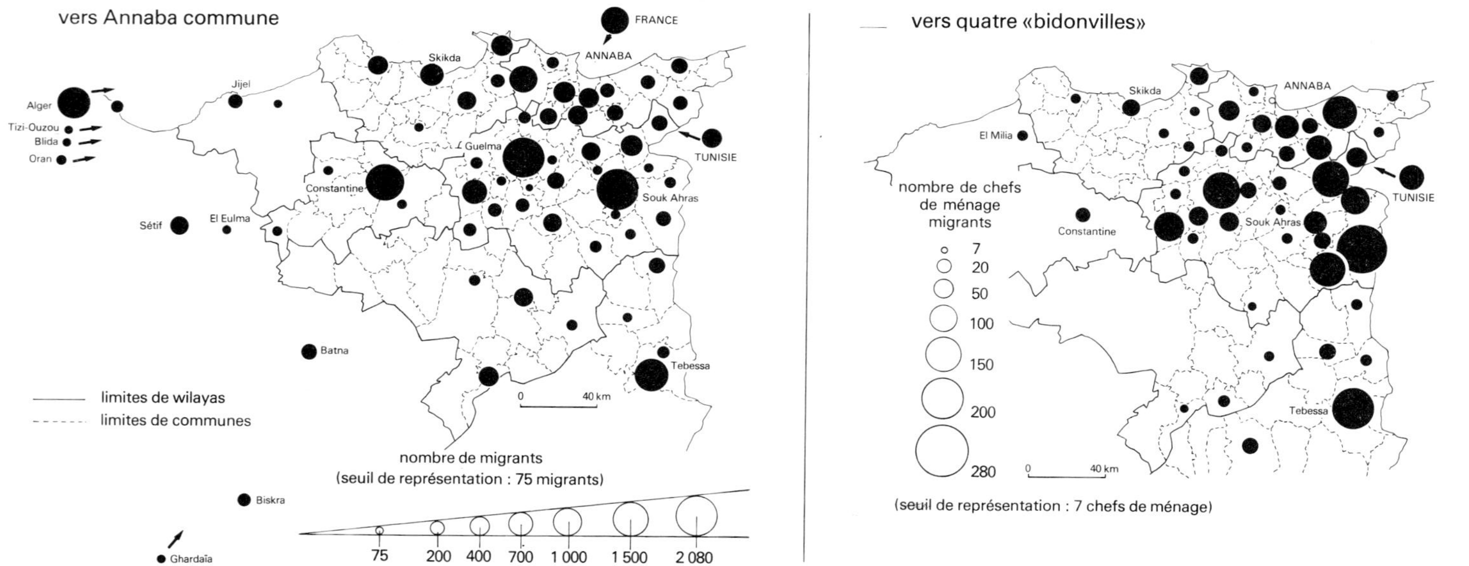


Fig. 57. — ORIGINE DES MIGRANTS DÉFINITIFS VERS ANNABA.
(Source : D. Royoux, 1984)

citadins d'origine régionale sont peu nombreux, et ceux originaires des villes extra-régionales pratiquement absents. L'aire de recrutement de la population *annabi* est donc constituée d'éléments distincts, qui se juxtaposent dans l'espace plutôt qu'ils ne se superposent; et cette hétérogénéité du bassin d'attraction démographique se concrétise, à Annaba même, dans la dualité de l'habitat, les modes d'insertion au marché du travail et les niveaux de revenus.

Cependant si, reprenant l'Algérie dans son ensemble, on se place au niveau des préoccupations de l'aménageur, le fait majeur — et inquiétant — demeure l'ampleur de l'attraction algéroise, puisque depuis le début du siècle les deux tiers des mouvements inter-régionaux ont abouti à Alger! Car la persistance de courants migratoires issus des régions intérieures (et de plus en plus lointaines) — malgré un ralentissement perceptible dès 1973 (A. Prenant, 1978) —, la saturation progressive de la capitale et la surcharge des réseaux de circulation, l'urbanisation anarchique de ses environs (avec pour conséquence le grignotage des terres parmi les meilleures du pays), tout traduit l'impossibilité de l'État, malgré les moyens mis en œuvre, de supprimer des flux migratoires très nourris qui, en définitive, soulignent la persistance des profondes oppositions régionales villes littorales/intérieur (M. Taieb, 1981). Malgré l'effort de répartition régionale des investissements industriels, la concentration des pouvoirs dans une capitale d'un État ayant acquis l'indépendance voici peu, favorise inévitablement l'élargissement de son espace migratoire — qui passe du cadre régional au cadre national.

Sans doute la cartographie des aires d'attraction est-elle la traduction spatiale de la hiérarchie urbaine et, de ce point de vue, l'espace algérien fonctionne comme autant de sous-espaces bien circonscrits et emboîtés les uns dans les autres. Mais — et à ce titre l'Algérie est exemplaire — la carte devrait être un outil d'aménagement permettant de guider une politique dépassant le seul critère économique car elle démontre que l'aggravation des déséquilibres régionaux, malgré deux décennies d'efforts, ne relève plus uniquement d'une meilleure répartition de l'emploi : elle souligne une dépréciation qualitative des régions intérieures à laquelle, précisément, tente de remédier la politique de régionalisation algérienne.

Enfin, il n'est pas sans intérêt de souligner que la nature du flux migratoire, l'origine des populations, peuvent avoir des implications non seulement sur l'évolution du tissu urbain et la distribution des groupes sociaux à l'intérieur des quartiers, mais jusque dans la politique urbaine, examinée cette fois à l'échelle municipale. Ainsi Tizi-Ouzou regroupe des néo-citadins, la plupart originaires de Grande Kabylie (le relief y est pour beaucoup puisque les limites de la *wilaya* se confondent avec le littoral au nord, les hautes cimes du Djurjura au sud), si bien que la politique urbaine s'applique à une population dont la cohérence repose sur une homogénéité géographique et culturelle — ce qui lui confère une réelle efficacité; à l'inverse les difficultés rencontrées pour conduire une politique d'aménagement à Blida trouvent des éléments d'explication dans le caractère hétérogène de son peuplement : en effet près de 40 % des Blidéens sont originaires des montagnes telliennes (Titteri, Dahra, Ouarsenis) et 36,6 % de l'Algérois (J. Deluz-La Bruyère, 1983).

L'analyse des aires de recrutement des populations urbaines révèle, en **Tunisie,** l'existence de traits communs aux autres pays du Maghreb, avec toutefois des caractères d'une réelle originalité : ce sont tout particulièrement la diversité et l'ampleur de l'attraction tunisoise, d'une part, la rapidité de la réorientation récente des flux migratoires, d'autre part.

En effet, dans un pays de petite taille comme la Tunisie, l'influence de la capitale s'exerce assez aisément sur l'ensemble du territoire qu'elle contrôle; et ceci, d'autant plus que Tunis, vieille capitale historique, lieu exclusif de concentration des pouvoirs politiques, économiques et culturels, nœud des voies de communication terrestres et port le plus actif du pays — une conjonction unique au Maghreb —, a fonctionné pendant des décennies comme le principal foyer d'attraction de la population. C'est pourquoi — à la différence de ce que l'on a pu noter à propos de Marrakech — l'attraction démographique de Tunis ne diminue pas d'intensité au fur et à mesure que l'on s'en éloigne, au point que certains des foyers d'émigration vers Tunis les plus intenses en sont distants de plusieurs centaines de kilomètres (île de Jerba, Zarzis, Tataouine et Médénine, Matmata et Ghomrassen, etc.). La dimension nationale de l'attraction tunisoise trouve, par ailleurs, un élément d'explication dans la diversité des apports migratoires successifs : sur un fonds permanent d'exode rural, qui connaît des pointes exacerbées à chaque crise de production agricole, s'est en effet ajouté un exode urbain qui, dans un premier temps, a concerné les vieilles bourgeoisies citadines (Kairouan, cités oasiennes...) et les artisans ruinés par le système colonial (Sahel, Béja...), puis, au moment de l'Indépendance, les élites instruites et occidentalisées (agglomérations du Sahel, de Sfax, de Nabeul... tout particulièrement); au cours de ce processus, toutes les régions, avec leurs composantes rurales et urbaines, ont été conduites, avec des intensités certes variables, à participer à la migration vers Tunis. De ce fait, les autres villes n'ont pu établir leurs aires de recrutement démographique que dans un espace limité autour d'elles — mais dans ce cas (Sousse et Monastir, Bizerte, Nabeul...), toujours en concurrence avec Tunis — ou bien sur les marges de l'attraction tunisoise, c'est-à-dire dans les régions de faible intensité migratoire (Mogods et Kroumirie pour Béja et Jendouba, steppes de la Tunisie centrale pour Sfax, etc.) : rien d'étonnant, dans ces conditions, à ce que tous les gouvernorats du pays, sans exception, aient présenté, lors du recensement de 1966, un solde migratoire négatif avec Tunis (P. SIGNOLES, 1972).

Mais de très notables changements ont affecté l'espace migratoire tunisien depuis le début de l'année 1970 (P. SIGNOLES, 1984). Ils se caractérisent en premier lieu par un **freinage très sensible des migrations intérieures** à destination de Tunis (J.M. MIOSSEC, 1981), **phénomène insolite dans un pays du Tiers Monde.** L'aire de recrutement démographique de la capitale s'est rétrécie et tend à se concentrer sur les espaces intérieurs du nord et du centre de la Tunisie (gouvernorats de Zaghouan, Béja, Jendouba, Le Kef, Siliana, Kairouan); de vieilles régions émettrices, comme le Sahel ou le Sud-Est, présentent en effet aujourd'hui des soldes migratoires équilibrés, ou même légèrement positifs avec la capitale. D'une manière plus générale, de nombreuses agglomérations urbaines du littoral oriental, en plein essor démographique, se sont établies comme de nouveaux foyers attractifs : le renforcement des fonctions administratives, le développement des activités liées au tourisme et le dynamisme industriel, auxquels s'ajoute dans certains cas le retour des émigrés (à Tunis même ou à l'étranger) et l'injection dans l'économie urbaine d'une partie de l'argent transféré de l'étranger, ont contribué à redessiner la carte des flux migratoires. Désormais les courants de population ne se portent plus tous, loin s'en faut, vers la capitale et une bonne partie de l'exode rural se déverse sur Gabès, Sousse, Monastir, Hammamet-Nabeul, Ksar-Hellal et Moknine, Houmt-Souk et Zarzis tandis qu'un nombre sans cesse croissant de Tunisois d'origine (cadres supérieurs, techniciens, personnel qualifié) quitte la capitale pour occuper un emploi dans ces nouveaux foyers d'activité.

Cette réorganisation du système migratoire tunisien, réalisée quasi spontanément (puisqu'elle ne répond à aucun schéma planifié d'aménagement du territoire) pourrait d'autant plus étonner qu'elle s'effectue « aux dépens » d'une métropole (Tunis) dont l'empreinte sur la destination des flux d'hommes était plus forte que celle de ses homologues du Maghreb (Alger, Rabat-Salé, Casablanca) : elle témoigne d'**une extraordinaire plasticité de l'espace migratoire tunisien,** dont pourraient tirer profit, s'ils s'en donnaient les moyens, les planificateurs et les responsables de l'aménagement régional.

On mesure donc à des échelles diverses l'intérêt d'une étude de l'aire de recrutement de la population citadine : la redistribution de la population — qui ne se limite donc plus au seul monde rural mais affecte de plus en plus les villes — reste un critère révélateur des mutations dans l'organisation de l'espace maghrébin.

## 2. LA PROPRIÉTÉ CITADINE : HÉRITAGE, SPÉCULATION OU DÉSENGAGEMENT?

Dans les trois pays du Maghreb, et de vieille date, les citadins possèdent des biens à la campagne. La rente foncière prélevée aux dépens des ruraux participe de ces relations ville-campagne, si bien que pour une large part, variable selon le poids de la bourgeoisie citadine, l'ancrage d'une ville dans sa région, donc un aspect de son rôle régional, en découle; et ceci est valable pour la plupart des villes de vieille tradition, quelle que soit leur taille [par exemple, au Maroc, Sefrou (H. Benhalima, 1977) ou Moulay Idriss du Zerhoun (D. Wahbi, 1983) récemment étudiées] et quelle que soit la région de localisation, villes du Tell comme villes du Sahara. Mais ce serait une erreur que de réduire ce type d'organisation de l'espace aux seules formes de prélèvement d'une rente, car dans cette aire, souvent bien circonscrite, de multiples liens se nouent entre le citadin et ses propriétés rurales : contrats d'association avec le (ou les) exploitant(s) (une forme très répandue), visites de contrôle du gérant dans le cas d'exploitations en faire-valoir direct (surtout si le propriétaire, à la recherche d'un investissement de rapport, se veut à la pointe du progrès agronomique), présence du propriétaire sur les lieux, à certaines dates précises du calendrier agricole (moisson, pressage de l'huile, etc.), un séjour qui peut se prolonger lorsque l'exploitation se double d'une résidence secondaire, ou encore — autre cas très fréquent — multiples allées et venues dans un but de ravitaillement en vivres frais. Bref, tout un réseau de relations se tisse dans l'aire qui, par l'importance des propriétés citadines, caractérise le rayon foncier d'une ville : une aire dont l'expansion, ou la rétraction, peut être révélatrice d'un dynamisme régional ou résulte de transformations profondes dans l'environnement économique et social. Et ce critère, mesurant une influence citadine, sera d'autant plus significatif que la ville n'aura guère connu de développement industriel.

Étudiant la genèse de la propriété citadine marocaine, G. Lazarev (1977) a montré, à partir de l'exemple de Fès, comment l'appropriation foncière avait joué un rôle important au Maroc, puisque c'est elle qui a donné son assise à une bourgeoisie fortement établie dans le pays, du fait du réinvestissement des rentes tirées de la terre dans l'activité commerciale. A l'autre extrémité du Maghreb, P. Signoles (1984) analyse, avec Tunis, un cas exemplaire, tant sur le plan de la formation que de l'évolution actuelle de cette emprise foncière. En Algérie, les travaux — qui font autorité — d'A. Prenant (1967) ont montré que le rayon foncier citadin pouvait être aussi étendu et aussi pesant sur les campagnes pour une ville de création coloniale, comme Sidi-Bel-Abbès, que pour une vieille cité bien ancrée dans sa région, comme Tlemcen.

Un fait est ainsi certain : l'emprise des villes n'a nullement pâti de l'intermède colonial, les colons européens étant dans leur immense majorité des citadins (ou l'étant devenus à la suite de migrations). La domination urbaine sur les terres a même pu se renforcer après l'Indépendance, plus au Maroc d'ailleurs qu'en Tunisie et, surtout, en Algérie, les terres coloniales étant partiellement passées aux mains des bourgeoisies nationales (R. FOSSET, M. YAZGHI-MOUBACHIR, P. SIGNOLES) : c'est ainsi qu'au Maroc, nombreux sont ceux qui n'ont pas hésité à passer outre les interdictions concernant les transactions entre nationaux et étrangers; l'opération était d'autant plus tentante que, du fait du départ des colons, le prix des terres agricoles amorçait une très nette tendance à la baisse. Ainsi dans la plaine du Saïs, sur les terres de qualité, proches des grands axes routiers et pas trop éloignées des villes (une trentaine de kilomètres), les puissantes bourgeoisies de Fès et Meknès ont su habilement conforter leurs possessions. Ce renforcement de l'appropriation foncière s'est accompagné d'une autre forme d'accentuation de l'emprise citadine qui a correspondu à l'exode vers la ville de ces innombrables petits fellahs dans l'impossibilité de s'assurer un niveau de vie décent sur une micro-propriété dont ils ne se sont cependant pas dessaisis. Les deux processus convergents ne sont évidemment pas comparables, ni par leur ampleur ni par leur rôle dans la structuration régionale. La situation n'est pas exactement identique en Tunisie, car la liquidation des *habous* privés et publics (en 1956 et 1957) a porté une grave atteinte à la propriété citadine, tandis que l'institution de coopératives agricoles sur les terres récupérées de la colonisation gênait la reconstitution d'un patrimoine foncier appartenant aux habitants des grandes villes. Toutefois, ni les lois de nationalisation des terres coloniales, ni celles de réforme agraire limitant la taille des propriétés dans les périmètres irrigués, n'ont réellement empêché que se maintienne la grande propriété citadine, ni même qu'elle se développe à nouveau, une fois le retour à une politique libérale assurée (en 1970) (H. SETHOM, 1984).

Il faut mettre à part **le cas de l'Algérie** qui, du fait de ses options socialistes, a connu une tout autre évolution; d'une part les propriétés européennes ont été nationalisées dès 1963, d'autre part la révolution agraire, dans sa seconde phase (1972), a supprimé d'une façon radicale une emprise citadine qui paraît avoir été particulièrement affirmée : M. COTE (1983) cite par exemple le chiffre de 110 000 ha contrôlés par la seule ville de Constantine (avec une concentration dans un rayon de 75 km) et confirme que cette propriété correspondait pour partie à la grande propriété terrienne, pour partie à la petite propriété des néo-citadins ayant fui la campagne. Toutefois l'importance en Algérie de cette propriété citadine — du moins la grande propriété terrienne — a été largement surestimée, car les terres confisquées par la révolution agraire n'ont guère dépassé, en superficie, la moitié du capital foncier que l'on attribuait à des citadins absentéistes, ce qui est très loin de l'objectif escompté (un million d'ha!). Sans doute, certains propriétaires, notamment de la vieille bourgeoisie terrienne, ont-ils jugé prudent de se dessaisir de leurs propriétés rurales dès que l'éventualité d'une réforme agraire fut apparue et préféré investir dans la petite industrie, le matériel agricole ou, surtout, l'immobilier urbain (M. COTE, 1973), tandis que d'autres « ont su utiliser tous les arcanes des textes juridiques pour échapper aux nationalisations, mais ces cas ne portent finalement que sur des chiffres limités » (M. COTE, 1983) : en aucune façon ces multiples échappatoires ne peuvent expliquer une telle distorsion entre les propriétés citadines dont la récupération était prévue et ce qui a finalement été confisqué. La révolution algérienne aura eu le mérite de permettre de fixer un ordre de grandeur — à l'échelle d'un État tout entier — concernant cette emprise citadine sur les campagnes. Une emprise qui ne se révèle finalement nullement exorbitante par rapport à ce que l'on observe dans les pays riverains de la Méditerranée occidentale, ce qui n'est pas surprenant, car la ville maghrébine n'a jamais assis sa richesse sur la seule rente foncière : le négoce et l'artisanat, comme le signalait R. Le Tourneau (1949) à propos de Fès, y ont toujours été des activités prépondérantes, du moins avant les mutations contemporaines et la diversification des fonctions urbaines.

Dans les deux pays où la propriété citadine est aujourd'hui la mieux affirmée, le Maroc et la Tunisie, elle tend parfois à revêtir **de nouvelles formes,** principalement autour des métropoles ou agglomérations dont l'économie est la plus dynamique. Si cette évolution semble plus avancée en Tunisie (fig. 58), c'est peut-être tout simplement qu'elle y a été mieux étudiée qu'au Maroc. Toujours est-il que l'on voit apparaître, aux côtés d'une bourgeoisie terrienne de vieille souche qui, par endroits, se contente de prélever la rente sur le sol ou qui, dans les zones de grandes cultures, perpétue le système de l'agriculture extensive et mécanisée de type colonial, une nouvelle bourgeoisie pour laquelle la terre n'est plus considérée comme un simple placement — qui longtemps a permis d'échapper aux interdits visant l'usure —, mais comme le support d'un véritable investissement capitaliste, parfois même spéculatif. Ces nouveaux propriétaires fonciers, citadins enrichis dans le commerce, les professions libérales, la fonction publique ou même l'armée, utilisent les capitaux dont ils disposent pour se constituer des exploitations de taille moyenne, sur lesquelles ils entreprennent une reconversion culturale, allant dans le sens d'une intensification des systèmes de culture, à moins qu'il ne s'agisse d'un défrichement ou épierrage spectaculaire comme on peut le constater sur la bordure du causse moyen-atlasique (M. Kerbout, 1981). Ces exploitations modernes utilisent motopompes et drains en plastique, cultivent sous serres ou abris divers, travaillent parfois le sol à l'aide de petits tracteurs japonais ou de motoculteurs, consomment engrais et produits phyto-sanitaires, emploient enfin une main-d'œuvre souvent salariée. Stimulées par la proximité des grands marchés de consommation urbains, certaines s'orientent vers le maraîchage, l'agrumiculture et les productions fruitières; d'autres choisissent l'élevage, pour le lait ou la viande, le bétail étant nourri par l'exploitation elle-même quand elle pratique les cultures fourragères (Tangérois) ou grâce à des fourrages achetés sur le marché (cap Bon occidental); d'autres enfin se lancent dans l'aviculture industrielle, à partir d'aliments concentrés. Ces processus d'intensification atteignent une ampleur particulière autour de Tunis et dans le cap Bon occidental (H. Sethom, 1978; P. Signoles, 1984), dans les périphéries de Rabat-Salé (M. Belfquih, 1978) et de Casablanca. Mais on les retrouverait, avec une intensité certes moindre, autour de la plupart des agglomérations grandes ou moyennes du Maroc et de la Tunisie : l'évolution des campagnes situées autour de Tanger en est un exemple tout à fait démonstratif (A. Boulifa, 1983).

Au total, si de nombreuses villes maghrébines disposent, aujourd'hui encore, d'un rayon foncier plus ou moins étendu autour d'elles, il n'en demeure pas moins de plus en plus difficile de voir en celui-ci l'un des piliers essentiels des économies urbaines ou l'une des bases les plus solides de l'organisation régionale. Les tendances récentes sont, en effet, plutôt au rétrécissement, voire à la dilution (Algérie), de ces rayons fonciers, du fait des mesures de récupération des terres par l'État, de l'application (même imparfaite) des lois de réforme agraire et des progrès de l'appropriation paysanne; ceci

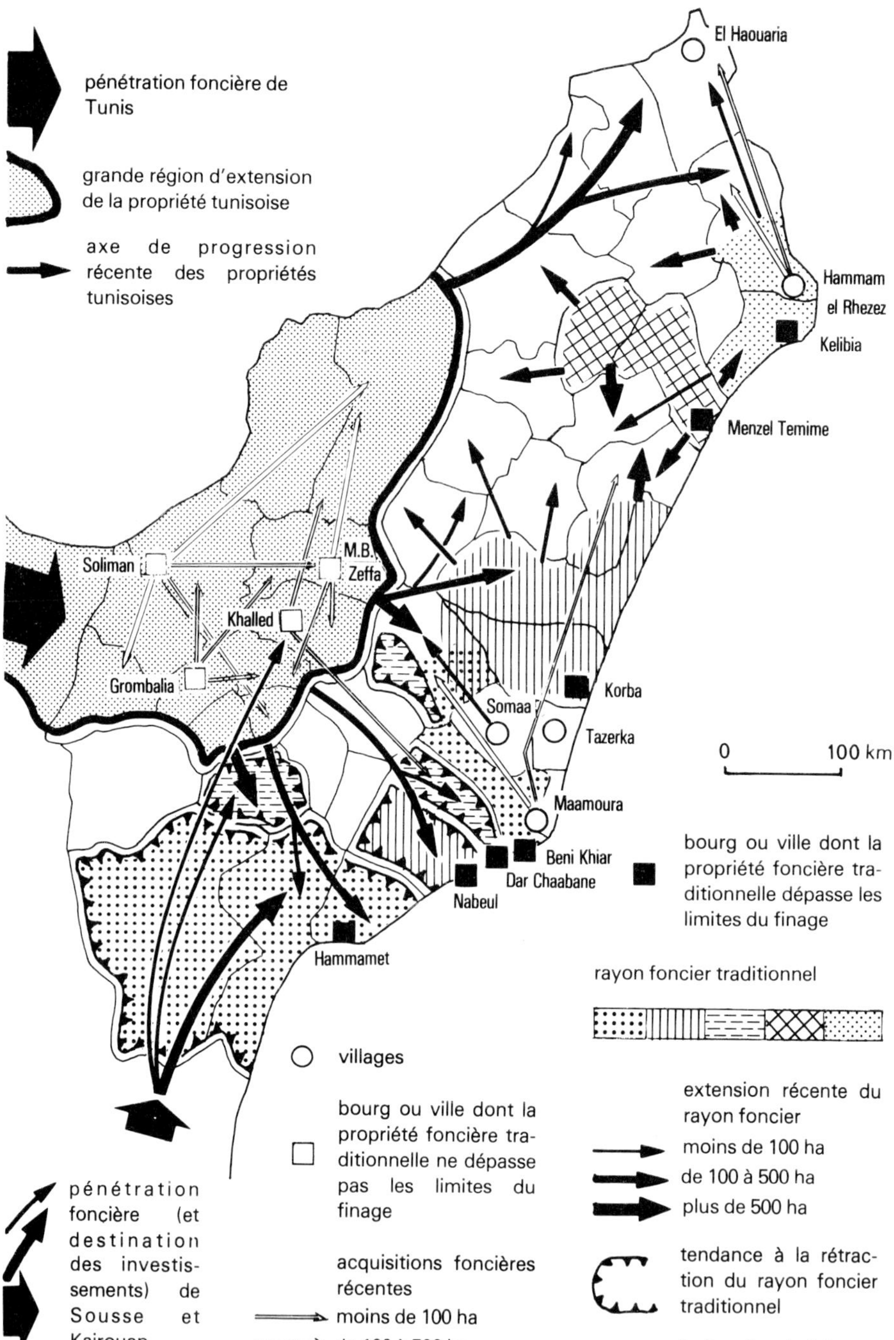
pénétration foncière de Tunis
grande région d'extension de la propriété tunisoise
axe de progression récente des propriétés tunisoises
El Haouaria
Hammam el Rhezez
Kelibia
Menzel Temime
Soliman
M.B. Zeffa
Khalled
Grombalia
Somaa
Korba
Tazerka
Maamoura
Beni Khiar
Dar Chaabane
Nabeul
Hammamet
0
100 km
bourg ou ville dont la propriété foncière traditionnelle dépasse les limites du finage
rayon foncier traditionnel
villages
bourg ou ville dont la propriété foncière traditionnelle ne dépasse pas les limites du finage
extension récente du rayon foncier
moins de 100 ha
de 100 à 500 ha
plus de 500 ha
pénétration foncière (et destination des investissements) de Sousse et Kairouan
acquisitions foncières récentes
moins de 100 ha
de 100 à 500 ha
tendance à la rétraction du rayon foncier traditionnel
limites des cheikhats

n'interdit évidemment pas que certaines formes nouvelles adoptées depuis peu par l'investissement citadin permettent aux villes les plus puissantes de reconstituer (en partie) ici un patrimoine qu'elles sont en train de perdre ou ont déjà perdu là. L'explication essentielle semble pourtant devoir être recherchée ailleurs : au sein d'économies maghrébines de plus en plus diversifiées, et où les sources de profit se sont multipliées, les bourgeoisies citadines peuvent trouver sans difficulté des opportunités d'investissements bien plus rentables que la terre — ou associer aux ressources procurées par leurs propriétés d'autres types de revenus (A. Kassab, 1979). Plus encore, **l'appropriation foncière ne constitue plus aujourd'hui qu'un moyen parmi d'autres,** sans doute même secondaire, **de prélèvement du surproduit agricole :** mieux vaut, pour les citadins riches, chercher à intercepter la rente que la produire directement; mieux vaut tenir les circuits de commercialisation des produits agricoles, faire pression sur les prix, distribuer le crédit aux fellahs, leur louer du matériel agricole ou leur vendre les intrants qu'ils consomment de plus en plus, qu'immobiliser des capitaux dans l'achat de terres.

## 3. COLLECTE DES PRODUITS AGRICOLES ET DISTRIBUTION DES BIENS DE CONSOMMATION : DES FONCTIONS URBAINES EN PLEINE TRANSFORMATION

Les fonctions de collecte et de distribution, l'une des formes essentielles du contrôle exercé par les villes sur les campagnes dans le Maghreb précolonial, ont subi des transformations d'une ampleur considérable. Ces mutations profondes ont pour conséquence essentielle une dissociation accélérée des liens commerciaux traditionnellement noués entre les villes et leurs régions proches. Mais ce nouvel espace commercial — auquel la colonisation a donné naissance et qui se caractérisait par la prédominance des villes portuaires — dispose d'une telle capacité de résistance qu'il demeure aujourd'hui encore fonctionnel, même si des efforts soutenus sont entrepris (en Algérie tout particulièrement) pour en faire éclater la logique.

En effet, le système colonial a eu pour effet, dans de très nombreux cas, de pousser à la constitution de vastes aires de drainage ouvertes sur les ports exportateurs; il n'interdisait pas cependant que se maintiennent (ou se renforcent) certaines **aires anciennes de collecte** autour de vieux foyers urbains, ni que d'autres se créent autour de quelques ports.

Voici Fès, au centre d'une vaste région oléicole, aujourd'hui en pleine extension : la mainmise de Fès est mieux affirmée dans le domaine commercial que dans le domaine foncier parce que les industriels oléifacteurs ont réussi à dominer les circuits de commercialisation.

---

Ci-contre :
Fig. 58. — LA PÉNÉTRATION FONCIÈRE CITADINE DANS LE CAP BON.
(D'après P. Signoles; carte établie à partir des enquêtes analytiques élaborées par H. Sethom, 1977)

Dans sa périphérie immédiate, la ville de Fès contrôle plus de 80 % des olives commercialisées; la domination demeure très forte dans une seconde couronne (fig. 59) (Dir de Sefrou, Prérif central); de manière plus diffuse elle s'étend encore au-delà, en concurrence des attractions de Meknès, Ouezzane, Tétouan et Taza, jusqu'à atteindre le Haouz, le Tadla, le Tafilalt ou le Maroc oriental. Dès que la distance interdit aux producteurs de pratiquer des livraisons directes, la commercialisation des olives s'effectue par l'intermédiaire des souks où viennent s'approvisionner transporteurs locaux et acheteurs *fassi;* mais en tout état de cause, les transactions demeurent sous l'emprise des grossistes et industriels citadins, le monopole qu'ils détiennent en matière de transformation leur permettant de fixer les prix à leur guise (L. JENNAN, 1981).

M. FAKHFAKH (1976) a décrit autour de Sfax une organisation spatiale tout à fait comparable, bien que l'essor de l'olivette ait été ici dû en grande partie aux initiatives des colons — certes suivis par les grands propriétaires sfaxiens — et que l'huile ait été destinée à l'exportation. Ceci a toutefois permis une intégration entre la production, la transformation et le négoce des olives et des huiles peut-être mieux affirmés encore qu'à Fès, si efficace que les mesures adoptées après l'Indépendance (création de l'Office National de l'Huile) n'ont guère modifié les rapports entre Sfax et sa région agricole.

Avec Mostaganem, c'est un autre cas de région créée par la colonisation autour d'un pôle urbain portuaire, mais qui, à la différence de la région sfaxienne, a perdu beaucoup de sa cohésion depuis l'accession de l'Algérie à l'Indépendance (P.Y. PÉCHOUX, 1975). Car la région de Mostaganem se définissait alors comme l'espace gravitant autour d'une ville-port qui constituait le débouché d'un vignoble de masse suscité par la demande de la Métropole.

Avec les nouvelles structures de production et de commercialisation, les décisions sont désormais prises à Alger et Mostaganem a aujourd'hui perdu, vis-à-vis de son espace viticole, les initiatives qui étaient les siennes autrefois et ne joue plus qu'un rôle passif de relais technique qui transmet les ordres et contrôle leur exécution.

La liquidation du système colonial a-t-elle permis aux villes maghrébines de modifier les systèmes agricoles dans les régions qui les entourent? En vérité, la demande accrue née des transformations rapides affectant la consommation alimentaire en milieu urbain ne fait pas sentir tous ses effets à proximité immédiate des agglomérations qui l'engendrent, car non seulement elle est satisfaite par le recours aux importations, mais par ailleurs les nouvelles zones de mise en valeur (notamment les périmètres irrigués) sont mieux à même de répondre aux besoins exprimés par les villes, malgré la distance qui les en sépare, que les anciens terroirs cultivés. La reconversion des systèmes de culture est toujours lente et fort coûteuse, les concurrences qui s'exercent sur le sol et pour l'eau dans la périphérie des grandes villes se résolvent le plus souvent au profit de l'urbanisation et de l'industrialisation, et enfin l'amélioration du réseau routier et la « révolution des camionnettes » concourent à l'élargissement de l'espace: ce sont des **marchés nationaux** qui s'établissent progressivement en vue de l'approvisionnement des grandes cités, et non des marchés régionaux. Ces remarques ne signifient évidemment pas que rien ne change dans les banlieues agricoles des grandes villes : le maraîchage, la plantation d'arbres fruitiers, les cultures fourragères s'y sont souvent étendus aux dépens des céréales et des vieilles olivettes et leurs productions se sont presque toujours réorientées de l'exportation à la vente sur les marchés citadins; les bassins laitiers qui faisaient totalement défaut pendant la période coloniale se constituent progressivement, dans la Mitidja (G. MUTIN, 1977), autour de Fès, de Rabat-Salé ou de Casablanca, pour peu que les prix fixés par l'État soient suffisamment rémunérateurs et qu'un effort soit entrepris en matière de collecte, de stockage et de transformation.

Il existe cependant des **aires de collecte de dimension régionale** au Maghreb : quelles solidarités instituent-elles entre villes et campagnes? Lorsque la collecte est assurée par

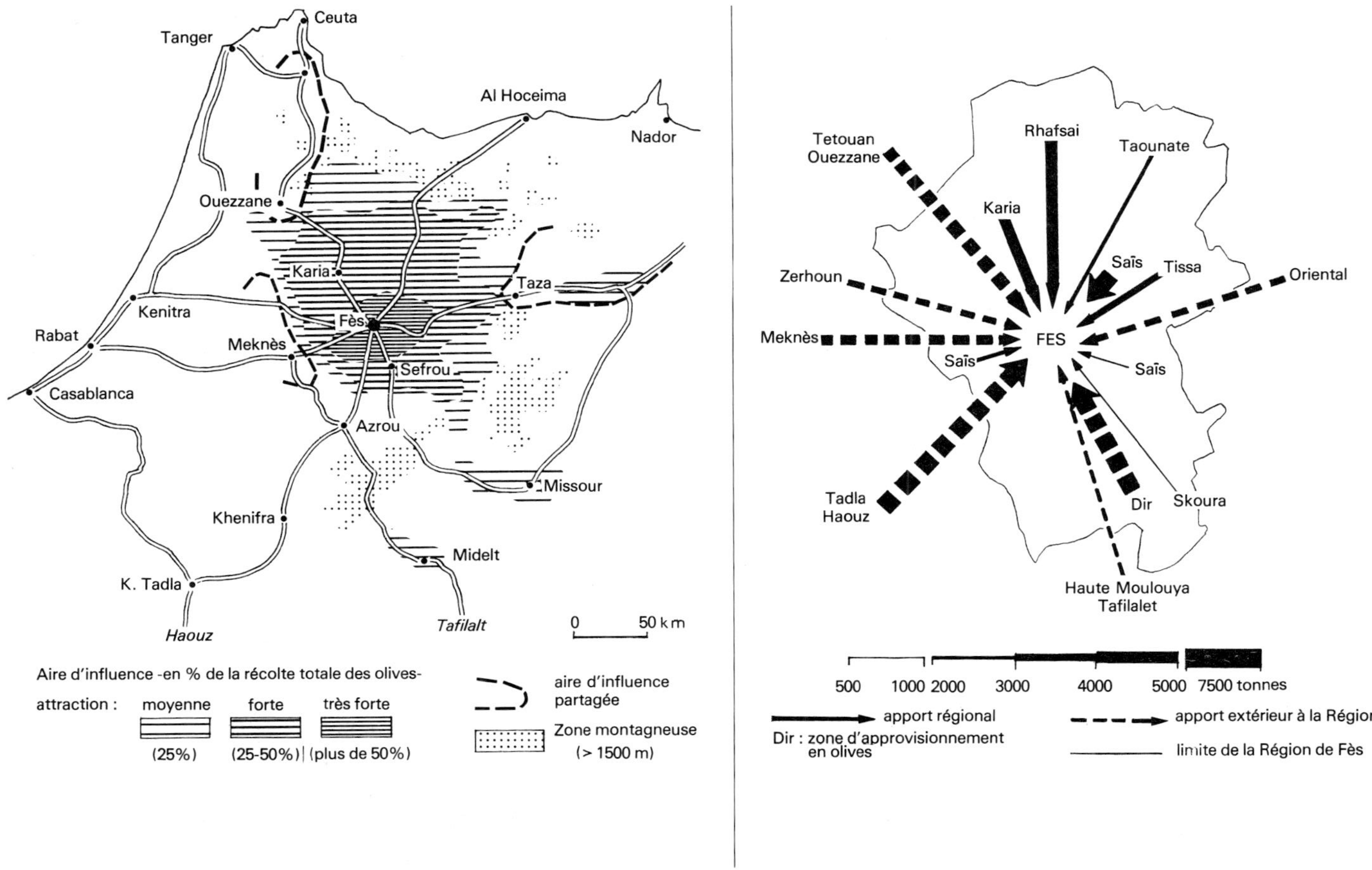


Fig. 59. — LA COLLECTE DES OLIVES PAR FÈS.
(D'après Lahsen JENNAN)

des organismes étatiques ou coopératifs (et c'est le cas pour de nombreux produits), les villes ne sont que des supports techniques ou des lieux de stockage servant de relais vers de plus grandes agglomérations : un tel système a pour conséquence de figer les rapports avec la campagne. Le cas du Rharb méridional est, à cet égard, exemplaire (A. FEJJAL, 1982). Le réseau de souks qui approvisionnait jadis Sidi Kacem en céréales s'est peu à peu dissous, tandis qu'une société coopérative, placée sous la tutelle de l'Office national des Céréales, monopolise la collecte grâce à des prix supérieurs; la sucrerie de Sidi Slimane qui n'établit avec les fellahs aucun contrat, est obligée d'accepter, à la demande des autorités, qu'une partie de la production de la zone qu'elle draine soit dirigée vers une autre sucrerie (celle de Mechraa Belksiri), et les unités de conditionnement des agrumes (surtout implantées à Sidi Slimane) ne sont que de simples lieux de transit avant l'expédition vers Casablanca et l'exportation : bref, la ville n'a « aucune maîtrise sur son espace rural ».

On pourrait enfin penser que le **système des souks,** fonctionnant souvent sous la forme d'une pyramide hiérarchisée (marchés fournisseurs, marchés-relais répartiteurs ou marchés-relai collecteurs et redistributeurs, centres urbains consommateurs), constitue la trame d'une organisation régionale de l'espace. J.F. TROIN (1975) a montré l'existence de telles régions au Maroc, où l'activité (de collecte) des souks demeure cependant incomparable par rapport à ce qu'elle est aujourd'hui en Tunisie et, plus encore, en Algérie (exception faite du commerce des bestiaux).

Le maintien de la vitalité des souks au Maroc a des raisons variées mais spécifiques à ce pays : le rôle — certes diminué mais encore notable — joué par ces marchés dans la commercialisation des produits ruraux (les souks sont des relais de ravitaillement pour les villes), la fréquentation par des néo-négociants qui sont d'anciens petits producteurs reconvertis dans le commerce, la présence abondante de services destinés aux fellahs (« le souk remplace la ville »), le développement des achats de produits urbains (équipement et consommation) lié à l'apport d'argent par les émigrés à l'étranger, la fixation (qui se poursuit) de boutiques autour de l'aire du souk.

En somme, le souk intègre les diverses transformations des modes de vie et de consommation, même s'il perd son caractère de marché rural, et il conserve un rôle social évident (J.F. TROIN, 1982).

Cependant de tels modes d'organisation spatiale ne se trouvent pas partout, et lorsqu'ils existent, leur survie semble compromise par le déclin des fonctions de collecte exercées par les souks (forte concurrence d'autres modes de drainage des productions, court-circuitage dû aux progrès des transports routiers, etc.).

Quant aux **fonctions de distribution urbaines,** elles ont beaucoup de mal à structurer un espace régional. En effet, deux facteurs concourent à limiter les possibilités d'organisation régionale des villes : d'une part les villes maghrébines, qui ne disposent que d'activités de production réduites (quand elles ne sont pas nulles!) ne sont donc en mesure que de redistribuer ce qu'elles achètent ailleurs, dans les métropoles économiques, et qui provient souvent de l'étranger; d'autre part, le niveau de revenus dans les campagnes est si bas que la consommation des ruraux s'effectue encore dans une large mesure par prélèvement sur leur propre production : le recours à la ville est, par conséquent, limité, et concerne surtout des biens de consommation courante — sous réserve d'achats exceptionnels de produits semi-rares ou rares. C'est donc en fonction des villes-ports, sous forme de vastes hinterlands, que se structure l'espace commercial. La prééminence de Casablanca et de Tunis est d'autant plus affirmée que ces deux ports

Deux visages de la Grande Kabylie à Akbou :
le souk (marché hebdomadaire) et les nouveaux immeubles *(Cl. J.F. Troin).*

monopolisent l'importation des marchandises. En Algérie, l'organisation méridienne de l'espace à partir d'Alger, Oran et Annaba, établie dès l'époque coloniale, est encore fonctionnelle dans ses grandes lignes (F. Tomas, 1977, B. Semmoud, 1978); la distribution des marchandises s'effectue alors en suivant la hiérarchie urbaine, ainsi Sidi-Bel-Abbès, Mascara, Tlemcen et plus au sud, Saïda, Bechar, Adrar jouent le rôle de relais-distributeurs d'Oran. Le développement des activités industrielles dans les villes portuaires n'a pas été en mesure de faire éclater ce cadre rigide (les maisons de commerce situées dans les capitales ayant conservé toute leur puissance), même si les tentatives de décentralisation de la production commencent à constituer des espaces régionaux de distribution.

Une fois encore, les modifications les plus significatives sont dues à l'intervention autoritaire de l'État et à ses tentatives de réorganisation des circuits commerciaux. Le processus est le plus avancé en Algérie, où les chefs-lieux de *wilaya* localisent progressivement les bureaux et les services de tous les organismes publics de commercialisation qui tentent de se substituer aux circuits commerciaux privés : les conséquences sont décisives dans les zones sahariennes, longtemps marginalisées, même si, ici, les positions tenues et les relations établies par les grossistes privés (Mzabites et Chaanbas de Metlili) demeurent solides (J. BISSON, 1979). Quoique la restructuration spatiale soit inégalement achevée, notamment dans les *wilaya* de création récente, où l'espace demeure éclaté entre plusieurs centres (*Rhumel,* 1982, n° 2), il n'en reste pas moins que la structure des Offices publics tend progressivement en Algérie à faire de la *wilaya* le cadre efficient de la distribution et à établir leur chef-lieu comme un pôle de rayonnement dominant (N. ASSARI-DJELAL, 1981).

Il est plus rare que l'organisation spatiale liée aux activités de redistribution grossiste évolue spontanément, c'est-à-dire hors des interventions étatiques. A. HAYDER (1980) a cependant montré comment Gabès avait réussi, en profitant de la création d'un puissant complexe industriel et de ses retombées (diversification des activités économiques et de la structure sociale de la ville, distribution d'une masse salariale très importante), à reconstituer une fonction redistributrice qui avait périclité, à renforcer son rôle de relais (matériaux de construction, produits alimentaires, bien de consommation rares) en direction du sud-est tunisien, et à mordre sur les zones traditionnellement desservies par Sfax (au nord) ou par Gafsa (à l'ouest).

En définitive, il importe de noter que l'accès aux commerces — la remarque vaut également pour les services privés citadins — demeure à travers tout le Maghreb, spatialement sélectif — à cause des différences de niveau d'équipement entre régions — et plus encore, socialement sélectif — du fait des énormes disparités de revenus entre individus. En effet, la très grande majorité des fellahs recourt, en priorité, au souk le plus voisin et, en second lieu, aux boutiques permanentes de la petite ville proche (cette petite ville est aussi le siège du souk hebdomadaire : les souks sans support urbain ne se trouvent plus qu'au Maroc); les achats de biens rares s'effectuent à longue distance, dans les grandes villes ou dans la capitale. Quant aux ruraux les plus aisés (ils disposent souvent de moyens de transport individuels), ils ne s'adressent aux centres de proximité que pour la consommation courante. S'il est vrai, comme semblent le montrer de multiples monographies, que la polarisation commerciale exercée par les petites villes sur les fellahs est indéniable (elle tendrait même à se renforcer, à mesure que la consommation se modifie dans les campagnes du fait de la monétarisation et de « l'effet-démonstration »), il n'en reste pas moins que le montant des échanges est toujours peu élevé. Il est acquis en outre que le circuit de l'argent ne s'arrête pas dans les villes petites et moyennes, tant il est vrai que, de plus en plus, les produits qui y sont vendus (et il en est de même sur les souks) sont achetés dans les agglomérations de plus grande taille ou apportés directement de celles-ci par des commerçants qui y ont leur résidence.

Chapitre **20**

# LES DIFFICULTÉS DE LA CONSTRUCTION RÉGIONALE

Multiplicité et diversification des fonctions urbaines témoignent d'une volonté nettement affirmée dans chacun des États maghrébins de promouvoir un développement destiné à accompagner l'explosion démographique et à favoriser la croissance d'une économie plus diversifiée. Mais un dilemme, au demeurant classique, se pose : faut-il opter pour une politique de développement inscrite dans une logique nationale? Ou doit-on, dans un légitime souci d'équilibre spatial, s'orienter vers une construction permettant une redéfinition des ensembles régionaux?

Encadrement administratif et industrialisation, à un degré moindre tourisme, sont généralement les moyens utilisés par l'État pour promouvoir cette politique de développement : il s'agit donc d'étudier dans quelle mesure ils permettent une nouvelle construction régionale. Il reste alors à se demander comment se situent les espaces qui, faute de choix, ont dû s'orienter vers l'exportation de leurs forces vives vers l'étranger.

## 1. L'ENCADREMENT ÉTATIQUE : BASE DE LA CONSTRUCTION RÉGIONALE?

Sitôt l'indépendance acquise, l'une des préoccupations majeures de chacun des États maghrébins fut d'asseoir son autorité et de renforcer le contrôle de son territoire; c'est pourquoi la nouvelle trame administrative a d'abord eu pour objet de resserrer le maillage hérité de la période coloniale, tantôt le reprenant, tantôt le détruisant, de toute manière le complétant, pour aboutir finalement à l'installation de services et d'équipements publics qui constituent les pivots de l'organisation de l'espace — et par voie de conséquence, de la construction régionale. Car parallèlement au renforcement des structures d'encadrement répondant à des objectifs politiques, se mettent en place des équipements sociaux et culturels qui tentent de créer les conditions nécessaires pour une égalisation des chances de chacun, ce qui est le propre d'une régionalisation authentique. Peut-on pour autant parler d'une décentralisation des pouvoirs à l'échelon régional, qui accompagnerait l'émergence d'une hiérarchisation des villes? Un résumé des politiques menées par chacun des trois États du Maghreb en matière administrative permettra d'apporter un premier élément de réponse à cette question.

En **Tunisie,** l'organisation de l'administration régionale s'est toujours inscrite dans une tradition centralisatrice — dont le Protectorat français avait surtout cherché à accroître l'efficacité. Au lendemain de l'Indépendance, la carte administrative fut assez profondément remaniée, et elle n'a cessé de s'affiner depuis lors, comme en témoigne la création de cinq gouvernorats en 1983 (ce qui porte leur nombre à 23), la mise en place de nouvelles unités administratives apparaissant même comme l'un des principaux moyens dont dispose l'État pour stimuler l'urbanisation dans les régions où elle n'a pas encore pris son élan (P. Signoles, 1984). Cet affinement de la carte administrative sert-il de support à une politique décentralisatrice? C'est au niveau du gouvernorat que se situe la réponse, car c'est à ce niveau que l'on peut déceler l'échelon régional en Tunisie. Sans doute le Gouverneur représente-t-il simultanément le président de la République, le Gouvernement dans son ensemble, et chaque ministère individuellement : il dispose donc de prérogatives politiques et administratives considérables, et si l'on ajoute que le dynamisme de la fonction le conduit à ne pas se limiter au simple rôle d'agent du pouvoir central, on comprend que ce soit lui le véritable animateur de la vie économique et sociale régionale. Toutefois ses pouvoirs, quoique formellement reconnus par les textes, se heurtent à de sérieuses difficultés. En effet la plupart des ministères techniques, affectant de le considérer comme dépendant du ministère de l'Intérieur, refusent de se dessaisir de leurs prérogatives; de plus, comment le Gouverneur pourrait-il agir efficacement sur des services qui, du fait de l'absence d'uniformisation des circonscriptions relevant des divers ministères, tantôt sont installés dans un gouvernorat voisin, donc placés sous la tutelle d'un autre Gouverneur, tantôt sont sous son propre contrôle, mais doivent exercer leur activité dans des circonscriptions où il ne dispose d'aucune autorité? La loi du 13 juin 1975 qui s'efforçait d'homogénéiser les activités sectorielles à l'échelle des gouvernorats n'est pas encore parvenue à imposer un schéma de déconcentration régionale. Dans ces conditions le gouvernorat reste avant tout un relais des décisions politiques et administratives prises à Tunis; la centralisation de la décision est totale, celle de la gestion à peu près complète : force est de conclure qu'il n'existe pas de pouvoir régional en Tunisie.

Malgré un effort d'homogénéisation des circonscriptions administratives et une volonté d'uniformisation, la situation en **Algérie** est-elle si différente — du moins sur le plan des rapports pouvoir central/pouvoir régional?

La réforme algérienne de 1974 (complétée en 1983) a eu pour objet de découper des espaces homogènes, et ceci à trois niveaux : *wilaya, daïra,* commune, deux d'entre eux ayant des attributions très larges (*wilaya* et commune) tandis que la *daïra,* qui ne compte pas d'assemblée élue, est conçue comme un relais entre les deux autres niveaux. Or c'est par l'intermédiaire de cette hiérarchie que transitent décisions et investissements, que s'étoffent équipements et services selon une grille systématique, que s'implantent agences, antennes commerciales, points de vente des offices et sociétés nationales : « obtenir » la *wilaya* est donc pour une ville une promotion enviée, car c'est pour le chef-lieu nouvellement promu la possibilité de se hisser rapidement au rang de centre régional. En contrepartie, le découpage territorial en *wilaya* homogènes qui avait pour objectif (bien illusoire) une auto-suffisance dans tous les domaines, et une réduction de la dimension des unités administratives, conduit à un espace moins hiérarchisé (M. Cote, 1983); ceci va à l'encontre de l'objectif de décentralisation prôné par l'État algérien, puisque le rôle régional des grandes villes risque de pâtir de la rétraction de leur aire de contrôle administratif, à mesure que se renforce le contrôle direct d'Alger, chaque chef-lieu de *wilaya* établissant des relations avec la capitale sans intermédiaire : dans de telles conditions, le système administratif algérien déconcentre les activités mais centralise les décisions (A. Prenant, 1978).

En d'autres termes, dans l'Algérie d'aujourd'hui, il n'y a pas place pour une structure régionale authentique qui serait à la fois un niveau de coordination entre les *wilaya* d'un ensemble régional (cf. infra : le cas de l'Est algérien), et un niveau de décentralisation des prérogatives qu'abandonneraient ministères et sociétés nationales : l'absence de ce niveau régional constitue sans nul doute un obstacle à l'efficacité de la planification, dans la mesure où celle-ci, du fait du très grand nombre d'unités administratives *(wilaya),* est contrainte de procéder plus par saupoudrage des investissements que par choix hiérarchisé.

L'évolution du cadre territorial obéit au **Maroc** à une logique qui présente une grande originalité dans l'ensemble maghrébin.

En effet le Maroc pré-colonial combinait une structuration à base communautaire à un balisage de l'espace par le pouvoir central (A. Claisse et M. Naciri, 1984) : ce sont les villes et les axes d'échange qui constituaient les points de contact. Enserrée dans les mailles de cette grille, la population acceptait ce type d'encadrement *(bled el Makhzen)* ou le refusait *(bled es Siba),* la ligne de partage entre les deux ensembles fluctuant en fonction du rapport de force entre l'autorité centrale et les tribus. La structure d'encadrement mise en place par le Protectorat a repris ce schéma général — mais dans une tout autre optique : utilisation des tensions comme moyen de régulation des rapports entre les tribus, puis opposition montagne-plaine ou rural-citadin pour contrebalancer la montée du nationalisme d'essence urbaine... — avec le maintien d'une administration militaire à partir des villes de l'intérieur, Fès, Meknès, Marrakech, Agadir, et la mise en place de trois régions civiles destinées à promouvoir l'entreprise de colonisation, celles d'Oujda, de Rabat et de Casablanca.

C'est à partir de cette structure que le Maroc indépendant devait se doter d'une trame administrative territoriale. Le premier découpage comportait 13 régions et deux grandes villes, Rabat, la capitale politique, et Casablanca, la capitale économique (décembre 1955). Quelques mois plus tard (octobre 1956), 19 provinces étaient créées, portant chacune le nom d'une ville ou d'une région (Chaouïa, Tafilalt, Rif); mais des réajustements (décembre 1959) ramenaient le nombre des provinces à 16 tandis que disparaissait la référence au nom de « pays ». Dorénavant ce sont des villes de taille extrêmement variable qui allaient être promues au rang de chef-lieu de province. Depuis, le maillage n'a pas cessé d'être remanié dans le sens du resserrement du dispositif de contrôle et d'encadrement de la population : 34 provinces et préfectures en 1977, 45 au recensement de 1982, 47 actuellement avec la transformation de la préfecture de Rabat-Salé en *wilaya* avec trois provinces (Salé, Rabat et Temara).

Cette évolution qui traduit le déclassement des notabilités rurales (F. ZAÏM, 1984), est grosse de conséquences sur le plan politique et dans les équilibres socio-économiques de l'armature urbaine. Elle répond à l'élargissement de l'assise bureaucratique de l'État indépendant; elle tisse de nouveaux liens territoriaux, mais en brise d'autres dans les campagnes où les structures tribales sont encore vivaces; des chefs-lieux de province, parfois de simples localités rurales, se transforment en centres de cristallisation urbaine avec infrastructures et services, en attendant que la création de zones industrielles vienne renforcer leur base productive.

La province s'avère donc être l'unité administrative la plus fortement structurée; mais placée entre la commune rurale — trop réduite pour être un cadre de planification et d'initiatives — et la région — trop hétérogène, car on a cru qu'il suffirait de faire la somme de provinces pour créer 7 régions (qui n'interviennent d'ailleurs qu'au moment de l'élaboration du Plan) — elle se trouve à la fois au-delà et en-deçà d'une unité territoriale efficace pour l'aménagement du territoire.

Sans doute aboutit-on en définitive à ce constat que la décentralisation administrative à l'échelon régional n'existe dans aucun des trois pays du Maghreb. Il n'en demeure pas moins que la déconcentration des services et équipements publics atteint aujourd'hui une ampleur suffisante pour que les chefs-lieux — de Gouvernorat en Tunisie, de *Wilaya* en Algérie, de Province au Maroc — exercent une attraction effective sur les populations qui peuplent l'espace qu'ils administrent : **le découpage administratif concourt au renforcement de l'armature urbaine,** tend à imposer son cadre à nombre de déplacements et s'instaure peu à peu comme un espace pratiqué. La grille mise en place a donc eu des effets largement positifs : est-ce suffisant pour créer les bases d'une authentique régionalisation?

## 2. L'INDUSTRIE : LOGIQUE NATIONALE OU CONSTRUCTION RÉGIONALE?

Depuis l'accession à l'Indépendance, les progrès de l'industrialisation ont été indéniables, et ce, quel que soit le contexte politico-économique des trois pays du Maghreb (Ve Partie).

Or, au-delà des effets que la croissance industrielle n'a pu manquer d'avoir sur les structures économiques et sociales, il reste à savoir si la multiplication des usines et la diversification de leurs fabrications sont susceptibles d'engendrer de nouveaux rapports entre des villes devenues, parfois brutalement, centres de production industrielle, et l'espace voisin : en un mot l'industrie est-elle en mesure de renforcer les structures des espaces régionaux hérités, voire de permettre la constitution de toutes pièces de nouvelles entités régionales?

Premier point : assiste-t-on à l'émergence de **bassins de main-d'œuvre industrielle?** Compte tenu de l'ampleur du sous-emploi affectant la plupart des villes maghrébines, c'est sans grandes difficultés que les entreprises qui y sont implantées trouvent à recruter sur place les travailleurs, surtout peu qualifiés, dont elles ont besoin. Dans le cas où l'adéquation entre la force de travail disponible et les besoins des unités industrielles n'est pas correctement réalisée, elle tend le plus souvent à l'être par le biais des migrations définitives; à l'occasion, ce type de migration est de nature à impulser l'urbanisation de centres pratiquement créés *ex nihilo,* tel Kasserine en Tunisie. Il peut toutefois arriver que l'industrie modifie profondément les horizons de travail, notamment en déclenchant ces migrations alternantes que G. MUTIN a décrites dans une précédente partie : rappelons par exemple que dans la zone industrielle de Rouiba-Reghaïa (à l'est d'Alger), près des trois quarts des travailleurs sont astreints à des déplacements quotidiens (A. GAIDON, 1980); ils sont plusieurs milliers à se diriger vers le pôle d'Arzew-Bethioua (B. SEMMOUD, 1979), et des mouvements du même type animent 6 000 salariés du complexe sidérurgique d'El Hadjar, sans compter les 7 000 qui proviennent de la ville même d'Annaba (F. SAHLI, 1983). Il n'en demeure pas moins que la constitution de bassins d'emploi reste exceptionnelle au Maghreb, car cela supposerait des conditions qui sont rarement remplies au Maroc et en Tunisie, plus souvent toutefois en Algérie : ampleur de l'industrialisation et poursuite du processus en un même lieu pendant une longue durée, inadéquation éventuelle entre la taille des complexes et l'importance des agglomérations où ils sont localisés, déficit persistant des demandes d'emploi formulées par les citadins par rapport aux besoins des entreprises, insuffisance grave de logements... Sans doute la formation de bassins d'emploi tend-elle néanmoins à se renforcer en Algérie et jusque dans les régions sahariennes (J. BISSON, 1983); il serait toutefois erroné d'y voir une forme systématique d'organisation spatiale autour des centres industriels et surtout d'en conclure que les relations de travail organisées autour des villes ou des pôles dotés d'industries créent ces éléments de solidarité qui caractérisent une région. La constitution de bassins de main-d'œuvre résulte fondamentalement d'une crise dramatique du logement en milieu urbain ou, en d'autres termes, d'une offre massive d'emplois non accompagnée d'une création de structures d'accueil suffisantes (L. KHELLADI, 1981). En définitive la mise en place d'espaces migratoires — qui correspondent à un transfert de force de travail sans possibilité de transfert de résidence — ne répond à aucune construction volontaire et n'est pas le fruit d'une stratégie réfléchie des responsables industriels.

Il y a sans doute plus grave : **l'absence d'intégration économique régionale.** En effet, la plupart des unités de production industrielle installées au Maghreb n'ont que très peu de liaisons fonctionnelles entre elles, quand bien même seraient-elles situées au voisinage les unes des autres, voire dans la même ville; elles apparaissent en outre le plus souvent plaquées artificiellement sur l'espace régional (exception faite du recrutement de la main-d'œuvre), utilisant rarement les productions minières ou agricoles locales. Et il existe à cette situation de très nombreuses raisons : entreprises créées dans le cadre colonial et qui ont souvent conservé un caractère extraverti, industrialisation réalisée après les Indépendances dans le cadre d'une logique nationale affirmée — sans que soit posé, à ses débuts tout au moins, le problème des rapports entre l'industrie et l'espace régional qui l'environne —, création d'une seule unité de grande taille (pour des raisons d'économie d'échelle), par branche et par pays, disposant d'un monopole sur un marché national protégé (les marchés régionaux sont, de toute manière, trop exigus, compte tenu de la faiblesse des revenus de la grande majorité de la population), localisation portuaire héritée de la période coloniale qui demeure efficiente dans les pays où l'investissement privé, national ou étranger, conserve une place importante — mais les sociétés publiques ne s'en dégagent pas facilement tant que la volonté politique d'engager un processus de localisation industrielle régionalisée n'est pas clairement affirmée... et suivie de mesures efficaces. Quelques progrès sont toutefois perceptibles dans certaines branches, principalement les industries agro-alimentaires (sucreries, conserveries, centrales laitières) et celle des matériaux de construction (cimenteries). Cette amorce de processus d'intégration régionale caractérisée par la mise en place d'une chaîne production locale/transformation sur place/marché régional n'en demeure pas moins exceptionnelle. En outre les systèmes industriels marocain et tunisien sont constitués de sous-systèmes pratiquement autonomes les uns par rapport aux autres : aussi les grandes entreprises publiques fournissant des produits de base (souvent sous une forme finie : ciment, poutrelles, engrais, etc.) ou fabriquant pour l'exportation, s'avèrent incapables de stimuler un secteur national de sous-traitance; de leur côté les entreprises privées approvisionnent le marché national en biens de consommation, mais achètent l'essentiel de leurs *inputs* à l'étranger, tandis que les entreprises exportatrices, souvent dominées par le capital étranger, s'approvisionnent et revendent hors douane. Un tel fonctionnement interdit que se réalise une véritable intégration industrielle au niveau national : comment des liens inter-entreprises pourraient-ils alors se tisser à l'échelon régional? A. Kaioua (1981) apporte la preuve de cette impossibilité, en montrant que la forte concentration industrielle réalisée sur la façade atlantique marocaine correspond plutôt à une juxtaposition d'unités de production dont les liens préférentiels s'établissent avec les maisons commerciales de Casablanca : en aucune manière il ne s'agit d'un « axe industriel » où les firmes auraient entre elles des relations entrecroisées. A première vue, la situation est différente en Algérie, dans la mesure où une volonté d'intraversion de l'économie, illustrée par les liens privilégiés tissés entre industries de biens de production et industries de biens de consommation, guide depuis longtemps les planificateurs; toutefois, s'il est exact que la mise en œuvre d'une telle volonté élargit les mouvements des marchandises, cela concerne beaucoup plus l'espace national que l'espace régional (B. Semmoud, 1984), car les entreprises mises en rapport se trouvent habituellement à de grandes distances les unes des autres.

En définitive, les relations fonctionnelles engendrées par l'industrie au niveau régional se réduisent à l'approvisionnement des unités de production en hommes (encore convient-il d'insister sur les limites du phénomène) et, plus rarement, en matières premières. L'incapacité de l'industrie à participer d'une manière efficace à la construction régionale tient pour beaucoup au fait qu'à aucun échelon de décision le problème n'a jamais été posé en ces termes. Mais quand bien même serait-il posé demain, on pourrait douter des résultats : en effet le pouvoir de commandement des métropoles nationales pèse toujours d'un poids très lourd, soit que la plupart des sociétés dépendent de l'État, soit que la majorité des chefs d'entreprise et promoteurs privés appartiennent à la bourgeoisie des métropoles. Quant aux grands complexes de production, le plus souvent littoraux, ils ont chacun établi leur propre réseau bancaire et commercial, un réseau certes cohérent à l'échelle nationale, voire internationale, mais dont la logique ne s'inscrit qu'exceptionnellement dans le contexte de données régionales. Et il semble difficile d'envisager une réorganisation en profondeur de structures aussi rigides...

## 3. RÉGIONS-ENCLAVES : ESPACES TOURISTIQUES ET FOYERS MIGRATOIRES

De par les activités principales de leurs habitants, deux types d'espaces méritent une attention toute particulière : ce sont, d'une part les littoraux qui ont subi une transformation massive à la suite d'une politique délibérement orientée vers l'accueil de touristes étrangers, d'autre part les grandes régions d'émigration internationale. Sans doute existe-t-il, au premier regard, d'importantes différences entre ces deux types. L'un et l'autre n'en sont pas moins, cependant, le produit d'activités dont la source se situe principalement à l'étranger (lieux d'emplois, foyers d'émission des touristes); dans les deux cas également, c'est un déplacement des hommes qui est à l'origine d'un flux d'argent (capitaux, devises, transferts et remises) dont les effets se lisent dans les paysages, se perçoivent dans les comportements et même dans les mentalités (GROUPE HUIT, 1979).

Il ne saurait être question ici d'étudier ces espaces pour eux-mêmes : de très nombreux travaux, monographiques ou généraux, existent déjà sur la question. Il s'agit par contre de s'interroger sur les rapports établis entre ces zones spécialisées et extraverties avec les espaces, nationaux ou régionaux, qui les localisent. Du fait de leur spécificité, des relations privilégiées qu'elles entretiennent avec le monde extérieur, de leur dépendance vis-à-vis de l'étranger, peut-on appliquer à ces zones le terme d'enclaves? Répondre avec précision à cette question est cependant difficile, dans la mesure où la plupart des chercheurs ont préféré — malgré, souvent, l'intitulé de leurs travaux — s'attacher à l'étude des rapports avec les pôles situés à l'extérieur qu'à celle du système de flux établis avec l'environnement national ou régional.

Sans doute le **tourisme de masse** est-il apparu récemment, c'est-à-dire dans la décennie 1960-1970, mais son impact est très largement perceptible, principalement sur certains littoraux tunisiens ou marocains : ne compte-t-on pas plus de 1 200 000 touristes au Maroc en 1982 et plus de un million en Tunisie en 1983 (touristes maghrébins exclus)? On ne s'attardera pas sur le cas de l'Algérie où le seul exemple de littoral équipé massivement pour le tourisme (40 % des infrastructures réalisées par le ministère du Tourisme, le reste se dispersant à travers le pays) est celui de l'Algérois.

Encore faut-il remarquer que les grands complexes qui devaient offrir une capacité de 30 000 lits n'ont jamais été réalisés, puisque la capacité actuelle ne dépasse pas plus de 7 000! Mais surtout, dès leur mise en service, les stations à finalité touristique ont été détournées de leurs fonctions premières du fait de la faiblesse du parc hôtelier des villes, et d'une façon plus générale, de la crise du logement qui, partout, sévit (N. MANKOUR, 1980). Aussi acceuillent-elles en priorité une clientèle d'hommes d'affaires qui ne trouve pas à se loger dans les hôtels de la capitale, ou des cadres et techniciens (souvent d'ailleurs de nationalité étrangère) qui s'y voient proposer un logement permanent et agréable; c'est à peine si, durant les mois d'été, une clientèle nationale, avide de loisirs balnéaires, arrive à louer chambres ou appartements. En somme les infrastructures touristiques ont, à quelques exceptions près (tels les clubs de vacances, par exemple à Tipaza), été récupérées par les secteurs économiques à forte croissance (les sociétés nationales notamment) considérés comme prioritaires dans la stratégie de développement national : les stations algéroises participent donc aux fonctions de la capitale, et ne peuvent en aucune façon, et dans l'état actuel de la situation, constituer l'amorce d'une région touristique potentielle.

L'essor rapide du tourisme international au Maroc et en Tunisie s'est par contre accompagné de la mise en place d'espaces spécialisés, pratiquement tous étroitement localisés en bordure des côtes, et où se concentrent hôtels de luxe, villages ou clubs de vacances, plus rarement campings. En vérité, tous les littoraux ne sont pas pareillement exploités par les promoteurs hôteliers et les agences de voyages étrangères, ce qui contribue à accentuer la concentration des équipements en un petit nombre de sites (Agadir et côte méditerranéenne au Maroc, zones de Sousse-Monastir, Nabeul-Hammamet, côte orientale de l'île de Jerba, région tunisoise en Tunisie). Le tourisme n'est certes pas absent des grandes métropoles intérieures (Marrakech et Fès principalement, Kairouan dans une moindre mesure) et il se développe aussi dans les contrées sahariennes; il n'y revêt cependant jamais les formes brutales qui accompagnent l'établissement de quelques puissants complexes balnéaires, regroupant parfois plus de 20 000 lits, greffés sur les aéroports internationaux par lesquels arrivent, par charters complets, les groupes de touristes étrangers.

Il est désormais bien connu que les traits majeurs qui caractérisent ces espaces touristiques sont déterminés depuis l'étranger (J.-M. Miossec, 1975; M. Berriane, 1980; G. Cazes, 1983). Les sites choisis le sont par les grands tours-opérateurs; la taille des hôtels s'adapte à celle des avions; les formules d'accueil évoluent en fonction des intérêts des investisseurs les plus puissants, européens, américains, arabes (de plus en plus) et, naturellement, des organisations de voyages : on constate ainsi, depuis quelques années, un progrès rapide des complexes touristiques dits « intégrés », comprenant hôtels de luxe, appartements à louer ou à vendre, centres commerciaux et infrastructures de loisirs de haut de gamme. Dans ces conditions, les espaces ainsi créés de toutes pièces sont, par nature, artificiellement plaqués sur les régions qui les accueillent. Leur dynamisme (Agadir, Sahel de Sousse), leur stagnation relative (île de Jerba), voire leur échec partiel (côte méditerranéenne marocaine) dépendent essentiellement de l'attitude des tours-opérateurs étrangers. Comment pourrait-il d'ailleurs en être autrement lorsque la gestion, par des agences étrangères, de la capacité d'hébergement, peut dépasser 60 %?

**L'étroite dépendance du secteur touristique à l'égard de l'étranger est directement responsable de la faiblesse de ses retombées positives sur l'environnement régional.** Si l'économie nationale ne profite que d'une partie des flux de devises qu'il engendre, l'économie régionale n'en reçoit généralement que les miettes. La plupart des équipements ou des infrastructures réalisés par les États dans les zones touristiques sont effectués dans l'intérêt immédiat des hôteliers et de leur clientèle : peu de routes ouvertes dans ce but permettent de désenclaver des zones jusqu'alors difficiles d'accès (le cas du littoral rifain apparaît ainsi exceptionnel); les réseaux d'assainissement et les stations d'épuration ignorent les agglomérations proches; l'approvisionnement en eau mobilise à grand coût des ressources souvent limitées, engendrant des effets pervers sur l'agriculture (H. Sethom, 1976); la demande en terrains favorise la spéculation foncière...

Sans doute, les zones touristiques ne sont-elles jamais complètement coupées du territoire national ou de l'espace régional. Mais les flux ainsi établis sont le plus souvent ténus et, lorsqu'ils existent, se situent généralement à l'échelle nationale. Ainsi en est-il pour la main-d'œuvre : une fraction non négligeable de celle-ci, constituant le personnel de direction, d'encadrement ou d'animation, peut provenir de l'étranger (un tiers du total des emplois touristiques sur le littoral méditerranéen marocain, cette

Un complexe touristique tunisien : El Kantaoui, proche de Sousse *(Cl. J.M. Miossec).*

proportion exceptionnelle étant due à la place occupée dans cette zone par les villages de vacances); la main-d'œuvre d'origine nationale, en majorité saisonnière, se recrute certes d'abord dans la région proche (pour 60 à 80 % du total selon les cas) — ce qui est susceptible d'engendrer de véritables migrations pendulaires entre lieux d'habitat et hôtels, lorsque les conditions s'y prêtent (Sahel tunisien) —, mais aussi dans le reste du territoire national (pour 20 à 40 % du personnel) (M. Jedidi, 1979 a; H. M'Zabi, 1979). Les grands hôtels, les villages de vacances ont un champ de recrutement toujours plus large que les petits établissements.

Les retombées du tourisme sur les économies régionales, bien que faibles en moyenne, sont toutefois assez variables. Leur importance dépend d'une part du niveau de développement et du degré d'urbanisation des régions voisines, d'autre part du type des structures d'accueil installées. A propos de la Tunisie, G. Cazes (1983) insiste très justement sur « l'ambition d'autonomie, voire d'autarcie » des hôtels de luxe, des villages de vacances et, bien entendu, des complexes intégrés. Ce type d'établissements fournit en effet à ses clients équipements sportifs, de distraction, commerciaux et de services : de 65 à 70 % des dépenses des séjournants peuvent alors se faire à l'intérieur même de ces établissements. Il faut cependant distinguer entre les zones touristiques relativement isolées et éloignées de centres urbains (littoral rifain, côte orientale de Jerba) et celles qui s'appuient sur des agglomérations proches (Agadir, Sousse, Monastir, Nabeul-Hammamet). Dans ce dernier cas, et à partir du moment où la concentration touristique est suffisante, les activités urbaines de commerce et de services peuvent se multiplier (restauration, vente de produits artisanaux, location de véhicules, agences de voyage, établissements bancaires, etc.), transformant les quartiers anciens (médina d'Hammamet) ou se distribuant à travers le tissu de la ville moderne (Marrakech).

La tendance des grandes chaînes, internationales ou nationales, est également à s'approvisionner dans une large mesure directement à l'étranger (boissons, viande congelée, conserves, épicerie) ou dans la métropole portuaire (Tunis ou Casablanca en l'occurrence). Mais, là encore, les situations sont assez variées : M. Berriane (1980) signale la différence qui existe entre les zones de Tétouan et d'Al Hoceïma, où les achats locaux des hôtels ne représentent que 25 à 30 % de leurs dépenses en ravitaillement (grand nombre d'établissements dépendant de chaînes hôtelières; insuffisance de la production locale; inorganisation des circuits commerciaux régionaux), et celle d'Agadir, où près de 80 % des achats se font sur place (au marché de gros de la ville même pour les grands établissements; au souk d'Inezgane pour les plus petits). En Tunisie de même, les hôteliers de Jerba s'approvisionnent pour l'essentiel à Tunis ou à Sfax (pour l'épicerie et les boissons) et sur différents marchés du nord et du centre du pays pour le bétail, tandis que ceux du Sahel trouvent sur place une partie des fruits, des légumes, du poisson, de la volaille et des œufs dont ils ont besoin. Les débouchés que constituent les établissements touristiques peuvent ainsi — dans certains cas tout au moins — favoriser l'intensification de l'agriculture régionale, voire stimuler de nouvelles spéculations (aviculture industrielle, élevage pour le lait). Toutefois, en l'absence fréquente d'organisation commerciale rationnelle, l'appel de ce marché essentiellement saisonnier tend à profiter avant tout aux intermédiaires citadins; le prélèvement qu'il exerce sur les productions locales provoque aussi, de plus en plus souvent, des pénuries sur les produits demandés et une flambée abusive des prix (M. Jedidi, 1979 b) : pour la satisfaction des besoins de leurs habitants, les zones touristiques se trouvent ainsi parfois contraintes à s'approvisionner à longue distance en produits de moindre qualité.

Poursuivie sans interruption pendant des décennies (jusqu'au milieu des années 1970), **l'émigration internationale des travailleurs maghrébins** vers l'Europe occidentale — et, accessoirement, vers la Libye dans le cas de la Tunisie — a fini par toucher, bien qu'avec des intensités très variables, la quasi-totalité des régions constitutives du Maroc, de l'Algérie ou de la Tunisie : massifs montagneux surpeuplés, steppes semi-arides et plaines de colonisation, foyers urbains (G. Simon et D. Noin, 1972). Si, dans la plupart des cas, elle intervient comme un facteur non négligeable de transformation des sociétés et des économies locales, elle n'agit pas seule, et son intensité n'est pas telle qu'elle permette de caractériser, par elle-même, de véritables régions. Il n'en est cependant pas de même dans quelques grands foyers d'exode, à dominante rurale et à tradition migratoire ancienne, comme les Kabylies, les pays *Chleuh* du Sud-Ouest marocain, le Rif oriental ou le Sud-Est tunisien : ici, du fait de l'ampleur des départs, mais aussi du maintien de relations étroites entre les travailleurs émigrés et leurs lieux d'origine, les ressources en provenance de l'étranger (transferts et remises) dépassent de beaucoup les revenus procurés par l'économie locale : en Grande Kabylie, par exemple, on estime que les trois quarts des ressources proviennent de l'émigration!

Ces foyers migratoires anciens et puissants, qui correspondent souvent à des unités naturelles (massifs montagneux) et/ou humaines (sociales, culturelles ou religieuses) nettement définies, ont vu leur originalité se conserver, voire se renforcer, au moment où s'établissait, puis se développait, cette nouvelle forme de dépendance que représente l'exode des travailleurs à l'étranger qui les a intégrés brutalement au mode de production capitaliste et à la division internationale du travail. Dans le cas de la Petite

Kabylie, on peut même considérer que la migration internationale constitue le véritable ciment de l'unité régionale (A. Benjelid, J.-C. Brulé et P. Fillon, 1978).

De telles régions sont à l'évidence d'une nature très particulière. Extraverties par essence, elles ne se présentent pas tant comme des enclaves liées à la projection au Maghreb d'activités économiques créées et dirigées par le capital étranger, que comme des espaces vidés de leur force de travail, véritables réserves de main-d'œuvre prolétarienne pour les économies occidentales industrialisées, annexés par ces dernières et reliés à elles par un champ de relations intenses et diversifiées.

Si, à la suite de très nombreux travaux, le fonctionnement de ce champ relationnel est aujourd'hui bien connu — G. Simon (1979) ayant, par exemple, réussi à démêler les liens, et à les caractériser, entre foyers de départ et pôles d'arrivée de l'émigration tunisienne —, peu d'études ont été consacrées aux conséquences de la migration internationale sur la structuration régionale des zones de départ.

Depuis quelque temps, cependant, un intérêt nouveau est porté aux conséquences de ces vastes déplacements sur les régions d'origine (C.I.E.M., 1983; G. Simon resp., 1984). Du fait des transferts financiers qu'ils impliquent, des modèles culturels qu'ils véhiculent, des retours de travailleurs qui se dessinent depuis la fermeture des frontières des pays occidentaux, ils apparaissent en effet comme « une composante active, directe et indirecte, de la vaste et profonde mutation urbaine, économique, sociale et culturelle » qui s'accomplit à grande vitesse au Maghreb.

De nouveaux centres émergent rapidement, tels Ghomrassen dans le sud tunisien (H. Boubakri, 1984), Midar ou Dar Driouch dans le nord-est marocain, les anciens villages, moribonds, étant soudain pris dans le cycle de la spéculation foncière et de la construction. Les travailleurs à l'étranger d'origine rurale installent leur famille dans les villes locales ou régionales, voire dans la capitale, Alger pour les Kabyles, et y investissent dans l'immobilier plutôt qu'à la campagne; les centres urbains ainsi sélectionnés, parfois situés au cœur des zones d'exode, plus souvent encore à leur périphérie, connaissent une véritable explosion de leur tissu urbain ancien, d'autant plus forte d'ailleurs que les effets de l'émigration internationale s'y combinent à d'autres activités (administration, tourisme, etc.) : Médenine et Tataouine, Nador, Taza (F. Lepeltier, 1984), Agadir, en constituent quelques exemples significatifs. L'urbanisation des campagnes n'en progresse pas moins vite (Rif, Souss, Kabylie), faisant subir aux paysages traditionnels une transformation d'autant plus nette que les modèles architecturaux utilisés, d'inspiration très nettement occidentale et citadine, sont en rupture complète avec les formes de l'habitat autochtone.

Les économies régionales, profitant de rentrées d'argent relativement considérables — par rapport, tout au moins, au revenu moyen des zones rurales —, se transforment rapidement. L'agriculture n'en bénéficie que rarement, les émigrés préférant généralement investir dans l'achat de terres plutôt que dans les moyens de production (motopompes, engrais, tracteurs — mais ces derniers servent surtout au transport); la pénurie de main-d'œuvre, poussant les salaires à la hausse, ne les incite d'ailleurs guère à intensifier la production agricole. C'est en ville que le dynamisme se manifeste le plus, les activités du bâtiment et des travaux publics étant à la pointe du mouvement, tandis que les commerces (matériaux de construction, équipement électro-ménager, pièces détachées de véhicules), le transport, l'artisanat (menuiserie, fer forgé, plomberie) et les services, banals (réparations) ou plus rares (banques), se multiplient. De petites entreprises industrielles voient même le jour, grâce aux aides, inégalement efficaces, apportées aux émigrés de retour par leurs gouvernements respectifs. Les émigrés sont souvent eux-mêmes à l'origine de la constitution et du financement de nombreux établissements, soit qu'un membre de leur famille en assure la marche, soit qu'ils les prennent en main lors de leur retour définitif. Mais la circulation monétaire et les occasions de profit sont suffisamment grandes pour que ces régions attirent désormais à elles des immigrants, les uns temporaires ou saisonniers (main-d'œuvre du bâtiment), les autres définitifs (certains de ceux-ci sont d'anciens originaires de la région, l'ayant quittée pour les grandes villes du pays) : le Sud-Est tunisien présente de ce fait aujourd'hui un solde migratoire positif, après plus d'un siècle d'hémorragie démographique ininterrompue!

**Le caractère artificiel d'un tel dynamisme n'échappera à personne :** entretenu exclusivement par les transferts financiers en provenance de l'étranger, constitué plus souvent par des investissements improductifs (terre, maisons, véhicules) que productifs, il est certes susceptible de se prolonger encore longtemps, autant du moins que les travailleurs maghrébins demeureront assez nombreux à l'étranger et pourront continuer à expédier leurs économies dans leur région d'origine. Si ces foyers migratoires se distinguent très nettement des espaces voisins, par leurs niveaux de revenus, l'intensité de la circulation monétaire, les formes de consommation, les activités en essor, les progrès de l'urbanisation, leur économie est excessivement fragile : les bases locales sont à peu près nulles, ou, pour celles qui existaient jadis, en perdition. Plus grave encore, les rapports que ces foyers entretiennent avec le reste du pays sont très réduits (approvisionnement en produits alimentaires et en matériaux de construction), dans la mesure où une bonne partie de l'activité commerciale et de services est liée à la revente ou à la réparation de biens rapportés par les travailleurs émigrés d'Europe occidentale ou de Libye.

Chapitre **21**

# ESPACE RÉGIONAL, ESPACE NATIONAL?

Tenter de dresser un tableau des régions du Maghreb telles qu'elles se dessinent à la lumière des précédents chapitres serait écrire un nouvel ouvrage! A tout le moins peut-on esquisser quelques types de constructions régionales, choisies de telle sorte qu'elles puissent illustrer un aspect fondamental de la politique de chacun des États en matière de régionalisation. Ainsi le Rharb a paru exemplaire de l'action régionale telle que la conçoit le gouvernement marocain, dont on connaît la sollicitude affichée vis-à-vis de la paysannerie, tandis que l'Est constantinois, avec son histoire toute en rupture, illustre le volontarisme algérien... et ses limites; enfin, après tant de paragraphes qui soulignent la diversité des interventions de l'État, fut-il le plus libéral, sera-t-on surpris de découvrir pourquoi le plus petit des États du Maghreb peut être qualifié d'État-région.

## 1. L'ÉTAT ET LA RÉGIONALISATION

### 1.1. Modernisation agricole et régionalisation : le Rharb

Plaine alluviale du Bas Sebou couvrant 6 160 km$^2$, le Rharb offre l'exemple d'une région qui sert de champ d'application à la politique de développement économique et de régionalisation volontaire axée sur la modernisation de l'agriculture et du paysannat marocains.

En dépit d'une unité naturelle apparente, le Rharb présente une grande **diversité topographique et pédologique.** Cette disposition topographique et ces complémentarités pédologiques étaient la base d'une organisation agraire axée sur l'utilisation de terroirs variés : bordure de la plaine (céréales et pâturages d'hiver), plaine (cultures) et *merja* (pâturages d'été). Mais du fait de son sous-développement et de l'instabilité des limites tribales, le pays était resté dépourvu de villes et ne constituait pas une vraie région. Aussi, est-ce la **colonisation** (ici massive : 215 000 ha) qui a donné au Rharb les caractères spécifiques de son organisation régionale (J. Le Coz, 1964). L'espace y gravite autour d'un réseau de villes créées *ex nihilo* qui assurent la collecte et le conditionnement des productions agricoles; la capitale régionale, Kenitra, quoique située en position excentrique, fait fonction de principal centre industriel; grâce à son port, véritable débouché de la plaine, elle apparaissait dans le contexte colonial bien articulée à sa région (fig. 60).

**Réformes et aménagements** entrepris par le Maroc indépendant ont modifié sensiblement les structures de l'espace régional. L'Office Régional de Mise en Valeur Agricole du Rharb (O.R.M.V.A.R.) est chargé du développement de l'irrigation et de l'encadrement des paysans par le biais de vingt-sept centres de mise en valeur. Les cultures industrielles (betterave et canne à sucre, riz, coton, tournesol) se développent et créent des flux qui marquent un début de structuration de l'espace : il ne faut cependant pas oublier que les centres de décision des unités de transformation sont situés hors de la région et que la commercialisation finale s'effectue en direction des pôles côtiers (Casablanca surtout); par contre les cultures destinées à l'exportation continuent plutôt à entretenir un type de fonctionnement spatial perpétuant celui de l'époque coloniale; néanmoins ces cultures destinées à la vente, aujourd'hui pratiquées par les fellahs du Rharb, petits compris, ont ouvert la plaine aux progrès techniques et à l'économie de marché, et sont à l'origine du dynamisme démographique (2 % par an pour la plaine contre 1,5 % pour le Maroc rural) et des fortes densités rurales (89 hab./km$^2$).

**Hiérarchisation spatiale et sociale** caractérisent le Rharb. En effet, à la plaine bénéficiant des aménagements et de gros investissements, s'opposent les périphéries relativement défavorisées et en proie à l'exode rural. La hiérarchisation sociale résulte d'aménagements engagés sans refonte préalable des structures foncières, si bien que la terre est encore régie par des statuts pour le moins anachroniques : le renforcement du capitalisme agraire (5 % des propriétaires possèdent 45 % de la plaine) et l'élargissement de la classe des petits propriétaires (7 agriculteurs sur 10 possèdent moins de 5 ha) et des paysans sans terre, expliquent que le Rharb fonctionne à la fois comme foyer d'attraction vis-à-vis des populations extra-régionales et de répulsion vis-à-vis de la paysannerie pauvre dont les départs alimentent la croissance des villes.

Le **fonctionnement de l'espace** résulte d'un équilibre instable entre des forces contradictoires correspondant aux différents niveaux d'intégration : par exemple l'agro-industrie de transformation agit comme un facteur plutôt intégrateur (sucreries, huileries, laiteries) tandis que d'autres facteurs engendrent la marginalisation des villes régionales (cultures d'exportation, propriété foncière extra-régionale).

Au total, **le Rharb est une région encore en voie de structuration.** Les aménagements actuels constituent la pièce maîtresse d'un vaste projet visant le développement intégré du bassin du Sebou : on prévoit l'édification sur le Sebou et ses affluents d'une série de barrages qui, outre la prévention des inondations dans la plaine, doivent permettre l'irrigation de 250 000 ha et l'extension des cultures industrielles. L'implantation dans

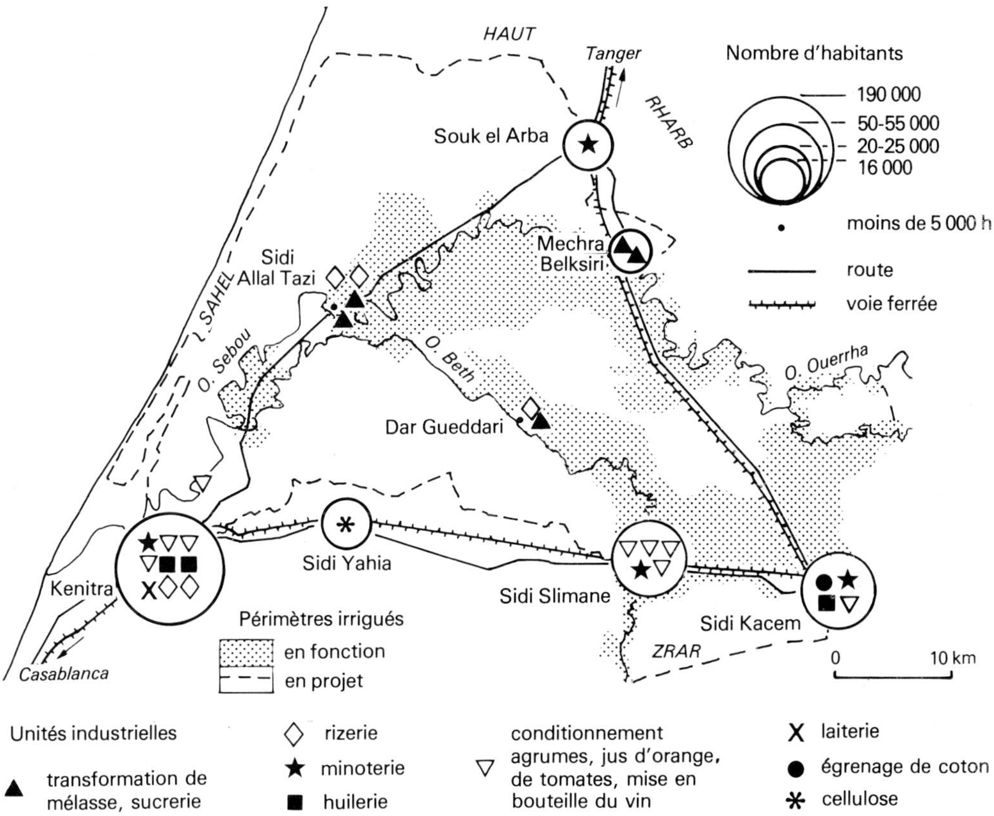


Fig. 60. — LE RHARB : AGRO-INDUSTRIE ET VILLES.
(D'après A. FEJJAL)

les villes du Rharb de services destinés à l'agriculture et d'unités agro-industrielles devrait s'accompagner de profondes mutations économiques et sociales dans les campagnes et installer la plaine dans un réseau d'échanges constitué de flux plus intenses et plus stables (A. FEJJAL, 1982). Toutefois « la rationalité qui préside à l'aménagement de la plaine du Rharb n'est pas celle de la lutte contre les déséquilibres qui vont s'accroître entre un îlot de mise en valeur et des périphéries pauvres... Les disparités régionales sont donc appelées (...) à croître par le biais de l'exode rural et l'attraction des zones déjà pourvues d'équipements » (A. CLAISSE et M. NACIRI, 1984).

### 1.2. Permanence du cadre et construction régionale : l'Est algérien

Du fait de sa complexité par rapport au reste du territoire national, l'Est algérien constitue, pour l'analyse régionale, un champ d'observation privilégié : d'une part, la région présente une juxtaposition de milieux topographiques et bioclimatiques très diversifiés, une histoire toute en rupture, et partant, l'une des plus riches du pays, l'un des peuplements les plus denses de l'Algérie; d'autre part, la trame des limites régionales majeures se caractérise par une surprenante permanence à travers les siècles, tandis que la relative instabilité des limites mineures permet de saisir les motivations qui ont guidé les auteurs des différents remodelages administratifs (D. AMARI-AIMEUR, 1982). A coup sûr, il s'agit d'un ensemble doté d'une incontestable personnalité, une unité solide, régionalement parlant; mais Constantine en est-elle la capitale?

**Permanence du cadre régional,** tout d'abord. En effet une « carte des redondances » (fig. 61) fait apparaître des limites qui, toujours actuelles, se signalent dès l'Antiquité, voire la préhistoire... On ne sera sans doute pas surpris de découvrir que les limites du domaine tellien sont jalonnées par les traces du *limes* que Rome avait placé pour surveiller les déplacements des pasteurs nomades; il est plus remarquable de constater que la limite fondamentale de l'Est algérien apparaît dès la préhistoire (G. CAMPS, 1973), ou que l'actuelle Kabylie d'El Milia correspond à une aire délimitée dès le XII^e^ siècle. Sa limite, doublée d'une frontière linguistique, sépare aujourd'hui encore la *wilaya* de Jijel de celle de Skikda! Si bien que lorsque les Turcs créeront au XV^e^ siècle leur *beylick* de l'Est, ils s'appuieront sur ces limites, comme plus tard la France qui y inscrira le Département de Constantine. L'Algérie a repris ces diverses limites, mais à l'intérieur de ce cadre, en multipliant *wilaya, daïra,* communes, elle a tenté d'effacer le dualisme que la puissance coloniale avait mis en place pour servir ses intérêts (périmètres de colonisation et communes « mixtes » au peuplement quasi exclusivement algérien). S'y ajoutent le désir de briser certaines velléités apparues durant la guerre, et la volonté d'asseoir sur des bases solides une organisation fonctionnelle de l'espace.

Car si l'on analyse l'armature de cet espace, on constate que les deux éléments organisateurs (les villes et les réseaux de communication) concourent à donner à l'Est algérien un visage original au sein de l'espace national (A. BOUGHABA *et al.,* 1983). L'étude de la hiérarchie urbaine fait en effet apparaître une pyramide au sommet de laquelle deux villes, Constantine et Annaba, font figure de métropoles régionales (encore qu'incomplètes, Annaba notamment, dont la promotion, d'origine industrielle, est récente), relayées par trois villes qui ont rang de centres régionaux : Sétif, Batna et Skikda. Deux éléments majeurs sont venus confirmer et compléter cette hiérarchie : les implantations industrielles et la réforme administrative de 1974 qui, en portant le nombre des *wilaya* de quatre à douze, a confirmé la hiérarchie urbaine.

La carte de l'armature urbaine complétée par celle des flux (fig. 61) met en évidence un **fonctionnement de l'Est algérien** que l'on peut résumer ainsi :

— un morcellement en une série de sous-espaces juxtaposés et correspondant chacun à un authentique « pays » : pays *skikdi, annabi, setifi...,* région de Batna et pays *chaouïa,* Kabylie des Babors...;

— tous ces « pays » sont dans l'aire d'influence directe ou indirecte de Constantine; lui échappent cependant la région de Bejaïa (J. FONTAINE, 1983) qui subit l'attraction algéroise, et celle de Bou-Saada (*wilaya* de M'sila), également tournée vers Alger;

— la permanence et l'authenticité de l'Est algérien se concrétisent par l'impression et/ou la diffusion à partir de Constantine du quotidien *En Nasr,* de l'hebdomadaire *El Hadef* ainsi que de l'édition régionale d'*El Moudjahid;* seuls ne sont pas concernés l'Ouest de la *wilaya* de Bejaïa et une partie de la *wilaya* de M'sila, desservis directement par Alger;

— l'analyse des différents flux (particulièrement ceux de voyageurs et ceux de marchandises) traduit l'impact de la centralisation algéroise : l'Est algérien s'organise sans

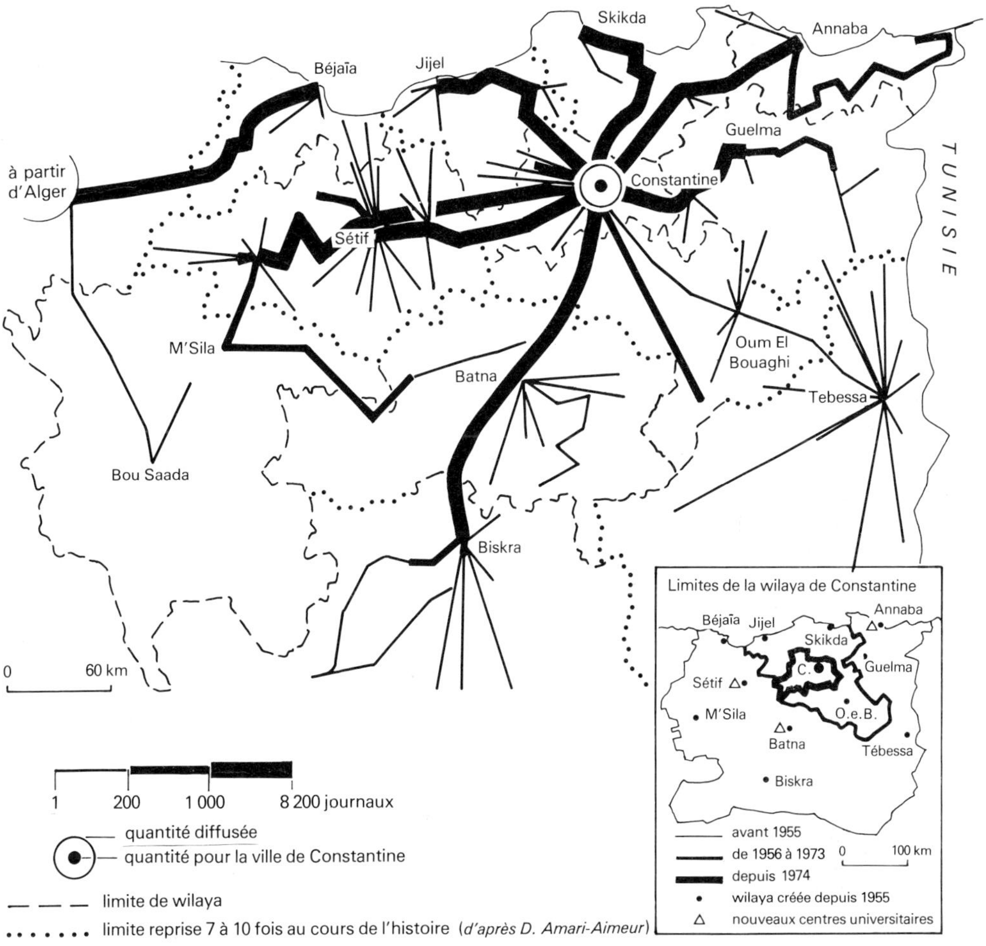


Fig. 61. — L'EST ALGÉRIEN, RÉGION ORGANISÉE AUTOUR DE CONSTANTINE.
Circuit de distribution de l'édition régionale du quotidien *El Moudjahid* (en 1978) (d'après *Ghamri-Makloufi in Rhumel*, 1983, 3-4)

aucun doute en région, mais sa capitale véritable est Alger, d'autant plus que les relations *wilaya/*capitale s'effectuent sans intermédiaire;

— en contrepartie du découpage administratif (qui cherche à promouvoir des *wilaya* plus comparables par la taille) et de l'émergence de pôles de développement, se dessine une régression du rôle régional des grandes villes, peu ressentie lorsque la base industrielle est solide (Sétif, Batna, et surtout Annaba), beaucoup plus lourde de conséquences dans le cas de Constantine qui a dû partager de nombreuses attributions avec les chefs-lieux de l'Est, sans accéder pour autant à des fonctions industrielles capables de compenser cet amoindrissement des fonctions régionales : car ce département de Constantine, extrêmement étendu a fait place à une *wilaya* qui « tient » dans un rayon de 50 km autour de son chef-lieu!

En définitive, **l'Est algérien, région organisée de vieille date** et sous des formes diverses autour de Constantine, **apparaît aujourd'hui éclaté,** alors que ses bases économiques se sont renforcées et que sa structure interne s'est améliorée. La nécessité d'un niveau régional se fait de plus en plus sentir : déjà les offices et sociétés nationales ont établi des directions régionales avec juridiction sur tout l'Est et un siège situé tantôt à Annaba, tantôt à Skikda, le plus souvent à Constantine; par ailleurs des « conférences régionales », organisées par tel ou tel ministère, se tiennent régulièrement dans ces villes. Il y a là un problème d'ordre institutionnel qui révèle l'absence d'un maillon dans la construction algérienne : A. BOUGHABA *et al.* affirment qu'« une structure qui concrétiserait tout à la fois l'unité de l'Est algérien comme ensemble régional, et le rôle de Constantine comme métropole régionale » est envisageable. Sans doute, mais est-ce le souhait du pouvoir central?

## 2. L'ÉTAT-RÉGION : LA TUNISIE

La Tunisie est un État de petite taille (164 000 km$^2$), dont une partie seulement est habitée et mise en valeur (plus du tiers de son territoire est désertique), et dont la population est relativement modeste (7 millions d'habitants au recensement de 1984). Une histoire complexe, entrecoupée de ruptures brutales, n'a pas empêché que se développe un **processus de centralisation,** favorable à Tunis, à partir du moment (XIIIe siècle) où cette ville a été choisie comme capitale aux dépens de Kairouan. L'établissement du Protectorat a encore fortifié la position de Tunis : son port maritime assurait la liaison entre la Métropole et le territoire tunisien, tandis que sa situation de carrefour ferroviaire (au centre des réseaux à voie normale et à voie étroite) et de nœud routier lui permettait des relations aisées avec les principales zones d'activités modernes (c'est-à-dire coloniales). Les données géographiques et historiques se conjuguent donc pour inscrire un seul point fort (Tunis) dans l'espace tunisien : il n'y a pas ici de place suffisante pour qu'émergent aisément (et spontanément) des métropoles régionales, comme en Algérie (Constantine, Oran); par ailleurs, le dualisme entre capitale(s) intérieure(s) et métropole(s) littorale(s) s'est résolu avec le déclin irrésistible de Kairouan et le choix de Tunis comme port colonial, alors qu'au Maroc la percée foudroyante de Casablanca n'a pas interdit l'essor (après l'Indépendance) du couple Rabat-Salé, Fès et Marrakech conservant quant à elles un poids démographique (mais aussi économique pour ce qui est de Fès) non négligeable. Avec le rétablissement, en 1956, d'un État souverain, Tunis récupère, acquiert ou développe d'importants pouvoirs de décision en matière politique, administrative, financière et, plus généralement, économique. La capitale se trouve ainsi impulser la nouvelle construction nationale, ce qui ne signifie pas pour autant que les intervenants externes sont sans effet sur celle-ci (mais l'intensité, les formes et les conséquences de la domination étrangère varient selon les périodes). Toujours est-il que, du fait de la petite taille du pays, la concentration à Tunis des fonctions de commandement et des activités économiques modernes aboutit à poser le problème de la division régionale de la Tunisie en des termes relativement originaux : est-il encore possible d'y définir des régions qui soient, non des aires d'extension d'un même phénomène, mais de véritables structures?

S'interroger sur la validité actuelle du concept de région appliqué à la Tunisie ne signifie évidemment pas que l'espace de ce pays soit homogène, ni même que ses contrastes internes tendent à s'estomper.

J. Despois (1942) a systématisé, il y a longtemps déjà, un découpage régional en six grands ensembles, à partir de critères naturels et humains dont certains demeurent, aujourd'hui encore, parfaitement valides. Les facteurs climatiques (pluviométriques essentiellement) déterminent ainsi, du nord au sud, trois grands domaines (sub-humide : le Tell; semi-aride : la Steppe; aride : le Sahara) aux potentialités agricoles et de mise en valeur nettement contrastées, l'opposition seconde entre l'Est (faible altitude, relief de plaines et collines, influences maritimes) et l'Ouest (plus montagneux et plus continental) venant recouper le schéma précédent. Les données humaines aboutiraient, selon le même auteur, à opposer une Tunisie intérieure (pays de céréales et d'élevage, habitat dispersé, sous-urbanisation, maintien des structures tribales) à une Tunisie maritime, identifiée ici au littoral oriental (pays de jardins, d'arboriculture et d'olivettes; habitat groupé et peuplement dense; forte urbanisation; importance des communautés villageoises).

Cette dichotomie littoral/intérieur est tenue par H. Sethom et A. Kassab (1981) pour la principale originalité de la Tunisie dans l'ensemble maghrébin; elle guide donc logiquement le découpage régional que ces auteurs proposent. Tous les indicateurs économiques et sociaux, comme l'orientation des flux migratoires, confirment la réalité et la gravité d'un clivage qui ne cesse, en outre, de se renforcer. Ceci résulte beaucoup moins de facteurs naturels ou humains que de toute une évolution historique (du moins depuis le début du XIX^e siècle), puis de choix politiques et économiques de l'État indépendant (en particulier, de ceux effectués, en 1970, en faveur du « libéralisme » et de l'ouverture du pays sur l'extérieur). La domination financière et économique des puissances européennes, puis l'instauration par la France du système du Protectorat, ont imposé à l'économie tunisienne une extraversion qui nécessitait le développement de la vie urbaine et portuaire sur le littoral oriental. La croissance du commerce extérieur, les progrès de l'agriculture commerciale, l'essor du secteur minier et, plus récemment, pétrolier, l'expansion d'une agriculture intensive irriguée dans les plaines littorales, enfin, au cours des dernières années, l'industrialisation des villes portuaires et de certaines zones côtières, ainsi que l'ascension rapide du tourisme balnéaire, ont contribué à concentrer les hommes, les activités, les infrastructures, les équipements et les richesses dans la Tunisie maritime (H. Sethom et A. Kassab, 1981). De ce fait, on peut considérer que les caractéristiques propres de la Tunisie intérieure procèdent, mais en négatif désormais, du jeu des mêmes facteurs.

L'existence de cette fracture, de cette discontinuité majeure de l'espace tunisien, produite mais non fatale, suffit-elle à différencier, de part et d'autre de son tracé, des ensembles régionaux structurés?

A la fin de la période du Protectorat, plusieurs régions pouvaient certainement être identifiées, bien qu'à cette époque l'espace tunisien ait été particulièrement hétérogène. Les unes étaient de véritables créations de la colonisation (comme l'ensemble des plaines céréalières de la moyenne et de la basse Medjerda; ou celles organisées autour de Tunis et de Sfax). D'autres, d'existence ancienne (Sahel de Sousse), résistaient à la pression coloniale et à ses effets déstructurants (pression démographique, crise agraire, rupture des solidarités inter-régionales, déclin de l'artisanat et des activités commerciales) en s'arc-boutant sur leur organisation spatiale et sociale traditionnelle (communautés villageoises), tout en s'efforçant de trouver des réponses originales (progrès rapides de la scolarisation) à cette évolution dramatique; l'affaiblissement de leur base économique n'est pas ainsi parvenu à dissoudre totalement ces entités régionales fortement structurées depuis longtemps.

L'accession du pays à l'Indépendance est à l'origine de changements notables dans l'organisation régionale de la Tunisie. L'État national trouve en effet dans le thème de la souveraineté nationale son justificatif idéologique et, en même temps, le prétexte à renforcer sans cesse le contrôle de son territoire. Le discours sur la « modernisation », mis en œuvre avec des moyens toujours supérieurs, aboutit à une généralisation du mode de production capitaliste (avec une intégration accrue des productions au marché) et, au bout du compte, à une homogénéisation de l'espace. Grâce aux pouvoirs dont il s'est doté, et à la politique suivie au cours de la première décennie de développement — surtout durant les années 1962-1969, correspondant à la période d'« économie planifiée » —, l'État tunisien est effectivement parvenu à une certaine unification du territoire national. De nombreux facteurs ont participé à ce processus, tels la nécessité où s'est trouvé l'État d'affirmer son autorité et son contrôle sur l'ensemble du pays, le renforcement et la diffusion de l'appareil d'encadrement (politique, administratif, économique et social), la croissance du niveau des forces productives et la diversification des activités, les progrès de la « modernisation », les transformations sociales (salariat, essor des classes moyennes et de la bourgeoisie nationale), le relatif élargissement du marché intérieur... Ainsi s'est établi un **nouveau cadre de cohérence** des structures socio-spatiales — celui de l'espace national —, ce qui ne signifie pas qu'en son sein s'effacent les différenciations sociales ou géographiques (bien au contraire), ni que, vis-à-vis de l'extérieur, s'estompent les effets de la dépendance (P. SIGNOLES, 1984).

Cette évolution a profité essentiellement à Tunis. La capitale, centralisant la totalité des pouvoirs de commandement et servant de relais à peu près exclusif aux décisions étrangères, impulse les transformations qui engendrent la **désagrégation progressive** des organismes régionaux préexistants (là où, tout au moins, ceux-ci étaient une réalité). La Tunisie tout entière tend ainsi à devenir la « grande région » de Tunis, la petite taille du pays rendant d'autant plus rapide le mouvement que la mobilité des hommes et des marchandises a fait des progrès considérables (amélioration des infrastructures, « révolution » des camionnettes) (J.M. MIOSSEC et P. SIGNOLES, 1978).

Il apparaît ainsi très vite que les progrès de la modernisation ou l'essor des forces productives, tantôt diffus (irrigation, industrialisation parfois), plus souvent concentrés en pôles (industriels) ou en complexes (touristiques), loin de favoriser l'intensification des relations intra- ou inter-régionales, ont pour conséquence la multiplication des échanges avec Tunis : flux d'ordres, de capitaux, de marchandises, de services, d'hommes... Ceci s'explique tout autant par la puissance de Tunis (importance du secteur public dans la production, accumulation du capital, capacités de la bourgeoisie urbaine, mainmise sur les circuits commerciaux internes et externes, effet de demande du marché de consommation, etc.) que par la faiblesse des marchés régionaux de consommation, insigne dans la plupart des cas.

On pourrait à ce propos multiplier les exemples, mais nous nous contenterons de quelques notations. Les grandes plaines agricoles de la Tunisie du Nord-Ouest, dont les systèmes de culture sont en cours de diversification et d'intensification, sont liées de plus en plus étroitement à la capitale : celle-ci transforme et revend les blés que son port exportait autrefois; elle commercialise le sucre produit à Béja; son marché de gros draîne les fruits et légumes fournis par les périmètres irrigués et redistribue les invendus par le biais des marchés locaux ou régionaux. Plus au nord, l'ancienne enclave militaro-industrielle de Bizerte-Menzel Bourguiba (ex-Ferryville), dont l'État a entrepris et financé la reconversion, est quasiment devenue une annexe technique de Tunis. Dans le Sahel, vieille région à la cohésion affirmée et dont Sousse était un centre incontesté, les progrès remarquables enregistrés en vingt ans ont fait éclater le cadre spatial : les relations traditionnelles, telles celles entretenues avec la Basse Steppe et Kairouan, ne survivent que par le biais des migrations; par contre les produits de la pêche industrielle (Mahdia), des périmètres irrigués (maraîchage), de l'aviculture, et, plus encore, de l'industrie, sont en grandes quantités dirigés vers Tunis, bien que la demande régionale augmente rapidement; la densification du tissu industriel sahélien s'effectue sous la forme d'entreprises juxtaposées, sans rapports entre elles, mais dont chacune est liée, à des titres divers, à Tunis; Sousse, la ville principale, fonctionne d'autant moins comme une capitale régionale que la réforme administrative de 1974, érigeant Monastir et Mahdia en chefs-lieux de gouvernorat, puis l'amélioration des équipements techniques et culturels de ces deux villes (Universités à Monastir), l'ont obligée à partager les fonctions d'encadrement qu'elle exerçait sur l'ensemble du Sahel. A Gabès, la création d'un « pôle de développement » (industrie chimique lourde) mobilisant des millions de dinars d'investissements, a stimulé l'économie urbaine; mais, pour les besoins mêmes de sa croissance, la ville a dû multiplier les échanges avec Tunis, tandis que ceux avec Sfax stagnaient ou déclinaient; jadis repliée sur son oasis, Gabès tend certes aujourd'hui à rayonner sur un espace plus large (en direction de Gafsa, du Nefzaoua, de l'Arad et de la Jeffara), mais elle doit ce rôle plus à la redistribution de produits acheminés depuis Tunis (Gabès s'établit en effet peu à peu comme un relais grossiste de la capitale) qu'à ses capacités propres (les principales industries gabésiennes sont exportatrices) (A. Hayder, 1980).

L'évolution de la région sfaxienne est tout aussi symptomatique : dans le cadre du système colonial, Sfax s'était assurée une position dominante non seulement par rapport à ses campagnes proches (que sa bourgeoisie urbaine avait profondément transformées), mais aussi vis-à-vis d'une zone plus vaste, s'étendant pratiquement sur l'ensemble du Sud tunisien (la liaison avec la région minière de Gafsa étant, dans ce contexte, fondamentale); grâce à son port, à ses maisons de commerce, à sa bourgeoisie dynamique, Sfax avait façonné un espace régional en fonction de ses intérêts propres, tout en disposant d'une certaine autonomie par rapport à Tunis; la deuxième ville du pays par la taille et la puissance économique offrait ainsi tous les atouts pour devenir, après l'Indépendance, une véritable métropole régionale. Or, il n'en a rien été! Le dynamisme sfaxien s'est beaucoup réduit depuis 1956; l'État a peu investi dans la ville, mais il a suscité un pôle industriel concurrent à Gabès; les activités tertiaires supérieures se sont peu renforcées (malgré l'ouverture d'une université), car le refus des Pouvoirs publics de créer de vastes régions administratives et/ou économiques maintient Sfax à la place de simple chef-lieu de gouvernorat (c'est-à-dire au même niveau que certaines villes de 10 000 à 20 000 habitants!); les hommes d'affaires sfaxiens émigrent de plus en plus nombreux à Tunis ou investissent leurs capitaux dans cette métropole, ce comportement s'étant accéléré depuis 1975 (crise des exportations d'huile d'olives, de phosphates et de leurs dérivés; difficultés dans les industries textiles et de la chaussure) : leurs initiatives financières ne bénéficient plus à la région. Les nouvelles activités développées dans le Sud tunisien échappent à leur tour au contrôle de Sfax : les mines de phosphate les plus productives sont aujourd'hui directement reliées au pôle gabésien par une nouvelle voie ferrée; un nouveau complexe chimique est en construction à La Skhirra (concurrent potentiel); la commercialisation des dattes s'effectue à Gabès ou à Tunis; l'espace touristique de Jerba, tout comme les zones d'émigration internationale, fonctionnent sans établir de liens particuliers avec la deuxième ville du pays, etc. La région sfaxienne s'est ainsi progressivement rétractée sur un espace agricole en crise, peu peuplé et peu urbanisé : Sfax est moins aujourd'hui qu'autrefois la « capitale du Sud », mais elle est de plus en plus un relais de redistribution et de décisions de Tunis (M. Fakhfakh, 1975; H. Sethom et A. Kassab, 1981; P. Signoles, 1984).

Une conclusion s'impose : les profondes transformations qu'a connues la Tunisie depuis l'Indépendance ont eu pour effet **la dissolution des liens régionaux** qui pouvaient exister autrefois (à un moindre niveau de développement des forces productives), **au profit d'inter-relations qui se situent à l'échelle nationale, pour lesquelles Tunis constitue**

**généralement l'un des bouts de la chaîne.** L'État a joué un rôle décisif dans cette évolution (autant dans le cadre de l'économie planifiée que libérale), ne serait-ce que pour freiner les tendances centrifuges manifestées par certaines fractions de l'espace national et par peur d'un « provincialisme » qui, à une époque, a pu servir de support à l'opposition politique (« youssefisme »). Les grandes villes autres que Tunis ne disposent ainsi toujours d'aucun véritable pouvoir de décision ni d'aucune autonomie financière, et leurs bourgeoisies préfèrent souvent investir hors de leur région d'origine (à Tunis, dans le tourisme ou l'industrie) : ces villes éprouvent de ce fait les plus grandes difficultés à structurer autour d'elles une région ou en sont totalement incapables.

L'organisation spatiale de la Tunisie est aujourd'hui en pleine recomposition, l'émergence du littoral oriental comme axe fonctionnel majeur constituant sans discussion possible le fait essentiel. Mais si cet axe s'originalise très aisément par la concentration des hommes, des activités et des équipements, ainsi que par l'intensité de la circulation et des échanges, il apparaît moins comme une région structurée que comme une juxtaposition de cellules spatiales assez disparates, moins liées entre elles que chacune ne l'est avec la capitale. L'insuffisance des pouvoirs citadins — précédemment évoquée — et la présence de nombreuses activités extraverties, pour lesquelles Tunis sert souvent de relais, expliquent cette situation. L'évolution de la Tunisie n'est pas assez avancée — et/ou les freins (extraversion accélérée) sont trop puissants — pour que, les régions traditionnelles une fois dissoutes, émergent de nouvelles structures régionales fondées sur des bases renouvelées, même si le renforcement prévisible de l'axe littoral laisse pressentir ce que sera demain l'organisation spatiale de la Tunisie.

**Voici donc, au terme d'un ouvrage dont l'objectif était de mesurer l'ampleur des mutations qui transforment le Maghreb, quelques-unes des grandes orientations qui pourront servir de fil directeur dans une recherche du fonctionnement de l'espace à l'échelle régionale — cet espace qui, en définitive, est celui que pratiquent quotidiennement les hommes. Il ne faut cependant pas se leurrer sur les difficultés d'une entreprise qui devrait déboucher sur une géographie régionale de chacun des États du Maghreb, car « à un moment donné de l'étude interfèrent des comportements hérités et plus ou moins résiduels, et des tendances nouvelles, en cours d'affirmation, pour lesquelles il est parfois difficile de distinguer le caractère conjoncturel du structurel » (P. SIGNOLES, 1984).**

# CONCLUSION

Au terme de cet ouvrage, l'impression d'un bilan quelque peu alarmiste peut se dégager de la lecture des différents chapitres. N'avons-nous pas donné, un peu exagérément, dans le catastrophisme? C'est ce que la longue liste de contraintes, de déséquilibres, de menaces pour l'avenir, établie tout au long de ce livre, pourrait laisser supposer.

Les mutations de l'ensemble maghrébin ont été rapides : explosion démographique, urbanisation, réduction des terres arables, nouveaux pôles industriels, implantations touristiques, maillage administratif de plus en plus dense, accroissement des flux d'hommes et de produits, équipement hydraulique, investissements des émigrés, dépendance alimentaire, le tableau des bouleversements est complexe et différencié. Taches d'ombre et de lumière se juxtaposent et le bilan de ces transformations doit être nuancé.

Si, à maintes reprises, un signal d'alarme a été allumé dans le tableau de bord des économies maghrébines, c'est que de nombreux seuils d'équilibre paraissent menacés. Ceci ne veut pas dire que l'évolution vers la rupture soit irréversible. Des politiques d'aménagement volontaristes et efficaces peuvent encore atténuer, voire modifier, certaines tendances déséquilibrantes. Des opérations-pilotes sont déjà apparues très récemment : retour de la petite et moyenne hydraulique, stabilisation de bidonvilles, essais de rééquilibrages régionaux, etc.

Il appartient aux géographes de rappeler combien sont fragiles les articulations entre l'homme et le milieu naturel, combien certaines échelles (volume des villes, taille des complexes industriels, hiérarchies urbaines) ne peuvent être trop rapidement modifiées, combien certaines accumulations d'hommes et d'installations sur de petites portions de territoire portent en elles des risques de dysfonctionnement.

Pour cette raison, dans les pages qui précèdent, il a souvent été fait allusion à des seuils, des limites, des points de rupture à ne pas transgresser. Observateurs du terrain et des phénomènes qui l'affectent, des géographes auraient failli à leur vocation s'ils avaient passé sous silence certaines menaces, dont quelques-unes planent également sur les pays européens, pour se réfugier dans un optimisme béat.

Cela n'enlève rien au bilan — ô combien riche — des réalisations effectuées depuis trente ans dans les espaces maghrébins et des améliorations apportées à la vie des hommes dont les cartes et les photos de cet ouvrage rendent plus spécialement compte. Cela n'enlève rien, non plus, aux espoirs de développement que nous pouvons formuler en toute clairvoyance.

Il est en Afrique et dans le Monde arabe des régions, des villes, des littoraux infiniment plus menacés, des sociétés infiniment plus déchirées, des potentiels infiniment plus entamés. Nous pensons à l'Afrique sahélienne, au delta du Nil, au Liban, aux zones méridionales de l'Irak, entre autres exemples. Le Maghreb serait-il donc un Occident heureux du Monde arabe? Pas forcément, mais il dispose de multiples atouts physiques, humains, politiques, économiques que bien des pays voisins pourraient lui envier. Des réserves de matières premières, des techniques encore peu utilisées pourraient singulièrement modifier son avenir : schistes bitumineux du Maroc, hydrocarbures algéro-tunisiens, dessalement de l'eau de mer, utilisation de l'énergie solaire, adoption de nouvelles variétés de plantes cultivées, etc.

La conservation des espaces, des patrimoines, des équilibres humains, mais aussi la réduction des inégalités, le développement des savoirs pourront seuls permettre d'accomplir des progrès dans ces nouveaux domaines et assurer ainsi le mieux-être des 80 millions de Maghrébins de l'an 2000.

Jean-François TROIN

# BIBLIOGRAPHIE

## ABRÉVIATIONS

### THÈSES

T.E. = Thèse de Doctorat d'État, suivie du lieu de soutenance (Université)
T3 = Thèse de Doctorat de 3e Cycle, suivie du lieu de soutenance (Université)

### REVUES ET PÉRIODIQUES

*A.A.G. : Annales Algériennes de Géographie* (Alger)
*A.A.N. : Annuaire de l'Afrique du Nord* (C.R.E.S.M., Aix-en-Provence)
*A.G. : Annales de Géographie* (Paris)
*B.A.G.F. : Bulletin de l'Association de Géographes Français* (Paris)
*B.E.S.M. : Bulletin Économique et Social du Maroc* (Rabat)
*B.S.L.G. : Bulletin de la Société Languedocienne de Géographie* (Montpellier)
*C.A.E. : Cahiers de l'Aménagement de l'Espace* (C.N.E.R.A.T., Alger)
*C.O.M. : Cahiers d'Outre-Mer* (Bordeaux)
*C.G.O. : Cahiers Géographiques de l'Ouest* (Oran)
*C.M. : Cahiers de la Méditerranée* (Nice)
*C.T. : Cahiers de Tunisie* (Tunis)
*E.M. : Études Méditerranéennes* (Poitiers)
*H.T.E. : Hommes, Terres et Eaux* (Rabat)
*Méd. : Méditerranée* (Aix-en-Provence)
*M.M. : Maghreb-Machrek* (La Documentation Française, Paris)
*O.M. : Options Méditerranéennes* (Montpellier)
*POP :* Revue *Population* (I.N.E.D., Paris)
*R.G.L. : Revue de Géographie de Lyon* (Lyon)
*R.G.M. : Revue de Géographie du Maroc* (Rabat)
*R.O.M.M. : Revue de l'Occident Musulman et de la Méditerranée* (Aix-en-Provence)
*R.T.E. : Revue Tunisienne de l'Équipement* (Tunis)
*R.T.G. : Revue Tunisienne de Géographie* (Tunis)
*R.T.M. : Revue Tiers Monde* (Paris)
*R.T.S.S. : Revue Tunisienne de Sciences Sociales* (Tunis)

### CENTRES PUBLICS D'ÉDITION ET ÉDITEURS PRIVÉS

A.A.R.D.E.S. : Association Algérienne pour la Recherche Démographique, Économique et Sociale
A.N.A.F.I.D. : Association Nationale des Améliorations Foncières de l'Irrigation et du Drainage (Rabat)
C.E.R.E.D. : Centre de Recherches et d'Études Démographiques (Rabat)
C.E.R.E.S. : Centre d'Études et de Recherches Économiques et Sociales (Tunis)
C.I.C.R.E.D. : Comité International de Coordination de Recherches Nationales de Démographie (Paris)
C.I.E.M. : Centre Interuniversitaire d'Études Méditerranéennes (Poitiers)
C.N.R.S. : Centre National de la Recherche Scientifique (Paris)
C.R.E.S.M. : Centre de Recherches et d'Études sur les Sociétés Méditerranéennes (Aix-en-Provence)

D.A.T. : Direction de l'Aménagement du Territoire (Tunis)
E.R.A. 706 : Équipe de Recherche Associée au C.N.R.S. « Urbanisation au Maghreb » (Tours), devenue URBAMA
G.R.E.S.M.O. : Groupe de Recherches Économiques et Sociales sur le Moyen-Orient (Grenoble)
I.A.V. : Institut Agronomique et Vétérinaire Hassan II (Rabat)
I.N.S.E.E. : Institut National de la Statistique et des Études Économiques (Paris)
I.R.M.A.C. : Institut de Recherches sur le Monde Arabe Contemporain (Lyon)
O.P.U. : Office de Publications Universitaires (Alger)
O.R.S.T.O.M. : Office de la Recherche Scientifique et Technique Outre-Mer (Paris)
P.U.F. : Presses Universitaires de France (Paris)
P.U.T. : Publications de l'Université de Tunis (Tunis)
S.N.E.D. : Société Nationale d'Édition et de Diffusion (Alger)
URBAMA : Centre d'Études et de Recherches sur l'Urbanisation dans le Monde Arabe (Tours), ex E.R.A. 706.

## OUVRAGES GÉOGRAPHIQUES GÉNÉRAUX

### LIVRES DE SYNTHÈSE ET MANUELS

*Algérie* (1981), Documentation photographique n° 6054, La Documentation Française, Paris.
Benchetrit M. et coll. (1970), *Géographie de l'Algérie,* Institut Pédagogique National, Alger, 352 p.
Birot P. et Dresch J. (1953), *La Méditerranée et le Moyen-Orient,* t. 1 : *La Méditerranée occidentale,* P.U.F., 552 p.
Capot-Rey R. (1953), *Le Sahara français,* P.U.F., 564 p.
Cote M. (1983), *L'Espace algérien. Les prémices d'un aménagement,* O.P.U., 278 p.
De Planhol X. et Rognon P. (1970), *Les Zones tropicales arides et subtropicales,* Armand Colin, Paris, 487 p.
Despois J. (1958), *L'Afrique du Nord,* P.U.F., 628 p.
Despois J. (1961), *La Tunisie,* Armand Colin, Paris, 224 p.
Despois J. et Raynal R. (1967), *Géographie de l'Afrique du Nord-Ouest,* Payot, Paris, 570 p.
Isnard H. (1966), *Le Maghreb,* P.U.F., Coll. Magellan n° 19, 273 p.
Kassab A. et Sethom H. (1980), *Géographie de la Tunisie : le pays et les hommes,* P.U.T., série Géographie, vol. XII, 278 p.
Martin J. et coll. (1964), *Géographie du Maroc,* Hatier, Paris, 255 p.
Sethom H. et Kassab A. (1981), *Les Régions géographiques de la Tunisie,* P.U.T., série Géographie, vol. XIII, 460 p.

### THÈSES D'ÉTAT RÉCENTES PUBLIÉES (1970-1984)

Béguin H. (1974) : *L'Organisation de l'espace au Maroc,* Bruxelles, Académie royale des Sciences d'Outre-Mer, 787 p.
Cote M. (1979) : *Mutations rurales en Algérie. Le cas des hautes plaines de l'Est,* O.P.U. et C.N.R.S., 163 p.
El Gharbaoui A. (1981) : *La Terre et l'Homme dans la péninsule tingitane. Essai sur l'Homme et le milieu naturel dans le Rif Occidental,* Rabat, 439 p.
Escallier R. (1981) : *Citadins et espace urbain au Maroc,* E.R.A. 706 et C.I.E.M. fasc. 8 et 9, Réédition 1984, 407 p.
Kassab A. (1979) : *L'Évolution de la vie rurale dans les régions de la moyenne Medjerda et de Béja Mateur,* P.U.T., série Géographie, vol. VIII, Tunis, 674 p.
Mutin G. (1977) : *La Mitidja : décolonisation et espace géographique,* C.N.R.S. et O.P.U., 607 p.

Noin D. (1970) : *La Population rurale du Maroc,* P.U.F., 2 vol. (279 et 342 p.).

Pascon P. (1977) : *Le Haouz de Marrakech.* Ed. Marocaines et Internationales, Tanger, 693 + 165 p.

Sari D. (1977) : *L'Homme et l'érosion dans l'Ouarsenis* S.N.E.D., 624 p.

Sethom H. (1977) : *Les Fellahs de la presqu'île du cap Bon. L'Agriculture de la presqu'île du cap Bon,* P.U.T., série Géographie, vol. IV et V, Tunis, 353 et 532 p.

Signoles P. (1985) : *L'Espace tunisien. Capitale et État-Région.* Publ. URBAMA, fasc. 14-15, 1041 p.

Simon G. (1979) : *L'Espace des travailleurs tunisiens en France,* Poitiers, chez l'auteur, 426 p.

Tomas F. (1977) : *Annaba et sa région,* Saint-Étienne, chez l'auteur, 720 p.

Troin J.-F. (1975) : *Les Souks marocains,* Aix-en-Provence, EDISUD, 503 p. + atlas.

## ANNUAIRES, REVUES, ATLAS

*Annales Algériennes de Géographie (A.A.G.),* Alger, 11 numéros de 1966 à 1971.

*Annuaire de l'Afrique du Nord (A.A.N.)* (quelques rubriques géographiques). Publ. C.R.E.S.M., C.N.R.S., depuis 1962, un volume par an.

*Atlas du Maroc,* Comité National de Géographie, Rabat, nombreuses planches et copieuses notices depuis 1954.

*Atlas de Tunisie,* Éditions Jeune Afrique, 1979, 72 p.

*Cahiers d'Aménagement de l'Espace,* C.N.E.R.A.T., Alger, depuis 1980.

*Cahiers Géographiques de l'Ouest (C.G.O.),* Université d'Oran, depuis 1978.

*Revue de Géographie du Maroc (R.G.M.),* Société de Géographie du Maroc, Rabat, ancienne série 1962-1973. Nouvelle série depuis 1977.

*Revue Tunisienne de Géographie (R.T.G.),* Faculté des Lettres et des Sciences Humaines de Tunis, depuis 1978.

*Rhumel,* Institut des Sciences de la Terre, Université de Constantine, depuis 1982.

## OUVRAGES ET ARTICLES PLUS SPÉCIALISÉS SE RAPPORTANT AUX THÈMES DE CET OUVRAGE

**Les numéros entre crochets [ ] renvoient aux parties de ce livre auxquelles ces références se rapportent le plus et dans lesquelles elles ont été généralement citées.**

Agoumy T. (1979) : *La Croissance de la ville de Taza et ses conséquences sur la dysharmonie urbaine.* T 3, Tours, 252 p. **[VI]**

Amari-Aimeur D. (1982) : *Limites administratives et aménagement du territoire. Le cas de l'Est algérien.* T 3, Tours, 205 p. **[IV]**

Assari-Djelal N. (1981) : *Recherches sur les circuits de distribution en Algérie.* T 3, Paris I, 254 p. **[VII]**

A.A.R.D.E.S. (1980) : *Pôle de développement et arrière-pays : le cas d'Annaba-El-Hadjar,* Alger, 4 vol. (58 p.; 85 p.; 45 p.; 75 p.; étude réalisée par Liabes D.). **[V]**

A.N.A.F.I.D. (1982) : *Les Ressources en eau au Maroc : mobilisation et gestion,* Séminaire des 13 et 14 juin 1980, I.A.V., 151 p. **[II]**

A.N.A.F.I.D. (1983) : Numéro spécial « Sécheresse », *H.T.E.* n° 52-53. **[I, II]**

Attia (1966) : « Structures sociales et évolution de la Tunisie centrale », *R.T.S.S.* n° 6, pp. 5-42. **[IV]**

Attia H. (1969) : « La Répartition géographique de la population tunisienne à partir du recensement de 1966 », *R.T.S.S.,* n$^{os}$ 17-18, pp. 505-524. **[III]**

ATTIA H. (1977) : *Les Hautes Steppes tunisiennes, de la société pastorale à la société paysanne,* T.E., Paris VII, 3 vol., 664 p. **[I]**

ATTIA H. (1984) : *Proposition pour un schéma de développement régional du gouvernorat de Sidi Bou Zid.* Cinquième colloque de géographie maghrébine, Constantine, 28-30 mai 1984, 15 p. **[I]**

AZIKI S. (1983) : *L'Agriculture irriguée et l'aménagement d'un espace rural méridional marocain en pleine mutation : le cas du Souss aval.* T 3, Aix-en-Provence, 389 p. **[III]**

BADUEL P. (1979) : « Semi-nomades du Sud tunisien », *M.M.* n° 84, pp. 60-65. **[I]**

BADUEL A. et P. (1980) : « Le Pouvoir de l'eau dans le Sud tunisien », *R.O.M.M.,* n° 30, pp. 101-134. **[I]**

BAIROCH P. (1977) : *Taille des villes, conditions de vie et développement,* Hautes Études en Sciences Sociales, Paris, 421 p. **[III]**

BAKALEM A. (1980) : « Aménagement du littoral ouest; problème de pollution marine, étude préliminaire de la zone Arzew-Mers el Hadjaj », *C.G.O.,* n^os^ 5-6, pp. 115-150. **[I]**

BANNOUR H., BONVALLOT J. et HAMZA A. (1981) : « Érosion et aménagement anti-érosif d'un bassin-versant de la Tunisie Centrale, Oued el Foul », *Sols de Tunisie,* n° 12, pp. 1-26. **[I]**

BANQUE MONDIALE (1980) : *Tunisie : les aspects sociaux du développement,* 220 p. **[IV]**

BANQUE MONDIALE (1981) : *Maroc : rapport sur le développement économique et social,* 360 p. **[I, II, IV]**

BEAUDET G. (1962) : « Types d'évolution actuelle des versants dans le Rif occidental », *R.G.M.,* n° 1-2, pp. 41-47. **[I]**

BEAUDET G. (1969) : « Les Beni M'Guild du Nord », *R.G.M.* n° 7, pp. 3-80. **[I]**

BELFQUIH M. (1978) : *L'Espace péri-urbain d'une capitale : la région au sud-ouest de Rabat,* E.R.A. 706 et C.I.E.M., fasc. 2, 226 p. **[VII]**

BELFQUIH M. et FADLOULLAH A. (1977) : « Observation sur la vie humaine dans le bassin-versant de la Tessaout supérieure », *R.G.M.* n° 1, Nouvelle Série, pp. 5-24. **[I]**

BELFQUIH M. et FADLOULLAH A. (1982) : *Réorganisation spatiale et reclassement fonctionnel des médinas de Rabat-Salé,* E.R.A. 706, fasc. n° 10-11, pp. 147-198. **[VI]**

BELHEDI A. (1981) : « Le Programme de développement rural », *R.T.G.* n° 7, pp. 7-57. **[IV]**

BELHEDI A. (1983) : « Différenciation sociale de l'espace urbain : le cas de Tunis », *E.M.,* fasc. 5, C.I.E.M., pp. 25-52. **[III]**

BENACHENHOU A. (1979) : *L'Exode rural en Algérie,* Alger, 144 p. **[III]**

BENAMRANE D. (1980) : *Crise de l'habitat, perspectives de développement socialiste en Algérie,* C.R.E.A. (Centre de Recherche en Économie Appliquée), 306 p. **[VI]**

BENATIA F. (1980) : *Alger : agrégat ou cité?,* S.N.E.D., 408 p. **[VI]**

BENCHEHIDA D. (1980) : *Les Activités industrielles dans l'agglomération oranaise : l'originalité du secteur industriel privé : structures, comportement et modes d'insertion spatiale.* T 3, Oran, 218 p. **[V]**

BENCHETRIT M. (1972) : *L'Érosion actuelle et ses conséquences sur l'aménagement en Algérie,* Publications de l'Université de Poitiers, Lettres et Sciences Humaines, t. XI, P.U.F., 216 p. **[I]**

BENDJELID A. (1978) : « L'Industrie et les nouvelles relations interurbaines au sein de la partie orientale du réseau urbain algérien », in *Urbanisation au Maghreb,* E.R.A. 706 et C.I.E.M., fasc. 3, pp. 153-164. **[V]**

BENDJELID A., BRULÉ J.C., FILLON P. (1978) : « Un espace régional dépendant : la Petite Kabylie », in *Urbanisation au Maghreb,* E.R.A. 706 et C.I.E.M., fasc. 3, pp. 221-231. **[VII]**

BENHALIMA H. (1977) : *Sefrou : de la tradition du dir à l'intégration économique moderne, étude de géographie urbaine.* T 3, Montpellier, 2 vol., 243 p. **[III]**

BERQUE J. (1978) : *Structures sociales du Haut Atlas,* P.U.F., 513 p. **[I]**

BERRIANE M. (1980) : *L'Espace touristique marocain,* E.R.A. 706 et C.I.E.M., fasc. 7, 171 p. **[III]**

BIRABEN J.N. (1969) : « Essai d'estimation des naissances de la population algérienne depuis 1891 », *POP.* n° 4, pp. 711-734. **[III]**

BISSON J. (1979) : « Pays de Ouargla et Mzab : emploi, urbanisation, régionalisation au Sahara algérien », in *Urbanisation et nouvelle organisation des campagnes au Maghreb,* E.R.A. 706 et C.I.E.M., fasc. 5, pp. 53-103. **[VII]**

BISSON J. (1983) : « L'Industrie, la ville, la palmeraie au désert. Un quart de siècle d'évolution au Sahara algérien », *M.M.* n° 99, pp. 5-29. **[I, III]**

BISSON J. (1983) : « Les Villes sahariennes : politique volontariste et particularismes régionaux », *M.M.* n° 100, pp. 25-41. **[I, III, VII]**

BISSON J. (1984) : « De la mobilité des terroirs à la stabilisation de l'espace utile; l'exemple du Gourara (Sahara algérien) », Table Ronde « États, territoires et terroirs au Maghreb », Aix-en Provence, C.R.E.S.M. (sous presse in *A.A.N.* 1983). **[I]**

BISSON J. (1984) : *Les Foggaras du Sahara algérien : déclin ou renouveau?,* Publication Univ. Paris IV (sous presse). **[II]**

BONVALLOT J. (1982) : *Conditions géographiques de la lutte contre l'érosion dans la région d'Aïn Draham (Tunisie du N.O.),* Rapport O.R.S.T.O.M., Tunis, 64 p. **[I]**

BOUALI S. (1973) : *Un Exemple d'évolution de l'agriculture montagnarde en Grande Kabylie. Commune de Freha.* Mémoire de maîtrise de géographie, Université d'Alger, 129 p. **[I]**

BOUBAKRI H. (1984) : « Émigration commerçante en France et nouveaux comportements immobiliers à Ghomrassen (Sud tunisien) », in : SIMON G., 1984, pp. 87-99. **[VII]**

BOUDERBALA N., CHICHE J., HERZENNI A., PASCON P. (1984) : *La Question hydraulique. 1. - Petite et Moyenne Hydraulique au Maroc,* Rabat, 397 p. **[II]**

BOUGHABA A., COTE M., ISNARD H., LOEW G., SPIGA Y. (1983) : Centres et flux : essai sur l'organisation de l'espace dans l'Est Algérien », *Rhumel* n$^{os}$ 3-4, pp. 5-32. **[VII]**

BOUGHERARA A., FAVRE J., MAGAGNOSC J.S. (1980) : « La Prise en compte du milieu naturel pour la planification urbaine. Le cas de Bougaa », *C.G.O.* n$^{os}$ 5-6, Oran, pp. 165-186. **[I]**

BOUHDIBA A. (1982) : « Durée et changement dans la ville arabe », in : *La Ville arabe dans l'Islam,* C.E.R.E.S.-C.N.R.S., pp. 17-26. **[VI]**

BOULIFA A. (1983) : *Évolution et organisation d'un espace rural : le Tangérois, étude géographique.* T 3, Poitiers, 2 vol., 440 p. **[I]**

BOUMAZA N. (1976) : « Politique de l'habitat rural et aménagement du territoire en Algérie », *B.S.L.G.,* janvier-mars 1976, pp. 33-52. **[IV]**

BOURDIEU P., SAYAD A. (1964) : *Le Déracinement : la crise de l'agriculture traditionnelle en Algérie,* Éditions de Minuit, Paris, 220 p. **[IV]**

BOUSNINA M. (1971) : *La Manouba, banlieue de Tunis : étude de la croissance urbaine.* T 3, Paris I, 340 p. **[III]**

BOUSQUET C. (1983) : *Mutations urbaines en Algérie, le cas de Beni Isguen au M'zab,* T 3, Tours, 350 p. **[VI]**

BRULÉ J.C. (1971) : « Propriété et exploitation dans les montagnes de Petite Kabylie », *A.A.G.* n° 11, pp. 3-9. **[I]**

BRULÉ J.C. (1976) : « Transformations récentes de l'espace rural algérien », *B.S.L.G.,* janvier-mars 1976, pp. 115-135. **[IV]**

BRULÉ J.C. (1984) : *La Politique des réserves foncières en Algérie,* Colloque I.R.M.A.C. : « Politiques urbaines au Maghreb et au Machrek » (sous presse). **[VI]**

BRULÉ J.C. et MUTIN G. (1982) : « Industrialisation et urbanisation en Algérie », *M.M.* n° 96, pp. 41-66. **[III]**

*CAHIERS GÉOGRAPHIQUES DE L'OUEST* (1984) : Numéro spécial *C.G.O.* 7-8. *Mutations et organisation de l'espace rural en Algérie,* 155 p. **[IV]**

CAMPS G. (1973) : « Une frontière inexpliquée : la limite de la Berbérie orientale de la protohistoire au Moyen Age », in : *Maghreb et Sahara, études géographiques offertes à Jean Despois.* Paris, Société de Géographie, pp. 59-67. **[VII]**

CAZES G. (1983) : *Le Tourisme international en Thaïlande et en Tunisie. Les impacts et les risques d'un développement mal maîtrisé.* Trav. de l'Inst. de Géographie de Reims, n° 53-54, 154 p. **[VII]**

C.E.R.E.D. (1975) : *La Nuptialité.* Cahiers du C.E.R.E.D. n° 12. **[III]**

C.I.E.M. (1983) : *Les Travailleurs émigrés et le changement urbain des pays d'origine.* Actes de la Table Ronde des 14 et 15 mai 1982, C.I.E.M., Poitiers, fasc. 4, 137 p. **[VII]**

C.N.E.R.A.T. (1979) : « Problèmes de restructuration rurale en Mitidja », *C.A.E.* n° 5 et 6, janvier-juillet 1979, 207 p. **[V]**

C.N.E.R.U. (Centre National d'Études et de Réalisations Urbaines) (1983) : *Alger, P.U.D. (Plan d'Urbanisme Directeur), Options et schémas,* rapport de synthèse, 71 p. **[VI]**

CHAKER K. (1981) : *La Planification urbaine en Tunisie.* T 3, Aix-en-Provence, 251 p. **[VI]**

CHARMES J. (1980) : « Les Contradictions du développement du secteur non structuré ». *R.T.M.,* vol. XXI, n° 82, pp. 321-335. **[III]**

CHARMES J. (1981-1982) : « Principales tendances de la démographie tunisienne au cours des deux décennies 1960-1980 et perspectives pour la décennie 1980-1990 », Cahiers O.R.S.T.O.M., série Sciences Humaines, vol. XVIII, n° 3, pp. 341-356. **[III]**

CHARMES J. (1982) : « Méthodologie et résultats des enquêtes sur le secteur non structuré en Tunisie », I.N.S.E.E., *Archives et documents,* 54, pp. 51-129. **[VI]**

CHBICHEB A. (1974) : « Le D.E.R.R.O. Une méthode dynamique de développement rural intégré », *H.T.E.* n° 13, I.A.V., pp. 11-24. **[I]**

CHÈNE M.R. (1971) : *Marges citadines à Rabat-Salé.* T 3, Paris, 308 p. **[VI]**

CHEVALIER L. (1952) : « Le Problème démographique nord-africain », I.N.E.D., *Travaux et Documents* n° 6, P.U.F., 221 p. **[III]**

CHIHANI B. (1981) : *L'Évolution des activités de la Médina de Rabat.* T 3, Tours, 365 p. **[VI]**

CLAISSE A. et NACIRI M. (1984) : « L'Aménagement de l'espace territorial au Maroc, lieux d'autonomie et centralisation étatique ». Colloque « États, territoires et terroirs au Maghreb », C.R.E.S.M., Aix-en-Provence, 27-29 juin 1984, 45 p. ronéo. (à paraître *A.A.N.* 1983). **[VII]**

COALE A. ET DEMENY P. (1966) : *Regional Model Life Tables and Stable Population.* Princeton (New Jersey), Princeton University Press, XV. 44, 871 p. **[III]**

COLLECTIF (1982) : « La Wilaya de Guelma : de l'éclatement à la cohérence », *Rhumel,* Université de Constantine, n° 2, pp. 26-43. **[VII]**

COLLECTIF (1982) : « La Wilaya de M'sila ou le problème des disparités », *Rhumel,* Université de Constantine, n° 2, pp. 44-57. **[VII]**

COTE M. (1964) : « La Conservation des sols et des eaux en Tunisie », *Méd.* n° 3, pp. 219-241. **[I]**

COTE M. (1973) : « Les Transactions foncières dans l'Est algérien ». in : *Maghreb et Sahara,* études géographiques offertes à Jean Despois. *Acta Geographica* (Société de Géographic de Paris) pp. 99-109. **[VII]**

Cote M. (1974) : *L'Aménagement des hautes plaines,* Centre Universitaire de Recherches, d'Études et de Réalisations (C.U.R.E.R.), Université de Constantine, 9 p. **[I]**

Cote M. (1974) : *Un Aménagement pastoral. Les garaet constantinoises.* Séminaire international sur le pastoralisme. Alger, 22-28 avril 1974, 15 p. **[I]**

Cote M. (1974) : « Constantine », *Encyclopaedia Universalis.* 5 p. **[I]**

Cote M. (1978) : « Alger et sa place dans la hiérarchie urbaine », *Villes en parallèles* n° 2, pp. 7-17. **[VI]**

Cote M. (1980) : *Trois Périmètres de mise en valeur dans le Sud algérien,* Centre Universitaire de Recherches, d'Études et de Réalisations (C.U.R.E.R.), Université de Constantine, fév. 1980, 26 p. **[I]**

Cote M. (1983) : *L'Eau en Algérie : mise en œuvre et utilisation,* Colloque sur l'eau, Institut des Sciences de la Terre, Constantine, 14 p. **[II, III]**

Couderc R. (1976) : « Les Parcours steppiques en Algérie. Migrations biologiques et organisation économique », *B.S.L.G.* n° 1, janvier-mars, pp. 95-114. **[I]**

Couderc R. (1978) : *Géographie et développement : les hautes steppes sud-oranaises.* T.E., Montpellier III, 2 vol., 655 p. **[I]**

Couvreur G. (1968) : « La Vie pastorale dans le Haut Atlas central », *R.G.M.* n° 13, pp. 3-54. **[I]**

Couvreur G. (1979) : « Conditions naturelles, peuplement et genres de vie du Haut Atlas (Maroc) », *Méd.* n° 1-2, pp. 23-25. **[I]**

Delorme H. (1981) : « L'Algérie : importations de céréales, blocage de la production et développement de l'État », *M.M.* n° 91, pp. 7-23. **[III]**

Deluz-La Bruyère J. (1983) : *Processus et formes d'urbanisation en Algérie : le cas de Blida.* T 3, Lyon II, 467 p. **[VI, VII]**

De Planhol X. (1962) : « Caractères généraux de la vie montagnarde dans le Proche-Orient et dans l'Afrique du Nord », *A.G.*, pp. 113-130. **[III]**

De Planhol X. (1968) : *Les Fondements géographiques de l'histoire de l'Islam,* Paris, Flammarion, 442 p. **[III]**

Despois J. (1942) : « Régions naturelles et régions humaines en Tunisie », *A.G.*, n° 286, pp. 112-128. **[VII]**

Despois J. (1961) : « Le Sahara et l'écologie humaine », *A.G.*, pp. 577-584. **[I]**

Despois J. (1964) : « Les Paysages agraires du Maghreb et du Sahara septentrional », *A.G.*, n° 396, pp. 129-171. **[III]**

Dethier J. (1972) : « Soixante ans d'urbanisme au Maroc. L'évolution des idées et des réalisations », *B.E.S.M.*, n° 118-119, pp. 5-56. **[VI]**

D.A.T./URBAPLAN (1983) : *Schéma national et Schémas régionaux d'aménagement du territoire, Rapport intermédiaire, Bilan des données,* Tunis et Lausanne, vol. 2, 360 p. **[I, II]**

District de Tunis (1977) : *Plan régional d'aménagement du District de Tunis,* 16 p. + 73 p. + 33 p. + cartes hors-textes et annexes. **[VI]**

Dresch J. (1941) : *Documents sur les genres de vie de montagne dans le massif central du Grand Atlas.* Tours, Thèse pour le Doctorat ès Lettres, 30 p. + cartes. **[I]**

Dresch J. (1982) : « Les Montagnards dans le Maroc contemporain » in : *Le Cuisinier et le philosophe,* hommage à Maxime Rodinson, Maisonneuve et Larose, Paris, pp. 83-88. **[I]**

Durand J.P. et Tengour H. (1982) : *L'Algérie et ses populations,* Éd. Complexe, Bruxelles, 302 p. **[III]**

Dutour A. (1983) : *Étude géomorphologique de la partie occidentale de la Haute Moulouya (Maroc).* T 3, Poitiers, 361 p. **[I]**

EL ARABI A. (1980) : *Les Quartiers périphériques de la ville d'Oujda.* T 3. Tours, 2 vol., 367 p. **[III, VI]**

EL BAHI M. (1972) : *De l'Urbanisme dans les colonies à l'urbanisme des bureaucrates. Approche critique des projets d'aménagement dans le faubourg nord Bab Souika de la ville de Tunis.* T 3, Paris, 399 p. **[VI]**

EMBERGER L. (1955) : « Une Classification biogéographique des climats », *Rec. trav. Lab. Bot. Géol. Zool.*, Faculté des Sciences, Montpellier, série botanique, 7, pp. 3-43. **[I]**

ESCALLIER R. (1978) : *La Population urbaine du Maroc, étude géographique.* T.E. Nice, 4 vol., 1213 p. **[III]**

ESCALLIER R. (1979) : « Les Migrations interurbaines comme expression des inégalités socio-spatiales : le cas marocain », in *Urbanisation et nouvelle organisation des campagnes au Maghreb,* E.R.A. 706, fasc. 5, pp. 15-37. **[III]**

ESCALLIER R. (1980) : « Espace urbain et flux migratoires : le cas de la métropole économique marocaine : Casablanca », *Méd.* n° 1, pp. 3-14. **[III]**

ESCALLIER R. (1982) : « Le Système urbain marocain. Métropoles et petites villes », *M.M.* n° 96, pp. 19-40. **[III]**

ESCALLIER R. (1983) : *Espace urbain et classes sociales au Maroc.* Colloque Géo. sociale de Lyon, oct. 82. Publication D. NOIN, 18 p. **[III]**

ESCALLIER R. (1984) : *Espaces du sous-habitat et politiques urbaines au Maroc.* Colloque IRMAC : « Politiques urbaines au Maghreb et au Machrek » (sous presse). **[VI]**

FAKHFAKH F. (1977) : *Une Banlieue de Tunis depuis l'Indépendance : l'Ariana.* E.R.A. 706 et C.I.E.M., fasc. 1, 222 p. **[VI]**

FAKHFAKH M. (1975) : *Sfax et sa région. Étude de géographie humaine et économique.* T.E., Paris VII, 3 vol., 630 p., ronéo. **[VII]**

FAKHFAKH M. (1976) : *La Grande Exploitation agricole dans la région sfaxienne.* Cahiers du C.E.R.E.S., Série géographique, n° 3, 294 p. **[VII]**

FAKHFAKH M. (1977) : *Développement et environnement en Tunisie littorale.* Actes des premières journées géographiques tunisiennes : « L'environnement », 10-11 décembre 1977, Tunis, pp. 1-11. **[I]**

FAKHFAKH M. (1984) : *Développement rural et planification régionale en Tunisie.* Cinquième colloque de géographie maghrébine, Constantine, 6 p. **[I]**

FEJJAL A. (1982) : *Le Binôme Sidi Kacem-Sidi Slimane : fonctions et place dans le réseau urbain du Rharb.* T 3, Tours, 313 p. **[V, VII]**

FLORET Ch. et PONTANIER R. (1982) : *L'Aridité en Tunisie présaharienne,* O.R.S.T.O.M., 544 p. **[I]**

FONTAINE J. (1983) : *Villages kabyles et nouveau réseau urbain en Algérie. Le cas de la région de Béjaïa.* URBAMA, fasc. 12, 273 p. **[III, IV]**

FOSSET R. (1979) : *Sociétés rurales et organisation de l'espace : les bas plateaux atlantiques du Maroc moyen.* T.E., Montpellier, 895 p. **[I, IV]**

GAIDON A. (1976) : *Bab el Oued : la vie industrielle dans un quartier d'Alger.* Maîtrise de Géographie, Lyon II, 218 p. **[V]**

GAIDON-ARVICUS A. (1980) : *Industrialisation et organisation spatiale dans l'Algérois, leurs incidences en Mitidja orientale.* C.A.E. n° 10-11-12, C.N.E.R.A.T.-O.P.U., 374 p. **[I, V]**

GANIAGE J. (1964) : « La Population de la Tunisie vers 1860 ». *Études Maghrébines.* P.U.F., pp. 165-198. **[III]**

GAUSSEN H. (1952) : « L'Indice xérothermique ». *B.A.G.F.*, pp. 10-16. **[I]**

GROUPE HUIT (1973) : *Villes et Développement.* D.A.T., Tunis, 636 + 296 + 96 p. + atlas. **[II]**

GROUPE HUIT (1977) : *Les Activités tertiaires du centre de Tunis*. District de Tunis, atlas de 78 planches + annexes + rapport de 38 p. **[VI]**

GROUPE HUIT (1977) : « Urbanisme et concertation : Plan Directeur du Grand Sfax », *R.T.E.* n° 20, pp. 21-76. **[VI]**

GROUPE HUIT (1978) : *Projet de réhabilitation du quartier de Saïda Manoubia*. Tunis, ministère de l'Intérieur, 115 p. + annexes. **[VI]**

GROUPE HUIT (1978) : *Projet de réhabilitation du quartier de Jebel Lahmar*. Tunis, ministère de l'Intérieur, non pag. **[VI]**

GROUPE HUIT (1979) : *Réhabilitation des quartiers des R'bats à Sfax*. D.A.T., Tunis, 192 p. + atlas et annexes. **[VI]**

GROUPE HUIT (et J.M. MIOSSEC) (1979) : « Les Effets socio-culturels du tourisme en Tunisie : monographie de Sousse », pp. 281-299, in : DE KADT E. : *Tourisme, passeport pour le développement ?*, Economica, B.I.R.D., Paris, 345 p. **[VII]**

GUERROUDJ T. (1980) : « Analyse critique des plans directeurs d'urbanisme (PDU) », *C.G.O.* n° 4, pp. 21-29. **[VI]**

GUITOUNI A. (1980) : *Les Activités de commerce et de service dans le centre ville d'Oujda (Maroc)*. T 3, Tours, 242 p. **[VI]**

HAKIMI R. (1984) : *La Ville de Berrechid dans l'espace casablancais, étude géographique*. T 3, Tours, 333 p. **[I]**

KARRAY N. (1981) : « Les Plans d'aménagement entre leurs gestionnaires et leurs planificateurs », *R.T.E.* n° 37, pp. 7-13. **[VI]**

HASSAINYA J. (1982) : « L'Agriculture irriguée en Tunisie », *Afrique Agriculture* n° 79, pp. 12-17 et n° 80, pp. 39-43. **[II]**

HAYDER A. (1980) : *L'Industrialisation à Gabès et ses conséquences*. T 3, Tunis, 243 p. **[III, V, VII]**

HAYDER A. (1983) : « La Création d'un complexe industriel et son impact sur l'économie et la société d'une région sous-développée en crise : l'exemple du complexe industriel de Gabès ». E.M., fasc. n° 5, *C.I.E.M.*, pp. 53-84. **[VII]**

HENSENS S. (1982) : *Pôles d'animation dans l'espace urbain de Rabat*. T 3, Tours, 237 p. **[VI]**

HENTATI A. (1978) : *L'Environnement écologique du Grand Sfax*. Actes de la journée géographique sur l'Aménagement urbain. Association des Géographes tunisiens, 6 avril 1978, Sfax, pp. 3-11. **[I]**

HERSI A. (1979) : *Les Mutations des structures agraires en Algérie depuis 1962*. O.P.U., 206 p. **[IV]**

HEUSCH B. (1969) : « L'Érosion dans le bassin du Sebou : une approche quantitative ». *R.G.M.*, n° 15, pp. 109-128. **[I]**

HLAL M. (1983) : *Élevage et sédentarisation sur les hauts plateaux steppiques de l'Est marocain. Étude géographique*. T 3, Tours, 304 p. **[I]**

HOPKINS N. (1983) : *Testour ou la transformation des campagnes maghrébines*, Cérès Productions, 159 p. **[VI]**

HOUIDI T. et MIOSSEC J.M. (1976) : *La Population tunisienne en 1975. Premiers enseignements du recensement du 8 mai 1975*. Ministère de l'Équipement, D.A.T., 30 p. **[III]**

HOUIDI T. (1977) : *L'Hypercentre de Tunis*. Mémoire de Maîtrise, Poitiers, 173 p. **[VI]**

IONESCO T. (1975) : « Suggestions pour une stratégie de développement des zones pastorales arides et désertiques de Tunisie », *O.M.* n° 28, pp. 82-88. **[I]**

JARIR M. (1983) : *Er Rachidia et l'organisation régionale de la vallée du Ziz. Exemple d'aménagement hydro-agricole dans le Pré-Sahara marocain*. T 3, Tours, 2 vol., 372 p. **[I]**

JEDIDI M. (1979 a) : « L'Emploi touristique dans la zone de Sousse-Skanès-Monastir », *R.T.G.* n° 2, pp. 45-92. **[VII]**

JEDIDI M. (1979 b) : « Le Développement du tourisme au Sahel tunisien », *Géographie et Développement* n° 1, pp. 6-28 (en arabe) (traduction en français : Documents d'Intergéo, C.N.R.S.). **[VII]**

JENNAN L. (1981) : *L'Oléiculture dans la région de Fès.* T 3, Tours, 321 p. **[VII]**

JOURNAL *EL MOUDJAHID* (1979) : « Neuf grands projets de développement en cours de réalisation », 20-21-24 juin 1979. **[I]**

JOUVE Ph. (1983) : « La Lutte contre la sécheresse par les techniques culturales », *H.T.E.* n° 52-53, Rabat, pp. 111-119. **[I]**

KAIOUA A. (1981) : *L'Axe industriel du littoral atlantique marocain de Kenitra à Mohammedia.* T 3, Tours, 606 p. (sous presse à URBAMA, fasc. 13, 1984). **[V]**

KARST J. (1960) : « Les Traits généraux du régime et les caractéristiques hydrologiques des oueds des provinces du Nord », *Notes marocaines* n° 13, Rabat, pp. 35-44. **[I]**

KASSAB A. (1978) : « La Crise des grandes cultures dans la Tunisie tellienne », *R.T.G.* n° 1, pp. 13-42. **[I]**

KASSAB A. (1978) : « L'Irrigation dans les régions de la Moyenne Medjerda », *Cahiers de Tunisie,* t. XXVI, n° 101-102, p. 133-165. **[II]**

KASSAB A. (1983) : « L'Agriculture tunisienne », *R.T.G.* n° 10-11, 388 p. **[I]**

KASSAB A. (1983) : « Le Grave Déficit en céréales et en produits de l'élevage en Tunisie », *E.M.*, fasc. 5, C.I.E.M., pp. 1-23. **[III, IV]**

KASSAB F. (1979) : *Les Très Fortes Pluies en Tunisie.* P.U.T., série Géographie, vol. XI, 234 p. **[I]**

KERBOUT M. (1981) : *Les Périmètres irrigués du Dir moyen-atlasique septentrional d'Agouraï à Al Manzal. Étude géographique.* T 3, Tours, 2 vol., 457 p. + fig. **[VII]**

KHELLADI L. (1981) : « Quelques Aspects des mouvements migratoires dans un centre urbain de l'Algérois : Reghaïa », *C.A.E.* n° 13, p. 25-37. **[VII]**

LABONNE M. et HIBON A. (1978) : *Futur agricole et alimentaire de la Méditerranée arabe.* I.N.R.A., Paris, 145 p. **[IV]**

LALUE R. et MARTHELOT P. (1962) : « La Répartition de la population tunisienne », *Annales, Économies, Sociétés et Civilisations,* t. XVII, pp. 283-301. **[III]**

LAMROUS R. (1980) : *L'Eau d'alimentation en Algérie.* O.P.U., Alger, 40 p. **[II]**

LAZAREV G. (1977) : « Aspects du capitalisme agraire au Maroc avant le Protectorat ». pp. 57-90 in : *Les Problèmes agraires au Maghreb,* C.R.E.S.M., C.N.R.S., Paris, 321 p. **[VII]**

LE COZ J. (1964) : *Le Rharb, fellahs et colons, étude de géographie régionale.* T.E., Rabat, 2 vol., 1005 p. **[I]**

LE COZ J. (1968) : « Le Troisième Age agraire du Maroc », *A.G.* n° 422, pp. 385-413. **[IV]**

LE COZ J. (1974) : *Les Réformes agraires,* P.U.F., Collection Magellan, n° 33, 308 p. **[IV]**

LE HOUEROU H.N. (1975) : « La Situation pastorale dans le nord de l'Afrique; état d'avancement des données et des travaux », *O.M.* n° 28, pp. 17-23. **[I]**

LEPELTIER F. (1984) : « Les Investissements immobiliers des travailleurs migrants d'origine rurale dans la ville de Taza (Maroc) », in : SIMON G., pp. 101-127. **[VII]**

LESTHAEGHE R. (1968) : « La Fécondité urbaine au Maroc, quelques notes de recherches », *B.E.S.M.* n° 110-111. **[III]**

LE TOURNEAU R. (1949) : *Fès avant le Protectorat.* Casablanca-Paris, 480 p. **[VII]**

LIAUZU C. (1976) : « Un Aspect de la crise en Tunisie : la naissance des bidonvilles », *Revue Française Histoire d'Outre Mer,* t. LXIII, pp. 607-621. **[III]**

LOWY P. (1973) : *La Médina de Tunis.* T 3, Caen, 218 p. **[VI]**

*Maghreb-Développement* (1982) : « Hydraulique et irrigation au Maroc », Paris, n° 52, pp. 2-43. **[II]**

*Maghreb-Développement* (1983) : « L'Hydraulique en Algérie » (R. Murgue), Paris, n° 63, pp. 2-14 et pp. 41-52. **[II]**

*Maghreb-Développement* (1984) : « L'Hydraulique en Tunisie », Paris, n° 69, p. 23 et sq. **[II]**.

Makhlouf E. (1977) : *Structures agraires et modernisation de l'agriculture dans les plaines du Kef*, Cahiers du C.E.R.E.S., Tunis, 261 p. **[IV]**

Malbert J.A. et Floret Ch. (1983) : *Étude de cas sur la désertification*, Série Recherches sur les ressources naturelles, t. XVIII, U.N.E.S.C.O., 291 p. **[I]**

Mandleur A. (1972) : « Croissance et urbanisation de Marrakech », *R.G.M.* n° 22, pp. 31-60. **[VI]**

Mankour N. (1980) : « Localisation et fonction des équipements touristiques étatiques algériens », *C.G.O.*, Oran, n° 4. **[VII]**

Masmoudi A. (1975) : *Les Fonctions urbaines de Mahdia*, T 3, Paris, 399 p. **[VI]**

Maurer G. (1968) : « Les Paysans du haut Rif central », *R.G.M.* n° 14, pp. 3-70. **[I]**

Maurer G. (1968) : *Les Montagnes du Rif central, étude géomorphologique*, Rabat, Éd. Marocaines et Internationales, 499 p. **[I]**

Maurer G. (1979) : « Les Contraintes physiques dans la vie humaine des montagnes telliennes d'Afrique du Nord ». Quatrième colloque de géographie maghrébine, Cahiers du C.E.R.E.S., série Géographie n° 4, t. I, pp. 17-28. **[III]**

Maurer G. (1979) : « Les Milieux naturels et leur aménagement dans les montagnes humides du domaine rifain et tellien d'Afrique du Nord », *Méd.*, t. 35, n° 1-2, pp. 47-56. **[I]**

Maurer G. (1980) : « Montagnes et bassins du Maroc Central », *E.M.*, fasc. 2, C.I.E.M., pp. 47-86. **[I]**

Meskaldji G. et El Hadeuf L. (1978) : *Croissance de l'agglomération constantinoise*. E.R.A. 706 et C.I.E.M., fasc. 4, 199 p. **[VI]**

Miège J.L. (1960-63) : *Le Maroc et l'Europe de 1830 à 1894*, P.U.F., 4 vol., vol. I : 234 p., vol. II : 588 p., vol. III : 508 p., vol. IV : 443 p. **[III]**

M.A.R.A. (Ministère de l'Agriculture de la Réforme Agraire) (1974) : *La Steppe algérienne*, n° 14, Alger, 384 p. **[I]**

Miossec J.M. (1975) : « Réflexions sur les rapports entre transport aérien et tourisme en Tunisie », *Transports* n° 205, pp. 432-440. **[VII]**

Miossec J.M. (1978) : « L'Affirmation de la fonction de gestion économique de Tunis », *Villes en Parallèle* n° 2, pp. 91-120. **[VI]**

Miossec J.M. (1981) : « Les Migrations récentes vers le Grand Tunis », *C.M.* n° 23, pp. 99-127. **[III]**

Miossec J.M. (1983) : « Urbanisation des campagnes et ruralisation des villes en Tunisie », *A.G.* (1985), n° 521, pp. 38-62. **[III, VI, VII]**

Miossec J.M. et Signoles P. (1978) : « Priorité à l'échelle nationale dans l'urbanisation et l'organisation spatiale de la Tunisie », in *Urbanisation au Maghreb*, E.R.A. 706 et C.I.E.M., fasc. 3, pp. 243-270. **[III, IV, VII]**

Miossec J.M. et Signoles P. (1982) : « L'Évolution récente du système urbain tunisien », *M.M.* n° 96, pp. 67-88. **[III]**

Miossec J.M. et Signoles P. (1984) : « Les Politiques urbaines en Tunisie ». Colloque I.R.M.A.C. sur *Politiques urbaines au Maghreb et au Machrek* (sous presse). **[VI]**

Miossec-Kchir S. (1979) : *La Mortalité infantile et juvénile dans le Grand Tunis, étude de démo-géographie*. Certif. Apt. Rech., Université de Tunis, 166 p. **[III]**

MIOSSEC-KCHIR S. (1981) : « Mortalité et urbanisation : aspects de la mortalité infantile et juvénile dans le Grand Tunis », *C.M.* n° 23, pp. 71-97. **[III]**

MUTIN G. (1980) : « Implantations industrielles et aménagement du territoire en Algérie », *R.G.L.* n° 1, pp. 5-37. **[I, III, V]**

MUTIN G. (1980) : « Agriculture et dépendance alimentaire en Algérie », *M.M.* n° 90, pp. 40-64. **[IV]**

MUTIN G. (1984) : « La Politique urbaine algérienne ». Colloque I.R.M.A.C. sur *Politiques urbaines au Maghreb et au Machrek* (sous presse). **[VI]**

M'ZABI H. (1979) : « L'Emploi et les investissements touristiques à Jerba », *R.T.G.* n° 2, pp. 111-134. **[VII]**

NACIRI M. (1967) : « Les Expériences de modernisation de l'agriculture au Maroc », *R.G.M.* n° 11, pp. 102-114. **[IV]**

NACIRI M. (1970) : « Les Formes d'habitat sous-intégré, essai méthodologique », Colloque de Vincennes, Paris, Bulletin S.M.U.H., 42 p., repris dans *Hérodote* (Paris) n° 19, 1980, pp. 13-70. **[VI]**

NACIRI M. (1984) : « Politique urbaine et « politiques » de l'habitat au Maroc : incertitude ou absence d'une stratégie ». Colloque I.R.M.A.C. sur *Politiques urbaines au Maghreb et au Machrek* (sous presse). **[VI]**

NANCY M. (1979) : *Le Remodelage de l'espace rural en Algérie. Recherche sur les mutations de la société. Critique d'une opération d'aménagement rural : les 1 000 villages socialistes en Algérie.* T 3, Aix-en-Provence, 291 p. **[IV]**

NEGADI G., TABUTIN D., VALLIN J. (1974) : « Situation démographique de l'Algérie », in : *La Population de l'Algérie.* C.I.C.R.E.D., Paris, pp. 16-62. **[III]**

NEGADI G., VALLIN J. (1974) : « La Fécondité des Algériennes : niveau et tendances », *POP.* n° 3, pp. 491-516. **[III]**

NOIN D. (1965) : *Casablanca. Atlas du Maroc.* Notice explicative. Rabat, 82 p. **[I]**

NOIN D. (1971) : *Casablanca,* Paris, La Documentation Française, Notes et Études documentaires, 73 p. **[VI]**

NOUSCHI A. (1961) : *Enquête sur le niveau de vie des populations rurales constantinoises de la conquête jusqu'en 1919,* P.U.F., 767 p. **[III]**

O.N.E.P. (1982-1983) : *Divers Rapports sur l'alimentation en eau potable de la zone côtière Kenitra-Safi,* Rabat, mai 1982-août 1983, t. I : 103 p. + fig., t. II : 52 p. + fig. **[II]**

PAPY F., OUSSIBLE M. et JOUVE Ph. (1981) : « Les Contraintes pédoclimatiques à l'exploitation agricole des zones semi-aride et aride du Maroc occidental », *R.G.M.*, nouvelle série, n° 5. **[I]**

PASCON P. (1979) : « De l'Eau du ciel à l'eau de l'État : psychosociologie de l'irrigation au Maroc », *Hérodote* n° 13, pp. 60-78. **[II, IV]**

PASCON P. et BENTAHAR M. (1970) : « Ce que disent 296 jeunes ruraux », *B.E.S.M.* n° 112-113, pp. 145-287. **[III]**

PASCON P. et VAN DER WUSTEN H. (1983) : *Les Beni Bou Frah. Essai d'écologie sociale d'une vallée rifaine (Maroc),* Rabat, Institut Universitaire de Recherche Scientifique, 297 p. **[I]**

PASKOFF R. (1981) : « L'Érosion des plages en Tunisie », *R.T.G.* n° 8, pp. 81-98. **[I]**

PÉCHOUX P.Y. (1975) : « Mostaganem ou la mutation d'une région coloniale en Algérie », *A.G.* n° 466, pp. 699-712. **[VII]**

PÉGURIER J. (1981) : *Espaces urbains en formation dans le Tensift (essai de sociologie régionale).* Rabat, Société marocaine des éditeurs réunis, 373 p. + annexes. **[VI]**

PENEFF J. (1981) : *Industriels algériens.* C.R.E.S.M.-C.N.R.S., 202 p. **[V]**

PICOUET M. (1969) : « Étude de l'évolution de la structure par âge de la population tunisienne à partir de l'examen des pyramides d'âge », *R.T.S.S.* n$^{os}$ 17-18, pp. 177-214. **[III]**

PICOUET M. (1975) : « Effets de la migration sur la composante fécondité de la croissance urbaine : le cas de Tunis ». Actes du 2$^{e}$ Colloque de Démographie Maghrébine, Oran, 1975, pp. 349-361, et in : *Cahiers O.R.S.T.O.M.*, Série Sciences Humaines, vol. XIX, n° 3, 1983, pp. 227-284. **[III]**

PLAN (VI$^{e}$) (1981) : *Rapport du sous-comité « Cultures irriguées »*. Préparation du Plan, secteur « Agriculture et Pêche », Tunis. **[II]**

PONCET J. (1962) : *La Colonisation et l'agriculture européenne en Tunisie depuis 1881. Étude de géographie historique et économique.* Paris, La Haye, Mouton, 700 p. **[III]**

PONCET J. (1962) : *Paysages et problèmes ruraux en Tunisie,* P.U.F., 202 p. **[IV]**

PONCET J. (1977) : « Les Structures actuelles de l'agriculture tunisienne ». in : *Les Problèmes agraires au Maghreb,* C.R.E.S.M.-C.N.R.S., pp. 45-57. **[IV]**

POPP H. (1983) : *Moderne Bewässerungslandwirtschaft in Marokko,* Erlangen, Erlanger Geographische Arbeiten, vol. 15, 2 fasc., 265 p. + atlas de 21 cartes. **[II]**

POUGET M. (1980) : *Les Relations sol-végétation dans les steppes sud-algéroises.* O.R.S.T.O.M., Travaux et documents, n° 116, 555 p. **[I]**

PRENANT A. (1967) : « La Propriété foncière des citadins dans les régions de Tlemcen et Sidi-Bel-Abbès », *A.A.G.* 2$^{e}$ année, n° 3, pp. 2-94. **[VII]**

PRENANT A. (1968) : « Rapports villes-campagnes dans le Maghreb, l'exemple de l'Algérie », *R.T.S.S.*, t. V, n° 15, pp. 151-216. **[VII]**

PRENANT A. (1976) : *Essai d'évaluation et d'interprétation de la croissance urbaine en Algérie de 1966 à 1974.* C.N.R.E.S., Alger. **[III]**

PRENANT A. (1978) : « Centralisation de la décision à Alger, décentralisation de l'exécution en Algérie : les mutations des fonctions capitales d'Alger », *Villes en Parallèle* n° 2, pp. 128-150, et *C.G.O.*, 1978, n° 1, pp. 2-15. **[VI]**

PRENANT A. (1978) : « Aspects de la croissance relative des petits centres en Algérie », in *Urbanisation au Maghreb,* E.R.A. 706 et C.I.E.M., fasc. 3, pp. 123-146. **[V, VI]**

PRENANT A. (1980) : « La Mutation en cours des modes de croissance urbaine en Algérie », *Hérodote* n° 17, pp. 119-159. **[III, VI]**

PRENANT A. et SEMMOUD B. (1978) : « Les Nouvelles Périphéries urbaines en Algérie : une rupture avec les oppositions traditionnelles centre-périphérie », in *Urbanisation au Maghreb,* E.R.A. 706 et C.I.E.M., fasc. 3, pp. 25-65. **[V, VI]**

RAHMANI C. (1982) : *La Croissance urbaine en Algérie,* O.P.U., 317 p. **[II, III, VI]**

RAYNAL R. (1961) : *La Terre et l'Homme en haute Moulouya,* B.E.S.M., 68 p. **[I]**

ROGNON P. (1983) : « Essai de définition de deux types d'accidents climatiques », *B.A.G.F.*, n° 494-495, pp. 115-118. **[I]**

ROSENBERGER B. (1970) : « Les Vieilles exploitations minières et les anciens centres métallurgiques du Maroc. Essai de carte historique », *R.G.M.* n° 17, pp. 71-108. **[I]**

ROUISSI M. (1977) : *Population et société au Maghreb,* Cérès Productions, Tunis, 189 p. **[III]**

ROYOUX D. (1984) : *Industrialisation et urbanisation périphérique à Annaba : bidonville et emploi salarié en Algérie.* T 3, Poitiers, 413 p. **[VII]**

SAHLI F. (1983) : *Marché du travail, crise du logement et grande entreprise, le cas de la sidérurgie à Annaba-El Hadjar.* T 3, Paris XII, I.U.P., 386 p. **[VII]**

SANTOS M. (1975) : *L'Espace partagé,* Paris, M.T. Genin, 405 p. **[III]**

SARI Dj. (1970) : « Développement et reboisement en Algérie », in *Maghreb et Sahara,* Études géographiques offertes à J. Despois, Paris, pp. 351-364. **[I]**

SARNI A. (1981) : *La Commercialisation des fruits et légumes dans la région d'Alger.* T 3, Rennes II, 476 p. **[VII]**

SAYAD A. (1977) : « Les Trois Ages de l'émigration algérienne », *Actes Rech. Sciences Sociales* n° 15, pp. 59-83. **[III]**

SCHÉMA DIRECTEUR DE FÈS (1980) : *Schéma Directeur d'urbanisme de la ville de Fès.* Ministère de l'Habitat et de l'Aménagement du Territoire. Rabat, 7 vol. **[I]**

SEKLANI M. (1967) : *La Mortalité et le coût de la Santé publique en Tunisie depuis l'après-guerre.* Cahiers du C.E.R.E.S., série Démographie n° 1, Tunis, 248 p. **[III]**

SEKLANI M. (1974) : *La Population de la Tunisie,* Paris, C.I.C.R.E.D., 189 p. **[III]**

SEMMOUD B. (1978) : « L'Impact urbain en Algérie occidentale : attractions migratoire et commerciale », in *Urbanisation au Maghreb,* E.R.A. 706 et C.I.E.M., fasc. 3, pp. 213-219. **[VII]**

SEMMOUD B. (1979) : « L'Industrialisation de Ghazaouet. Étude de localisation industrielle. Implications géographiques », *C.G.O.* n° 2-3, pp. 264-295. « Les Chantiers d'industrialisation du pôle d'Arzew : emplois, incidences et impact », *C.G.O.* n° 2-3, pp. 21-45. **[V]**

SEMMOUD B. (1984) : *Industrialisation et organisation de l'espace en Algérie : espace régional et espace national.* Colloque « États, territoires et terroirs au Maghreb », C.R.E.S.M., Aix-en-Provence, 27-29 juin 1984, 25 p. ronéo (à paraître *A.A.N.,* 1983). **[VII]**

SETHOM H. (1976) : « Agriculture et tourisme dans la région de Nabeul-Hammamet. Coexistence féconde ou déséquilibre croissant? », *C.T.* n° 93-94, pp. 101-111. **[VII]**

SETHOM H. (1978) : « Les Propriétaires tunisois dans la presqu'île du cap Bon : contribution à l'étude des rapports villes-campagnes dans la Tunisie du Nord-Est », *R.T.S.S.,* t. XV, n° 52, pp. 35-115. **[VII]**

SETHOM H. (1980) : « Agriculture intensive et urbanisation accélérée sur le littoral oriental du cap Bon », *R.T.G.* n° 6, pp. 153-165. **[I]**

SETHOM H. (1984) : *Le Rôle des pouvoirs publics dans les mutations des paysages agraires et de l'économie rurale en Tunisie, depuis l'Indépendance.* Colloque « États, territoires et terroirs au Maghreb », C.R.E.S.M., Aix-en-Provence, 27-29 juin 1984, 32 p. ronéo (à paraître *A.A.N.,* 1983). **[VII]**

SIGNOLES P. (1972) : « Migrations intérieures et villes en Tunisie », *C.T.,* t. XX, n° 79-80, pp. 207-240. **[III]**

SIGNOLES P. (1978) : « Les Inégalités régionales entre Tunis et la Tunisie », *Villes en Parallèle* n° 2, et *Revue pol. étud. méd.,* Paris, pp. 42-59. **[III]**

SIGNOLES P., BELHEDI A., MIOSSEC J.M., DLALA H. (1980) : *Tunis, évolution et fonctionnement de l'espace urbain.* E.R.A. 706 et C.I.E.M., fasc. 6, 260 p. **[I, III, V, VI]**

SIGNOLES P. et BEN ROMDANE M. (1983) : « Les Formes récentes de l'industrialisation tunisienne 1970-1980 ». Colloque G.R.E.S.M.O., Presses Universitaires de Grenoble, pp. 109-150. **[III]**

SIMON G. (1979) : « Travail en Europe et urbanisation des campagnes au Maghreb », in *Urbanisation et nouvelle organisation des campagnes au Maghreb.* E.R.A. 706 et C.I.E.M., fasc. 5, pp. 5-14. **[III]**

SIMON G. (1983) : Les Transferts de revenus des travailleurs maghrébins vers leurs pays d'origine : essai d'évaluation. Communication Table Ronde « Transferts de revenus et projets immobiliers des travailleurs migrants dans les pays en voie de développement ». C.I.E.M. 5-7 décembre 1983, 20 p. dactyl. **[III]**

SIMON G. (sous la responsabilité de) (1984) : *Villes et migrations internationales de travail dans le Tiers Monde.* Actes de la Table Ronde des 5, 6 et 7 décembre 1983, *E.M.,* fasc. 6, C.I.E.M., 357 p. **[VII]**

SIMON G. et NOIN D. (1972) : « La Migration maghrébine vers l'Europe », *C.O.M.* n° 99, pp. 241-276. **[VII]**

SOGREAH (1983) : *Étude de l'érosion et des transports solides en zone semi-aride. Bilan des connaissances et synthèse bibliographique,* P.N.U.D., 85 p. **[I]**

TAAMALLAH K. (1978) : « La Régulation des naissances en Tunisie », *POP* n° 1, pp. 194-205. **[III]**

TABAH L. (1956) : « La Population algérienne : croissance, niveau de vie et investissements », *POP,* n° 3, pp. 429-460. **[III]**

TABAH L. (1972) : « Une Enquête sur la fécondité en Algérie. Applications de l'analyse factorielle des correspondances », *POP* n° 4-5, pp. 729-768. **[III]**

TABUTIN D. (1976) : *Mortalité infantile et juvénile en Algérie,* Paris, I.N.E.D., P.U.F., Travaux et Documents, cahiers 77, 282 p. **[III]**

TAG B. (1978) : *Le Saïs de Fès, remodelages agraires et développement.* T 3, Toulouse, 318 p. **[IV]**

TAG-ELDEEN M. et HAMDI Y. (1980) : *Jedeida et Tebourba. Cartographie et analyse de vulnérabilité.* Ministère de l'Équipement, D.A.T. et Institut Polytechnique de Stockholm, Tunis-Stockholm, 103 p. **[I]**

TAIEB M. (1978) : « Aspects récents de l'urbanisation à Alger et dans sa région : le problème des équipements. » in *Urbanisation au Maghreb,* E.R.A. 706 et C.I.E.M., fasc. 3, pp. 67-69. **[VI]**

TAIEB M. (1978) : « Formation et recherche en aménagement du territoire. L'expérience du CNERAT, Alger », *C.A.E.* n° 1, pp. 3-11. **[VI]**

TAIEB M. (1981) : « Le Développement des régions intérieures en Algérie », *C.A.E.* n° 13, pp. 39-62. **[VII]**

TARIFA C. (1978) : *Les Courants migratoires internes en Tunisie entre 1970 et 1979.* Troisième colloque de démographie maghrébine, Tunis, 22 p. ronéo. **[III]**

TAYACHI H. (1982) : *Les Cités « populaires » programmées : solution à l'habitat spontané à Tunis?* T 3, Tunis, 393 p. **[VI]**

TIHAY J.P. (1976) : « Dynamique des versants et milieux naturels dans la vallée de la Soummam (Algérie) », *A.G.* n° 469, pp. 257-280. **[I]**

TRABELSI M. (1978) : « La Question de l'eau potable dans les petites agglomérations et ses implications sur le développement régional. L'exemple de Siliana (Tunisie) », *R.T.S.S.,* t. XV, n° 53, pp. 141-170. **[II]**

TRAYSSAC J. (1981) : « Étude géomorphologique du bassin-versant de l'Oued Djelfa-Melah versant nord des monts des Ouled Naïl (Algérie) », *E.M.,* fasc. 3, C.I.E.M., Poitiers, 241 p. **[I]**

TROIN J.F. (1971) : « Essai méthodologique pour une étude des petites villes en milieu sous-développé : les structures commerciales urbaines du Nord marocain », *A.G.* n° 441, pp. 513-533. **[VI]**

TROIN J.F. (1979) : « La Petite Ville au Maroc : la fin d'un mythe? », in *Urbanisation et nouvelle organisation des campagnes au Maghreb,* E.R.A. 706 et C.I.E.M., fasc. 5, pp. 39-52. **[III, VI]**

TROIN J.F. (1979) : « Les Agglomérations routières du Maroc. Vers un nouveau mode de fixation des activités », *Méd.* n° 1-2, pp. 127-135. **[III, VI]**

TROIN J.F. (1982) : « Vers un Maghreb des villes en l'an 2000. Des voies différentes, une même réalité », *M.M.* n° 96, pp. 5-18. **[Introd., III]**

TROIN J.F. (1982) : « Les Souks marocains : évolution 1970-1980 », *Mainzer Geographische Studien,* Heft 24, Mainz, pp. 88-92. **[VII]**

URBAMA (1982) : *Présent et avenir des Médinas,* Tours, fasc. n° 10-11, E.R.A. 706, 281 p. **[VI]**

VALLIN J. (1973) : « Facteurs socio-économiques de l'âge moyen au mariage des femmes algériennes », *POP* n$^{os}$ 4-5, pp. 817-842. **[III]**

VALLIN J. (1975) : « Mortalité et fécondité en Tunisie : résultats commentés de l'enquête nationale démographique », *POP* n° 6, pp. 1160-1165. **[III]**

WAHBI D. (1983) : *Moulay-Idriss : évolution d'une petite ville traditionnelle en crise.* T 3, Tours, 334 p. **[VII]**

WIDMAN N. (1978) : *Les Transports intérieurs de voyageurs en Algérie (transports urbains exclus),* T 3, Aix-Marseille, 2 vol., 320 p. **[V]**

YACONO X. (1955) : *La Colonisation des plaines du Cheliff.* Alger, 2 vol. : vol. I (1955) 444 p., vol. II (1956) 423 p. **[III]**

YAZGHI MOUBACHIR M. (1983) : *Les Terres récupérées du Saïs de Meknès, étude de géographie agricole.* T 3, Tours, 273 p. **[IV]**

ZAIM F. (1984) : « Régionalisation et démultiplication des provinces. Quel lien? » *Lamalif* n° 157, juillet-août 1984. **[VII]**

ZGHAL A. (1977) : « Pourquoi la Réforme agraire ne mobilise-t-elle pas les paysans maghrébins? » in : *Les Problèmes agraires au Maghreb.* C.R.E.S.M.-C.N.R.S., pp. 295-312. **[IV]**

# GLOSSAIRE

Ce glossaire reprend les termes arabes et berbères utilisés dans l'ouvrage et imprimés en *italique*. Il donne une définition brève et simplifiée de ces termes.

*Achaba :* mouvement de transhumance vers un pâturage temporaire *(acheb).*

*Acheb :* végétation temporaire se développant après une pluie.

*Afreg :* au Sahara, brise-vent constitué d'une haie de palmes sèches.

*Agoudal :* pâturage d'altitude dans le Haut Atlas marocain.

*Almou :* bas-fond évasé et herbeux dans les montagnes atlasiques marocaines.

*Annabi :* d'Annaba (Algérie). Désigne en particulier les habitants de la ville.

*Arch :* terre de statut collectif.

*Azarhar :* bas pays où les éleveurs montagnards viennent passer l'hiver (au Maroc).

*Barrani :* étranger.

*Bled :* campagne, espace rural, par opposition à ville.
— Bled el maghzen : territoire contrôlé par le pouvoir central.
— Bled es siba : territoire en dissidence.
— Bled segui (en Tunisie) : zone irriguée par des épandages.
— Bled seguia (au Maroc) : terroir cultivé en irrigué.

*Bour :* espace ou ensemble de cultures non irrigué.

*Chaouia* (pays) : zone rattachée au territoire des *Chaouia* de l'Aurès et de ses bordures.

*Chebka :* réseau de ravins profonds et hiérarchisés.

*Chergui :* vent d'est au Maroc, chaud et sec en été.

*Chleuh :* ensemble des tribus et populations berbérophones du Sud-Ouest marocain (Haut Atlas occidental, Souss, Anti-Atlas).

*Chott :* auréole de sols salés d'une dépression fermée, caractérisée par une végétation halophile; le mot désigne souvent l'ensemble de la dépression fermée.

*Daïa :* lac temporaire d'eau douce.

*Daïra* (pluriel : *daïrate*) : division administrative (équivalente d'un arrondissement français).

*Dar :* maison.

*Derb :* îlot urbain des villes traditionnelles, commandé par une ruelle en impasse.

*Dhess* : sol limoneux de couleur grise.

*Dir* : zone de contact entre la montagne et la plaine.

*Djemaa* (ou *Jmaa*) : assemblée, conseil représentant une collectivité.

*Douar* : à l'origine, campement de tentes. Par extension : désigne un hameau ou un village rural et aussi un quartier urbain périphérique peuplé par des ruraux.

*Driba* : vestibule d'une maison traditionnelle.

*Fassi* : de Fès. Désigne les habitants de cette ville.

*Foggara* : conduite souterraine drainante, permettant le captage des eaux puis leur distribution à l'air libre à l'aval et se traduisant en surface par un alignement de puits d'évent. Synonymes : *Khettara* (au Maroc), *Qanat* (en Iran).

*Fondouk* : caravansérail. Par extension : hôtel.

*Gadiri* : d'Agadir (Maroc). Désigne les habitants de cette ville.

*Garaa* : dépression fermée à sols peu salés dans les régions steppiques, périodiquement inondée par les eaux de crue.

*Guebli* : vent du sud au Maghreb central, chaud et sec en été.

*Habous* : bien affecté en propriété ou en jouissance à un usage pieux ou d'utilité générale.

*Hamada* : plateau rocheux désertique et pierreux, peu ou pas entaillé.

*Hammam* : bain maure.

*Hara* : quartier juif des villes anciennes en Algérie et Tunisie (équivalent du *mellah* au Maroc).

*Hûma* : quartier traditionnel des *medina*.

*Jbel* : montagne.

*Jessour* : retenue de terre à l'amont de murettes de pierre sur les versants ou barrant le fond des vallons en Tunisie méridionale.

*Jnan* : jardin, qui peut être complanté (verger).

*Kuttab* : école coranique.

*Masjid* : lieu de prière.

*Medina* : ville musulmane ancienne au Maghreb.

*Melk* : de statut privé. S'applique notamment à la propriété de la terre.

*Mellah* : quartier juif des villes anciennes au Maroc.

*Merja* : lac ou marais temporaire d'eau douce.

*Meskat* : impluvium avec rigoles dans les olivettes du Sahel tunisien.

*Nebka* : accumulation limono-sableuse, liée à la présence d'un buisson ou d'un arbre, souvent prolongée par une flèche dunaire.

*Oukala :* caravansérail devenu hôtel pour étudiants ou travailleurs.

*Oulja :* petite plaine; au Maroc, dépression littorale, bordée du côté de l'océan par un premier alignement dunaire et vers l'intérieur par une falaise morte.

*Rharbi :* vent d'ouest.

*Samsar :* personne jouant le rôle d'intermédiaire.

*Sebkha :* fond plat et salé d'une dépression fermée, sans végétation, caractérisée par des efflorescences salines en périodes sèches, et inondable par des eaux de crue ou des remontées d'eaux profondes.

*Seguia :* canal traditionnel d'irrigation.

*Setifi :* de Sétif (Algérie). Désigne les habitants de cette ville.

*Siroco :* vent du sud d'origine continentale, en Algérie et en Tunisie.

*Skifa :* entrée en chicane d'une maison urbaine traditionnelle.

*Skikdi :* de Skikda (Algérie). Désigne les habitants de cette ville.

*Tabia :* levée de terre, parfois surmontée de cactus, en Tunisie.

*Tassili :* plateau gréseux, profondément disséqué par des vallées.

*Tell :* sol marneux, gris ou noirâtre; par extension la zone *tell* désigne l'ensemble régional où ce sol se rencontre.

*Tichka :* pâturage d'altitude dans le Haut Atlas marocain.

*Tirs :* sol de type *tell* au Maroc.

*Wilaya* (pluriel : *wilayate*) : division administrative (en Algérie du Nord équivalente en surface à un département français). Désigne la province.

*Zahrez :* type de *sebkha* dans les hautes plaines algériennes centrales.

*Zanqa :* ruelle.

*Zelij :* carreau de faïence.

# TABLE DES MATIÈRES



## PREMIÈRE PARTIE

### Mise en valeur et aménagement du milieu naturel

par Gérard Maurer

## DEUXIÈME PARTIE

**L'eau : atout et limite pour le développement**

par Jean-François Troin

## TROISIÈME PARTIE
## Population et urbanisation
par Robert Escallier



## QUATRIÈME PARTIE
## Les campagnes maghrébines : remodelage des structures, politiques agricoles et dépendance alimentaire
par Jean-Claude Brulé et Georges Mutin

## CINQUIÈME PARTIE

**L'industrialisation : un phénomène général aux effets diversifiés**

par Georges Mutin

## SIXIÈME PARTIE
## **Villes et citadins**
par Jean-Marie Miossec

## SEPTIÈME PARTIE

**Nations et régions : vers une nouvelle structuration de l'espace au Maghreb**

par Jean Bisson et Pierre Signoles



Achevé d'imprimé sur les presses de Berger-Levrault à Nancy
en mars 1985
Dépôt légal : 1er trimestre 1985
778935-3-1985
N° Armand Colin : 8836